20 世纪的中国·第一部

汪晖

世纪的诞生

中国革命与政治的逻辑

生活·讀書·新知 三联书店

图书在版编目（CIP）数据

世纪的诞生：中国革命与政治的逻辑 / 汪晖著. —北京：
生活·读书·新知三联书店，2020.6 （2021.5 重印）
（20 世纪的中国·第一部）
ISBN 978 - 7 - 108 - 06680 - 0

Ⅰ . ①世… Ⅱ . ①汪… Ⅲ . ①思想史—研究—中国—近现代
Ⅳ . ① B250.5

中国版本图书馆 CIP 数据核字（2019）第 296630 号

责任编辑 冯金红
装帧设计 薛 宇
责任印制 卢 岳
出版发行 生活·讀書·新知 三联书店
（北京市东城区美术馆东街 22 号 100010）
网　　址 www.sdxjpc.com
经　　销 新华书店
印　　刷 北京市松源印刷有限公司
版　　次 2020 年 6 月北京第 1 版
2021 年 5 月北京第 2 次印刷
开　　本 635 毫米 × 965 毫米 1/16 印张 31.75
字　　数 410 千字
印　　数 10,001 - 15,000 册
定　　价 72.00 元
（印装查询：01064002715；邮购查询：01084010542）

目 录

序　言

呈现在读者面前的是有关 20 世纪中国的三部系列著作之一。这三部著作的标题分别是《世纪的诞生》《世纪的多重时间》和《世纪的绵延》。除了个别例外，"世纪三书"各章大多发表于《现代中国思想的兴起》（2004）出版之后，其主题与《兴起》一书存在着断裂与绵延式的联系。20 世纪中国是如此丰富、复杂，许多刚刚展开的进程尚未完成便峰回路转，上一个进程的余波又在新的局势中卷入不息的潮流，洪波涌起，泥沙俱下，在激荡与宁静之间悲喜交织。本书各章只是触及了世纪诞生时代的部分环节。我的目的不是提供一个事无巨细的通史性叙述，而是通过对 20 世纪若干重要事件、现象和人物的分析，将这一与我们息息相关的时代建构为思想的对象或能动的对话者。我从有关这一时代的浩如烟海的研究著述中获益甚多，但更触动我的还是通过文本阅读与那些历史行动者进行的无声对话。

这一系列著作的各章节都曾作为单独的论文发表。感谢发表这些论文的刊物，如《开放时代》《文化纵横》《中国社会科学》《文学评论》《文艺理论与批评》《天涯》《经济导刊》《区域》、*Social Text*、*Journal of Modern Chinese History*、*Positions*、*Modern China*、*Critical Asian Studies*、*Inter-Asia Cultural Studies*、*Boundary 2*、*New Left Review*、《思想》（日本）、《现代思想》（日本）等，尤其感谢吴重庆、杨平、陶庆梅、何吉贤、韩少功、蒋子丹、鲁太光、陈光兴、黄宗智、白露（Tani Barlow）、保罗·博维（Paul Bove）、郑英等编辑的鼓励和支持。这些论文曾在"人文与社会"网刊转载，每次转载，高瑾都会仔细校读原文，细心编辑，并时时提出建议。香港牛津大学出版社曾经以《短二十世纪：中国革命与政治的逻辑》为标题，出版过一个单卷本。十分感谢香港牛津大学出版社和编辑林道群的长期支持和帮助。在增补、修订的漫长过程中，我收录了更多的篇目，从单卷本变成了相对独立的三卷本，希望在这本书出版之后，可以陆续增订出版后两本。Verso 曾于 2009 年和 2015 年分别出版过 *The End of the Revolution* 和 *China's Twentieth Century*，这两部书的若干内容与本书重叠。感谢 Verso 编辑奥黛丽·林（Audrea Lim）的细心工作和瑞贝卡·卡尔（Rebecca Karl）、汤思奥（Saul Thomas）作为两本著作的编辑所做的一切。此外，这部书稿中的部分内容曾收录于我在哈佛大学出版社出版的作品，感谢林赛水（Lindsay Waters）和胡志德（Theodore Huters）极其专业的工作。感谢丸川哲史，在他的帮助之下，青土社出版了《世界历史中的中国》、《世界历史中的亚洲》和《世界历史中的世界》三部日文作品，其内容与本书有很多重叠。感谢宋寅在将牛津版《短二十世纪：中国革命与政治的逻辑》翻译为韩文，并根据我的建议增补了两篇长文。在此之前，他已经翻译发表了我的另一本由香港牛津大学出版社出版的著作《亚洲视野：中国的历史叙述》。

在写作这些论文时，我曾得到朋友和同行的无私批评和建议，并从中获得许多启发。谨向他们致以衷心感谢！由于写作的时间很长，我在这里只能挂一漏万，提及部分名字：崔之元、傅正、韩少功、何吉贤、贺桂梅、靳大成、李陀、林春、林少阳、刘禾、刘纪蕙、罗岗、梁展、吕新雨、毛尖、慕唯仁（Viren Murthy）、邱士杰、孙歌、商伟、沈卫荣、舒炜、夏多明（Dominic Sachsenmaier）、王绍光、王中忱、王斑、王悦、薛毅、殷之光、于治中、章永乐、张翔、张炼红、赵刚、周展安。我还应该提及：在本书绪论初稿完成之后，林春关于不平衡与连带发展的讨论、于治中关于世纪末与地缘政治学之间关系的评论、傅正关于马恩作品中有关全球关系与地缘政治的思考，都为我其后的修改提供了宝贵的启示。每当有文章翻译为英文时，我总会寄呈佩里·安德森（Perry Anderson）并向他请教。几乎从无例外，他会在繁忙的日程中挤出时间认真阅读文章，并提出若干建议，为我的修订提供线索。我也要感谢李春光，他从友人处看到文稿或者在网上读了文章，常会给我写上几句，鲜明地表达他的喜欢或不同意见，如今再也收不到他的那些个性鲜明的评论了。在校订阶段，感谢邓欢娜和孔元协助我做了细心的校订和查核。

衷心感谢以下学术机构对我的支持：2004—2011 年间，我先后应村田雄二郎教授、张旭东教授、娜塔莎·根兹（Natascha Gentz）教授之邀，在东京大学、纽约大学和爱丁堡大学进行访问研究，逐渐开始了对本书中若干主题的探讨；2009 年我应王斑教授之邀担任斯坦福大学的"杰出实践者"（Distinguished Practitioner），在教学之余，利用东亚图书馆完成了有关"五四"文化运动的再研究；在获得 2013 年度卢卡·帕奇奥利奖（Luca Pacioli Prize）之后，我应李集雅（Tiziana Lippiello）教授之邀访问威尼斯大学（Università Cafoscari Venezia），并在那里完成了一个章节的修订。哈佛燕京学社和哈佛大学东亚系在 2010 年和 2017 年两度邀请我前往访问和教学，本书第一章的主要内容曾经在哈佛大学东亚系的研究生课程上进行讨论，感谢裴宜理（Elizabeth Perry）教授、包弼德（Peter Bol）教授和王德威教授的邀请和安排。2018 年夏，因获颁德国教育研究部和洪堡基金会设立的安莉内泽·迈尔研究奖（Anneliese Maier Research Award），我得以在哥廷根大学和普朗克研究院（Max Planck Institute for the Study for Religious and Ethnic Diversity）客座，对本书绪论部分进行修订。感谢夏多明（Dominic Sachsenmaier）教授和范笔德（Peter van de Veer）教授的邀请和安排。感谢比扬·维特罗克（Björn Wittrock）教授的慷慨支持和鼓励，他在 2012 至 2018 年的每年春夏之间都会邀请我访问瑞典高等研究院（Swedish Collegium for Advanced Study），这三部书稿中的若干章节是在 SCAS 宁静而活跃的氛围中起草或修订的。自 2002 年调入清华大学以后，我一直致力于人文与社会科学高等研究所的建设，虽然困难重重，但也有所发展，高研所提供了一个与各国学者和年轻学人深入交流的平台，我自己也受益匪浅。

20 世纪是一个如此重要、复杂、充满了冲突和悲剧性又富于创造性的时代，对于这个刚刚过去、仍然与我们息息相关的时代，不同甚至对立观点之间的交锋是不可避免的。这些分歧有些是理论性和政治性的，但也有一些主要源于个人或家庭的经验，不但可以理解，也应该纳入理论思考内部。经验是如何被组织起来并被重新叙述的？个人或集体的故事是如何随着时间的变化而发生变异的？这是历史研究需要处理的问题。对于研究刚刚过去的时代的学者而言，这更是一个挑战。"世纪三书"的若干章节作为独立论文发表之后，曾经引发过辩论，其规模和争议的激烈性都是罕见的。这些激烈的论辩证明了 20 世纪在我们时代的独特的存在形式，即不仅作为过去，而且也作为未来，存在于现在之中。对于持不同观点的人，即便是满怀恨意的论敌，只要讨论具体问题，就可以促使我更加仔细地去考订相关史实，推敲论述的严密性，修正并完善自己的论述，并在了解其论点的来龙去脉的过程中，产生新的思考。

最后，我想表达对我父母的歉疚之情。他们怀着对游子的无尽关心而日渐衰老，除了在假期短暂回去探望，我一直难尽人子之责。前年年末，母亲摔跤住院，我赶回老家，在医院里，握着她的手，像哄孩子一样对她说话。她终于渡过难关，又回到父亲的身旁。春节期间，短暂的贴身照顾，让我有一种重回童年时与父母的亲近感。去年秋天，父亲因病住院，母亲再次摔倒，不得不再度手术，他们都在艰难的康复之中展现着顽强的生命力。他们听力衰退，每每给他们去电话，只能大声说上几句。生命在流逝。当我用双手扶着父母孱弱的身体时，心里涌动着难以拉回时间和生命的痛楚及因为再度接近他们而产生的温暖。感谢从童年时代一起长大的杜维东，在我远离家乡的漫长岁月，他像对待自己的父母一样照顾我的父母，这份情谊胜似兄弟。

没有什么比生命的历程更让人真切地体会青春和生命的意义。20世纪对于青春的礼赞是多么动人——青春是生命的活力，可以超越年龄、超越自然的限制，在我们生活的每一个细节、每一个段落中盎然勃发、恣意流转。"虽明知未来一刹那之地球必毁，当知未来一刹那之青春不毁，未来一刹那之地球，虽非现在一刹那之地球，而未来一刹那之青春，犹是现在一刹那之青春。未来一刹那之我，仍有对于未来一刹那之地球之责任。庸得以虞地球形体之幻灭，而猥为沮丧哉！"（李大钊：《青春》）这是生命化入泥土的青春者之歌，他相信只要"菁菁苗苗之青年"存在，"青春中华"也就在，白首的地球就会变成青春的地球。

这部书到底有什么样的价值，完全交由读者判断，但其中的思考与时代的变迁息息相关，却是可以肯定的。我把它献给我的父母，献给他们经历过的时代，用对这个时代的激情、奋斗、痛苦和忧虑的意义的探索，祭奠几代人的历史存在，祝福生命的绵延。重温20世纪的目的之一，也是对"菁菁苗苗之青年"的召唤！

2018年5月12日

作为思想对象的
20 世纪中国

如果从苏东解体、冷战在欧洲终结算起，20世纪落幕至今已近三十年。欧洲正在进入后冷战之后的危机时期，但亚洲的冷战阴霾仍然在朝鲜半岛、台湾海峡、东海与南海升沉，提示着冷战与后冷战之间的复杂纠葛。继日本、亚洲四小龙的经济起飞之后，中国经济经历了更加持久的增长，与美国、日本一起作为世界三大经济体鳌集于太平洋区域。从19世纪末开始的太平洋世纪在延续，但其中心正发生重要转移。全球化的进程没有终止，市场关系的扩张和渗透仍然在持续；国家没有衰落，民族认同甚至比以往更为清晰，但革命已经蜕变为幽灵。诞生于19和20世纪的社会体制和政治框架面临前所未有的挑战与危机。

这是距离我们最近的世纪，一个至今陷落在各不相让的叙述之中而难以构成思想对象的时代。我们可以在日常生活中感受无所不在的世纪元素，却无法像对待春秋战国、秦汉、唐宋、明清那样，或者像对待希腊、罗马、中世纪、文艺复兴、启蒙运动、19世纪那样，来思考20世纪。本书以探索《现代中国思想的兴起》"前言"中提及的、在该书中未能涉及的"有关中国革命及其意识形态的历史分析"[1]为宗旨，两者研究对象和写作状态十分不同，但都致力于将中国思想和历

〈1〉　汪晖：《现代中国思想的兴起》上卷第一部，北京：生活·读书·新知三联书店，2008，前言，第3页。

史建构为思想的对象。我们既是 20 世纪的产儿，又身处作为其否定物或对立物的时代，对于其中任何一个事件、人物或文本的处理，都无法摆脱作为观察者的我们既是其产儿又是其参与者的多重身份所造成的紧张。在一些关键问题上，我不得不字斟句酌、反复修订，并不只是因为这些论述的发表可能（事实上也的确）引发的剧烈争议，而且也因为写作过程本身唤起的内在紧张感。

这是一部关于 20 世纪和 20 世纪中国的书，但并不是一部编年性的历史著作。事实上，我从来没有设想过写一部有关 20 世纪中国的通史著作。在为出版此书而编辑、整理这些文章的过程中，我终于意识到本书的真正使命就是探索如下问题：如何才能将 20 世纪中国建构为思想的对象？思想总是在对话中形成的，从而思想的对象不是僵死的客观性，而是具有能动性和内在视野的对话者。因此，所谓将 20 世纪建构为思想的对象，首先意味着将 20 世纪中国从对象的位置上解放出来，即不再只是将这一时代作为当代价值观和意识形态的注释和附庸，而是通过对象的解放，重建我们与 20 世纪中国的对话关系。在这种对话关系中，20 世纪中国不仅是我们研究的对象，同时也是我们审视自身、审视历史和未来的视野，即一种不能自居于审判者的位置随意处置的对象，而是一个我们必须通过与其对话、辩驳、自我反思而重建自我认知的主体。换句话说，只有我们将自己从审判者的位置上解放出来，对象才能获得解放。

长世纪、欧洲世纪末与作为时势的世纪

那么，究竟有哪些要素构成了 20 世纪中国的主体性，又应该从哪些要素着手去探索或触摸 20 世纪中国的主体性？这里先从 20 世纪作为历史叙述的时间框架谈起。如何界定 20 世纪？又如何理解 20 世纪

中国？作为一个历史时代的刻度，20 世纪不可能恰好是 1900 年以降的 100 年，历史学家们根据不同的尺度对其进行了重新的度量，例如长世纪与短世纪。本书未使用"漫长的 20 世纪"这一概念，但并不拒绝从长时段的视野观察这一时代。在《漫长的 20 世纪：金钱、权力与我们社会的根源》（*The Long Twentieth Century: Money, Power, and the Origins of Our Times*）一书中，杰奥瓦尼·阿瑞基（Giovanni Arrighi, 1937—2009）综合马克思和布罗代尔有关资本积累和资本主义体系的研究，将 20 世纪 70 年代美国遭遇的体系性危机溯源自 14 世纪以降约 700 年历史进程中反复出现的有关资本控制和再生的现象，从而为观察发端于 19 世纪末和 20 世纪初的美国世纪提供了长时段的历史脉络。与同时代大部分关注底层事件的研究不同，阿瑞基探索的是资本主义的上层构造，即金融 – 国家体系。"我们的调查本质上是有关积累的连续性的体系周期的比较研究，目的是界定（1）重复与进化的模式，这也正是在目前的体系性重构和金融扩张中再生的模式；（2）金融扩张的当下阶段的反常现象，这些现象可能导致与过去的重复和进化模式的断裂。四个积累的体系性周期获得界定，其中每一个都在其资本积累的世界进程的主要代理者和结构面有基本的统一性：从 15 世纪至 17 世纪初的热那亚周期，从 16 世纪晚期至整个 18 世纪的荷兰周期，从 18 世纪晚期至 20 世纪初期的英国世纪，以及从 19 世纪晚期直至目前金融扩张阶段的美国周期。这一约略和初步的分期意味着，积累的连续周期相互重叠，尽管它们在长度上渐渐变短，但它们都长于一个世纪：这就是采用'长世纪'概念并将其作为基本的时间单位用于资本积累的全球进程的分析。"[2]

　　类似的方式也被用于对现代中国的解释。在回应当代史学有关

〈2〉　Giovanni Arrighi, *The Long Twentieth Century: Money, Power, and the Origins of Our Times*, London & New York: Verso, 1994, pp. 6-7.

现代中国的国家与社会关系及其含义的讨论时，杜赞奇（Prasenjit Duara）使用了"漫长的20世纪"的概念，并将我对《现代中国思想的兴起》的方法论的阐述置于这一范畴下考察。他认为：《现代中国思想的兴起》试图恢复理学的概念或视野，例如礼乐与制度的分化，并将其作为治理的模式与封建和郡县这一组概念重叠。"伴随这些分化和对立的是把历史看作既是一种时势同时也是一种理势"，进而"重建其探讨的'对象'——帝制中国——并与社会科学关于帝国的概念保持一定的距离，因为帝国这个概念通常只是通过它的二元对立的方式，即将其作为民族国家的对立面来理解的。他的'帝制中国'概念中的'帝制'带着一些伤感：它既不是民族国家的对立面，也不是其原型。如果它有一个目的的话，那是一个不同的东西。"[3]"这个帝国同时具有现代民族国家的因素和帝国的因素，此外还具有其他许多因素。作为理性的官僚制国家，它在许多地方与民族国家相同，但它又与世袭君主制结合，在与其臣民互动中发展出一系列制度和合法性的策略，并不是像民族国家那样，以同一的方式来对待所有的人民。"[4]正是为了把握中国理念的历史完整性而不是将它们归结为基本的文化要素，《现代中国思想的兴起》"不想把帝制中国还原为以民族国家为发展目的（的政治结构），它既不能作为民族国家的反题来理解，也不能作为其原型来对待，虽然它可能具有其他非西方国家的特点"[5]。因此，"或许我们需要研究20世纪初在全球涌现出来的那些多民族多文化的民族国

〈3〉　Prasenjit Duara, "History and Globalization in China's Long Twentieth Century", *Modern China*, Vol. 34, No. 1, *The Nature of the Chinese State: Dialogues among Western and Chinese Scholars, I* (Jan., 2008), p. 153.（杜赞奇：《中国漫长的20世纪的历史与全球化》，刘昶译，《开放时代》2008年第2期，译文有改动。）需要说明的是：在《现代中国思想的兴起》一书中，我分析和批判了帝国－国家二元论，既不同意用帝国概念表述前20世纪的中国，也不同意简单地将从清朝向共和的过渡称为从帝国转变为民族国家。

〈4〉　Ibid., p. 154.

〈5〉　Ibid..

家，以把握它们早先的国家形式的合法性是如何整合到其现代形式中的"⟨6⟩。换句话说，即便探讨的不是阿瑞基笔下的资本主义周期，而是国家、社会和文化的历史，"漫长的20世纪"也必须是世界性的。

《现代中国思想的兴起》是从长时段视野观察中国及其现代演变的尝试。在讨论宋代思想时，我从三代以上与三代以下的分野、礼乐与制度的分化等源自宋儒的时势观和理势观等内在视野，探寻天理世界观的诞生；在讨论清代思想时，我从元朝、清朝与宋、明王朝的区别出发，探讨王朝国家形态的变化和错综纠葛的关系，并以此为线索，分析了现代中国的国家－社会形态与王朝史的关系。在本书中，有关中国的西藏、西域、台湾地区，琉球及亚洲区域的探讨其实与《现代中国思想的兴起》的历史分析一脉相承。因此，两个合理的问题是：第一，为什么本书没有一以贯之地从儒学或中国历史文献中选择一个或一组时间概念描述刚刚过去的时代，却转而讨论并使用世纪这一"外在的"纪年概念？如何界定这个源自基督教世界的纪年概念在中国历史中的意义？第二，为什么没有沿用"漫长的20世纪"的时间框架，而是采用了"短20世纪"的概念？这一概念与艾瑞克·霍布斯鲍姆（Eric Hobsbawm）在《极端的年代》中所界定的始自1914年第一次世界大战爆发，终于1991年以苏联解体为标志的冷战终结的"短20世纪"有什么区别吗？⟨7⟩

首先，"世纪的降临"其实源自清末敏感的心灵对于时势的判断。在19世纪末和20世纪初期，中国士大夫仍然在公羊三世说的历史意识和王朝纪年的框架下判断世界，但也正是在这一时刻，那些致力于改造中国的士大夫发觉自身用以观察世界变化的时空框架难以呈现和解释时势的变化，转而用新的概念和范畴表述时势的特征。"世纪"这

⟨6⟩　Ibid., p. 155.

⟨7⟩　Eric Hobsbawm, *The Age of Extremes*, London: Abacus, 1995.

一概念伴随着 20 世纪的到来，降临在中国思想人物的笔端，逐渐成为人们描述自身时代特质、理解自身与世界关系的基础性范畴。我没有着重强调两种历史意识和时间观的重叠，而是将世纪的诞生视为前一种世界观发生危机的后果来加以解释。20 世纪的概念虽然是在与公羊三世说等儒学叙事的相互纠缠中诞生的，但更是公羊三世说或其他经典历史叙述无法应对这一时代巨变之性质的产物。这些历史叙述和时间概念的置换正是不同力量争夺霸权的结果。

《现代中国思想的兴起》主要从漫长的历史演变及其内在视野勾勒现代中国的历史前提，但在最后一册围绕科学话语共同体及公理世界观的讨论中，已经清楚地显示了发生在 19 世纪后期和 20 世纪的系统性断裂或置换。在有关民族区域自治和区域关系的分析中，规范内外关系的基本范畴不再是朝贡或藩属关系，而是主权与公民权的范畴了。如同杜赞奇所说："现代中国已成为其一部分的民族国家体系，是建立在非常不同于汪［晖］（在讨论清代历史时）所描述的归属原则上的。民族的形式要求在公民和国家之间同一均质和没有中介的关系，即使在确保自治的少数民族区域也是如此。在建立于精英统治结构之上的中国帝制原则和现代的主权概念之间有着根本的不可通约性。"〈8〉对于我而言，这一转变的含义无法在一般规范或原则的区别中加以抽象界定，而必须置于漫长的中国革命所缔造的新秩序及其价值系统中加以观察。因此，世纪的诞生标志着历史时间的断裂，即再也无法在旧的时间序列中理解自身了；这一概念的普遍化同时还意味着一种源自当下性的时势观将主导对于全部历史的叙述。在这个意义上，将世纪或 20 世纪本身作为对象，既是将这一时势观建构为一种能动的力量，同时也是将其从普遍的和客观的位置上解放出来的努力。

正由于此，20 世纪的概念并不只是一个分期概念或时间刻度，而

〈8〉　Prasenjit Duara, "History and Globalization in China's Long Twentieth Century", p. 155.

是历史行动者对于当下时势的把握、对于行动根据的判断，一切关于过去、现在和未来的理解都在这种剧烈的历史意识的变迁中重新组合。如果世纪概念标志着一种霸权性的普遍时间概念的诞生，历史行动者用世纪作为界标的努力也同时表现为对于推动这一时间概念普遍化的霸权力量的抵抗。世纪这一西方时间概念是在时势这一传统范畴内获得其内涵的：世纪的霸权力量究竟是什么？是船坚炮利？是政治制度？是文化形态？是生产方式？是殖民主义？是资本主义？是帝国主义？这一连串的追问也产生了不同的文化和政治战略。因此，在其诞生的时刻，世纪概念对当下性的关注和非目的论的性质区别于通常的时间概念。

在 1900 年之前，几乎没有中国人使用这一概念，在此后的一段时期，世纪作为一种时间的标记也与其他纪年方式并行不悖。这一现象不独中国如此，欧洲的世纪概念同样包含对时代状态的把握。格里历是由意大利医生兼哲学家阿洛伊修斯·里利乌斯（Aloysius Lilius，1510—1576）改革儒略历而制定的，1582 年由罗马大公教会教宗格列高利十三世（Gregorius PP. XIII，1502—1585）颁行，但真正作为普遍历法是在 19 世纪后期至 20 世纪前期。在欧洲，20 世纪是在"世纪末"（Fin de siècle）的氛围中诞生的。这一法文语词虽然包含新时代正在到来的含义，但更是关于旧时代正在终结的断言。这是一种处于文明溃败的末端时刻的氛围，一种新时代可能开启的预感。在时间上，"世纪末"通常指 19 世纪 80 年代至 20 世纪初叶的文化氛围，其内核是对 19 世纪造成的历史断裂和文明危机的判断。[9] 在文学、艺术等文化诸领域，"世纪末"概念代表着一种退化、颓废、唯美的氛围，一种因文明陷入危机而产生的厌烦、悲观、犬儒的情绪，一种情感主义、

〈9〉　Gail Marshall ed., *The Cambridge Companion to the Fin de siècle*, Cambridge: Cambridge University Press, 2007, pp. 1-12.

主观主义和非理性主义的哲学态度。除了波德莱尔（Charles Pierre Baudelaire，1821—1867）[10]、王尔德（Oscar Wilde，1854—1900）等世纪末文学的代表之外，这一时代影响深远的病理学是从进化论衍生而来的退化论，其代表是出生于维也纳、长期在巴黎活动的精神病学家莫雷尔（Bénédict Augustin Morel，1809—1873）。[11] 莫雷尔有感于19世纪犯罪、疾病和精神失常的显著上升，注意到精神疾病与生理疾病之间存在联系，认为心理紊乱和行为失常是由不正常体格造成的，进而发展出了退化论（degeneration theory）。退化论以正常状态或完美的人为假设起点，将由于环境影响所产生的变异解释为退化。根据这一退化理论，失常现象虽然是后天的，却可以通过遗传，伴随着代际更替而愈加退化，例如从第一代的神经症退化为第二代的精神错乱，再至第三代的低能症和第四代的不育症。莫雷尔的退化论产生于19世纪中期，不仅在19世纪80年代具有重大影响，而且也奠定了20世纪优生学的理论基础。这一理论既影响了左拉建立在环境决定论之上的社会批判，[12] 又为社会达尔文主义（甚至纳粹优生学）提供了思想资源。[13]

　　章太炎的《俱分进化论》和鲁迅的《文化偏至论》与欧洲"世纪

〈10〉 波德莱尔的代表作《恶之花》创作于1843年之后，1857年结集出版，他并不是世纪末的人物。但兰波（Arthur Rimbaud，1854—1891）、马拉美（Stéphane Mallarmé，1842—1898）、魏尔伦（Paul Verlaine，1844—1896）等世纪末诗人均深受其影响。兰波称其为"至高的预见者，诗人中的王者，真正的上帝"。（Arthur Rimbaud, *Oeuvres*, Suzanne Bernard ed., Paris: Edition Garnier, 1960, p. 349.）

〈11〉 Ian Dowbiggin, "Degeneration and Hereditarianism in French Mental Medicine 1840-90: Psychiatric Theory as Ideological Adaption", in: R. Porter, W. F. Bynum and M. Sheperd eds., *The Anatomy of Madness. Essays in the History of Psychiatry*, Vol. I, London & New York: Tavistock Publications, 1985, pp. 188-232.

〈12〉 Daniel Pick, *Faces of Degeneration: a European Disorder, c. 1848-c. 1918*, Cambridge: Cambridge University Press, 1989, pp. 74-96.

〈13〉 Ernest L. Abel, "Bénédict Augustin Morel (1809-1873)," *American Journal of Psychiatry*. 161. 12 (2004): 2185.

末"的退化论相互呼应，但章太炎、鲁迅都没有像莫雷尔那样假定绝对的完美状态。章太炎用"善亦进化，恶亦进化"的理论反击进化和进步学说的目的论，他说：

> 近世言进化论者，盖昉于海格尔氏（按：Hegel，即黑格尔）。虽无进化之明文，而所谓世界之发展，即理性之发展者，进化之说，已孽芽其间矣。达尔文、斯宾塞尔辈应用其说，一举生物现象为证，一举社会现象为证。如彼所执，终局目的，必达于尽美醇善之区，而进化论始成。同时即有赫衰黎氏与之反对。赫氏持论，徒以世运日进，生齿日繁，一切有情，皆依食住，所以给其欲求者，既有不足，则相争相杀，必不可已，沾沾焉以贫乏失职为忧，而痛心于彗星之不能拂地，以扫万物而剿绝之。〔14〕

正是沿着这一思想脉络，至1910年，他开始用"齐物平等"理论将平等的观念与每一事物的独特性的观念结合起来，从根本上与世纪末的退化论划清了界限。〔15〕鲁迅将对进化论的目的论批判直接引申为对于欧洲19世纪的政治经济模式的剖析和批判，在尼采、基尔凯郭尔等人的影响之下，他的文学起点带有浓郁的欧洲"世纪末"文学和文化的悲观主义和虚无主义气息，但不同于前者，他把悲观和虚无编织在对截然不同于19世纪的20世纪的召唤和反抗绝望的哲学之中。〔16〕"五四"以后，鲁迅对于优生学所内涵的种族主义的否定萌芽于对欧洲"世纪

---

〔14〕　章太炎：《俱分进化论》，《章太炎全集》第4册，第386页。参见汪晖：《现代中国思想的兴起》下卷第一部，第十章，第1011—1103页。

〔15〕　参见汪晖：《再问"什么的平等"（下）：齐物平等与"跨体系社会"》，《文化纵横》2011年第6期，第98—113页。

〔16〕　参见汪晖：《声之善恶：什么是启蒙——重读〈破恶声论〉》，《声之善恶》，北京：生活·读书·新知三联书店，2013，第1—98页。

末"思想的扬弃。[17]

章太炎、鲁迅对于欧洲"世纪末"思想的回应和扬弃基于被压迫民族的思想者的政治直觉和理论思考，表达的是对"19世纪"政治经济方案的批判与否定。对于中国而言，无所谓19世纪，而只存在将欧洲19世纪作为楷模的变革方案和思想习惯；欧洲殖民主义和帝国主义的思想和逻辑经常渗透在这些变革方案和思想习惯内部，却因为是"我们的"方案和习惯而让人浑然不觉。在科技和政治领域，"世纪末"标志着一种作为帝国主义知识的地缘政治学的诞生，一种地球作为有限空间的时代的到来。"19世纪的落幕标志着欧洲扩张的'哥伦布时代'的终结"[18]，也就是地球被瓜分完毕了。"世纪末"就是"20世纪的世界必须作为一个整体、一个完整的地球来理解的信念。汽船、公路、铁路和电报等技术和全球交通使得未来世界成为一个'较小的'地方，一个可以被作为单一体系进行阐释的地方"[19]。

"地缘政治学这一由瑞典政治学家鲁道夫·契伦（Rudolf Kjellen，1864—1922）创造的用语与19世纪晚期相伴而生。如同19世纪90年代诞生的许多语汇一样，'地缘政治学'是一个旨在传达其新颖性的混成表达。它被设想为一种为了一个新世纪而产生的、能够提供对于这个世界的民族 - 国家、它们的边界和领土能力、它们之间的相互关系的理解的新研究领域。"[20]1897年，德国地理学家弗雷德里希·拉采尔（Friedrich Ratzel，1844—1904）出版了《政治地理学》一书，提出"国家是属于土地的有机体"；像生物有机体一样，国家有机体要想茁壮成

〈17〉 鲁迅：《故事新编·理水》，《鲁迅全集》第2卷，北京：人民文学出版社，2005，第385—407页。

〈18〉 Michael Heffernan, "Fin de siècle, Fin du Monde? On the Origins of European Geopolitics, 1890-1920", *Geopolitical Traditions: A Century of Geopolitical Thought*, ed. Klaus Dodds and David Atkinson, London & New York: Routledge, 2000, p. 33.

〈19〉 Ibid., p. 31.

〈20〉 Ibid., p. 27.

长，就必须扩大自己的地理空间，"当一个国家向别国侵占领土时，这就是它内部生长力的反映。强大的国家为了生存必须要有生长的空间"[21]。因此，"他描绘了一个由流动边疆构成的世界。获得发展的国家在一个'领土兼并与并吞'的系统中将'政治上有价值的地区'纳入囊中。因此一个国家的领土在任何时间点都只是'本质上变化的有机体的一个静止过渡阶段'，直到文化发展的终点"[22]。这位"政治地理学之父"也是"生存空间"（the living space）这一20世纪地缘政治学概念的发明者。

因此，与"世纪末"文学和艺术的颓废氛围不同，在地缘政治领域，这是燃气、石油、电力替换工业革命时代的煤和铁的时代，采用福特主义工业生产的美国正在取代英国成为全球经济霸权。美国是一个坐拥两洋的新型帝国，一个完全不同于欧洲幅员较小的民族国家的政治体和由海洋连接起来的殖民帝国的超大型国家。内陆的重要性突然变得如此重要：美国的海军战略家马汉（Alfred Thayer Mahan，1840—1914）强调海权的重要性，他发现从小亚细亚至日本之间的中亚区域幸存着土耳其、波斯、阿富汗、中国和日本等独立国家，它们夹在俄国与英国之间，对未来的世界秩序而言具有显著的地缘重要性，进而赞成英国在这一区域抗衡俄国势力。[23] 在他看来，俄国的扩张是从两翼而不是从中间进行的，它从其领土的西部和东部各选取一个中心点，向南做扇形推进。"因此也只有通过主要针对俄国两个侧翼的南北方向回推，才能有效地遏制俄国。……堵住其出海口。"[24] 与马汉的海权论不同，麦金德

〈21〉 普雷斯顿·詹姆斯、杰弗雷·马丁：《地理学思想史》（增订本），李旭旦译，北京：商务印书馆，1989，第213页。

〈22〉 科林·弗林特、皮特·泰勒：《政治地理学》（第六版），刘云刚译，北京：商务印书馆，2016，第3页。

〈23〉 Alfred Thayer Mahan, *The Problem of Asia and the Effects upon International Politics*, Washington and London: Kennikat Press, 1920, pp. 26-27，167-168.

〈24〉 转引自李义虎：《地缘政治学：二分论及其超越——兼论地缘整合中的中国选择》，北京：北京大学出版社，2007，第58页。

（Sir Halford John Mackinder，1861—1947）这位海权王国的战略家认为20世纪将是一个陆权争夺的时代。[25] 他进而断言："海洋上的机动性，是大陆心脏地带的马和骆驼的机动性的天然敌手。""发现通向印度的好望角航路这一事件的极其重要成果，是把欧亚大陆东西海岸的航行连接起来，即使这是一条迂回的路线；从而在某种程度上，由于压迫草原游牧民族的后方而抵消了他们中心位置的战略优势。"[26]

从1890年开始，欧洲殖民地收益在下降，欧洲国家间体系经历着巨大的变化，由英、俄的海陆两极斗争，到德、美崛起后的多极斗争，最终形成了由协约国与同盟国为两极的更为简明也更为危险的格局。[27] 在这一过程中，欧洲国家武备快速增长。迈克尔·赫弗尔南（Michael Heffernan）将19世纪90年代称为"符号觉醒"（semiotic arousal）的时代：一切的一切都可以视为一种符号，一种即将到来的断裂或灾变的前奏。[28] 世纪这一基督教世界的概念在这一时刻突然具有某种界标的作用，提醒人们思考过去和瞻望未来。地缘政治学就是这一"世纪末心态"（*Fin de siècle* mentality）的一个侧面，它与旧世界秩序正在终结、一种由不同于欧洲民族国家的少数大型邦联或帝国（如美国、亚洲、非洲或欧洲等）主导的世界秩序即将取而代之的想象有着密切的关联。[29]

这一主要发生在欧洲的"地缘政治恐慌"（geopolitical panic）与1900年前后康有为、梁启超、杨度等人放眼世界所见的不确定的未来

〈25〉 Halford John Mackinder, "The Geographical Pivot of History", *The Geographical Journal* 23.4 (April 1904): 421-437.

〈26〉 麦金德：《历史的地理枢纽》，林尔蔚、陈江译，北京：商务印书馆，1985，第57页。

〈27〉 1943年，麦金德回忆儿时开始的世界秩序变化，即自拿破仑三世向普鲁士投降以来，世界秩序从英俄海陆对立至德美崛起，形成德、美、英、俄并置之势的历程。见《环形世界与赢得和平》，王鼎杰新译本《民主的理想与现实》"附录二"，上海：上海人民出版社，2016，第175—176页。

〈28〉 Michael Heffernan, "Fin de siècle, Fin du Monde? On the origins of European geopolitics, 1890-1920", in *Geopolitical Traditions: a century of geopolitical thought*, p. 31.

〈29〉 Ibid., pp. 28, 30.

相互呼应。这些最具有世界眼光的中国人也正是从这里出发，设想一种建立在清朝地基之上的、融汇几大族群和宗教的超大型立宪政治共同体，以介入这个正在为金融系统、大型工业组织和军事体系所控制的不确定未来。[30]因此，这一关于帝国的想象并不是对于传统王朝的回归，而是面向新世纪的世界秩序所产生的对抗性构想，因为20世纪帝国主义的地缘政治构想正是从边缘控制欧亚大陆中心，进而控制整个世界。美国地缘政治学家斯皮克曼（Nicholas Spykman）在1944年出版的遗著《和平地理学》中，将麦金德关于欧亚大陆和世界岛的名言修改为："谁支配着边缘地区，谁就控制欧亚大陆；谁支配着欧亚大陆，谁就掌握世界的命运。"[31]

　　略早于斯皮克曼的著作，毛泽东在《论持久战》（1938年5月）中将抗日战争中中国与苏联的地缘接近作为抗战的有利条件之一，他进而在与日本"大陆政策"的对比中，分析了"中国本部"之外广阔边缘区域正是中国的生命线。在论"大块和小块"一节中，他说："一种可能，是敌占地区将占中国本部之大半，而中国本部完整的区域只占一小半。这是一种情形。但是敌占大半中，除东三省等地外，实际只能占领大城市、大道和某些平地，依重要性说是一等的，依面积和人口来说可能只是敌占区中之小半，而普遍地发展的游击区，反居其大半。这又是一种情形。如果超越本部的范围，而把蒙古、新疆、青海、西藏算了进来，则在面积上中国未失地区仍然是大半，而敌占地区包括东三省在内，也只是小半。这又是一种情形。"[32]这一战略设想

〈30〉　参见汪晖：《世纪的诞生：20世纪中国的历史位置（之一）》，《开放时代》2017年第4期，第11—54页。

〈31〉　斯皮克曼：《和平地理学》，刘愈之译，北京：商务印书馆，1965，第78页。

〈32〉　毛泽东：《论持久战》，载竹内实监修，毛泽东文献资料研究会编：《毛泽东集》第六卷（1938年5月—1939年8月），日本株式会社苍苍社，1983，第92页。另参见汪晖：《两洋之间的文明》，《经济导刊》2015年第8期，第10—21页。

的前提不正建立在晚清改革者与革命者基于帝国主义时代的地缘政治关系而产生的"五族君宪"或"五族共和"的中国构想之上吗？

作为一种新的历史意识，或更准确地说，一种时势意识，世纪正是在这一广阔背景之下从边缘走向中心：无论长或短，世纪或 20 世纪在其诞生时都不是一种客观的分期方法，而是一种通过对独特时势的把握以重新确定历史行动方向的主体行为。世纪的降临是一个事件：启用这一时间概念正是为了终止旧的时间概念，从而 20 世纪不可能从先前的时间概念中自然地衍生或发展而来——既不可能从王朝纪年、黄帝纪年或孔子纪年等时间序列中来说明这一概念，也不可能从 18 世纪、19 世纪和 20 世纪的时间序列中去把握这一概念，但一切其他的时间概念都将在这一时代被重构为 20 世纪的前史。"'世纪'的意识是与 20 世纪紧密相连的，它和过去一切时代的区分不是一般时间上的区分，而是对一个独特时势的把握。"〈33〉因此，对于 20 世纪的历史叙述需要采用一种颠倒的方式加以理解：20 世纪不是其前史的结果，而是其前史的创制者。

短世纪的条件：帝国主义与太平洋时代

不同于阿瑞基的"漫长的 20 世纪"的框架，霍布斯鲍姆的 20 世纪是短促的。他的"短 20 世纪"以两次世界大战和冷战为基本框架，同时又与十月革命所诞生的国家之长度相互重叠。用他的话说，"的确，这并不是偶然的，本书中所界定的短 20 世纪的历史在时间上基本

〈33〉 参见汪晖：《世纪的诞生：20 世纪中国的历史位置（之一）》，《开放时代》2017 年第 4 期，第 15 页。

与诞生于十月革命的国家相始终"。[34] 但 20 世纪的界标究竟是一场革命，还是两场革命，抑或相互联系又相互区别的多重革命序列？霍布斯鲍姆虽然指出了世纪与苏联的历史重叠，但他对于这一国家的历史内涵的追溯意兴阑珊。在他的笔下，战争与革命，反法西斯战争中的统一战线，西方与苏东体系的对立及冷战的终结，以及现代主义艺术和大众文化的兴衰，构成了"短 20 世纪"的基本内容。然而，如果要将在他的叙述中地位十分边缘的中国置于思考 20 世纪的中心位置的话，离开苏联或中国的现代历史形成的历史内涵，而只是将它们作为一般界定的民族国家加以分析，无法把握 20 世纪的独特性。就苏联而言，她所以能够扮演为霍布斯鲍姆笔下"短 20 世纪"重叠的角色，不只因为她是一个大国，一个如同罗马、英国或美国这样的世界性霸权，更因为她是一个诞生于 20 世纪的战争与革命中、不同于 16 世纪以降任何资本主义国家的国家，并且这一国家不只是作为单个国家而存在，而且也代表着一种"世界体系"。若要从中国或中国革命的角度思考 20 世纪，则必然需要调整对 20 世纪的分期和界定。

从时间序列上说，两次世界战争规模巨大、技术先进、伤亡前所未有，但第一次世界大战作为帝国主义战争的性质并不能使之与 19 世纪的众多战争真正区分开来。在现代中国革命的视野中，以 1840 年鸦片战争为开端，英法联军（1856—1860）、中法战争（1883—1885）、甲午战争（1894—1895）、八国联军（1900）、日俄战争（1904—1905）、"九一八"事变（1931）和日本对东北的占领、以"七七事变"为开端的日本全面侵华战争（1937—1945）、美国对国共内战的介入（1945—1949）、朝鲜战争（1950—1953）、对台湾海峡的封锁（1950年开始）、越南战争（1955—1975）等，构成了一个漫长的帝国主义对中国及朝鲜、越南等国家进行侵略、干涉和占领的连续进程。帝国主

〈34〉　Eric Hobsbawm, *The Age of Extremes*, London: Abacus, 1995, p. 55.

义的军事进程不仅以经济掠夺为动力，而且也造成了中国经济结构的转型：不仅产生了与殖民主义经济相适应的买办制度和官僚资本，而且也产生了抵抗帝国主义的经济和政治力量，即毛泽东和许多近代史著作中提及的民族工业、民族资产阶级，尤其是"在帝国主义直接经营的企业中、在官僚资本的企业中、在民族资产阶级的企业中做工的中国的无产阶级。为了侵略的必要，帝国主义以不等价交换的方法剥削中国的农民，使农民破产，给中国造成了数以万万计的广大的贫农群众，贫农占了农村人口的 70%。为了侵略的必要，帝国主义给中国造成了数百万区别于旧式文人或士大夫的新式的大小知识分子"〈35〉。因此，中国的抗日战争和第二次世界大战已经包含了不同于第一次世界大战的内容——革命的、民族解放的、反法西斯统一战线的抵抗战争的内容。

从空间上说，霍布斯鲍姆的"短 20 世纪"主要是在欧洲的视野中形成的，却没有考虑全球权力中心的移动对于全球及其不同地区的巨大影响。20 世纪是全球范围内的共时关系达到前所未有深度和密度的时代，但这种共时性是通过多重时间关系相互链接而产生的；同一事件存在着因语境差异而产生的不同后果，以及由此产生的历史理解上的区别、对抗或交叉。有关帝国主义的争论不仅源于对生产过程的理论分析，而且也来自特定语境中的人对于正在发生的事件的感知和理解，进而产生了各具特色的战略和策略。例如，在世纪之交，正是第二次布尔战争（1899—1902）触发了霍布森（John Atkinson Hobson，1858—1940）对 1870 年以来全球范围内的新发展的追问。战争爆发时，霍布森恰好受雇于《曼彻斯特卫报》（*Manchester Guardian*），担任该报驻南非记者，发表了大量有关这场战争的报道。他指责英国矿

〈35〉 毛泽东：《丢掉幻想，准备斗争》（1949 年 8 月 14 日），收录于《毛泽东选集》第 4 卷，北京：人民出版社，1991，第 1487 页。

业主塞西尔·罗德（Cecil Rhodes，1853—1902）为其矿业利润最大化而挑动了英国对德兰斯瓦尔的战争。这一观察成为他在《帝国主义》一书中对帝国主义与传统帝国政策之间进行区分的根据，即帝国主义是资本主义经济驱动的。他发现大英帝国面积的 1/3、人口总数的 1/4 都是在 19 世纪最后三十年间获得的，遂将 1870 年作为"有意识的帝国主义政策开始的一年，但显然这一运动直到 80 年代中间才突飞猛进地发展起来"[36]。

列宁对帝国主义的探究深受霍布森的影响，但其时已经是在第一次世界大战时期，他对战争的性质及俄国和其他西方列强的直接观察影响了他对帝国主义现象的思考和判断。通过内部革命以逼迫俄国退出战争正是基于独特的地缘政治处境、国内政治状况和国际军事形势而做出的战略决断。"对帝国主义及其当然支柱的军国主义、寡头政治、专制政治、保护贸易、资本集中和剧烈的贸易变动的分析，显示帝国主义是近代民族国家的最大危险。"[37]与霍布森幻想民族国家的内部民主化可以解决帝国主义问题不同，列宁认为帝国主义触发的革命才是通往未来的唯一出口。

20 世纪有关帝国主义的主要理论将重点放在研究这一现象的经济根源，并探索改变这一帝国主义格局的政治路径。1900 年前后正是帝国主义瓜分狂潮席卷中国之际，这一时期开始的有关殖民和帝国主义的探究也无一例外地指出 1870 年至 1900 年前后殖民地土地的急剧扩张。[38]但为什么帝国主义理论不是主要地分析列强对殖民地的军事占

---

[36] 约·阿·霍布森：《帝国主义》，上海：上海人民出版社，1964，第 15 页。

[37] 同上书，第 285 页。

[38] Alexander Supan, *Die Territoriale Entwicklung der Europäischen Kolonien,* Gotha: Justus Perthes, 1906; Henry C. Morris, *The History of Colonization,* New York: The Macmillan Company, 1900 以及霍布森的《帝国主义》等书均详细地说明了这一时期欧洲主要国家加紧土地扩张的情形。

领和殖民扩张，而是将经济问题置于中心位置？20世纪的主要理论家们大多认可19世纪70年代作为帝国主义阶段起点的观点，但对帝国主义起源存在不同解释。霍布森、卢森堡（Rosa Luxemburg，1871—1919）从消费不足与生产过剩的角度解释积累危机，以此说明帝国主义扩张的经济动力；[39] 希法亭（Rudolf Hilferding，1877—1941）从流通领域研究银行作用的变化和金融资本的形成，他参照马克思在《资本论》中对资本主义运行过程的研究，分析平均利润律在垄断条件下的新形态和金融资本及信用在资本主义危机中的作用，为解释帝国主义提供了视角[40]；列宁以及拉法格（Paul Lafargue，1842—1911）批判地综合各种学说，探索生产集中和垄断资本的形成，分析在此基础上产生的金融资本和金融寡头，将帝国主义视为资本主义的最新形态（列宁称之为"最高阶段"）。这类研究将帝国主义区别于早期帝国，因为它不再仅仅以军事侵略和强权掠夺为标志，而是奠基于一定生产和消费体系并有一定的意识形态与之配合的世界体系，即帝国主义是一个囊括生产、流通、政治统治、文化统治和地缘关系的世界形态。因此，资本家对于垄断组织的追求与政治家对于战争政策的鼓吹全部服从于其经济逻辑，用罗德的话说，"帝国就是吃饱肚子的问题。要是你不希望发生内战，你就应当成为帝国主义者"[41]。正由于此，对于帝国主义的经济分析实际上也是对这一时代的独特性的分析——殖民政策

〈39〉 罗莎·卢森堡：《资本积累论》，彭坐舜、吴纪先译，北京：生活·读书·新知三联书店，1959，第365—376页。该书对积累问题的论述集中在第三编第25—32章，其中最后一章第32章论述"作为资本积累领域的军国主义"，是对帝国主义的直接分析。

〈40〉 鲁道夫·希法亭：《金融资本》，福民等译，王辅民校，北京：商务印书馆，1994。关于金融资本和对自由竞争的限制，尤其是利润率平均化的障碍及其克服和垄断组织问题，见该书第三篇第11—15章（第201—266页）；关于金融资本的经济政策及帝国主义问题，见该书第五篇第21—25章，第343—430页。

〈41〉 这是罗德于1895年的谈话，发表于《新时代》杂志1898年第16卷第1分卷，第304页，转引自《列宁选集》第2卷，第799页。

和帝国主义是自古而来的现象，但 19 世纪帝国主义的独特性在于其与垄断组织、金融资本和社会形态的紧密联系。

帝国主义问题上升为一种新的历史意识既与资本主义的形态变化（工业主义）有关，又与重新界定全球权力中心及其对自身社会的影响有关，从而分期问题必须兼顾地缘政治关系的改变。霍布森的帝国主义论（1902）、列宁的"资本主义的最高阶段"（1916）、毛泽东的《新民主主义论》（1940），都认为帝国主义与欧洲殖民主义前后连贯，也不约而同地使用了帝国主义概念，但在分期上有所区别：对于霍布森和列宁等欧洲和俄国的理论家而言，19 世纪 70 年代开始标志着一种不同以往的资本主义新形态，即帝国主义，或称新帝国主义。在霍布森看来，19 世纪 40 年代的鸦片战争与其说是帝国主义的产物，不如视为旧帝国政策的产物。"直到 19 世纪末，英国都是以法国作为可怜的副手寻求贸易，用传教事业作为外衣来掩饰这种贸易政策，而这两者之间相对的真正重要性在鸦片战争中受到了严厉的考验。以制造业起家的德国和美国的参加，以及日本的欧化，加剧了商业竞争，使争夺远东市场成为国家工业政策的更明确的目标。"[42] 在此过程中，退出了帝国主义竞争的荷兰拥有东印度和西印度群岛的广大属地，并局部地采取了帝国主义政策，"却是属于旧殖民主义：它并未参加新帝国主义的扩张"[43]。英帝国在短时期内的领土扩张激发了敌对帝国之间的竞争，例如俾斯麦时期对南洋和萨摩亚的殖民政策构成了对大英帝国殖民秩序的挑战。

然而，从中国的经验出发，毛泽东将 1840 年以降的历史直接纳入帝国主义干涉的进程。对他而言，有意义的区分不在帝国主义形态方面，而在中国人民抵抗帝国主义的不同阶段方面，例如，不是鸦片战争界定了中国的民主革命时期的到来，而是抵抗外来侵略和国内压迫

〈42〉 约·阿·霍布森:《帝国主义》，第 244 页。
〈43〉 同上书，第 17 页。

的斗争，尤其是太平天国运动的兴起标志着一个不同以往的历史时期正在到来；不是第一次世界大战界定了世纪的诞生，而是"五四"运动标志着一种区别于1840年以降抵抗和变革运动的斗争新阶段。这一分期与列宁对于自由资本主义与帝国主义的区分明显不同。列宁认为：在1840—1860年的所谓自由资本主义时期，"英国当权的资产阶级政治家是反对殖民政策的，他们认为殖民地的解放和完全脱离英国，是一件不可避免而且有益的事情"，但到19世纪末，英国的风云人物如为布尔战争出谋划策的塞西尔·罗德和约瑟夫·张伯伦（Joseph Chamberlain，1836—1914）却成为公开鼓吹帝国主义政策的人物。"这些当权的英国资产阶级政治家早在当时就清楚地知道最新帝国主义的所谓纯粹经济根源和社会政治根源之间的联系了。"[44]但是，资本主义的扩张总是伴随着不同形态、不同程度的帝国主义，自由资本主义时期也不例外。19世纪40年代以降的殖民主义历史与资本主义经济的联系始终是紧密的，帝国主义时代不过是全世界殖民政策的特殊时期，即殖民政策与金融资本产生超越以往的紧密联系的时期。

帝国主义国家之间的政策差别不足以描述新帝国主义的性质。在经历了三十年殖民地土地和人口的急剧扩张（从1876—1900年前后，六大殖民宗主国的殖民地增加了一半以上，比各宗主国的面积多一半，其中三个强国在1876年尚未有殖民地）之后，至1900年"世界分割'完毕'了"[45]。但在这一世界进程中，中国的特殊性是什么呢？列宁曾经引述一位历史学家的话说，"近年来世界上所有未被占据的地方，除了中国以外，都被欧洲和北美的列强占据了"[46]。即便是立足于欧洲

〈44〉 列宁：《帝国主义是资本主义的最高阶段》，《列宁选集》第2卷，第798—799页。

〈45〉 同上书，第801页。

〈46〉 这是历史学家德里奥在《19世纪末的政治问题和社会问题》一书中论"列强与分割世界"一章中的话，转引自列宁：《帝国主义是资本主义的最高阶段》，《列宁选集》第2卷，第806—807页。

及其殖民地问题的霍布森也承认：正是在中国和亚洲地区，帝国主义的性质才得以充分呈现。这一帝国主义局势反过来也影响了殖民主义宗主国自身的局势。"在这种分割世界的情况下，在这种疯狂追逐地球上的宝藏和巨大市场的角斗中，这个世纪即19世纪建立起来的各个帝国之间的力量对比，是与建立这些帝国的民族在欧洲所占的地位完全不相称的。在欧洲占优势的强国，即欧洲命运的主宰者，并不见得在全世界也占有同样的优势。因为强大的殖民势力和占据尚未查明的财富的希望，显然会反过来影响欧洲列强的力量对比，所以殖民地问题（也可以说是'帝国主义'）这个已经改变了欧洲本身政治局面的问题，一定还会日甚一日地改变这个局面。"[47]中国革命正是发生在殖民地问题日甚一日地改变欧洲和全球政治局面的时刻。因此，区域关系的独特性对于理解帝国主义的全球体系是十分重要的。

与垄断组织和金融利益主宰商业利益相互伴随的，是旧帝国的野心为相互竞争的帝国理论和实践所取代。从地缘政治的角度观察，各帝国之间的竞争与争夺持续发展，并在两次大战中达到高潮，但20世纪的一个关键性竞争趋势并不只是像19世纪晚期那样的帝国主义诸强并争，而是全球权力中心逐渐从大西洋转向太平洋。这一进程产生了新的权力集中趋势，其中两大太平洋势力的崛起最值得关注。首先是兼有大西洋与太平洋的强权美国：这是一个在农业、工业、银行业等领域全面上升的新帝国，生产的高度集中产生了垄断组织，工业资本、金融资本改造了国民经济的内在结构，但同时拥有独立运动以来形成的民主政治框架。在19世纪末之前，美国的地缘政治主要集中于大西洋两岸，但在美西战争（1898）之后，太平洋日渐成为新帝国的舞台。日俄战争以降，美国在这一区域的影响力与日俱增，它不仅直接或间

〈47〉 列宁：《帝国主义是资本主义的最高阶段》，《列宁选集》第2卷，第806—807页。

接介入多场战争、操纵国家政治，而且也以不同方式对各国国内势力提供支持。在美国经济利益的驱动之下，"强大而进取的美国，因并吞夏威夷和接管古老的西班牙帝国遗产而进入帝国主义，这不但新增了贸易和领土的强大竞争者，而且使问题变得复杂了。由于政治注意力和活动的焦点愈来愈转向太平洋国家，美国的商业野心也愈来愈促使它追求太平洋各岛和亚洲海岸的贸易，那种曾经推动欧洲国家扩张领土的力量同样在驱使着美国，使它实际上放弃了一直支配着它的政策的美国孤立主义"〈48〉。如果说欧洲的观察者仍然侧重在欧洲列强的分化和各自在新的生产、流通体系中的位置变化，对于站在太平洋沿岸观察世界局势的人而言，美西战争及其对波多黎各、夏威夷和菲律宾的占领更加令人震撼：这是一个通过独立战争而摆脱英国支配的共和国，如今正在超越其旧宗主国，以集中化的工业生产、垄断组织、超级财团和金融资本为依托，成为新的世界霸权。梁启超写于1900年的《廿世纪太平洋歌》就是对以美国为中心的太平洋世纪的生动预言。

但是，美国帝国主义不同于欧洲民族的殖民帝国主义："如果说，对于19世纪欧洲民族的殖民帝国主义具有典型意义的是诸如保护国和殖民地这样的东西，那么，美国的基本成就则是发明了干涉条约和与此相近的干涉法律名称。"〈49〉换句话说，美国帝国主义具有更为深刻的资本帝国特征。由于这一时期中国面临的主要地缘政治局势仍以俄日霸权及英国殖民政策为主，尽管美国参与了八国联军的对华入侵及对义和团的镇压，但为了与俄日争夺在亚洲的利益，其角色在相当长的时期内不同于其他老牌帝国主义。第一次世界大战后威尔逊主义在中

〈48〉 约·阿·霍布森：《帝国主义》，第18页。

〈49〉 卡尔·施米特：《论断与概念：在与魏玛、日内瓦、凡尔赛的斗争中（1923—1939）》，上海：上海人民出版社，2006，第168—169页。

国的一度流行〈50〉，抗日战争时期的中美合作，都可以在帝国主义国家体系不平衡的框架内获得解释。

其次是日本。在有关帝国主义的历史和理论研究中，存在着这样一个疑问，即为什么经济上尚未达到欧美水平的日本提前进入了帝国主义阶段？从方法上说，这一问题产生于对帝国主义经济形态独特性的追究，从而将重点落在了帝国主义国家与旧帝国的区别之上，而忽略了帝国主义是与资本主义共生的，作为一种国际体系，帝国主义运行的前提正是其体系的非均衡性，亦即列宁所说的作为帝国主义时代绝对规律的政治经济发展不平衡。〈51〉列宁的分析侧重于政治经济关系，而较少涉及地缘政治关系。日本向帝国主义的快步迈进事实上与英、俄两大"亚洲帝国"的相互竞争有着密切关系。英国为了抗衡俄国在亚洲的扩张，保守党政府曾有联合清政府的设想，直到1894年7月16日《日英通商航海条约》签订，英国才正式放弃联合中国牵制俄国的念头，日本由此废除了治外法权，获得了与西方列强在形式上的平等地位。九天以后，甲午战争爆发。1902年1月30日，《英日同盟条约》签订；1904年1月25日，麦金德在皇家地理学会宣读了他对抗俄国的名作《历史的地理枢纽》，半个月后，日俄战争爆发。如果说垄断组织和金融资本与帝国主义政策的结合是19世纪晚期资本主义的阶

〈50〉 为了抗衡日本对美国在华影响的限制，美国于1918年8月建立公共信息委员会（Committee on Public Information）中国分部，专门负责宣传威尔逊主义。（相关研究，参见任一：《寰世独美》，《史学集刊》2016年1月第1期，第48页。）梁启超、林长民、汪大燮、汤尔和等研究系政客成为威尔逊主义的得力鼓吹手。蔡元培在当年10月23日与研究系和旧交通系政客发表联名通电，发起和平期成会（电文内容和参与名单，参见《发起和平期成会通电》，中国蔡元培研究会编：《蔡元培全集》第18卷，杭州：浙江教育出版社，1998，第283页；周秋光编：《熊希龄集》中册，长沙：湖南出版社，1996，第1239—1240页），又于12月9日，"与熊希龄、汪大燮、梅尔思（英）、顾临（美）等发起组织协约国国民协会"（高平叔：《蔡元培年谱长编》中册，北京：人民教育出版社，1996，第142页）。

〈51〉 列宁：《论欧洲联邦口号》，《列宁选集》第2卷，第709页。

段性现象，那么，这些现象是在新旧形态的资本积累同时并进的过程中展开的。如果说资本主义的生产和流通依赖于区域之间和任一社会内部的非均衡性，那么，如果没有以地缘、政治、经济和文化的差异为形式的非均衡性，帝国主义国际秩序（以非秩序竞争为特点）就无法维系。在这个意义上，帝国主义的新旧之别其实正是帝国主义体系的结构性（但同时存在持续变动和调整的）特征。

对于这一汹汹而至的太平洋世纪，中国人首先是在甲午战争，稍后是在八国联军干涉，再则是在日俄战争的硝烟中，领略其刺骨的寒意。20 世纪帝国主义不是作为单一国家，而是作为相互联合又相互竞争的一组国家对中国进行瓜分和占领。日本正是这一转折的排头兵。1859—1861 年间，英国与俄国围绕对马海峡进行争夺，也触发了幕末日本围绕"征韩"的争论及其后控制朝鲜的尝试。[52] 1868 年 1 月 3 日的政变开启了明治维新时代，但相较于欧洲列强，日本的对外扩张并非由于生产过剩，也谈不上英、德、美等国的生产集中和金融垄断，恰恰相反，正是出于已经进入帝国主义时代的意识，为了摆脱资源匮乏、国内市场狭小的格局，即所谓赢得"生存空间"，从 19 世纪 70 年代开始，日本一方面在朝鲜半岛和满洲与俄国争夺势力范围，另一方面则在中国东南沿海展开对琉球、台湾的征服，从而预伏了与美国及英、法、德等欧洲列强在太平洋沿岸的冲突。这是对中国进行殖民战争的前奏，此后引发全面侵华战争的胶州湾问题[53]、"九一八"事变和

〈52〉关于日本对朝鲜半岛的征服及明治帝国主义的起源，参见 Peter Duus, *The Abacus and the Sword* (Berkeley/Los Angles/London: University of California Press, 1995)，其中第 1 章讨论了明治初期的对朝战略，见该书 pp. 29-65。

〈53〉德国对于胶州湾的最初觊觎也发生在 19 世纪六七十年代，最初建议是由著名地质学家斐迪南·冯·李希霍芬（Ferdinand von Richthofen, 1833—1905）提出的。清朝甲午战争的失败和德国加入"三国还辽"，促成了德国对于胶州湾的占领。在经过长期谋划之后，1897 年 11 月，德国借口教案，突然出兵胶州湾，并于 1898 年 3 月 6 日迫使李鸿章、翁同龢与德国驻华公使海靖（Friedrich Gustav von Heyking, 1850—1915）（转下页）

"七七事变"等均可视为这一进程的后续发展。

甲午战争的直接诱因是朝鲜东学党事件[54]后日本对驻朝清军的攻击，但这一事态的形成可以追溯至 1885 年 4 月 18 日由李鸿章和伊藤博文签订的《天津会议专条》[55]，以及更早的江华岛事件（1875—1876）[56]。事实上，早在甲午战争之前，1887 年，日本参谋部就已经制定了《征讨清国策》，不但预谋攻击北京和长江中下游，而且明确地将从山东半岛至台湾的沿海地区及岛屿全部纳入日本版图。《马关条约》的主要内容是日本长期谋划的产物。日本的野心是在帝国竞争的态势中展开的。中日签约后仅六天，就发生了俄国主导、德法加入的"三国干涉还辽"，1897 年，胶州湾陷入德国之手[57]，1898 年俄国又以此为

（接上页）签订《中德胶澳租借条约》，将胶州湾及南北两岸租与德国，租期 99 年。参见《中外旧约章汇编》第 1 卷，王铁崖编，北京：生活·读书·新知三联书店，1957，第 738—740 页。另参见施丢克尔：《十九世纪的德国与中国》，北京：生活·读书·新知三联书店，1963。

〈54〉 东学党事件又称东学农民运动或东学革命，是一场反对两班贵族和日本侵略的农民起义。正是这场起义直接触发了甲午战争。19 世纪 60 年代由崔济愚创立的东学是一个具有反基督教民族意识的宗教团体。1894 年 1 月全琫准在全罗道古阜郡举行农民起义，占领全州，威胁汉城。朝鲜高宗向清朝求救。清军于 6 月 8—10 日登陆驻屯于牙山，为日本干涉提供了借口。关于东学党起义的研究，参见陈显泗、杨昭全：《朝鲜近代农民革命领袖全琫准》，北京：商务印书馆，1985。

〈55〉 《天津会议专条》又称《天津条约》，是由日本与清朝签订的有关朝鲜问题的撤兵条约。这一条约的直接起因是史称"甲申事变"的开化党人叛乱。开化党人金玉均按照日本驻朝公使竹添进一的计划，引日军进攻王宫，后为应朝鲜之请的清兵所镇压。条约内容主要是如下三条：议定两国撤兵日期；中、日均勿派员在朝教练；朝鲜若有变乱重大事件，两国或一国要派兵，应先互行文知照。这一条约为甲午时期日本入侵埋下了伏笔。关于中日《天津条约》研究较少，可参见戴东阳《徐承祖与中日〈天津条约〉》一文，《中国社会科学院近代史研究所青年学术论坛 2005 年卷》，北京：社会科学文献出版社，2006，第 85—113 页。

〈56〉 江华岛事件发生在 1875 年，日本"云扬"号等三艘军舰入侵釜山（5 月）和江华岛（9 月），并在江华岛与朝鲜军队发生冲突。日军获胜后，逼迫朝鲜签订了打开国门的《江华岛条约》。参见伊原泽周：《近代朝鲜的开港：以中美日三国关系为中心》第二编第三章，北京：社会科学文献出版社，2008，第 81—84 页。

〈57〉 关于胶州湾事件与戊戌维新运动的关系，可以参考孔祥吉：《胶州湾危机与维新运动的兴起》，《历史研究》1998 年第 5 期，第 27—39 页。

由强占旅顺、大连，并获得了修筑贯穿辽宁和吉林两省的中东铁路支线的权利。[58] 1900 年，义和团运动爆发，八国联军干涉，而联军之一的俄国利用这一局势出兵占领东北全境，引发了与日本及英国的矛盾。1902 年缔结的英日同盟正是为了与俄国争夺中国东北的权益。这一系列事件标志着日本作为一个帝国主义国家直接加入了各帝国间为争夺殖民地而展开的国际竞争。1904 年，作为上述系列事件的产物，日俄战争在中国东北爆发，"战争因日本想统治朝鲜的欲望所引发，然后通过入侵朝鲜而肇始。日俄战争始于朝鲜战争，最终发展为日本与俄罗斯之间在中国东北进行的战争"[59]，最终明治日本以胜利者的角色创造了所谓东方战胜西方、亚洲战胜欧洲、黄种人战胜白种人的神话。

在这场以朝鲜和中国东北（满洲）为战场的战争中，不仅俄国、德国、法国和英国等老牌帝国主义相继现身，而且美国以新的调解者和仲裁人的角色影响了日俄之间的和谈及《朴茨茅斯条约》的签订。作为调解者和仲裁人，美国所采取的并非中立立场。1895 年，由美国俄亥俄州前参议员加尔文·布莱斯（Calvin Stewart Brice，1845—1898）牵头、美国各大金融机构参股的美中发展公司（American China Development Company，ACDC）成立。[60] 公司的目的是积极谋求在华铁路、矿产和其

〈58〉 关于中东铁路问题，已有不少研究成果，如鲍·亚·罗曼诺夫《日俄战争外交史纲（1895—1907）》（上下册，上海人民出版社，1976）、B. 阿瓦林（B. Аварин）《帝国主义在满洲》（商务印书馆，1980）、陈晖《中国铁路问题》（三联书店，1955）、苏崇民《满铁史》（中华书局，1990），以及解学诗、苏崇民主编《满铁档案资料汇编》（全 15 卷，社会科学文献出版社，2011）等。又，Bruce A. Elleman & Stephen Kotkin 所编 *Manchurian Railway and the Opening of China: An International History* (Armonk, New York & London, England: M. E. Sharpe, 2010) 一书是一部系统论述中东铁路的论文集，其中 S. C. M. Paine 的 "The Chinese Easten Railway from the First Sino-Japanese War to the Russio-Japanese War" 和 Y. Tak Matsusaka 的 "Janpan's Manchurian Railway Company in North-East China 1906-34" 对于这一时期围绕中东铁路的国际争夺有详细的研究，见该书第 13—58 页。

〈59〉 和田春树：《日俄战争：起源与开战》上卷，易爱华、张剑译，张婧校订，北京：生活·读书·新知三联书店，2018，第 3 页。

〈60〉 William R. Braisted, "The United States and the American Development Company." *The Far Eastern Quarterly* 11.2 (1952): 147-165.

他工业特权，其中包括谋求中国东北铁路沿线资源开发权和为期 30 年的铁路建筑垄断权。除了巨大的商业利益之外，美国也试图以利益均沾的名义遏制俄国在中国东北利益独占，进而为美国的门户开放政策开疆辟土。[61]据日俄战争临时军事费特别会计结算额，"全收入的 82% 由国债和一时借入金支付，国外公债的比率达到全体的 40%"[62]。这里提及的国外公债几乎全部出自美国和英国。但这一政策因俄国在西伯利亚和中国东北的强势存在而未能成功。为了抗衡俄国的势力扩张，在日俄战争期间，美国通过华尔街金融寡头向日本提供贷款，总额度占日本军费总开支的 40%。[63]然而，《朴茨茅斯条约》加强了日本在黄海和日本海的控制权，伴随日本从俄国手中租借辽东半岛，获取旅顺和大连的军事港口，并垄断东北区域的贸易，美国的哈里曼铁路计划终于破产。[64]一场更为迫近的太平洋地区的争夺将在日美之间展开。[65]这是美西战争后美国在亚太争霸面临的新挑战和新角色。

〈61〉 董小川《美俄关系史研究 1648—1917》（长春：东北师范大学出版社，1999）一书包括了美俄中东铁路的政策和博弈的研究。

〈62〉 板谷敏彦：《日露戦争・資金調達の戦い—高橋是清と欧米バンカーたち》，日本新潮社，2012，第 130、132 页。

〈63〉 关于日俄战争期间的外债募集问题，见井上琢智"添田寿一と日清・日露戦争：Economic Journal 宛公開書簡等に見る外債募集と黄禍論"，《甲南会計研究》2015 年第 9 期，第 1—17 页。其中，具体数据见第 15 页。又据苏联学者 B. M. 赫沃斯托夫的研究，"1904 年 4 月，银行老板谢夫和大银行库恩・洛伯公司，同英国的银行辛迪加（包括汇丰银行在内）一起向日本提供了一笔息六厘的五千万美元高利贷款；英国提供这笔借款的半数，另一半由美国分担。""1904 年 11 月，英国和美国又向日本提供一笔借款，总数为六千万美元，年息也是六厘。"伴随战争的进程，1905 年 3 月和 7 月，英美两国再次向日本提供第三、四笔贷款，数额都是一亿五千美元，年息 4 厘半，德国银行参加了后一次贷款。"除去回扣、其他开支和损失外，日本政府从外债中净得六亿九千七百万日元，抵补了日本军费总额十七亿三千万日元的百分之四十以上。如果没有英美的借款，日本就很难同俄国作战。"B. M. 赫沃斯托夫：《外交史》第二卷（下），北京：生活・读书・新知三联书店，1979，第 740—741 页。

〈64〉 Lloyd J. Mercer, E. H. Harriman: *Master Railroader*, Washington, D. C.: Beard Books, 2003, p. 19.

〈65〉 李燕芬：《美国的中东铁路政策评析（1895—1922）》，东北师范大学硕士论文，第 13 页；陶彦林、李秀莲：《20 世纪初美国对中国三省铁路的觊觎》，《黑河学刊》2001 年第 5 期，第 74—76 页；陶文钊：《日美在中国东北的争夺（1905—1910）》，《世界历史》1996 年第 1 期，第 12 页。

中国革命与短世纪的起点：非均衡性与"薄弱环节"

新帝国主义的崛起，列强并争并联合瓜分殖民地的格局，全球权力中心向太平洋的转移，构成了理解 20 世纪基本问题的历史条件。但如果仅就帝国主义现象而言，我们难以截然地在 1840 年与 1870 年之间划出清晰的界限。真正在 20 世纪与 19 世纪划出清晰分界的是帝国主义时代的内外条件所孕育的革命——革命的内容、革命的主体、革命的目标、革命的形式、革命得以发生并持久化的区域、革命对于世界格局的改变。因此，讨论 20 世纪起点和终点也就是探索这一时代的革命浪潮之多重起源、曲折进程和衰落的形态。

这一问题需要从分析帝国主义体系的非均衡性开始。〈66〉如果说帝

〈66〉 我在这里讨论的资本主义发展的非均衡性与马克思主义传统中有关不平衡发展的学说有密切的联系。一些论者认为，发展不平衡的理论可以溯源至马克思和恩格斯对资本运动的考察（见 Karl Marx and Friedrich Engels, *Collected Works of Marx and Engels, Economic Works 1857-1861*, vol. 28, New York, 1986, p. 435 ），如 Neil Smith, *Uneven Development: Nature, Capital, and the Production of Space,* 3rd edition (Athens, GA, 2008); David Harvey, "Notes Towards a Theory of Uneven Geographical Development", in *Spaces of Neoliberalization: Towards a Theory of Uneven Geographical Development*, Stuttgart, Franz Steiner Verlag, 2005，等等。但在中国革命的脉络中，这一问题更多地可以追溯至列宁的《帝国主义论》，其他地区也有类似经验（George Novack, "The Law of Uneven and Combined Development and Latin America", in *Latin American Perspectives* 3.2 (Spring 1976): 100-106。在当代理论讨论中，更多论者将不平衡和连同性发展理论溯源至托洛茨基在《俄国革命史》中对于"资本主义不平衡和连同性发展规律"（the law of uneven and combined development）的论述和孟德尔（Ernest Mandel）对于这一问题的进一步发展（Leon Trotsky, *History of the Russian Revolution*, trans. Max Eastman, Chicago: Haymarket Books, 2008 [1930]; Ernest Mandel, *Late Capitalism*, trans. Joris De Bres, London: New Left Books, 1975）。他们认为马克思对于相关问题的论述只是过渡性的片段，而列宁的《帝国主义论》对不平衡的论述主要用于界定帝国主义时代不同国家间的关系，并预设了资本主义发展的不同阶段，从而没有为"连同性发展"（所谓 combined development，即资本主义与非资本主义因素的连同发展）留下空间。关于不平衡与连同性发展的理论梳理，见 Susan Dianne Brophy, "The Explanatory Value of the Theory of Uneven and Combined Development " (26th Feb, 2018, see the website of *Historical Materialism*, http: //www. historicalmaterialism. org/blog/explanatory-value-theory-uneven-and-combined-development)。

国主义世界体系的非均衡性产生了这一国际体系的"薄弱环节",那么,由多强竞争格局造成的国内分割也为国内革命提供了"薄弱环节"。由于"这种国际资本主义的投机性的巨大成就,还没有完全成熟到国际合作的程度,仍然受到资本家集团利用民族的感情和政策强求他们特殊利益的妨碍",从而在"西方列强联合进攻中国"的同时,又在中国境内相互竞争、角逐〈67〉,以代理人战争的方式造成中国的内战和割据。法国、俄国、德国、英国、日本、美国等列强争夺国际势力范围的进程与其对中国境内瓜分势力范围的进程相互伴随,两者的目的都是通过政治、军事力量占据在不同地区的投资、开发的垄断权,以获取超额利润。因此,帝国主义时代存在着两种薄弱环节:一种"薄弱环节"即列宁所说的作为"资本主义的绝对规律"的"经济政治发展的不平衡","由此就应得出结论:社会主义可能首先在少数或者甚至在单独一个资本主义国家内获得胜利"〈68〉;而另一种则是由于国内政治经济发展的不平衡和被压迫民族内部的帝国主义代理人之间的矛盾造成缝隙,后者为中国革命力量在广阔乡村和诸省边界及边缘区域的生存和发展提供了条件。

"薄弱环节"不但指统治秩序的脆弱之处,而且也指突破其体系的可能性。因此,"薄弱环节"依赖于革命力量的生成,而不可能自行存在。20 世纪的革命力量不是一个国家内或区域内的独立存在,而是在"薄弱环节"展现自身,具有深刻国际联系的民族、阶级/阶层和区域的运动。换句话说,如果不存在致力于突破统治体系的革命力量和革命理论,也就不存在"薄弱环节";如果不能将资本主义国际体系的"薄弱环节"与国内统治的"薄弱环节"结合起来考虑,也难以形成革命的战略和策略。对于革命势力而言,如果仅仅将帝国主义视为经济

〈67〉 约·阿·霍布森:《帝国主义》,第 246 页。
〈68〉 列宁:《论欧洲联邦口号》,《列宁选集》第 2 卷,第 709 页。

现象，而不是基于经济需求而产生的政治和军事竞争的态势，不理解在旧帝国政策与新帝国主义之间并没有明确清晰的界限，就无法形成具体的抵抗帝国主义的战略和策略。在这个意义上，没有具体的革命战略和策略，薄弱环节就不能成为"薄弱环节"。

"薄弱环节"需要在事件的突然爆发中显示自身。与帝国主义的全球进程相伴随的，是欧洲革命者对于未来革命的预感，即革命必将是世界性的，很可能首先发生在远离欧洲和大西洋的地方。这一预感上升为明确的意识是在日俄战争和俄国 1905 年革命时期。日俄战争和俄国革命不但击破了欧洲资产阶级对于帝国均势的信仰，而且也击破了欧洲社会主义者对于通过大国均势维持和平的幻想。这是维也纳体系走向终结的开始。罗莎·卢森堡在 1904 年 5 月 1 日为庆祝国际劳动节而写的文章中说：

> 今年的五一格外特别，因为我们是在战争的喧嚣中庆祝劳动节……在存在着战争的条件下，无产阶级的游行尤其需要表达这一观点，即普遍和平除非与我们社会主义的最终目标的实现相联系是不可能实现的。

> 如果日俄战争证明了什么的话，那就是那些"人道主义的"社会主义者的幻想的毫无价值，他们将世界和平寄托在双重或三重联盟的均势……旅顺口的轰鸣——它已经导致欧洲期货市场的痉挛性震荡——是对资产阶级社会的社会主义理论家们聪明声调的回答，即在欧洲和平的幻觉中，他们只是忘记了一件事情：现代殖民政治，它现在已经越过了欧洲的地方性冲突，并将这些冲突推向了大洋。日俄战争现在让所有人认识到：即便是欧洲的战争与和平——它的命运——并非取决于欧洲协调的四壁之内，而是在它之外，在世界和殖民政治的大旋涡之中。

> 即便不谈即时效果，这场战争的真正意义在于社会民主：俄

国绝对主义的垮台。这场战争将国际无产阶级的目光转向世界的巨大的政治和经济联系，猛烈地驱散了我们队伍中的特殊主义，以及在任何政治平静时期形成的观念的卑琐。战争彻底掀开了资产阶级世界——经济、政治和社会拜物教的世界——用以不断地裹挟我们的面纱。战争摧毁了我们对于和平社会进化的表象、全知全能的资产阶级合法性、民族排外主义、政治条件稳定性、"政客"或政党操弄的政治的有意识的方向、资产阶级议会的争吵的意义，以及作为社会存在中心的议会制的全部信仰。

战争在释放资产阶级世界的反动力量的同时，在其最深处生出社会革命的力量。是的，这一回，我们在劲风中庆祝五一，世界的系列事件的步伐正剧烈地加速。[69]

日俄战争爆发在卢森堡所说的俄国"绝对主义"与日本立宪政体之间，其结果直接影响了以宪政民主为政治方向的民族革命。与此同时，欧洲社会主义运动正在探索再分配社会财富的路径，以解决工业化过程中产生的"社会问题"（social question）[70]。战争和社会革命逐渐成为社会主义者的关键议题，并对殖民地社会的革命和改良运动产生深刻影响。卢森堡的分析和预言与中国士大夫的改良方案，及其在大国均衡中寻求生存空间的逐渐绝望，并无直接联系，但都产生于对同一进程的观察。在 1905 年前后，革命（民族革命、政治革命和社会革命）逐渐在一批"先觉者"中上升为一种主导理念和政治行动的方略，晚清

〈69〉 Rosa Luxemburg, *Le Socialiste*, May 1-8, 1904, Translated: for marxists. org by Mitch Abidor. https://www. marxists. org/archive/luxemburg/1904/05/01. htm（2018 年 4 月 11 日登录）。
〈70〉 "社会问题"（social question）是 19 世纪社会史的产物，尤其涉及如何处理工业化过程中的劳资冲突、大规模贫困和食品骚乱。19 世纪 40 年代，德语文献中开始使用 *soziale Frage* 一词，该词是从法文 *question sociale* 而来。见 Jähnichen, Traugott, "Social Question", in: *Religion Past and Present*. Consulted online on 24 April 2018〈http: //dx. doi. org/10. 1163/1877-5888_rpp_SIM_124903〉。

第一个全国性的革命组织同盟会成立于这一年，也由此引发了 1905—1907 年在革命党人机关报《民报》与君主立宪派的机关报《新民丛报》之间的争论。

　　霍布斯鲍姆的"短 20 世纪"是在苏东体系解体、新自由主义全球化的阴影下展开的。他如同一个智者，带着对过往的悲悼重新叙述"失败的历史"。但也因此，历史行动者的内在视野、战略策略并不构成其历史叙述的出发点。我将短 20 世纪理解为革命世纪，正是为了在历史分期时参考内在于这一革命时代的理论视野和战略策略。这个革命世纪不是发端于欧洲或美国资本主义的经济和军事霸权的确立，而是发端于这一经济和军事霸权在确立自身过程中所造成的新的"非均衡性"，或者更准确地说，由这一"非均衡性"所造成的颠覆这一霸权体系的革命契机。这些"非均衡性"包括阶级和阶层之间的非均衡性，区域和国家之间的非均衡性，族群和文化之间的非均衡性，工业和农业之间的非均衡性，城市和乡村之间的非均衡性，陆地与海洋之间的非均衡性，宗主国与殖民地之间的非均衡性，殖民地半殖民地社会内部的非均衡性……在世纪降临之前，上述非均衡性触发的是以民族革命、政治革命和社会革命为内容的一系列相互呼应的重大事件：日俄战争直接触发了 1905 年俄国革命，俄国战败引爆了波兰反俄民族主义运动，俄国革命激发了由波兰社会党发动的大罢工和同年 6 月的罗兹起义[71]，影响了 1907—1909 年伊朗宪政革命[72]、1908—1909 年土耳其革命[73]。这些革命与 1911 年前后的中国革命共同构成了亚洲（及东

〈71〉　Robert E. Blobaum, *Rewolucja: Russia Poland 1904-1907*, Ithaca & London: Cornell University Press, 1995, pp. 41-71.

〈72〉　Ervand Abrahamian, *Iran Between Two Revolutions*, Princeton: Princeton University Press, 1982, pp. 50-101.

〈73〉　Feroz Ahmad, "The Young Turk Revolution", *Journal of Contemporary History*. 3 (July 1968), *The Middle East* (3): 19-36.

欧）的革命序列。1907 年，英俄两国迅速和解。经历了对日战争的失败和 1905 年的革命，疲弱不堪的俄国已经承受不起来自波斯、中亚这两个腹地和远东、巴尔干东西两翼等多个方向的挑战。在日俄战争失败的阴影之下，甚至 1906—1911 年间展开的斯托雷平改革（Stolypin Reform）也不得不援引英国、日本的若干制度设计。从这一时期开始，革命主要不是产生于欧美资本主义中心，而是爆发在距中心地区相当遥远的"薄弱环节"，其中的第一环便是俄国。

马克思早就说过："每当革命风暴暂时平息的时候，一定要出现同一个问题——这就是一直存在着的'东方问题'。"[74] 在 1848 年革命前后，俄国借助镇压革命扩大其在欧洲的影响，而在革命之火燃烧至巴尔干时，俄国又通过支持民族自决以打击奥斯曼帝国，并挑起克里米亚战争。"在俄国的历史上几乎已经成为一条规律：即每当俄国在欧洲受到挫折，它就加快在亚洲的挺进。"[75] 1854 年，为争夺小亚细亚地区权力，沙皇与英法联军及奥斯曼帝国激战正酣，俄国奥伦堡总督彼罗夫斯基趁机控制了中亚希瓦汗国的外交权，并制定了首先消灭浩罕汗国，控制帕米尔高原与咸海之间的锡尔河与阿姆河流域的战略方针。1856 年 11 月，甫一取胜的英国就抽出手来发动了对波斯的战争，并迅速取得胜利，"它表示阿富汗从此脱离了伊朗的影响而落入英国的势力范围"[76]。恩格斯指出上述事件之间存在内在关联：

> 关于两个亚洲大国俄国和英国可能在西伯利亚和印度之间的某处发生冲突的问题，关于哥萨克和西帕依在奥克苏斯河两岸发

〈74〉 马克思、恩格斯：《不列颠政局》，《马克思恩格斯全集》第九卷，中共中央马克思恩格斯列宁斯大林著作编译局译，北京：人民出版社，1961，第 5 页。

〈75〉 Labanov Rostovsky: *Russia and Asia*, New York, p. 147. 转引自许建英：《近代英国与中国新疆（1840—1911）》，哈尔滨：黑龙江教育出版社，2014，第 191 页。

〈76〉 王治来：《中亚通史·近代卷》，乌鲁木齐：新疆人民出版社，2004，第 241 页。

生冲突的问题，自从 1839 年英国和俄国同时出兵中亚细亚以来，常常被人们谈论着。……当最近一次战争开始的时候，俄国有可能进攻印度的问题，又重新提出来了；……在 1856 年英国—波斯战争时期，整个问题又重新引起了讨论。[77]

恩格斯将俄国和英国称为两个"亚洲大国"，实际上暗示了下一个阶段的世界权力争夺并不取决于欧洲内部的冲突，而取决于哪个帝国能够成为以亚洲为腹地的霸权中心。

然而，1904 年的战争和 1905 年革命导致整个区域关系松动了，东方问题的性质发生了变化。列宁一针见血地指出：

在东欧和亚洲，资产阶级民主革命时代是在 1905 年才开始的。俄国、波斯、土耳其和中国的革命，巴尔干的战争等，就是我们这个时代我们"东方"所发生的一连串有世界意义的事变。只有瞎子才不能从这一串事变中看出一系列资产阶级民主民族运动的兴起，看出建立民族独立的和单一民族的国家的趋向。正是因为而且仅仅是因为俄国及其邻邦处在这样一个时代，所以我们需要在我们的纲领上提出民族自决权这一条。[78]

列宁特别强调了 1905 年和"我们这个时代我们'东方'所发生的一连串有世界意义的事变"，目的是将这一系列事变与此前的"东方问题"区分开来。正是由于 1905 年的事件，东方不再是旧的东方，而是孕育

---

〔77〕 恩格斯：《俄国在中亚细亚的进展》，《马克思恩格斯全集》第 12 卷，北京：人民出版社，1962，第 636—637 页。这一节有关马克思、恩格斯对俄国的论述受益于傅正的建议，特此感谢。

〔78〕 列宁：《论民族自决权》，《列宁选集》（第二版）第 2 卷，北京：人民出版社，1960，第 517—518 页。

着革命和战争的俄国、波斯、土耳其、中国及巴尔干，即资本主义体系的"薄弱环节"。

"薄弱环节"必须在政治进程和战略分析中加以识别；没有革命力量的形成，没有改变敌我条件的革命行动，经济的落后、贫穷的状态或控制的薄弱，都不能自发地构成"薄弱环节"。因此，"短20世纪"的诞生需要从对"薄弱环节"的探寻开始，而"薄弱环节"只有置于对革命契机的探寻中才能被指认。从探寻革命契机的角度看，不是旧的欧亚地缘争夺，而是甲午战争—日俄战争之后亚洲地区的新格局造成的革命形势；不是帝国主义战争，而是这些战争所触发的、以上述系列革命为标志的"亚洲的觉醒"，构成了"短20世纪"的多重开端。因此，从时间上说，"短20世纪"不是始于1914年，而是始于1905—1911年；从空间上说，不是始于一个开端，而是始于一组开端；从契机上说，不是始于毁灭性的战争，而是诞生于对突破帝国主义体制和旧制度的双重探寻。

帝国主义不仅是资本主义生产和流通的新现象，或者民族国家时代的军事政治，而且也是20世纪思想史和理论史的关键脉络。"薄弱环节"只能存在于革命势力生成与活跃的地缘政治环境之中，但究竟谁是革命力量，或者从哪儿发展出革命力量，构成了识别"薄弱环节"的前提。无论是欧洲和俄国理论家们对于19世纪70年代作为新帝国主义开端的判断，还是毛泽东对于19世纪40年代作为中国旧民主主义革命的开端的论述，都是新世纪的行动者和思考者对于自身时代性质进行质询的产物。这些理论质询的关键在于发现或促成"薄弱环节"的形成。以列宁为例，在得出帝国主义不仅是战争的根源，而且也"是社会主义革命的前夜"的结论之前[79]，需要对于这一世界形态进行总体观察和彻底的理论分析；他对俄国革命的战略和策略思考

〈79〉 列宁：《帝国主义是资本主义的最高阶段》，《列宁选集》第2卷，第730页。

正是在这一总体观察和理论分析中展开的。

　　毛泽东对"薄弱环节"的分析更为精微。与列宁主要集中于论述帝国主义国际体系和国家间的不平衡有所不同，毛泽东的分析聚焦于这一不平衡体系的国内表现形式。他也注意到中国发展的不平衡还包含了沿海资本主义经济与非资本主义的农业经济之间的矛盾，以及这种矛盾对于革命动员的意义。1928 年 10 月，在经历了武装起义失败、撤退至湘赣边界的危急时刻，毛泽东提出了"中国的红色政权为什么能够存在"的问题。他的分析是从中国的独特性出发的："一国之内，在四围白色政权的包围中，有一小块或若干小块红色政权的区域长期地存在，这是世界各国从来没有的事。这种奇事的发生，有其独特的原因。而其存在和发展，亦必有相当的条件。"〈80〉所谓独特性是在体系性分析内部展开的：首先是帝国主义统治中国的间接性而非直接性，从而存在着中国白色政权之间的持续战争和分裂。"它的发生不能在任何帝国主义的国家，也不能在任何帝国主义直接统治的殖民地，必然是在帝国主义间接统治的经济落后的半殖民地的中国。因为这种奇怪现象必定伴着另外一件奇怪现象，那就是白色政权之间的战争。"〈81〉这是中国不同于帝国主义国家的国内局势，也不同于帝国主义直接统治的殖民地局势的独特性所在，即一种不平衡的连同发展状态。"这种现象产生的原因有两种，即地方的农业经济（不是统一的资本主义经济）和帝国主义划分势力范围的分裂剥削政策。因为有了白色政权间的长期的分裂和战争，便给了一种条件，使一小块或若干小块的共产党领

〈80〉　毛泽东：《中国的红色政权为什么能够存在？》，《毛泽东选集》，北京：人民出版社，
　　　　1966，第 51 页。该文原为"湘赣边界各县党第二次代表大会决议案（一九二八年十月
　　　　五日于宁冈步云山）"，收入《毛泽东选集》第 1 卷时，包括标题和内文均有修订，但
　　　　基本意思没有变化。原文及校订载竹内实监修，毛泽东文献资料研究会编：《毛泽东
　　　　集》第 2 卷（1927 年 5 月—1931 年 8 月），日本：株式会社苍苍社，1983，第 15—23
　　　　页。这里仍按《毛泽东选集》修订后的文字引述。
〈81〉　同上书，第 51 页。

导的红色区域，能够在四围白色政权包围的中间发生和坚持下来。"〈82〉

其次，毛泽东的分析不同于对于帝国主义不均衡和连同发展的结构性分析，他将国内统治的分裂和生产方式的矛盾视为革命政治和战略的前提。红色政权能够存在的条件不仅在于存在着大量的贫苦农民（这是资本主义与非资本主义生产形态在这一阶段综合性发展的形态之一），而且更重要的是其中一些地区存在革命的经验和动员，许多农民参与过针对地主阶级和资产阶级的有组织的（工会和农会）的斗争："中国红色政权首先发生和能够长期地存在的地方，不是那种并未经过民主革命影响的地方，例如四川、贵州、云南及北方各省，而是在一九二六和一九二七两年资产阶级民主革命过程中工农兵士群众曾经大大地起来过的地方，例如湖南、广东、湖北、江西等省。"〈83〉曾经的革命经验决定了红军可以成为革命政权的军事支柱，而未经革命动员地区——如阎锡山控制的山西、张作霖控制的东北等——的军队却不可能转向革命。

第三，小块红色区域的长期存在取决于是否存在全国性革命形势的发展。如果没有后一种条件，小块根据地即便可以短期幸存，却无可能发展为夺取全国性政权的力量之一，难以成为真正的星星之火。"现在中国革命形势是跟着国内买办豪绅阶级和国际资产阶级的继续的分裂和战争，而继续地向前发展的。所以，不但小块红色区域的长期存在没有疑义，而且这些红色区域将继续发展，日渐接近于全国政权的取得。"〈84〉

第四，如果没有"相当力量的正式红军的存在"，而仅仅有地方性质的赤卫队，也不能造成割据局面，尤其是无法造成长期的割据局面。

〈82〉 毛泽东：《中国的红色政权为什么能够存在？》，《毛泽东选集》第 1 卷，第 51 页。
〈83〉 同上书，第 52 页。
〈84〉 同上。

"所以'工农武装割据'的思想，是共产党和割据地方的工农群众必须充分具备的一个重要的思想。"[85]最后，红色政权的长期存在和发展，必须以共产党组织的力量和正确的政策为依托。如果没有有力的革命组织，或虽然存在有力的组织，但经常犯政策性错误，则红色政权也不能存在。[86]

这一战略策略讨论包含了国际性与地方性、客观性与主观性、过去的条件与未来的条件等方面。正由于此，与王朝及其士大夫在内外关系的范畴内思考应对危机的策略有所不同，对于帝国主义的探究从一开始就具有鲜明的理论性，并与在新的全球/区域关系中重新界定自身社会的性质及其变革的战略联系在一起。所谓理论性，是指这一时代的政治、经济和文化战略均无法从单纯的经验现实和传统套路中直接衍生而来，而必须通过重建一种总体性的分析框架以确定自身社会的位置，进而为行动提供动力、方向和意义。单一社会的性质必须置于这一位置中加以重新界定，特定社会的行动需要置于全球和区域的总体关系之中加以论证，有关社会性质和政治行动的意义才能充分展示。20世纪社会政治斗争的"理论性"正是在对于时代性质的持续质疑中诞生的。这一总体框架涉及的变量如此之多，各派政治力量围绕这些变量而进行的理论的和实际的斗争如此激烈，理论争论与政治实践的关系如此密切，以致其实践本身也具有高度的理论性。对于殖民地或亚洲社会而言，是通过自强运动抵御外来侵略，还是同时进行社会结构的改造，转变生产、流通和分配过程，或是将两者综合在同一个历史进程之中？对于这一设问的回答最终涉及如何估价自身社会的性质、在世界历史中的位置、国内各力量之间的关系，如何界定敌我关系、设定斗争的目标、分

---

[85] 毛泽东：《中国的红色政权为什么能够存在？》《毛泽东选集》，第52页。
[86] 同上。

析局势的变化，等等。

在漫长的历史进程中，几乎没有任何一个历史时代像 20 世纪这样，将理论与实践的关系问题提升至如此重要的位置。理论命题及其概念大多有着欧洲根源（有时假道日本和俄国），在运用于存在着自身历史脉络的中国之时，同时再生着一种多重时间之间的共时关系。因此，如果没有理论与实践之间的持续互动，不但意味着理论的生命终结，也意味着实践目标的模糊与丧失。从世纪之初围绕帝国主义性质的讨论，到民族主义仅仅是宗法社会的特定产物，还是贯穿于全部历史，以及民族主义是否会导致宗法社会解体的论辩[87]；从第一次世界大战期间围绕东西文明的论战，到战后"科学与玄学"的争论；从 30年代关于中国社会性质问题的社会史论战，到延安时代中国共产党人对中国古代社会与近代社会性质的重新论定；从新民主主义论到过渡时期的总路线；从社会主义过渡到限制资产阶级法权和价值规律的作用；从与南斯拉夫、意大利、法国共产党的论战到中苏论战……所有这些论战最终都被引入对当代世界和中国前途的思考，并为新的革命战略和文化政治提供了战略依据。20 世纪是一个理论的世纪，但上述理论论争本身尚不足以说明这一时代的理论特点，这是因为中国革命的实践本身就是理论介入的进程，从而其理论性直接地呈现在理论与实践的循环往复过程之中，而很少像德国古典哲学那样，表现为概念体系的创造；没有新的政治、经济和文化理论，就无法建立一个总体的框架思考地缘政治和地缘经济的变化，更无法界定新政治的方向、

〈87〉　章太炎："且今之民族主义，非直与宗法社会不相一致，而其力又足以促宗法社会之镕解者。"（《〈社会通诠〉商兑》，徐复点校：《章太炎全集》第 4 册，上海：上海人民出版社，1985，第 333 页。）又，严复所说的"民族"对应"clan""tribe"，"nationalism"对应"国民主义"，而章太炎则受日本和制汉语影响，把民族对应为"nation"。（参见王宪明：《语言、翻译与政治：严复译〈社会通诠〉研究》，北京：北京大学出版社，2005，第 12—14、57—59、110—121 页。）

主体及其战略策略。从马克思对"东方问题"必然延伸到亚洲问题的论述，到列宁的"帝国主义的发展不平衡"和由此产生的"薄弱环节"论，再发展为毛泽东的"帝国主义不平衡及其代理人矛盾"和"三个世界"学说，也构成了一个社会主义运动有关全球战略分析的理论序列。因此，20世纪中国的理论形态主要是以战略、策略探索和围绕战略、策略探索而展开的历史分析——即实践方略的形式——呈现自身的。

　　20世纪的衰落也体现为上述总体性理论与具体实践之间的有机联系的逐渐瓦解过程。在终结处思考，需要追问的正是：哪里是新的契机？

空间革命、横向时间与置换的政治

　　马克思在《路易·波拿巴的雾月十八日》中将政治行动与历史前提的关系放置在"历史与重复"的框架下观察，即透过"重复"理解旧形式的新内涵。[88]不同于马克思所描述的18世纪和19世纪欧洲革命与反革命的图景，20世纪的革命与反革命发生在空间革命的条件之下，或者说，发生在世纪的多重时间的共时关系之中，从而其重复与置换的政治常常是横向的时间关系的主题。如同19世纪的欧洲变革一样，新旧问题或古今问题始终盘旋于20世纪的政治空间；但这一新旧矛盾是在多重时间之间发生的冲突，已经无法与横向的时间关系相脱离。横向关系不仅是空间性的，也是时间性的，即将不同的时间轴线

〈88〉　马克思：《路易·波拿巴的雾月十八日》，中共中央马克思恩格斯列宁斯大林著作编译局（编译）：《马克思恩格斯选集》第1卷，北京：人民出版社，1995，第579—689页。

相互连接的进程。正是由于存在着这一进程，历史的叙述不仅是从过去到现在的变迁，而且也是从那里到这里、从这里到那里，或多方之间的互动。"起源"关系很可能是横向的，更接近于交换与流动。因此，尽管 20 世纪的政治常常诉诸所谓古／今、中／西的对抗或调和形态，但这一坐标实际上不过是新的共时性所内含的多重时间关系的极简表述。

帝国主义概念是以经济分析为中心的，但不同于 19 世纪政治经济学对生产和流通过程的分析，这一概念从一开始就不可避免地将全球关系和帝国竞争置于中心，从而与地缘政治关系、军事力量对比，以及东西文化问题相互纠缠。在这一语境中，政治是如何发生的呢？离开一系列全新的概念或范畴，20 世纪的政治及其历史含义似乎无法呈现；但同时，如果将这些通过翻译或转译而来的概念作为构筑和解释历史图景的基础范畴，话语体系与社会条件之间的错位又常常如此明显。在这一时代，个人、公民、国家、民族、阶级、人民、政党、主权、文化、社会等概念成为新政治的中心概念；生产、生产方式、社会形态及其附属概念，成为描述中国和其他社会的基础范畴；"薄弱环节"、敌我关系、"边区"、"中间地带"、"三个世界"、统一战线等命题全部产生于对帝国主义条件下全球和国内局势的判断和战略战术思考。

在上述这些主要概念、范畴和命题中，除了极少数产生于具体斗争的概念和范畴如"边区""中间地带"之外，绝大部分用语源自对 19 世纪欧洲概念和命题的翻译和挪用。20 世纪的革命者和改革者迅速地将这些概念、范畴和命题用于具体的政治实践，却让新时代的历史学家们苦恼不已。例如，许多学者对于"封建"一词在现代中国的"误用"大加嘲笑，颇费周章地考证封建概念的欧洲根源，论述这一概念的中国运用如何错解了"封建"一词的"原意"，进而误导了现代中国政治。如果封建这一范畴源自彻底的错用，那么，此前与此后的社会形态描述又有什么根据呢？[89]再如，在19世纪欧洲资本主义和殖民主义体制确立的背景下，社会主义者们发明了"无产阶级"这一概念，它被视为真正的、代表未来的革命主体。在20世纪中国，对于作为革命主体的无产阶级的探寻是一个持续的政治进程，但在工业化如此薄弱的社会，工人群体的数量、规模和组织程度都极为弱小，甚至作为其对立面的资本家群体能否构成一个阶级也曾遭到质疑。这是否意味着中国革命本身就是一个"误会"的产物呢？

印度"庶民研究"的代表人物迪佩什·查卡拉巴提（Dipesh Chakrabarty）发现：在印度和其他的非西方世界寻求革命主体的努力产生了一系列无产阶级这一西方工业社会范畴的替代物，如农民、大众、庶民等。[90]但重复与置换的现象并不仅仅发生在无产阶级这样的范畴上，而且也发生在前面提及的几乎所有范畴上。革命与反革命的双方都体现着这一置换的逻辑。这些范畴没有一个可以简单地按照19世纪的逻辑给予解释，也没有一个可以单纯地按照其古典词根给予说明。20世纪中国的许多范畴和主题都是对19世纪欧洲的重复，但每一次重复同时也是置换——并不仅仅是背景差异的产物，而且也是一种政治性的置换。这些概念重组了历史叙述，也打破了旧叙述的统治地位，从而为新政治的展开铺垫了道路。这并不是说这一时代的话语实践不存在概念或范畴的误植，而是说若无对这些概念或范畴的政治性展开过程的分析，我们根本不能理解它们的真正内涵、力量和局限，

〈89〉 关于封建概念的讨论篇目众多，其中冯天瑜的《"封建"考论》（北京：中国社会科学出版社，2010）用详细的考证，论述"封建"概念的误植。对于历史分期问题而言，这一讨论或有意义；但就理解20世纪封建概念及其相关的思想斗争和社会运动而言，所谓"误植"或"制名以指实"的名实观，无法提供对于这一概念的现代生成的历史理解。

〈90〉 Dipesh Chakrabarty, "Belatedness as Possibility: Subaltern Histories, Once More," in Elleke Boehmer & Rosinka Chaudhuri (eds.), *The Indian Postcolonial: A Critical Reader*, Routledge, 2011，pp. 167, 171-172, 174.

从而也就不能通过它们理解 20 世纪中国的独特性。

丰富的横向关系是空间革命的产物。如前所述，世纪的诞生意味着多重时间中的变迁转化为共时性内部的非均衡性，从而产生了从横向轴线观察历史的绝对需求。概念的横移及其在不同历史时间中的作用，正是 20 世纪最为醒目的现象之一。这一时间性的转换实际上是以所谓"空间革命"为条件的。[91] 在空间革命的前提下，时间性的关系越来越具有横向性，当代的变迁以及用以描述这一变迁的话语无法在历时性关系的纵贯线上加以叙述，而必须在多重时间之间给予说明。我将这一现象概括为概念横移，其功能就是在共时性的框架下，将不同时间轴线中的历史内容转换为可以在同一套话语中加以表述的现实。换句话说，上述"置换"（亦即新政治的发生过程）必须置于由空间革命所造成的横向时间关系中才能解释——在这些陌生的概念被用于迥异于诞生它们的历史条件之时，新的意识、价值和行动诞生了。

空间的拓展意味着政治生活形式的重组，它不但是一场深刻的经济、政治和文化变革，而且也重新结构了经济、政治和文化领域的分类原则。日本学者曾经在欧洲历史的参照下，将中国或"东洋"的历史区分为以黄河和内陆为中心的时代、以运河为中心的时代和以沿海为中心的时代，而明治以降，则是名副其实的海洋时代。这一对于中国或"东洋"历史的空间性分析，实际上是与欧洲比较地理学所叙述的河流（两河流域的历史文明）、内海（希腊和罗马的古典时期）和海洋（伴随美洲的发现和环球航行而来的殖民主义时代）的空间革命

〈91〉 这里沿用了卡尔·施米特的"空间革命"概念。他对这一概念的界定与马克思在《共产党宣言》中描述的资本主义时代的降临是有所重叠的。他说："这种拓展是如此的深刻和迅猛，以至于它不仅改变了某些尺度和标准以及人的眼界，而且也改变了空间概念本身。人们这才能够谈论空间革命。然而，通常的情形是，某种空间图景的改变与那种历史的变革是联系在一起的。这才是那种政治、经济和文化的全面变革的真正核心。"卡尔·施米特：《陆地与海洋——古今之"法"变》，林国基、周敏译，上海：华东师范大学出版社，2006，第 32—33 页。

叙述相呼应的，其结论部分也正是作为现代国家雏形的德川日本。空间革命不仅意味着历史地理观念的巨变，而且彻底重构了整个地球秩序：海洋时代与机械的力量、工业的力量、民族－国家的力量等结伴而来，同时带动着城乡关系的重组、国家形式的变迁、地缘关系的转变、民族认同的重构等一系列重大事件。这是人与自然的关系、人与人的关系发生巨变的时代。在推进和迟滞这一巨变的政治行动中，新的观念、尺度、经济形态、政治形式，以及社会－政治行动的不同维度一一被发明和创造出来。新的个人、新的人民和新的民族，或者，旧文明的新生命，以迅猛的姿态在历史的废墟上诞生。马克思从生产方式的角度来看待这场空间革命，他说："资产阶级，由于开拓了世界市场，使一切国家的生产和消费都成为世界性的了。"[92]

这里以国家形态和主权内涵的转变为中心观察在多重时间关系中爆发的空间革命的意义。从马克思的视野看，空间革命导源于资本主义生产赖以维系的"全部社会关系不断地革命化"。这一"生产的不断变革，一切社会关系的不停的动荡，永远的不安定和变动"，"挖掉了工业脚下的民族基础"，创造了新的城乡关系、新的民族关系、新的区域关系，其结果便是由"生产的集中"而产生的"政治的集中"。"各自独立的、几乎只有同盟关系的，各有不同利益、不同法律、不同政府、不同关税的各个地区，现在已经结合为一个拥有统一的政府、统一的法律、统一的民族阶级利益和统一的关税的国家了。"[93]马克思没有分析为了适应历史条件的差异而产生的各种妥协的政治形式和社会安排，但即便是那些最富于弹性的社会体制与上述进程之间也存在着难以割舍的关系。对于中国而言，"政治的集中"是漫长历史传统的

〈92〉 马克思、恩格斯：《共产党宣言》，中共中央马克思恩格斯列宁斯大林著作编译局（编译）：《马克思恩格斯选集》第 1 卷，第 254 页。

〈93〉 同上书，第 255—256 页。

延伸，还是生产和交换关系所要求的新形式？回答这一问题的唯一正确答案是将这一现象置于多重时间的横向关系中考察。因此，无论是"挑战—回应"的方式，还是"内在发展"的逻辑，都难以充分地解释中国革命及其曲折过程，也难以说明主权和其他领域的"延续性"得以发生的空间（或时间的横向性）条件。

与马克思从资本主义再生产的角度探讨空间革命与"政治的集中"（统一的国家）不同，卡尔·施米特（Carl Schmitt）在欧洲的历史脉络中，将空间革命溯源自16世纪大航海时代为新疆土的拓殖而展开的竞争。海洋霸权和土地占取[94]及其政治形式构成了这场竞争的关键内容，但就基本秩序的形成而言，这不只是霸权国家之间的竞争，而且是两种具有深刻宗教和文化背景的秩序之间的竞争。换句话说，这场竞争之所以被赋予历史转折的意义，是因为它不仅是通常的利益纷争，而且是两大阵营即天主教阵营和新教阵营围绕在新发现土地即殖民地建立何种秩序的斗争；又由于这场围绕土地占取及其政治形式的斗争的先决条件是一场远离故土的、必须穿越海洋才能进行的斗争，因此，后来者首先对先到者的"世界霸权和海洋垄断权发起了第一轮富有成效的攻击"，进而将教派性内战转化为"一种关于最高政治决断权"的新理念。[95]

因此，从施米特的角度说，不是霍布森、列宁所描述的新旧帝国主义的区别，而是天主教与新教的区别，构成了这场发生在欧洲国家之间斗争的动力，并为一种新的政治主体的登场铺平了道路。正是这

〈94〉 "占取"（landnahme）不是民法学意义上的"占有"（occupatio），即不是权利主体对无主物的占有取得，而是一种空间秩序的整理。它需要对土地空间（topos）进行丈量、划分和分配（几何学的来源），进而在该土地空间建立起一套层级秩序，即施米特所谓"场域化"。"没有场域化（ortung），也就没有具体的秩序（ordnung）。"参见施米特：《大地的法》，刘毅、张陈果译，上海：上海人民出版社，2017，第15、105页。
〈95〉 卡尔·施米特：《国家主权与自由海洋——现代国际法中陆地与海洋的冲突》，载卡尔·施米特：《陆地与海洋——古今之"法"变》，第68页。

场斗争"使所有的神学—教会的冲突中立化,使生命世俗化,就连教会也变成国家的教会"。"在这种情势下,'国家'和'主权'的概念在法国首次获得了权威的法律形式。由此,'主权国家'这种特殊的管理形式开始进入欧洲民族的意识之中。对于以后几个世纪的想象方式而言,国家完全成为了唯一正常的政治单元的表现形式。"〈96〉因此,对于欧洲人而言,"这个转折点就是国家时代的开端,在长达 400 年的历史中它规定了现代世界的尺度和方向。这个时代一直从 16 世纪延伸至 20 世纪,国家乃是统治一切的政治统一体的秩序性概念"〈97〉。

然而,作为一种政治共同体的国家并非产生于 16 世纪的欧洲,中国的国家时代早在先秦就已经发端了。在 19 世纪晚期,渊源于教派性内战的主权国家对于清朝而言仍然是陌生的,中国的儒者用"列国之势"描述世界秩序,明显地诉诸周代竞争性的政治模式理解当代世界的局势,并以之区别于秦汉以降的大一统王朝体制。从生产形态看,在欧洲势力主导或控制亚洲地区时,这一区域也存在着不同的国家类型,如中国、奥斯曼、萨菲、莫卧儿等以农业为主的帝国和基卢瓦、霍尔木兹、卡利卡特、马六甲等以商贸立国的规模较小的沿海国家。〈98〉这一国家类型的分类方式与施米特关于陆地与海洋的论述遥相呼应。对于中国而言,郡县制国家的形成和演变是中国历史上的重大事件,它为文化上统合儒法、权力上高度集中、形式上高度官僚化、族群关系上综合郡县与封建、内外关系上极为丰富的王朝政治提供了大一统国家的基本框架。为了因应内外变化和危机,现代中国的革命与变革不得不借助各种外部力量、形式和价值观,但孔飞力争辩说:"从本质

〈96〉 卡尔·施米特:《国家主权与自由海洋——现代国际法中陆地与海洋的冲突》,《陆地与海洋——古今之"法"变》,第 68 页。

〈97〉 同上书,第 67 页。

〈98〉 桑贾伊·苏布拉马尼亚姆:《葡萄牙帝国在亚洲(1500—1700):政治和经济史》,何吉贤译,澳门:纪念葡萄牙发现事业澳门地区委员会,1997,第 25 页。

上看，中国现代国家的特性却是由其内部的历史演变所决定的。在承袭了18世纪（或者更早时期）诸种条件的背景下，19世纪的中国政治活动家们其实已经在讨论政治参与、政治竞争或政治控制之类的问题了。"[99]

当人们在历史延续性的脉络下叙述中国集权性行政体制的现代生成时，又如何说明由海洋时代所催生的空间革命与作为现代国家降临之标志的法国、英国、西西里的中央集权体制，亦即马克思所称的由资本主义生产的集中所导致的"政治的集中"？鸦片战争以降，欧洲列强试图有效地将其统治一切的秩序观念强加于中国及其周边地区，并以国际法的逻辑处理和命名各种类型不同的政治共同体。"那种纯粹与时代相联系的、由历史限定的、具体的政治单元的组织形式，在此情形下就丧失了其历史位置及其典型内容；在这种具有迷惑性的抽象性中，这种国家形式被移植到各个背景全然迥异的时代和民族，投射到另外一种全然不同的产物和组织中。"[100]在新的共时空间中，我们如何解释这些历史脉络不同但形式与功能相似的、如今被称为主权国家的现象？

首先，由于这一特定类型的国家体系的形成是帝国主义扩张的后果，仅仅指出国家成为一种支配性的形式是不够的，还需要指出这一体系的各种过渡形式。金融资本及其相应的国际政策"造成了许多过渡的国家的附属形式。这个时代的典型的国家形式不仅有两大类国家，即殖民地占有国和殖民地，而且有各种形式的附属国，它们在政治上是独立的，实际上却被财政和外交方面附属关系的罗网包围着"[101]。其中，中国、土耳其等半殖民地是一种类型，而阿根廷、葡萄牙等是

<hr>

〈99〉 孔飞力：《中国现代国家的起源》，陈兼译，北京：生活·读书·新知三联书店，2013，第1页。

〈100〉 卡尔·施米特：《国家主权与自由海洋——现代国际法中陆地与海洋的冲突》，《陆地与海洋——古今之"法"变》，第69页。

〈101〉 列宁：《帝国主义是资本主义的最高阶段》，《列宁选集》第2卷，第805页。

"政治上独立而财政上和外交上不独立的另一种形式"〈102〉。其次，在经历一系列"文化革命"之后，人们开始以一种普遍主义的方式将历史中的不同共同体称为古代国家、中世纪国家或近代国家，并将中国或其他非西方历史中的政治共同体贬低为帝国、王朝、部落、酋邦。"主权国家"的确立是通过省略历史脉络的差异或压抑多重历史时间而产生的，因此它不仅需要本尼迪克特·安德森所说的"同质的、空洞的时间"〈103〉，而且需要能够将多重时间关系纳入其中的共时性概念。

让我们在陆地与海洋的变动关系中观察"内部的历史演变"与"外部的历史演变"的交错关系。从 17 世纪起，清朝就与施米特所称的极大扩展了空间的"两种不同的猎人"〈104〉（即追逐皮毛的俄国人和西北欧的海盗）打交道。1636 年，皇太极设立"蒙古衙门"，署理蒙古事务，三年之后改为理藩院，成为管理蒙古、回部、西藏、西南土司并兼理俄罗斯事务的机构。1689 年，清俄《尼布楚条约》显示出主权国家间的全部内涵：以科学方法划定边界、确认边界内的行政管辖权、控制两方居民的跨边界流动、侨民安排、文票（护照）及贸易准入，以及条约文本的语言及对译等。康熙挑选了两名耶稣会士——法国传教士张诚（Jean-François Gerbillon，1654—1707）和葡萄牙传教士徐日升（Thomas Pereira，1645—1708）参与清朝代表团的谈判，不但充当翻译，还兼有顾问之职。〈105〉他们熟悉格劳秀斯（Hugo Grotius）的学说和欧洲国际法

〈102〉列宁：《帝国主义是资本主义的最高阶段》，《列宁选集》第 2 卷，第 805 页。

〈103〉本尼迪克特·安德森：《想象的共同体》，吴睿人译，上海：上海人民出版社，2003，第 26 页。

〈104〉卡尔·施米特：《陆地与海洋——古今之"法"变》，第 19 页。

〈105〉参看《张诚日记》（陈霞飞、陈泽宪译，北京：商务印书馆，1973）、《耶稣会士徐日升关于中俄尼布楚谈判的日记》（约瑟夫·塞比斯著，王立人译，北京：商务印书馆，1973），以及《耶稣会士张诚——路易十四派往中国的五位数学家之一》（伊夫斯·德·托马斯·德·博西耶尔夫人著，辛岩译，陈志雄、郭强、古伟瀛、刘益民审校，郑州：大象出版社，2009）等。

的知识。这一条约是两大政治体之间的主权条约。[106] 18世纪初，康熙曾派遣侍郎郎赫寿前往拉萨办理西藏事务，但其时尚无驻藏大臣的定制。1727年，在平定蒙古准噶尔部侵藏之后，雍正设立钦差驻藏办事大臣，并与达赖喇嘛、班禅额尔德尼共同监理西藏事务。这一制度直至1912年最后一位驻藏大臣离开西藏始告结束，其后续为中华民国西藏办事长官及蒙藏事务局和中华人民共和国西藏自治区。[107]

与西藏事务形成平行关系的，是新疆"回部"的制度演变。在维吾尔、柯尔克孜、塔吉克等族群聚居地区，清朝实行伯克制。伯克原为回鹘官职，唐宋史籍均有记载。1759年，在平定大小和卓木叛乱之后，清朝对伯克制加以改造，将其纳入清朝官制。1884年新疆建省，朝廷废除各级伯克官职，实行与内地一致的官僚制度。这一"政治的集中"趋势是从内部危机延伸而来，早在1864—1877年间的所谓"同治新疆回变"和阿古柏入侵时期，伯克制已经趋于废弛。[108] 与西域的变迁相互对照的，是西南地区的改土归流，其中雍正四年（1726）鄂尔泰推行的改土归流政策远在新疆建省之前，很少涉及外患。

上述国家形态的变迁与马克思所描述的19世纪的全球状况不同，并不是因应"生产的集中"而产生的"政治的集中"，而是在内陆族群间和王朝间的复杂地缘关系中发生的权力集中趋势。17世纪以降，在清代的舆地学、经学和策论中，我们可以清晰地观察到一个幅员辽阔、层次复杂、无分内外却又文化多样的中华王朝的政治蓝图。这是一个完全不同于理学的夷夏之辨、不同于郡县制国家的内外差异，当

〈106〉参见北京师范大学清史研究小组：《一六八九年的中俄尼布楚条约》，北京：人民出版社，1977。该书以《一六八九年的〈中俄尼布楚条约〉》之名收入戴逸：《清代中国与世界》，北京：中国人民大学出版社，2018。

〈107〉参见汪晖：《东西之间的"西藏问题"（外二篇）》，北京：生活·读书·新知三联书店，2014。

〈108〉关于伯克制的研究，参见佐口透著：《十八—十九世纪新疆社会史研究》上册，凌颂纯译，乌鲁木齐：新疆人民出版社，1983，第121—222页。

然也不同于内部同质化的欧洲民族－国家的政治视野。在这个视野中，"中国"只有组织在一种由近及远的礼序关系中才能构成内外呼应的政治秩序，它是历史渐变的产物，也是不断变迁的历史本身。因此，所谓地理学视野可不只是地理问题，背后是如何在空间上和内涵上界定"中国"的问题。[109]

从 19 世纪初期开始，这一内陆权力集中的趋势与第二种猎人即"西北欧的海盗"的到来存在密切的呼应关系。清代的制度沿革清晰地证明了这一点。清朝起初并无专门处理对外事务的机构，对外事务由礼部四司之一的主客清吏司负责。礼部始设于南北朝北周，自隋朝起为六部之一，列代相沿。直到第二次鸦片战争后，按照 1858 年《中英天津条约》第一条"公使常住北京"的要求，清朝才在英法等欧洲列强的逼迫之下，于 1861 年设立总理各国事务衙门，接管了礼部和理藩院的对外事务。从 1861 年至 1901 年按《辛丑条约》第 12 款规定改为外务部，这一位列六部之上的机构存在了 40 年。[110]

同治十三年（1874）2 月，英国派遣柏朗（Horace Browne）上校带领由 193 名英国官员、商人、军官、士兵组成的勘探队，经缅甸自陆路进入云南。英国驻华公使威妥玛（Sir Thomas Francis Wade，1818—1895）征得总理衙门准许，派翻译官马嘉理（Augustus Raymond Margary，1846—1875）前往缅甸新街与柏朗会合。1875 年 2 月 14 日，马嘉理与柏朗勘探队擅自侵入云南腾越（今腾冲）地区，开枪打死当地居民，遭致当地人反抗，马嘉理及四名随员被杀。清政府为了平息事态，处死了 23 名参与其事的当地民众，革职查办军政官员，并于光绪二年（1876）7 月 26 日，由李鸿章和威妥玛签订《烟台条约》，除

〈109〉参见汪晖：《两洋之间的文明》，《经济导刊》2015 年第 8 期，第 10—21 页。

〈110〉关于总理各国事务衙门的系统研究，见吴福环：《清季总理衙门研究（1861—1901）》，乌鲁木齐：新疆大学出版社，1995。

各项不平等条款之外，条约规定中国派遣公使前往英国表示"惋惜"。"马嘉理案"成为中国对外派驻使节的开始，也意味着以朝贡／册封为主要形式的对外关系发生了重大改变。[111]也就在这一年，英国保守党鹰派人物罗伯特·李顿（Robert B. Lytton, 1831—1891）出任印度总督，先是大力支持盘踞在南疆的阿古柏政权，继而又在阿古柏政权覆亡后，挑起了第二次对阿富汗的战争。同年3月2日，沙皇亚历山大二世签署命令，正式兼并浩罕汗国，改其名为费尔干纳区，斯科别列夫将军成为该区的首任行政长官。英俄在亚洲的竞争进入了新的阶段。[112]

中国与欧洲国家的事务并非始于英、法，西班牙、葡萄牙早于荷兰、英、法、德等西北欧国家介入亚洲事务，但为什么直到19世纪中后期清朝才不得不设立专门的对外事务机构并改变朝贡关系管理，开始派驻对外使节呢？除了上述案件及由此产生的条约内容之外，西北欧国家与南欧国家之间的区别，或者说，在新教与天主教的斗争中衍生而来的主权国家及其关系规范对于理解中国及东亚地区的主权关系有什么特殊意义吗？英国、法国胡格诺派（the French Huguenots）及早于它们抵达东北亚的荷兰"处于当时的新教势力反抗当时的天主教势力的最前线"，并在与西班牙天主教霸权的斗争中开启了一个以海洋秩序为特征的世界秩序时代。法国是一个天主教国家，在路易十四的时代，新教人口不超过10%；自1066年诺曼征服以降，英法之间战

〈111〉中国第一历史档案馆《马嘉理案史料》（一、二、三、四），屈春海、谢小华编选，分别载《历史档案》2006年第1期第28—36页、第2期第9—16页、第4期第3—10页和2007年第1期第14—27页。此组档案选自中国第一历史档案馆外务部档案。另参见王绳祖：《马嘉理案与〈烟台条约〉》，王绳祖：《中英关系史论丛》，北京：人民出版社，1981；岑练英：《中英烟台条约研究——兼及英国对华政策之演变概说》，珠海书院中国文学历史研究所，1978；方英：《合作中的分歧：马嘉理案交涉再研究》，《史学集刊》2014年第4期第90—96页；丁彩霞：《从滇案的交涉看中国外交的转变》，《学术探索》2017年第2期第116—119页。
〈112〉王治来：《中亚通史·近代卷》，乌鲁木齐：新疆人民出版社，2007，第339页。

争不断，两国为争夺殖民地的斗争一直绵延至 20 世纪初期。英国与荷兰之间也存在着竞争关系，但英国的国际法思想及其主权概念是从荷兰的国际法和主权概念衍生而来的，它们的共同敌人是西班牙和天主教势力。"这里存在着一个独一无二的事件。其独特性和不可比性在于，英国在一个完全不同的历史时刻，且以完全不同的方式进行了一场根本的变革，即将自己的存在真正地从陆地转向了海洋这一元素。由此，它不仅赢得了许多海战和陆战的胜利，而且也赢得了其他完全不同的东西，甚至远不止这些，也就是说，还赢得了一场革命，一场大的革命，即一场行星的空间革命。"〈113〉

对于"西北欧的海盗"而言，海洋时代是大西洋、印度洋和太平洋同时内海化的时代。这一时代的制度安排完全是为了对大陆的权力分布和结构及其利益关系形成支配权。〈114〉1517 年，葡萄牙通过军事占领建立屯门政权，但在多次武力入侵和占领失败后，不得不于 1553 年（明嘉靖三十二年）转至今澳门地区，并于 1572 年以缴纳 500 两白银作为地租（实际上是贿赂）获取在澳权益，在明朝法律框架和行政海防双重管理下实行被默许的自治。1583 年（明万历十一年）澳门议事会成立，并从 1616 年（明万历四十四年）开始任命总督。葡萄牙对澳门的租借也是大航海时代波及中国及其周边的标记，但一般认为，澳门从租借地向殖民地的转变发生在鸦片战争之后，其标志是 1849 年因澳门第 79 任总督、有"独臂将军"之称的亚马留（Comandante João Maria Ferreira do Amaral，1803—1849）遇刺而引发的清葡军事冲突，此后澳门正式成为葡萄牙帝国殖民地。1887 年《中葡和好通商条约》签订，从法理上确认了澳门的殖民地地位。在澳门问题上，明朝

〈113〉卡尔·施米特：《陆地与海洋——古今之"法"变》，第 31 页。

〈114〉Owen Lattimore, "Asia in a New World Order", *Foreign Policy Reports* 28 (September 1, 1942): 150-63.

与葡萄牙的关系不涉及形式主权问题（尽管其具体内容与 19 世纪的主权问题相关），而更多地与天主教会的保教权问题相关联。所谓保教权，是指由罗马教廷授予国家政权保护天主教在非天主教地区的传教权。[115] "葡萄牙国王的'保教权'（Patronatus missionum）是在 1493 年从教皇亚历山大六世（Alexander Ⅵ，1492—1503）手里获得的。当时，葡萄牙、西班牙向海外探险，开辟了通往美洲、非洲和亚洲的航线。很多传教士通过这些航线到当地传教。从里斯本到好望角、到印度洋的航线，是葡萄牙人达·伽马在 1498 年发现的。因此，列奥十世（LEO X，1513—1521）在 1514 年将亚洲的保教权也授予了葡萄牙。'保教权'有几项内容，到东亚的传教士应向葡萄牙政府登记，应搭乘葡萄牙的商船前往亚洲，东亚的主教应由葡萄牙国王向教皇推荐，当地为传教发生的交涉事务应由葡萄牙政府代理，在当地进行宗教仪式时，葡萄牙国王的代表应在各国代表之前，葡萄牙政府负责提供传教津贴。"[116] "保教权"问题直接关涉贸易问题和领土内的管辖权问题，但它所引发的矛盾和冲突主要以中西礼仪之争的形式出现。关于这一礼仪之争及其演变，已经有众多研究。[117]

与此不同，1600 年成立的不列颠东印度公司和 1602 年成立的荷兰"东印度公司"是海权时代到来的重要标志。这两个西北欧的公司在不同阶段具有若干"国家"特征，如课税、征兵、筑城等，它们的

---

[115] 关于葡萄牙"保教权"的研究，可参见顾卫民：《十七世纪罗马教廷与葡萄牙在中国传教事业上的合作与冲突》，《文化杂志》（澳门）中文版 2003 年第 46 期，第 217—225 页；张庭茂：《16—17 世纪澳门与葡萄牙远东保教权关系的若干问题》，《杭州师范学院学报》（社会科学版）2005 年第 4 期，第 30—36 页。

[116] 李天纲：《中国礼仪之争：历史·文献和意义》，上海：上海古籍出版社，1998，第 280—281 页。

[117] Charles Ralph Boxer, "The Portuguese Padroado in East Asia and the Problem of the Chinese Rites", in *Boletim do Instituto Portuguese de Hong Kong* (I) July, 1948, pp. 199-226；李天纲：《中国礼仪之争：历史·文献和意义》；张国刚等：《明清传教士与欧洲汉学》，北京：中国社会科学出版社，2001，第 144—165 页。

诞生、发展、转折和终止全部与近代主权的形态有关。[118]荷属东印度公司在巩固了商业网络之后，"为垄断中国丝货出口贸易，试图派遣舰队将葡萄牙人驱出澳门，以争夺根据地。该计划受挫后，公司仍然企图获得于中国发展自由贸易的地点，遂决定在澎湖岛上设防筑城。然而中国当局认定澎湖属中国领土，视公司此举为侵犯主权行为，因而对荷人愈加排斥"[119]。早在晚明时期，由于荷兰与西班牙、葡萄牙势力的竞争，在澳门、澎湖以及台湾等地已经出现了主权性争执。

1820 年至第二次鸦片战争（1856—1860）是鸦片贸易迅速上升并引发世界秩序变化的关键时期，也是中国的欧亚内陆边疆与沿海边疆同时遭受两大亚洲帝国夹击的时代。龚自珍早就意识到大陆正在失去作为无法逾越的天然屏障的四海，不得不从新的海洋视野观察西域的地缘政治意义。在他分别于 1820 年和 1829 年写下《西域置行省议》和《御试安边绥远疏》之时，正值南疆张格尔叛乱引发清廷内部有关放弃对南疆的直接控制、改为册封制度的激烈争论的时期。他建议设置行省，稳定边界，寻找安置人口的新空间，探寻通往西海（印度洋和阿拉伯海）的内陆通道。[120]

这一政治集中主张正是对于回归册封制度的反驳。19 世纪 20 年代，英属印度已经通过训练张格尔叛军、提供火器等大力支持新疆叛乱，这是 1840 年鸦片战争的前奏；由于这场危机发生在亚洲大陆中心地带，英俄两大帝国必争之地，从而也与 19 世纪 50 年代的克里米亚战争遥相呼应。在克里米亚战争时期，俄国外交官尼古拉·伊格纳

〈118〉关于东印度公司在印度以英国皇室代理人方式行动等，参见 Christopher A. Bayly, "The British Military-Fiscal State and Indigenous Resistance, India1750-1820, " in Lawrence Stone (ed.), *An Imperial State at War: Britain from 1689 to 1815*, New York: Routledge, 1994, pp. 327-330。
〈119〉韩家宝：《荷兰时代台湾的经济、土地与税务》，郑维中译，台北：播种者文化有限公司，2002，第 20 页。
〈120〉参见汪晖：《两洋之间的文明（上）》，《经济导刊》2015 年第 8 期，第 10—21 页。

季耶夫奉命出使浩罕、布哈拉两汗国，并在 1858 年 10 月 11 日完成签约任务，取得了在阿姆河上的航行权。伊格纳季耶夫完成中亚之行后，随即奔赴中国"调停"第二次鸦片战争，成功诱骗清政府签订中俄《瑷珲条约》和《北京条约》，掠走一百多万平方公里土地，并使俄国获得了在喀什噶尔的贸易特权。马克思嘲讽道：

> 约翰牛由于进行了第一次鸦片战争，使俄国得以签订一个允许俄国沿黑龙江航行并在两国接壤地区自由经商的条约；又由于进行了第二次鸦片战争，帮助俄国获得了鞑靼海峡和贝加尔湖之间最富庶的地域，俄国过去是极想把这个地域弄到手的，从沙皇阿列克塞·米哈伊洛维奇到尼古拉，一直都企图占有这个地域。〈121〉

恩格斯的评论更清晰地揭示了克里米亚战争的亚洲意义："俄国由于自己在塞瓦斯托波尔城外遭到军事失败而要对法国和英国进行的报复，现在刚刚实现。"〈122〉从此，"东方问题"、中亚问题与远东问题成为无法分割的世界历史问题。在这个意义上，我们可以将毛泽东所说的以鸦片战争为开端的中国近代史纳入全球秩序变迁，尤其是两大亚洲帝国争夺地缘霸权的进程中把握，进而将作为开端的鸦片战争时代理解为从 19 世纪 20 年代至 60 年代（第二次鸦片战争前后）的全球进程的中国局部。紧接着这一时代到来的，是以美国、德国和日本的崛起为标志的新帝国主义时代。

海洋势力的到来意味两种空间秩序的斗争。以什么标准分配土

〈121〉马克思：《中国和英国的条约》，马克思、恩格斯：《马克思恩格斯全集》第 12 卷，第 625—626 页。此处引述得益于傅正建议，特此致谢。

〈122〉恩格斯：《俄国在远东的成功》，中共中央马克思恩格斯列宁斯大林著作编译局（编译）：《马克思恩格斯论中国》，北京：人民出版社，1997，第 81 页。

地，以什么方式组织国家，以何种技术界定边界，以哪一种规则界定共同体之间的关系，势必成为这场斗争的基本内容。无论空间归属于谁，两种秩序均呈现了前所未有的"政治的集中"却是明显的趋势。在欧洲的视野内，荷兰在17世纪初期对于澎湖（明万历三十二年，即1604年，以及天启二年，即1622年）和台湾地区（明崇祯十五年，即1642年）的攻击和占领事实上不过是新兴的西北欧势力与西班牙势力进行格斗的一部分，也是英国势力在19世纪、美国在20世纪取而代之形成全球霸权的前奏。荷属东印度公司在澳门和澎湖的要求遭到明朝官方的抵制之后，为打破僵局，不得不退至台湾以换取在中国的商业机会。[123] 1624年，通过与明朝的协议，东印度公司在大员（台南）成立商馆，"作为取得中国出口货物、截断中菲贸易的基地"[124]。英属东印度公司1670年在台湾地区、1696年在越南、1715年和1729年在广州都曾尝试寻求治外法权[125]，但据伦得尔·爱德华兹（R. Randle Edwards）的研究，清朝官方从未同意这类请求。[126]

---

[123] 关于荷属东印度公司在台湾地区的活动的最为详尽的档案是保存在荷兰海牙国际档案馆的《东印度事务报告》。该报告涉及台湾部分已有译本，见程绍刚（译注）：《荷兰人在福尔摩莎》，台北：联经出版事业公司，2000。

[124] 韩家宝：《荷兰时代台湾的经济、土地与税务》，第20页。

[125] Hosea Ballou Morse, ed., *The Chronicles of the British East India Company Trading to China, 1635-1834*, Oxford: Clarendon Press, 1926-1929, 第193页提及1729年，第194页提及1696年。John Francis Davis, *The Chinese*, vol 1, London: Charles knight, 1836, 第47—48页提及1670年。1715年的尝试见注126。参见陈利：《法律、帝国与近代中西关系的历史学：1784年"休斯女士号"冲突的个案研究》，邓建鹏、宋思妮译，《北大法律评论》2011年第2辑，第437—481页。

[126] R. Randle Edwards 指出，清政府并未承认粤海关监督与东印度公司于1715年和1729年订立的协议，这些协议并未上报。"Ch'ing Legal Jurisdiction over Foreigners", in Jerome Cohen et al eds., *Essays on China's Legal Tradition*, Princetion: Princetion University Press, 1980, 第235—236页。参见陈利：《法律、帝国与近代中西关系的历史学：1784年"休斯女士号"冲突的个案研究》，《北大法律评论》2011年第2辑，第439页；中文版见艾德华：《清朝对外国人的司法管辖》，载高道蕴等（编）：《美国学者论中国法律传统》（增订版），北京：清华大学出版社，2004，第450—511页。

郑成功对台湾的收复（康熙元年，即 1662 年）发生在海权勃兴时代，他依托内陆沿海力量与新兴海洋力量展开了第一波直接斗争；事实上，他的父亲郑芝龙与荷兰殖民者的斗争已经深深地嵌入这一时代的主权关系之中。[127] 荷兰东印度公司和郑氏势力与 19 世纪 70 年代之后的现代国家形式并不相同，但其斗争却具有深刻的主权性质。康熙在平定西南三藩后对于郑氏台湾的征服则是另一轮主权斗争，即内陆力量试图将沿海纳入王朝主权范围的努力，从而以重申王朝主权的形式介入了海权时代的斗争。荷兰、郑成功势力、清朝围绕台湾地区的争夺发生在欧洲南北势力发生冲突和置换的时代，从而与海权时代的主权斗争这一时代主题发生了关联。[128] 清朝的权力巩固也是主权建设的过程。无论在收复台湾的理由上（作为江浙闽粤四省之屏蔽，"台湾弃取，所关甚大……弃而不守，尤为不可"）[129]，还是在治理台湾的制度模式上（在福建省建制内，设台湾府与台湾、凤山、诸罗三县，设官、驻兵、筑城，其对山地人的治理亦循西南治理旧规），清朝对于台湾治理均体现了以内陆秩序对抗海洋势力的特征。[130] 这一过程与 19 世纪 70 年代之后针对日本犯台而展开的有关海防的讨论和安排以及牡丹社事件后清政府与日本政府之间的外交博弈，已经是 19 世纪晚期帝国主义时代围绕主权展开的斗争了。[131] 1871—1874 年正是明治日本自觉地开始其帝国主义政策的开端，发生于 1874 年日本出兵攻打台湾

---

[127] 郑成功的父亲郑芝龙就是在西班牙、葡萄牙势力与荷兰、英国势力相互竞争的时代崛起的。参见汤锦台：《开启台湾第一人：郑芝龙》，台北：果实出版社，2002。

[128] 汤锦台：《大航海时代的台湾》，台北：大雁文化事业股份有限公司，2011，第 118 页。

[129]《康熙起居注》二十三年正月二十一日。参见陈孔立（主编）：《台湾历史纲要》，北京：九州出版社，1996，第 135 页。

[130] 参见汪晖：《琉球与区域秩序的两次巨变》，载汪晖：《东西之间的"西藏问题"（外二篇）》；《两岸历史中的失踪者——〈台共党人的悲歌〉与台湾的历史记忆》，《文学评论》2014 年第 5 期，第 5—19 页。

[131] 参见陈在正：《1874—1875 年清政府关于海防问题的大讨论与对台湾地位的新认识》，《台湾研究集刊》1986 年第 1 期，第 45—59 页。

南部原住民的牡丹社事件（日本称之为"台湾出兵"或"征台之役"）和其后清日之间的首次近代外交博弈，因此具有了帝国主义时代主权博弈的历史含义。

从空间革命的角度看，无论是鸦片战争、甲午战争、辛亥革命、五四运动、抗日战争等全局性的事件，还是19世纪70年代以降日本对于琉球、台湾地区、朝鲜的攻击，均可视为内陆力量与这一新的海洋力量之间的博弈。20世纪的两个标志性事件，即中国革命与俄国革命，也可以理解为对抗海洋资本主义的陆地革命。这两场陆地革命由充分汲取了海洋能量的新势力所推动，不仅抵抗外来侵略或殖民统治，而且也是改变内陆秩序的革命。从根本上说，革命的持续、深入和壮大无不以广大的农民、广阔的乡村和深厚的内外地缘关系等大陆力量为依托。如果说"国家要独立，民族要解放，人民要革命"构成了这个20世纪政治的主题，那么，在殖民主义和帝国主义时代寻求国家独立和民族解放也必然与通过人民革命创造一种新的政治形式密切地联系在一起。因此，这一时代最为重要的政治成果便是中国作为现代政治主体的诞生，从而现代中国的主权和内外关系不能一般地从连续性的角度加以论述，而必须将这一"连续性"置于抵抗帝国主义入侵与中国革命的进程中加以探索。

现代中国的地域、人口和其他政治—社会构造与王朝政治之间存在着明显的连续性，关于这一点，我在《现代中国思想的兴起》一书和其他相关论述中曾经做过探讨。如果说海洋时代以主权国家体系的扩张，瓦解了原有的朝贡关系和多元性的礼仪制度，那么，清朝为免于分裂的局面，就不得不相应地改变内部的政治结构，通过加强内部的统一性，把自身从一种"无外"的多元性王朝国家转化为内外分明的"主权国家"。由于这个"主权国家"所内含的"帝国性"，它又不可能不是一个"跨体系社会"，一个同时整合多重时间关系的政治共同体。"政治的集中"的中国形态尤其表现在将历史传承而来的混杂性

（族群、宗教、信仰、语言和人口等）纳入更加统一的政治形式、社会组织及其文化规范之下的进程。就此而言，清王朝与第一共和之间存在着明显的连续性；但是，政治集中的趋势是由多重动力推动、沿着不同的轨道发生，并在 17 世纪至 19 世纪的进程中，伴随着国际关系的演变而被纳入"主权"的范畴。更为重要的是，"短 20 世纪"所塑造或形成的主权和政治议程与王朝政治截然不同。在政治形式上，晚清和民初，不仅在保皇党人与革命党人之间存在着君主立宪与反满革命的冲突，而且也在保皇党人与保皇党人之间、革命党人与革命党人之间，分别存在着围绕"如何君宪""怎么共和"的冲突：是五族君宪还是十八行省独立？是采用联邦或邦联形式组成多元中心的加盟共和国，还是在五族共和的基础上采用单一制国家形式？在民族解放运动中接受民族自决原则和单一主权框架的前提下，是采用以行省为普遍区域行政形式的共和国，还是以行省制加民族区域自治的形式建构统一的多民族国家？从 20 世纪终结处回望，我们也可以追问：为什么中国革命必须在一个多民族帝国的地基上创建单一主权的共和国？为什么这一单一主权国家必须内在地包含制度的多元性？〈132〉

中国革命试图将两种秩序（源自海洋的殖民统治与植根历史的社会关系）打碎、重构并在动态的历史进程中加以调整。从洋务运动、戊戌变法、辛亥革命、五四运动、土地革命直至社会主义革命，无不是由地缘政治的内陆力量借助于海洋能量而产生的对于旧的空间秩序的冲击，也无不包含对于来自欧美和日本的海洋力量的抵抗。在这一时代，不仅存在着沿海革命力量与内陆保守势力的斗争，而且也存在着由海洋力量所激活的内陆激进势力对于自身传统的攻击，存在着伴

〈132〉参见汪晖：《革命、妥协与连续性的创制》（上篇），《社会观察》2011 年第 12 期，第 10—15 页；《革命、妥协与连续性的创制》（下篇），《社会观察》2012 年第 1 期，第 14—19 页。

随殖民势力到来的反帝国际主义的运动。在革命阵营中，在保守阵营内，都存在着两种或多种秩序观之间的矛盾和斗争。在这个意义上，俄国革命中的民粹派或斯拉夫派与西欧派的斗争，中国土地改革过程中的小农经济派与不同形式的土地革命派之间的博弈，直至当代中国的乡村建设路径与城市化路径的矛盾，都可以从上述空间革命的内部关系中给予解释。正是在这样一个复杂的进程中，一种以农民为主体、以工农联盟为基础、由革命党人所组织和领导的大众运动，重塑了国家和主权的政治内涵。在这个意义上，20世纪的两场伟大革命之间存在着某种亲缘关系便不是偶然的了。[133]

中国革命是对上述空间革命的回应，也是这一空间革命所导致的矛盾和冲突最为激烈的形式之一。从语言与政治的角度看，语词对内容的超历史寻求、概念对复杂历史运动的归纳正是上述激烈冲突的表现之一。在激烈的论辩和实践之中，新的语词和概念不但为新的政治提供了方向、为社会动员输送了能量，形成了持续的政治化过程；同时，历史运动又常常突破语词和概念的归纳，显示出自身的能量，召唤新的语词、新的概念、新的叙述和新的理论。

不幸的是，许多历史学者对于这一时代褒贬不一，但其解释方式却遵循着同一个逻辑，姑且称之为"19世纪的逻辑"。他们将那些源自19世纪的概念和命题与实际发生的进程相对比，或者以前者为尺度否认进程本身的革命性，或者从根本上否定这些概念和命题的时代意义。我将20世纪中国的概念和命题置于"空间革命与置换的政治"的框架之下，就是要提出如下问题：在20世纪，真正有意义的国家问题不是追究国家概念的规范意义，而是将其作为一个政治过程加以探究——这一政治过程如何在帝国的地基之上综合了主权、人民的含义，形成了复合的、未完成的、有时是自我否定的国家形式；真正有意义

〈133〉参见汪晖：《十月的预言与危机》，《文艺理论与批评》2018年第1期，第6—42页。

的政治问题也不只是调查总统、议会、省及各级机构和军队建制的形成和变化，更需要探索文化运动——语言运动、文学运动和各种艺术形式的运动等——如何激活青年运动、妇女运动、劳工运动、政党运动，如何通过与政治的"间距"来创造新政治，为什么文化这一范畴成为贯穿整个 20 世纪政治的催化剂；真正值得关注的阶级问题也不仅仅是对中国社会的阶级结构进行结构性调查，而应该在这种调查的基础之上，追问为什么在一个资产阶级和无产阶级均很薄弱的社会产生了激烈的阶级革命，以及阶级概念在其运用过程中如何实现其"置换"。

在战争与革命的时代，要想通过战争本身去理解 20 世纪中国的变迁，就必须追问这一时代中国的战争形态具有何种特点。北伐战争、土地革命战争、抗日战争、解放战争与此前的战争（如鸦片战争、中法战争、甲午战争等）有着重要的区别：这是将革命组织在战争动员中的战争，是通过战争进行革命的战争，是在战争中建设革命国家的战争，是通过战争创造新的人民主体的战争，是将民族解放战争与国际反法西斯战争结合起来的战争，是通过国内革命战争达成民族解放目标并与国际社会主义运动相互呼应的战争。也正由于此，在中华人民共和国成立后的抗美援朝战争并不只是一般意义的国防战争，而是奠基于 20 世纪的革命同盟与反法西斯同盟的历史地基上，或在其脉络下的国际联盟战争。〈134〉因此，需要在上述条件下追问国家、民族、主权、政党、人民、阶级等范畴的历史形成和具体内容，追问人民战争如何改造和创生了与此前的政党不同的新的政治组织（尽管名称上完全一样）和国家形态（苏维埃）、如何通过组织和动员使得农民成为革命的有生力量或政治性阶级？如何在国际联盟和国际

〈134〉参见汪晖：《二十世纪中国历史视野下的抗美援朝战争》，《文化纵横》2013 年第 6 期，第 78—100 页。

联盟战争中理解主权和主权争议？如同无产阶级这一概念不能从其成员的历史构成上直接推导出来，而应该从这一概念对于其成员的历史性的超越方面来理解；无产阶级政党也意味着一个政治过程，即推动阶级成员不断超越其自然存在状态而适应无产阶级政治的过程。如果政党在新型国家中居于如此中心的地位，主权概念与政党及政党间矛盾的关系究竟应该如何解释？在社会主义建设时期，即在非战争条件下，人民战争的政治传统与不同形式的社会运动（如"文化大革命"）是怎样的关系？又如何在政党和国家范畴内理解"文化革命"及其与"五四"运动的联系与区别？

多重时间与自我否定的政治：作为异物的"20世纪"

如果说空间革命为置换的政治提供条件，那么时间革命则在新思想及其指导下的运动内部产生了自反的或自我否定的政治。

20世纪中国对于"新"的追求、对"旧"的扬弃经常被视为进化、进步的时间观的体现。在《现代中国思想的兴起》中，我将这一时代的宇宙观和历史观的变迁概括为天理世界观的崩溃和公理世界观的诞生。在晚清至"五四"时代的大量文献中，我们可以从几个方面归纳天理世界观与公理世界观的尖锐对立：

首先，公理世界观逆转了天理世界观的历史观，将未来而不是过去视为理想政治和道德实践的根源。这一逆转瓦解了儒学世界观内部所包含的对于历史中断的意识和由此而起的通过恢复古典以接续道统的意志。在这一新的历史意识的支配下，不是以个人的道德/政治实践、不是以重构古典或复古的方式重构道统谱系，而是以一种投身未来事业的方式体现历史意志，构成了新的伦理。

其次，公理世界观以一种直线向前的时间概念取代了天理世界观的时势或理势概念：在古典思想中，时势内在于物之变化本身，内在于君子与时势的相互构成之中，物之变化并未被编织在时间的目的论的轨道上；而直线向前的时间提供了一种目的论的框架，将日常生活世界的变化、转型和发展全部纳入时间目的论的轨道。

第三，公理世界观以原子论的方式建构了"事实"范畴，并以此冲击天理世界观的形而上学预设，试图按照事实的逻辑或自然的法则建构伦理和政治的根据，将古典礼乐范畴内的，作为一定关系、制度、秩序、规范之"物"转化为原子论的事实概念。由此，科学概念几乎垄断了"真理"领域，其结果是：第一，进步的概念在过去与现在之间划出了清晰的界限，从而通过古典研究以产生新的创造的宋明理学式的或文艺复兴式的人文主义不再可能。第二，就像孔德将人类历史描述为从"宗教迷信时代""玄学幻想时代"发展到"科学实证时代"一样，直线向前的时间观念取代了时势的观念，从而宗教与科学之间的分野、以宗教为依托的神权政治与以世俗科学为认识论前提的共和政治是不可调和的。第三，由于"物"的概念发生了质变，首先在认识论上，其次在社会分工上，艺术、道德、政治、宗教、政治等领域的严格分界已经不可避免。无论在认识的层面，还是在制度的层面，知识领域的"两种文化"、政治领域的政教分离、社会领域的公私两分、法律领域的群己权界成为现代世界的普遍现象。像文艺复兴时代那样自由穿梭于古典与现时、艺术与科学、宗教与自然之间已经完全不可能了。

但是，在公理世界观诞生的时刻，对于这一世界观的批判就已经展开了。保守力量的无力抵抗是极为次要的，真正的挑战来自新世界观内部。严复是《天演论》的译者，也是进化论思想在中国最初的、最重要的引入者。然而，他选择的著作恰恰以批判社会达尔文主义的作品，即赫胥黎的《进化论与伦理学》为底本，同时保留了"物竞天择、适者生存"的基本命题。严复将进化论的法则看作自古而然的普遍时势，不独帝国主义时代为然，并批评赫胥黎的善恶同时进化的理论，未能了解斯宾塞的天演理论预设了"郅治必有时而臻者"。^{〈135〉}在殖民主义、国家主义和科学主义的浪潮中，章太炎断言所谓"公理"与权力有着密切的关系：在殖民主义条件下产生的"文明化"过程、在现代知识及其体制下形成的对个体的操控，都是公理化的支配形式。

章太炎对"科学公理"的揭露建立在两个基本原则之上：首先，他区分出两种自然概念，断言科学所研究的自然不是自存的自然，而是被纳入特定视野和范畴中的、受因果律支配的自然（为科学所建构的自然）。从这一论点出发，他认为作为解释体系的科学并不能解释世界自身；"公理""进化"不是宇宙的原理或先验规则，而是人的观念建构；"公理"的创制过程与其说是（作为自然本性的）"公"的展现，毋宁是"私"的曲折的表象。因此，"公理"是控制和支配的代名词。^{〈136〉}其次，他把自然的运行从目的论的框架中解放出来，否定进化的道德含义，从而拒绝把个体与进化论的历史目的论相关联，拒绝把个体看作群体进化的工具，也拒绝在科学的名义下解构镶嵌在风俗、习惯和传统中的社会纽带。章太炎的反公理的思想并没有回到特殊主义，而是以其锐利的思想探索反公理的公理——一个"齐物平等"的世界。"体非形器，故自在而无对；理绝名言，故平等而咸适"^{〈137〉}，齐物平等的世界在公理之名言之外，它提示我们只有突破普世价值的宣称才能达到普遍性。^{〈138〉}

1907 年，辛亥革命的风暴尚在太平洋和长江流域的环流中升沉孕

〈135〉赫胥黎：《进化论与伦理学》"附录"，北京：北京大学出版社，2010，第 198 页。

〈136〉章太炎：《四惑论》，《章太炎全集》第 4 卷，徐复点校，上海：上海人民出版社，1985，第 443—444 页。

〈137〉章太炎：《齐物论释》，《章太炎全集》第 6 卷，第 4 页。

〈138〉参见汪晖：《现代中国思想的兴起》下卷第一部，第十章，北京：生活·读书·新知三联书店，2008，第 1011—1106 页。

育，刚刚弃医从文、从仙台来到东京的鲁迅年仅 26 岁。在一篇古文论文中，他用一种古奥的文风，谈及对刚刚降临的"世纪"的观察：

> 意者文化常进于幽深，人心不安于固定，二十世纪之文明，当必沉邃庄严，至与十九世纪之文明异趣。新生一作，虚伪道消，内部之生活，其将愈深且强欤？精神生活之光耀，将愈兴起而发扬欤？成然以觉，出客观梦幻之世界，而主观与自觉之生活，将由是而益张欤？内部之生活强，则人生之意义亦愈邃，个人尊严之旨趣亦愈明，二十世纪之新精神，殆将立狂风怒浪之间，恃意力以辟生路也。[139]

鲁迅概括了"二十世纪之新精神"，即"掊物质而张灵明，任个人而排众数"。[140]这里的"物质"指由英国工业革命所引导的 19 世纪物质文明，即资本主义经济；"众数"则指由法国大革命所开创的 19 世纪政治文明，即宪政民主及其议会 - 政党制度。鲁迅宣称："十九世纪"的创造力在其世纪末已经式微，自由平等正在转变为凌越以往专制形式的新的专制形式。因此，正在降临的新世纪为中国所确定的目标是超越欧洲双元革命及其后果，建立一个每一个人都获得自由发展的"人国"。[141]

这是中国历史中最早的关于"20 世纪"的表述之一。对于当时的中国人而言，这个概念如同天外飞来的异物，因为在此之前，并不存在所谓"19 世纪"，也不存在"18 世纪"。1907 年是清光绪三十三年。在鲁迅的文章中，作为"20 世纪"对立面的"19 世纪"并非指涉此前

---

[139] 鲁迅：《坟·文化偏至论》，《鲁迅全集》第 1 卷，北京：人民文学出版社，2005，第 56—57 页。

[140] 同上书，第 47 页。

[141] 同上书，第 57 页。

的中国历史，而是由法国革命和英国革命所开创的历史时代。这个源自欧洲的世纪正以极其迅速、尖锐和深入的方式成为中国自身的历史内容。洋务运动以降，19世纪欧洲的物质文明和政治制度，亦即欧洲的"双元革命"所带动的变迁正是几代"向西方寻求真理"的人们竭力模仿、效法或追赶的改革目标。从19世纪60年代起，在两次鸦片战争失败的阴影下，中国开始了以富国强兵为内容的"洋务运动"；伴随甲午战争（1894）的失败，这场"师夷长技以制夷"的运动直接地转变为以戊戌变法为标志的政治改革运动，其内容之一，便是模仿欧洲立宪政治，建立国会，将王朝改变为"国家"。政治改革运动的失败与"亚洲觉醒"的进程相互重叠，标志着革命时代的降临。当新生的共和国在惨淡的血色中渐渐升腾的时刻，人们不难发觉推动其诞生的力量不就是欧洲的民族主义、市场经济、物质文明和政治体制吗？因此，当19世纪以不同形式成为世界历史之命运的时刻，即便中国不存在西欧和俄国意义上的"19世纪"，为了超越晚清改革和革命的目标，中国只有将"20世纪"这一异物作为自己的使命，才算获得了"自觉"和"解放"的契机。

20世纪是一个将他者的历史纳入自身内部、将自身的历史置于全球范围内的时代。这一时代特征正是重复与替代的政治得以发生的基本条件。"20世纪"不仅是"19世纪欧洲"的异物，也是内在于"20世纪中国"的异物。异物是复数，不是一个，是许多个：倡导"君主立宪"的康有为同时写作了不但超越他自己提出的"君主立宪"主张而且超越整个"19世纪"全部内容的《大同书》，呈现了一幅综合儒家思想、佛教理念和乌托邦共产主义的世界图景[142]；激进的民族革

〈142〉即便在提出其乌托邦设想的过程中，康有为的思想也不可避免地带着19世纪的痕迹，种族主义、科学主义和其他因素渗透在其革命性的思想内部，但这也正是这一时代自我否定的思想的独特前提。参见汪晖：《现代中国思想的兴起》上卷第二部，第七章，第737—830页。

命者章太炎用"齐物平等"的思想深刻地批判了"19世纪"的国家主义、种族主义、政党政治、宪政民主、形式平等，以及一切与之相适应的"公理"，他本人也成为这场革命运动内部的"异类"[143]；辛亥革命的领袖孙文试图将两场对立的革命——"19世纪"的民族革命和富强运动与"20世纪"的社会革命——综合为同一场革命，并以后者规范、引导前者，其结果是革命团体国民党的左右分裂，以及与共产党人理念的殊途与重叠。[144]

如果主权国家、民族认同、政党政治、公民社会、工业革命，城市化、国家计划、市场经济，以及与之相适应的教育体制和媒体文化，构成了这一时代中国社会变革的基本内容，那么，作为异物的"20世纪"就潜伏于其内部。换句话说，20世纪中国的大部分变革内容乃是"漫长的19世纪"的延伸或衍生，但又内在地包含了其对立面和否定物。这一自反的或自我否定的逻辑并不仅仅是晚清思想和革命纲领的特点，在整个20世纪的不同时期、不同事件中以不同的形式若隐若现。辛亥革命后，民国肇建，共和随即陷入危机；1914年，欧洲大战爆发，文明危机的讨论不绝于耳。1915年发端的文化运动，无论其"新"的方面，还是其"旧"的方面，都将共和危机与欧洲文明危机作为思考的前提。

在"新"的方面，新文化运动期望实现真正的共和理念，建立主权的民族-国家，但同时对政党政治、民族主义、强权逻辑给予尖锐批判；他们用"新文化"荡涤旧物，期待从中发现取代凝聚着各种传统要素的19世纪"旧政治"的新政治（文化的政治、青年的政治、性别的政治、教育的政治、劳工的政治等）；就像鲁迅在1907年宣布19

———

〈143〉汪晖：《现代中国思想的兴起》下卷第一部，第十章，第1011—1106页。
〈144〉参见汪晖：《革命、妥协与连续性的创制》（下篇），《社会观察》2012年第1期，第14—19页。

世纪已经终结一样，他们相信欧洲战争终结了此前的时代，一切"历史之观念"都无法推测和理解此后的世界大势。民主与科学的观念源自 19 世纪，其运用却包含了对 19 世纪在民主与科学名义下展开的历史实践的批判。

在"旧"方面，《东方杂志》或《学衡》等以同样的坚决态度宣告一个时代已经结束，西方文明的破绽暴露无遗，19 世纪的旧道路不能再延续下去。他们调和文明，重新思考传统，期待"新文明之发生"。新旧双方，各以不同甚至对立的姿态，探索 20 世纪的"觉悟"。[145] 在抗日战争时期有关"民族形式"的讨论与战争时期大众动员的直接需求有着密切的关系，但讨论的中心转向了形式问题——与其说这是为了创造一种超越"五四"文艺的民族形式，毋宁说是要荡涤"五四"文艺所内含的 19 世纪的要素——欧化的语言、资产阶级的内容等。因此，这一"民族形式"不是简单地向民间形式的回归，而是一种像"五四"时代所宣称的那样的"旷古所罕闻"（陈独秀语）的、属于 20 世纪的新形式。[146]

短 20 世纪与漫长的革命相互重叠。这场革命所要完成的使命是一个混合体，既包含 19 世纪的课题，又包含对这些课题的批判、扬弃和超越。20 世纪中国革命所带来的一个世界历史问题是：由于帝国主义时代的降临，世界上不同地区均被卷入了同一个世界进程；19 世纪欧洲社会主义运动无法突破资本主义的内在矛盾，现在这一使命需要通过所谓"前资本主义的""非西方的""农业的"社会的革命来完成，而爆发这一革命的国度同时面临着经济、政治和文化的 19 世纪式的变革。从孙文的"政治革命、社会革命毕其功于一役"，到毛泽东的"新

〈145〉参见汪晖：《文化与政治的变奏——战争、革命与 1910 年代的"思想战"》，《中国社会科学》2009 年第 4 期，第 117—141 页。

〈146〉参见汪晖：《地方形式、方言土语与抗日战争时期"民族形式"的论争》，《学人》第 10 辑，南京：江苏文艺出版社，1996，第 271—312 页。

民主主义"概念，无不体现中国革命的双重使命。

在这里，对立和否定包含了双重意义。首先，基于中国独特的历史条件和在全球的独特地位，即便为了完成19世纪的使命，中国也需要以对立和否定的方式展开其进程，如通过超越资本主义的经济纲领完成农业资本主义积累和工业发展的使命；通过批判和否定国家、倡导国际主义（甚至国际联盟战争）完成主权的民族－国家的建设；通过对政党、官僚机器的批判和否定完成政治组织和国家体制的建设和重构……

其次，即便是在完成国家建设、政党建设、政权建设、军队建设、城市工业化等"19世纪使命"的过程中，不仅在文化和政治的层面，而且在所有这些"现代化建设"内部，都包含了对于这些目标的重新审视、超越的尝试和"不断革命"。用鲁迅的语言来说，即"二十世纪之新精神，殆将立狂风怒浪之间，特意力以辟生路也"〈147〉。"意力"表达的是一种能动性，一种超越客观条件而从事创造的能量，但这种超越客观条件的创造性能量既不是纯粹的主观性，也不是脱离具体的社会目标的乌托邦主义，而是一种持续地投入改造旧世界、创造新世界的政治策略和现实行动。因此，20世纪是一个激烈地反对旧世界也激烈地反对自身的世纪。

我将这一自反的或自我否定的逻辑理解为20世纪政治的未来性。如果未来表现为"尚未"（not yet）出现的事物或世界，那么，如同布洛赫所做的区分，即存在着"尚未"的两种形态，一种是其物质形态，即尚未成为（not yet become），另一种是主观形态或意识形态，即尚未意识（not yet concious）。"尚未"是潜伏于我们脚下的，被压抑在我们的计划、意识和意志之下的存在。〈148〉20世纪的政治同时包含了"尚

〈147〉鲁迅：《坟·文化偏至论》，《鲁迅全集》第1卷，第57页。
〈148〉Ernst Bloch, *The Principle of Hope*, Oxford: Basil Blackwell, 1986, p. 119.

未"的两重意义，未来既以一种尚未完成但方向明确的形式呈现在革命和变革的方略和进程之中，又以一种强烈的方式向未知或"尚未意识"敞开，即运动的领导者或参与者都无法对运动本身做出清晰的规划，但他们同时承认现实进程蕴含着尚未意识到的内容，从而只有在实践中向尚未意识的"未来"敞开。但不同于布洛赫的乌托邦主义，在中国革命的实践中，未来的维度不只是在时间的逻辑中展开，而更是在行动的逻辑中、在政治的逻辑中、在战略的逻辑中呈现——行动、政治、战略等概念必须在时势的范畴内展开，它们总是指向特定局势内的矛盾运动或敌我关系，从而包含着一种克服重重困难的具体规划、持续壮大自身力量的强力意志和夺取最终胜利的顽强逻辑。这是一种将自身投入矛盾运动中才得以呈现的未来性。

在20世纪60年代，这一自反的政治以最为激烈的形式表现出来：不同于此前的革命，文化革命包含着更多的不确定性。这一不确定性甚至不同于早期革命的实验性，毋宁是以一种激进的形态探寻"尚未意识"的未来。在这个意义上，如果运动不仅是为了达成既定目标，而且也是对无法预知的未来性的探寻，运动的自我矛盾就是不可避免的。20世纪70年代以自我否定或自我改革的形式开始，但迅速地转向一个自我肯定的新时代。自反逻辑伴随着"短20世纪"的式微或转型而悬置了。在这一新时代的语境中，自反逻辑是否还会以新的形式激活文化与政治，我们拭目以待。

失败与胜利：斗争哲学的辩证法

20世纪从欧洲资本主义革命和殖民主义历史中脱胎而来，在人类历史上发生了规模罕见、残酷程度远超古代的战争和暴行。不同内容和形式的斗争相互交织。由于科学技术的发展和国家形态的变化，政治控制和政治动员都达到了历史最高水平。对这一时代发生的所有悲剧的追踪和发掘都是必要的，但需要置于不同力量和具体历史条件之下加以追究。需要避免在追踪问题的同时混淆斗争的不同方面，以一种抽象的道德主义对这一时代进行总体审判。由于苏联和东欧体系的内部与外部危机和最终溃败，不但在体系之外创造挑战资本主义的尝试失败了，而且经典的挑战者（阶级、政党、社会主义国家）也趋于解体、转型或消逝。这就是"历史终结论"的历史基础。正由于此，许多有关20世纪的历史著作以失败作为思考的起点。霍布斯鲍姆的《极端的年代》的主要线索和叙述基调就将这一东方革命的世纪描述为一系列的失败：在共产主义方面，苏联陷于官僚主义国家的失败[149]，中国陷于持续革命的失败[150]，国际共运陷于国际主义的失败，最终的结果是共产主义作为一种信念的失败[151]；在资本主义方面，帝国主义体系由于十月革命后的苏俄对于秘密外交的揭露而受到打击，但民主制度及其公民权却因受制于种族—民族和宗教身份而深陷危机[152]；自由资本主义并未取得胜利，其最大的讽刺就是冷战之后最为强劲的经济恰恰是在政治与经济体制上与西方十分不同的共产主义中国[153]；法西斯的崛起和大屠杀为1935年至1945年间的反法西斯联盟的形成奠定了前提，但这也恰恰证明了作者为"短20世纪"设定的基调，即20世纪的基本冲突不在资本主义与共产主义之间，而在启蒙的支持者和反对者之间，从而这一时代的资本主义与社会主义的对立只是一种任意的、人为的建构。[154]

〈149〉 Eric Hobsbawm, *The Age of Extremes*, London: Abacus, 1995, p. 379.

〈150〉 Ibid., p. 469.

〈151〉 Ibid., p. 488.

〈152〉 Ibid., p. 139.

〈153〉 Ibid., pp. 412-413.

〈154〉 Ibid., p. 4.

这一以系列失败为线索构筑起来的"短20世纪"与作者所描述的以"双元革命"为先导的、尽管充满了战争与灾难但仍然富于生产性的"漫长的19世纪"形成了鲜明的对比。但他忘记了进一步追问:苏联的解体就代表俄国革命是全然的失败吗?强大而坚韧的反法西斯的苏联是失败吗?社会主义阵营对于第三世界反帝反殖民斗争的支持全都失败了吗?如果中国经济的发展证明自由资本主义并未取得胜利,中国倡导的全球化路径有可能终结新自由主义全球化的一统天下,那么,中国的现实和未来与20世纪的持续革命到底是什么关系? 1902年,霍布森就曾预言:"中国可能借采用西方工业国的资本及其组织者,并更可能借代之以自己的资本和组织者,变为对西方国家居于上风;还可能把它的更廉价的制造品泛滥于它们的市场;并且可能拒绝它们作为交换的进口货,留作清偿它们投下的资本,而把初期的投资过程倒转过来,直到中国逐渐对它的以前的恩人和培植者取得金融上的支配。"[155] 霍布森的分析缺乏对于主体改造的解释,即一个积贫积弱的中国如何通过反复斗争才能逆转失败的局势而"居于上风",而在20世纪的政治视野中,这种"居于上风"的处境到底是胜利还是失败,更不在其视野之内。但在当代的语境中,他在帝国主义瓜分中国的狂潮中所做的断言已经算得上天才性预见,其识见远在众多只会喟叹的历史学者之上。

帝国主义战争及冷战对于中国的形塑极其深远,但由战争和社会危机所激发的革命对于此后中国乃至世界的变迁具有不可磨灭的影响:不仅民族独立、工业化进程在革命和建设进程中完成,而且社会关系、人与自然的关系、地缘政治关系等全部发生了空前的转型。从语言文字到国家、政体,从社会组织到劳工、性别,从文化风尚到日常生活,从城乡关系到区域关系,从宗教信仰到社会伦理,我们几乎

〈155〉约·阿·霍布森:《帝国主义》,第245—246页。

找不到一个没有发生深刻变迁的领域。中国革命无法像法国革命和俄国革命那样用一两个事件作为标志，对于革命的抵抗和反动也不是由一两个事件所界定的。短 20 世纪是漫长的革命进程。在这一进程中，存在着长时段地占据舞台的演员，例如国共两党及其领袖，但斗争和博弈并不只是在固定的两造之间，所谓革命与反革命是一个充满了聚合、裂变、转化和新主体（革命的和反革命的）诞生的过程。这是一个高度政治化的时代、一个众多政治主体生成裂变的时代、一个同一性与矛盾相互生成转化的时代、一个敌我分明而敌我关系持续变迁的时代。因此，无论追问成功还是失败，不可避免地涉及谁的成功或失败、何谓成功和失败等并不简单自明的问题。"短 20 世纪"正是被这样一个广阔、复杂、深刻、激烈的进程所覆盖，其密度、深度和广度均史无前例。在今天，人们已经难以想象一种未经 20 世纪改造的生活，离开革命、创新和失败的探索也就不能把握这一时代的意义。

当历史学家、哲学家和感伤的观察者以失败作为起点回望世纪时，我们是否也应该思考那些与世纪的意识同时诞生、发展和转化的关于失败与胜利的全新理解？中国革命发展了对于失败与胜利的丰富思考，这些思考也从革命进程内部重新界定了革命本身。因此，离开中国革命的内在视野也就难以把握失败与胜利之间的辩证关系。鲁迅的"反抗绝望的文学"与毛泽东"从胜利走向胜利"的"胜利的哲学"是两个内在于中国革命进程的有关希望与绝望、失败与胜利的文学 / 哲学解释。[156] 在我看来，"胜利的哲学"是一种将自身全盘地融入集体斗争而产生的历史思考，亦即革命主体的战略思考，牺牲和悲剧被置于制胜的行动纲领中加以处理，从而彻底排除了"五四"以降文学和思想领域中的那种寂寞、无聊、颓唐或无可措手的困顿之感等要素。"胜

〈156〉参见汪晖：《鲁迅文学的诞生——读〈呐喊〉自序》，《声之善恶》，北京：生活·读书·新知三联书店，2013，第 99—184 页。

利的哲学"植根于集团斗争的残酷而悲壮的历史，也体现为在失败境遇中寻找转向胜利的战略考量。失败不但是成功之母，而且是"胜利的哲学"的逻辑起点。从失败开始，意味着在困境中重新识别"薄弱环节"、寻求克敌制胜的战略和策略，进而在创造新的形势的过程中重建敌我关系的进程。这一进程实际上正是重建自我或主体的过程。

毛泽东的《中国的红色政权为什么能够存在？》（1928年10月5日）、《井冈山的斗争》（1928年11月25日）、《星星之火，可以燎原》（1930年1月5日）等文本标志着"胜利的哲学"的诞生，它为后来文学家们描述革命过程的曲折和困境提供了一种"从胜利走向胜利"或"前途是光明的，道路是曲折的"的乐观主义脉络。1949年8月，在中华人民共和国诞生前夕，毛泽东回顾了1840年以来的历史，以一种不容辩驳的方式论述道："帝国主义者的逻辑和人民的逻辑是这样的不同。捣乱，失败，再捣乱，再失败，直至灭亡——这就是帝国主义和世界上一切反动派对待人民事业的逻辑……""斗争，失败，再斗争，再失败，再斗争，直至胜利——这就是人民的逻辑，他们也是决不会违背这个逻辑的……"[157] 从再造主体的角度说，这一斗争、失败直至胜利的进程不仅是人民的逻辑，而且也是创造作为革命主体的人民的进程。毛泽东说："所有这一切侵略战争，加上政治上、经济上、文化上的侵略和压迫，造成了中国人对于帝国主义的仇恨，使中国人想一想，这究竟是怎么一回事，迫使中国人的革命精神发扬起来，从斗争中团结起来。斗争，失败，再斗争，再失败，再斗争，积一百零九年的经验，积几百次大小斗争的经验，军事的和政治的、经济的和文化的、流血的和不流血的经验，方才获得今天这样的基本上的成功。"[158]

---

[157] 毛泽东：《丢掉幻想，准备斗争》（1949年8月14日），《毛泽东选集》第4卷，第1487页。

[158] 同上书。

很明显，鸦片战争以降的抵抗斗争并非由同一群人完成，在历次反抗的主体之间存在着重要的差异，但斗争—失败—斗争的逻辑将他们建构为日益成熟和强大的、从斗争和失败中走向胜利的"人民"。只要斗争的逻辑存在，失败就不是最终的失败；反过来说，失败的真正意义在于斗争的逻辑失效了。因此，衡量失败的真正尺度不是失败自身，而是斗争的逻辑是否继续存在。

鲁迅将孙文界定为"永远的革命者"——所谓"永远的革命者"，也就是用持续的失败来界定的革命者，"胜利"不是作为一个最终的结果，而是作为不被失败击垮、持续奋斗的进程呈现自身的。[159] "胜利的哲学"所以是乐观的，是因为它始终与对困境的辩证理解联系在一起，始终与基于这种理解的战略性行动联系在一起。胜利不在抽象的未来，不在抽象的乌托邦主义，而恰恰在对敌我力量对比的辩证分析及具体实践之中。"胜利的哲学"是行动的哲学，但不是唯意志主义。恰恰相反，它将求胜的意志与对形势——尤其是敌我力量对比——的分析置于矛盾的对抗和转化之中，并积极地介入这种对抗和转化。

鲁迅的"反抗绝望的文学"拒绝乐观主义的世界观，却并不反对集体性的斗争；它从不将希望置于主观的范畴内，而试图在宽广世界中探索通向未来的道路。"反抗绝望的文学"与"乐观的文学"有着鲜明的区别，却与"胜利的哲学"有某些相通之处，例如，它们都是反抗与动作的哲学，或者说斗争的哲学。鲁迅多次以怀念的语调悲悼《新青年》团体的散落，又努力地用创办刊物和文学社团的方式营造集体斗争的阵地，"联合起来，造一条战线，更向旧社会进攻"。[160] 这些思考不但产生于对力量对比的战略分析，而且也产生于他对失败的

〈159〉鲁迅：《中山先生逝世后一周年》，《国民新报》"孙中山先生逝世周年纪念特刊"，1926年3月12日，后收入《集外集拾遗》，《鲁迅全集》第7卷，第306页。
〈160〉鲁迅：《两地书》（1926年11月7日），《鲁迅全集》第11卷，第195页。

承认和思考。他的著名的"壕堑战"的说法，正来源于文学与战争的比喻。[161]这是为取得文化斗争的胜利而展开的战略和策略分析。如果将这样的文字与20世纪中国的"胜利的哲学"的典范作品《论持久战》做个对比，不是可以看作一种文化游击战的战法吗？正如《论持久战》对人民战争及其形式的分析来源于对正面战场的困境和失败的分析，这种文化游击战的思考诞生于对新文化运动阵地战失败的总结。"其实地上本没有路，走的人多了，也便成了路。"《故乡》的这句名言将布洛赫的"尚未意识"转化为实践或行动所蕴含的对可能性的探索，从而为无路可走的境地预设了未来的维度。《野草》所一再表述的"绝望之为虚妄，正与希望相同"不是对希望的否定，而是对绝望的抗拒，对"尚未成为"，甚至"尚未意识"的意识。

中国革命的"胜利的哲学"最初诞生在艰辛和血泊之中，产生于对十分不利于革命势力的失败处境的分析。乡村，而不是城市；边区，而不是中心，成为革命战略得以展开的地方，但这一新空间的界定正来源于失败的局势和敌我力量的悬殊。胜利的逻辑存在于持续的行动、探索和斗争，从而不同于盲目的乐观或玄想的希望。"胜利的哲学"的蜕变，即从"胜利的哲学"转化为各式各样的"乐观的文学"，恰恰就在放弃了对于这种十分不利的失败处境的分析，从而也放弃了真正战略性和具体策略性的思考。一旦放弃了这样的思考，行动便可能失去方向，转而将希望寄托在胜利的必然性或抽象的未来之上，其结果是通过用"虚妄"埋葬"希望"来确证"绝望"的真理性，从而阻断了"反抗绝望"所包含的未来的维度。这不是胜利的逻辑，而是盲动的逻辑，也极易变成"转向"的逻辑，后者是用绝望替代反抗绝望的后果。"希望的文学""乐观的文学"是幻想的，而"反抗绝望的文学""胜利的哲学"是行动的。无论是鲁迅的"反抗绝望"，还是毛泽东的"从

〈161〉鲁迅：《两地书》(1925年3月11日)，《鲁迅全集》第11卷，第16页。

胜利走向胜利"，都包含着对失败的承认、对"尚未成为"和"尚未意识"的意识和探索。

因此，在判断中国革命的成败问题上，首先需要挖掘中国革命的内在视野及其对失败与胜利的界定，才能完整地理解其社会斗争的意义。在这一时代，政治的能动性不仅重新定义了政治领域，而且即便在权力政治的范畴内，政治能动性也并没有臣服于权力的逻辑，而总是寻找着内部革命和自我否定的契机。这是一个政治化的进程：政治化既体现为激进的革命与策略性妥协的过程，也表现为将青年问题、妇女解放、劳动与劳工、语言与文学、城市与乡村等问题纳入"文化"的范畴，让政治成为一个创造性的领域；既体现为将军事斗争、土地改革、政权建设、群众路线、统一战线融为一体的"人民战争"，也呈现为人民战争对 19 世纪以降的各种政治范畴的转化。通过群众路线，政党与大众运动之间的边界模糊，但并未消失，从而保持了通过大众运动改造政党，又通过政党政治重塑大众运动的张力。

在上述条件下，政权不再等同于传统的国家机器，而成为一种植根于政党和大众运动的政治结构，但无论是政党对于国家机器的控制，还是大众运动对于国家和政权的持续冲击和渗透，都并不意味着对国家及其权力机器的放弃，而是对这一机器的持续的政治化。在一个95% 以上人口为农民的国度里，通过农民运动促成乡村下层社会成为革命运动的政治力量，阶级范畴实际上体现的是一个阶级化的政治过程，但这一政治过程在高度重视阶级构成的客观基础的同时，将阶级分析转化为阶级化的政治动力。20 世纪 50 年代至 60 年代，即便在主权概念笼罩之下的国际政治领域，抗美援朝战争、万隆会议和中苏两党论战，也提供了军事和国际关系领域的政治化案例。上述政治过程的所有方面均包含了国际的面向，或者说，20 世纪中国的国际政治逻辑与国内政治的逻辑是相互支持、相互渗透的，即发生在横向的时空关系之中。

对于 20 世纪中国的政治化与去政治化的分析同时伴随着对于重新政治化的契机的探索。这一方法是通过与中国革命的内在视野对话而形成的。我从四个方面，即政治整合、文化政治、人民战争、政党与阶级展开分析，试图从历史进程内部摸索"尚未成为"和"尚未意识"的政治潜能。这四个主题诞生于革命与战争的时代，它们相互纠缠又各有侧重，以不同的形式出现于其他历史时期。政治整合将国家形式的探索展开为一个政治竞争的过程，持续的文化运动刷新了对于政治的理解，重新界定了政治的议题和领域，创造出一代新人；人民战争不但是从根本上改变现代中国城乡关系和民族认同的政治动员过程，而且也对我们熟悉的政治范畴如阶级、政党、国家、人民等进行了改造与重构。

因此，我要追问的问题是：如何解释在辛亥革命后国家失败和议会政党破产条件下的"文化"范畴的独特性及其与政治能动性的关系？中国革命为什么能够在一个工人阶级和资产阶级均未成熟的社会里推进一场指向社会主义的阶级运动，将政治性和能动性展开为阶级概念的重要内容？这是如何发生的？20 世纪中国的政治进程与不同性质和不同类型的战争有着内在的联系，其中土地革命战争时期逐渐形成、抗日战争时期日臻成熟而又灵活多变的人民战争，不仅通过推进土地改革、政权建设及政党与大众之间的循环运动，形成了一种不同于早期政党——包括布尔什维克党——形态的、具有超政党要素的超级政治组织，而且也为 20 世纪中国文化注入了新的活力和能量。如何解释人民战争的政治？在后人民战争的时代，如何从这一独特的经验中探索重构新政治的源泉？阶级、政党、民族、国家、群众和群众路线、人民和人民战争等概念、范畴和命题在什么时候是政治化的，又在何种条件下趋向于去政治化？

阶级概念在 20 世纪滋生了两种性质不同的政治动员：第一种动员促成在身份、财产权甚至生产资料的掌握上并不隶属于无产阶级的成员成为该阶级的马前卒或战士，如农民或出身统治阶级的知识分子成为"无产阶级"的主体甚至领袖；第二种动员将阶级出身设定为僵固不变的制度标记和衡量敌我的基准。那么，阶级概念的政治化与去政治化是如何发生的？人民战争条件下的政党与群众路线有着密切的联系，所谓"从群众中来，到群众中去"，由此产生了巨大的政治能量和活力；但在另一条件下，这些活力又为政党国家化或政党的去政治化提供了历史前提。如何思考政党的政治化与去政治化？总之，我所探索的是政治形式与政治化、文化与政治化、军事与政治化，以及经济与政治化的关系。离开了植根于这一时代具体历史情境的政治化的复杂过程，我们几乎不能历史地把握这些政治范畴在 20 世纪语境中的独特意义。

这是一个试图重构这一时代的内在视野的尝试。历史研究不可避免地与研究者的价值取向及方法相关，但相比于对更早时期的文献收集和研究，有关 20 世纪的研究几乎命定地包含着对现实的介入。对历史提出怎样的问题，就意味着如何界定自己在当代的位置。我的位置就是在 20 世纪的绵延中思考。20 世纪是一个高度政治化的时期——政治在这个时期渗入了社会生活的各个领域，并要求人们在生活的不同层面持有政治的态度。人们可以像研究以往时代一样，按照经济、政治、军事、文化等领域对 20 世纪中国进行历史描述，但无论在哪一个领域进行这一研究，都无法回避对于这一中心问题的回应和判断。我的问题是：为什么这一张力在 20 世纪如此强烈，最终趋于饱和，而在这之前，更是之后，它却成为一种稀缺的或耗损的东西？

20 世纪落幕了，但以"尚未成为"和"尚未意识"的双重形态存在于今天的世界，这是人们重新转向乌托邦主义以探寻未来的起点。然而，让我再重申一次：重新政治化需要价值与理念，但并不是一个乌托邦计划，而是一个主体持续形成的现实过程。在 20 世纪，这一过程是与革命力量通过对世界的重新认知，将自身投入矛盾运动内部以寻求制胜的战略、策略——亦即在具体局势中行动的方式——密切联系在一起的。

因此，将 20 世纪中国作为思考对象既是对于 20 世纪中国的内在视野的探索，又必然包含通过对当下性的质询以叩问未来的意义。在这里，未来不是时间目的论的设定，而是内在于我们的生活和斗争的、尚未呈现或发现的现实性。正如历史不可能终结一样，世纪只能以多重演化、持续断裂、变异转型、失败胜利等形式绵延。世纪的诞生是一个事件，一个基于具体时势的判断，一个渗入思想、文学、艺术、历史思维和我们日常生活的时空形态，从而不可能被单纯地计量为一个抽象的、可直接被计算的时间单位。[162] 在这个意义上，作为一种分期的范畴，"长世纪"或"短世纪"从属于对于作为事件的世纪之诞生或终结的描述，因而也总是蕴含着通过审视与这一事件的关系对当下状态进行判断的含义。

2018 年 4 月 30 日第一稿完成

2018 年 6 月 5 日修订

---

〔162〕我是在古典时势概念的意义上理解"绵延"这一概念的。柏格森（Henri Bergson）批评了斯宾塞的时间观，认为从时间里去掉绵延（ *la durée* ）、从运动中去掉可动性的机械论观念，无法揭示时间的本质。他对绵延的论述对于我们理解世纪与时间的关系也许有某些启发作用（柏格森：《时间与自由意志》第 2 章"意识状态的众多性 关于绵延的观念"，吴士栋译，北京：商务印书馆，1958，第 50—95 页）。不同的是：柏格森的绵延概念是对意识的描述，而在时势的意义上，绵延是事件发生和发生之后的状态。

世纪的诞生

20 世纪中国的历史位置

刊于《开放时代》2017年第4期。文章的基本思想曾在2016年秋季学期（清华大学）和2017年春季学期（哈佛大学）的研究生课程中讨论过，但有关20世纪中国的社会理想、国家概念及政治主体形成的讨论未在此文中论述。感谢积极参与这两个课程的同学，我在与他们的讨论中相互激发，获益良多。

20 世纪已经存在

"世纪"概念的流行是一个偶然的现代事件。对于一个时代的分析很少能够准确地与世纪的刻度完全吻合，也正因为如此，历史学家们发明了诸如"长世纪"或"短世纪"这样的概念，以描述一个可以用细节、事件或逻辑加以界定的时期。在历史研究中，这一概念的运用几乎完全是事后追溯的结果。在所有关于世纪的描述中，19 世纪具有某种轴心地位。艾瑞克·霍布斯鲍姆的 19 世纪三部曲，描绘了1789—1914 年的世界演变，其著名的区分是 1789—1848 年的革命年代、1848—1875 年的资本年代和 1875—1914 年的帝国年代。这一年代叙事与克里斯托佛·贝里（Sir Christopher Bayly）的《现代世界的诞生（1780—1914）》（*The Birth of the Modern World 1780 to 1914*）、于尔根·奥斯特哈默（Jürgen Osterhammel）《世界的演变：19 世纪史》（*Die Verwandiung der Welt: Eine Geschichte des 19. Jahrhunderts*）的时期划分大致相近。这些著作目标相异，描述的侧重点各不相同，但美国革命和法国革命所奠定的政治模式，英国革命所引导的经济模式，这一时代在科学、技术和文化上的成就所引发的社会生活领域的重大变化，由于航海技术的发展而形成的新的地缘政治关系，由统计和信息技术的发展所导致的治理模式的演变，以及由文学艺术的形式革命和心理学等领域的发展而产生的独特的精神—心理面貌，使得19世纪在他们的叙述中占据独特的位置：19世纪意味着现代世界的诞生。

作为历史叙述轴心的19世纪与其说是历史学家的发明，不如说是由这一时期众多人物——例如亚当·斯密、黑格尔、马克思，以及20世纪的人物如韦伯、卡尔·波兰尼等——从不同角度对这一时代的"巨变"（the great transformation）所做的研究和描述奠定的。历史学家们发现：19世纪并不仅仅是一个分期概念，而是像古代、中世纪、文艺复兴等范畴一样，是一个"独立而难以命名的时代"[1]。如今人们时而在年代学意义上谈论"早期现代"，时而在超年代学的意义上界定"后现代"，但这些叙述无不以这样或那样的方式与19世纪的某些特征相联系。然而，在中国的历史脉络中，所谓19世纪更像是从乾隆时代的政治、经济和文化顶峰逐渐衰落和蜕变的过程。在学术、文化等领域，能够与欧洲（以及俄国）19世纪相比较的，与其说是清朝的相应时期，不如说是产生过乾嘉学术、《红楼梦》和徽班进京的乾嘉时代。这些成就与所谓"长19世纪"的开端部分相互重叠，但更像是前一个时代进程抵达顶峰并逐渐下降的过程，而不是为其后时期奠定前提的伟大开端。从1840年鸦片战争至1900年八国联军干涉，中经太平天国运动、洋务运动和戊戌变法，这个时代是在甲午战争的耻辱、义和团运动的悲剧和最后一代变革的士大夫的流亡中落幕的。

对于中国而言，如果要寻找类似于欧洲19世纪的那个"独立而难以命名的时代"，我们只能将目光投向同时作为19世纪之延伸和否定的20世纪。19世纪90年代产生的变革思想毋宁是下一个时代的序曲。现代中国的蜕变——国家形式、政治组织、军事制度、教育体制、

〈1〉　于尔根·奥斯特哈默：《世界的演变：19世纪史》（*Die Verwandlung der Welt: Eine Geschichte des 19. Jahrhunderts*）（I），强朝晖、刘风译，北京：社会科学文献出版社，2016，第103页。

科学技术、文化机构、工业和城市、新的阶级和阶层，以及国际关系，等等——主要是在短促的 20 世纪完成的，其变化的密度和广度前所未见。战争、革命、此起彼伏的文化批判和社会运动构成了这一时代的独特景观，渗入了所有人的日常生活：从妇女的天足运动到男人的剪辫风潮，从婚姻自主到家庭结构的改变，从教育体制的重组到"两种文化"的形成和新的研究体制的确立，从新型政治组织的出现到国家结构及其内外关系的变化，从城乡关系的变迁到科学技术的突飞猛进，从交通、传播的革命到社会网络的重组……这是一个重估一切价值的时代，从而对这个时代的重估必然触动来自不同价值立场的争议；这是一个试图将自身区别于所有历史时代的时代，从而评价这样一个时代，也是评价一切历史时代——不仅是过去的时代，而且也是正在发生和将要发生的时代。这一时代的创新，以及通过革命和改革而重新展开的与历史传统的联系，都是中国社会持续政治化的结果，从而围绕这个时代的制度、事件、人物，甚至许多细枝末节，都存在广泛的争议。无论是在中国号召"告别革命"，还是在欧洲宣称"这个世纪已经发生"〈2〉，这些看似平淡或平易的语句蕴含着强烈的、常常是对立的价值判断。在中国的语境中，"告别革命"是"历史终结"命题较为显白，也更为直接的表达；在欧洲语境中，"这个世纪已经发生"蕴含着强烈的政治能量和挑衅意味。如果将这两个口号互换位置，无论在中国还是在欧洲，人们都难以捕捉和理解其强烈的政治暗示。在后革命时代，我们应该如何理解"这个世纪已经发生"这一命题？

我们置身的是将革命彻底对象化之后的知识和思想的氛围，有关

〈2〉 针对"今天对革命与斗争的遗弃和诅咒的潮流"，也针对"那些用所谓的今天的'民主'来彻底消灭革命斗争的人"，法国哲学家阿兰·巴迪欧在他名为《世纪》的书的"献辞"中引用娜塔莎·米歇尔（Natacha Michel）的话大声宣判："20 世纪已经发生了。"这一宣称即刻在保守派的报纸上引发激烈反弹。阿兰·巴迪欧：《世纪》，蓝江译，南京：南京大学出版社，2011。

这一时代的研究，即便带着同情，也越来越不可能沿用革命世界观的叙述了。在 1989—1992 年的世界性巨变之后，对于这一时代的历史解释恰恰以连续性而非革命时代所宣称的决裂或断裂为主要议程，并积累了相当规模的研究成果。在这一连续性视野下，不但与历史决裂或反传统的姿态可以被解释为儒家传统的现代呈现，而且为革命的辩护也被置于连续性的视野之下。如果 20 世纪或革命的进程是在历史断裂的意识和与历史决裂的姿态下展开的，那么，探讨这个断裂和决裂的含义就是重建 20 世纪历史理解的前提。在后革命的氛围中，简单地重申 20 世纪的各种自我宣称是无效的，对于革命和断裂的解释必须处理连续与断裂、重复与创新之间的辩证关系。

关于 20 世纪中国的革命性和独特性的讨论受到来自两个方向的挑战。首先，在历史研究领域，重新挖掘这一时代与漫长的中国历史传统之间的关系渐成趋势。没有人否认现代中国的诞生与这一时期激进革命与变革的关系，也没有人拒绝承认现代国家的形成与"外部力量"（主要是西方）冲击的关系，但在后革命的语境中，甚至革命本身也可以被界定为传统的复活。用孔飞力的话说："从本质上看，中国现代国家的特性却是由其内部的历史演变所决定的。在承袭了 18 世纪（或者甚至更早时期）诸种条件的背景下，19 世纪的中国政治活动家们其实已经在讨论政治参与、政治竞争或政治控制之类的问题了。"因此，关键的问题是："在何种意义上，中国现代国家的形成是一种'中国的过程'？"[3] 在这个意义上，即便革命以与历史决裂的

〈3〉 孔飞力：《中国现代国家的起源》，第 1 页。需要说明的是：孔飞力对于现代中国的探讨集中于 19 世纪中期，而不是对于 20 世纪的直接探索。他的成名著作《中华帝国晚期的叛乱及其敌人——1796—1864 年的军事化与社会结构》（*Rebellion an Its Enemies in Late Imperial China: Militarization and its Social Structure, 1796-1864*，Harvard University Press，1970）是对太平天国及其影响的研究，而这本关于中国现代国家起源的研究则以魏源为对象。

方式展现自身，对革命的探寻却不可能离开革命与历史之间的纠缠。如果革命在不同的层次和方面呈现出"历史的重复"，那么，如何估价这些重复？

其次，如同马克思的学说脱胎于德国古典哲学（尤其是黑格尔哲学）、英国古典政治经济学（尤其是亚当·斯密、大卫·李嘉图的学说）和法国空想社会主义（尤其是傅里叶、圣西门的学说），受益于资产阶级时代的科学发现尤其是牛顿力学和达尔文的进化论，革命时代的诸种自我宣称与革命所直接反对的现代资产阶级社会的现代性预设之间存在着深刻的继承性和重叠。就时间观而言，从生物进化论衍生而来的各种历史叙述，尤其是通过黑格尔—马克思传统而来的目的论的进步观，在20世纪逐渐支配了中国人的思想世界。在这个意义上，将自己的时代与既往一切时代区分开来这一宣称本身承续了欧洲现代性的表述，或者说，与欧洲现代性的表述存在着重叠或重复。如何解释革命的理念与革命对象的理念之间深刻的连续性或者重复性？

上述两个方面，从纵向与横向的不同方向将对20世纪的解释与这一时代的自我宣称或自我理解区分开来，其结果是曾经如此鲜明的现代中国的独特性和创造性逐渐模糊。"革命"这一曾经吸引了几代人的命题，以及与之伴随的与过去决裂的意志，最终失去了其政治的和文化的魅力。但是，即便在否定20世纪的文化氛围中，那些对现代中国革命持极端批判态度的人也不得不在这一时代所提供的全新语汇甚至语言方式的引导下解释历史。在《儒教中国及其现代命运》一书中，列文森曾经将外来文化对中国社会的影响，以及中国与西方之间的相互影响，区分为两个类型，即所谓"词汇的变化"与"语言的变化"。他断言：在1840年之前，中国历史中的文化变迁，如佛教对于中国文化的影响，均属"词汇的变化"，而近代中西遭遇与冲突造成的是一种结构性变化，即"语言的变化"。^{〈4〉}列文森的两种变化论与费正清的"挑战—回应"论遥相呼应，都将变化视为伴随西方冲击而至的新格局。但他们没有意识到"语言的变化"是伴随资本主义而来的一种全球性现象，并不限于中国、日本等非西方地区；东亚历史中以欧洲概念命名的事件和现象与其说是一个从欧洲中心扩展至边缘地区的单线过程，不如说是植根于具体历史语境的全球性现象的独特显现。^{〈5〉}由于在全球权力格局中所处的位置不同，中心地区与边缘区域各自承受变化的激烈程度完全不同，主动与被动的态势也存在极大差异。但即便如此，如果"词汇的变化"意味着渐变的进程，那么"语言的变化"则是革命性的，后者是在一个新主体的诞生及其对新语言的运用中完成的，从而不可能仅仅在外部压力的框架下来加以解释。主体的诞生产生于对由外部强势所导致的变化的确认，但这一确认同时也是对于这一强势及其逻辑的抵抗和偏移，对于新的时势的推动和创造。这是一个充满了矛盾、裂变、冲突、整合、再分化、再冲突、再调和、再整合、再裂变的持久进程，所谓主体（民族、阶级、政党、集体、个人等）也正是在对于这一持续的裂变、冲突、调和、整合和再裂变的经验过程中形成、转化和再形成的。对变化的意识就是这个持续形成和渐变中的矛盾主体对独特的历史时刻、对这一时刻的前所未有的性质、规模和局势的指认。如果主体的形成和渐变过程正是促成时势和自身同时发生变化的过程，那么，这一对于独特时刻的认知本身也必然包含这个矛盾斗争中的主体的持续的自我阐释。

〈4〉 列文森：《儒教中国及其现代命运》，郑大华、任菁译，北京：中国社会科学出版社，2000，第138—145页。

〈5〉 这也正是当代全球史关注的问题：启蒙、革命或者文艺复兴等范畴和观念都是在全球性的互动关系中呈现其意义的。见 Sebastian Conrad, "Enlightenment in Global History: A Historiographical Critique", *American Historical Review*, 117: 4 (October 1, 2012), 999-1027。

对于独特时势的把握与一定的世界观相互联系，那么，如何阐释革命与历史的关系，或者在革命性的变革中辨识革命、断裂与传统世界观之间的关系，也势必成为理解一个时代及其性质不可或缺的视角。20 世纪的革命和变革不仅摧毁了旧制度，同时也必须以旧制度及其依托的文明框架为出发前提。艾森斯塔德（S. N. Eisenstadt）在关于大革命与现代文明的研究中，提出了一个假设，即"无论是早期革命还是晚近革命都出现在轴心文明框架内的社会，这一框架包含了此岸和彼岸世界的世界观价值取向，或者是如中国的例子主要是此岸世界观取向"〈6〉。他所说的早期的革命就是指主要发生在 19 世纪的美国革命和欧洲革命，而晚近的革命则是指发生在 20 世纪的俄国革命和中国革命。按照他的多元现代性观念，现代性的内部差异起初是通过 19 世纪的早期革命而发生在欧洲与北美之间，只是在 20 世纪，伴随中国革命、印度独立和其他的变革，一种多元现代性的面貌才得以全面呈现。〈7〉早期革命与晚近革命之间的区别"表明了政治生态与经济条件，以及在这些社会所发生的特定革命的形成过程中的文化与文明导向、统治者实施的控制模式等之间相互交织的重要性。事实上，正是这些愿景的基本要素、特定的文化前提和它们的制度意涵与统治者所实施的特殊控制机制的结合在一定程度上可以解释为什么在中华帝国和俄罗斯帝国产生了许多潜在的革命趋势，但是，革命只有在来自资本主义和帝国主义所扩张的世界秩序框架内的外部力量之强大影响下才会发生"〈8〉。一般地诉诸文明框架去叙述革命的脉络很容易落入一种文化宿命的轨道，但

〈6〉　艾森斯塔德：《大革命与现代文明》(*The Great Revolutions and the Civilizations of Modernity*)，刘圣中译，上海：上海人民出版社，2012，第 113 页。

〈7〉　艾森斯塔德：《反思现代性》，旷新年、王爱松译，北京：生活·读书·新知三联书店，2006。

〈8〉　艾森斯塔德：《大革命与现代文明》，第 113 页。

20 世纪的革命不但有其制度的条件，而且也有其世界观的因素，从而历史传统和文明问题应该是我们思考革命的基本前提之一。革命同时发生在物质的世界和精神的世界内部，它既改变了社会的制度基础，也改变了人们思考世界的尺度。恰由于此，在同样的全球语境中爆发的革命明显地蕴含着不同的变迁轨迹。

现在，我们将要回到前面提及的问题：如何估价中国革命的成败得失，如何界定 20 世纪在中国历史中的位置？

"世纪"概念、帝国主义与普遍历史的诞生

"世纪"这一源自欧洲基督纪年的概念就是在列文森描绘的词汇与语言紧锣密鼓的变化中登场，并最终战胜了孔子纪年、黄帝纪年等主张。对于晚清时代的中国人而言，世纪概念如同天外飞来的异物，在其运用之初，并未立即取代旧的纪年和日历系统。世纪的概念与皇帝纪年、民国纪年、干支纪年以及回回历、藏历、彝历、傣历等系统并行不悖，形成了一种多元的共时系统。于尔根·奥斯特哈默在他论 19 世纪的巨著中提及，"即使在欧洲，历法的统一也经历了一个渐进的过程。格里历从 1582 年开始被天主教国家采用，不久后传到西班牙海外帝国，并在 1600 年即被引进苏格兰。但是，直到整整 170 年之后，它才被英格兰以及整个大不列颠帝国接受。罗马尼亚、俄国和土耳其正式采用格里历的时间分别是 1917 年、1918 年和 1927 年"。^{〈9〉}日本在明治六年即 1873 年开始引进格里历，但这一为现代化而实行的改革并未改变天皇纪年和 1869 年开始颁行的皇纪。在中国，公历的绝对支配地位是伴随着 20 世纪中国革命，

〈9〉 于尔根·奥斯特哈默：《世界的演变：19 世纪史》（Ⅰ），第 91 页。

尤其是两次建国运动即 1912 年中华民国的建立与 1949 年中华人民共和国的成立才逐渐确立的，后者在确立公历为唯一官方历法的同时，未再模拟王朝和民国的纪年模式创设仅仅属于自身的纪年系统。1900 年前后中国知识分子主要是通过对于帝国主义时代的辨识来认知 20 世纪，而在 1917 年的俄国和 1949 年的中国，对于公历的确认显然包含了共产主义运动对于新主体的认知。如果将这一认识方式与 1907—1908 年前后鲁迅在章太炎与尼采、基尔凯郭尔等思想影响下，展开的针对 19 世纪欧洲现代性的"20 世纪批判"加以对比，我们可以清晰地发现世纪概念的内在张力、多样性和历史变迁。这一事实恰好说明："世纪"的意识无法仅仅在时间的框架内给予说明。

在今天所称的 20 世纪里，世纪概念不但逐渐取代各种传统的纪年方式并贯穿于所有史学分期，而且也成为重塑中国人时间观的通俗语汇。这是一种新的时势观确立其支配性的结果。伴随着 20 世纪这一概念的诞生，也相应产生了 19 世纪以及 18 世纪、17 世纪、16世纪等序列概念。实际上，正如欧洲的"19 世纪"定义了其他世纪一样，在中国，"19 世纪"以及其他世纪的概念全部是"20 世纪"意识的衍生物，即先有了"20 世纪"的意识，才会创造出自己的前史。这个前史在此之前的中国并不存在，它存在于别人的历史中。在 1900 年之前，中国人没有在这个意义上讨论过"世纪"的问题，也从来没有把"世纪"作为我们时代的自我意识。"世纪"的意识是与 20 世纪紧密相连的，它和过去一切时代的区分不是一般时间上的区分，而是对一个独特时势的把握。这个时势把他者的历史、把整个外部的历史变成自己的历史，同时也将自己的历史置于全部历史的内部予以解释和指认。这是全球范围的共时性关系的诞生，也是从共时性关系中确认其内部非均衡性的开端。这也是空间与时间得以相互置换的条件：空间关系经常被纳入时间关系中叙述（最经典的表述即传统 / 现代），时间关系也不断地被重新空间化（最经典的

表述即东方 / 西方），但两者实际上都是刚刚诞生的、包含着内部非均衡性的共时性关系的产物。中国历史由此被置于一种近代地理学框架下的总体史的视野内，从属于一种全球性的，从而也包含了内部矛盾和冲突的历史叙述。在这一时刻，或者，在这一局势中，不但传统知识和策略失去了或至少在很大程度上失去了其有效性，而且在洋务运动和戊戌变法时代从异域（主要是西方）获得的那些知识和策略也逐渐失去了或在很大程度上失去了直接效仿的意义。中国问题与世界及其各局部的关系是相互制动的。20 世纪的中国思想从中西对比的主导框架逐渐展开出诸如"中间地带"、"三个世界"或其他的局部范畴，并通过反帝爱国运动、社会主义运动或自由民主运动等相互支持又相互冲突的议程展开朝向未来的现实运动。在1900 年前后，世纪意识上承洋务运动、戊戌变法取法西洋的思想，但同时又与其拉开了距离，它所对应的是新的局势，后者是由一种刚刚被理解的独特的资本主义形式——帝国主义的全球体制——的确立为其前提与主要标志的。

由于"世纪"这一范畴的诞生，晚清时期逐渐成形的中西古今关系都被重新界定了。如果仅仅着眼于语汇或日常生活世界的延续性，便难以把握这一时代的政治特征。"20 世纪"既是一个时间性叙述，又是一个时势性判断，两者在相互纠缠中同时登场。1899 年 11 月 17日，应孙中山之邀，流亡日本的梁启超决定经檀香山前往美国访问，目的是"适彼世界共和政体之祖国，问政求学观其光"，"乃于西历一千八百九十九年腊月晦日之夜半，扁舟横渡太平洋"。[10] 后因康有为命令，他在檀香山停留下来处理保皇会事务。1900 年 1 月 30 日，梁启超夜不能寐，写作了《二十世纪太平洋歌》。这首长诗将康有为倡导的公羊三世说与欧洲文明史观相结合，将人类文明分为据乱世、升平

〈10〉 梁启超：《二十世纪太平洋歌》，《新民丛报》第 1 号，1902 年 2 月，第 109 页。

世、太平世三个阶段，其中以中国、印度、埃及和小亚细亚四大"古文明祖国"为主体的"河流时代第一纪"作为"据乱世"的时代，以地中海、波罗的海、阿拉伯海和黄海、渤海等周边文明为主体的"内海文明时代第二纪"作为"升平世"的时代，而以哥伦布发现新大陆为标记的"大洋文明时代"则是最新的发展。有趣的是：梁启超用乱世、小康描述前两个文明阶段，却并没有用"大同"或"太平世"描述他所称颂的"四大自由（思想自由、言论自由、行为自由、出版自由）塞宙合，奴性销为日月光"的时代，恰恰相反，这是"悬崖转石欲止不得止，愈竞愈剧愈接愈厉，卒使五洲同一堂"的时代，是"鼎鼎数子只手挈大地，电光一掣剑气磅礴太平洋"的时代，与大同或太平世相距甚远。〈11〉

如果 20 世纪标志着太平洋时代的到来，那么，这是一个什么样的时代呢？梁启超断言：这是"民族帝国主义"的时代，是不同于此前帝国时代列强并争的新时代。他在夏威夷开始对帝国主义问题的思索不是偶然的：美国的新型殖民主义正是从 1898 年侵占夏威夷，1899 年占领菲律宾群岛、关岛、威克岛和波多黎各开始的，其殖民地从 1898 年的 1.7 万平方公里增加至 32.4 万平方公里。〈12〉梁启超慨叹道：

> 吁嗟乎！今日民族帝国主义正跋扈，俎肉者弱食者强，英狮俄鹫东西帝，两虎不斗群兽殃；后起人种日耳曼，国有余口无余粮，欲求尾闾今未得，拼命大索殊皇皇；亦有门罗主义北美合众国，潜龙起蛰神采扬，西县古巴东菲岛，中有夏威八点烟微茫，

〈11〉 梁启超：《二十世纪太平洋歌》，《新民丛报》第 1 号，1902 年 2 月，第 111 页。
〈12〉 关于美西战争，参看 G. J. A. O'Toole: *The Spanish War: An America Epic 1898*（New York: W. W. Norton & Company, Inc., 1984），以及 Brian McAllister Linnn: *The Philippine War, 1899-1902*（The University Press of Kansas, 2000）。

太平洋变里湖水，遂取武库廉奚伤；蕞尔日本亦出定，座客卿否费商量。我寻风潮所自起，有主之者吾弗详，物竞天择势必至，不优则劣兮不兴则亡。[13]

所谓"民族帝国主义"是法国大革命和美国革命的产物，它以民族作为扩张的单位，不同于传统的帝制国家。在这一时代，"尔来环球九万里，一砂一草皆有主""惟余东亚老大帝国一块肉，可取不取毋乃欼"。"噫嚱吁！太平洋！太平洋！君之面兮锦绣壤，君之背兮修罗场，海电兮既设，舰队兮愈张，西伯利亚兮铁道卒业，巴拿马峡兮运河通航，尔时太平洋中二十世纪之天地，悲剧喜剧壮剧惨剧齐輴鞺。"[14] 20 世纪是"大洋文明时代"的延伸，其特征是伴随电讯、海洋军事和交通（铁路和运河）的发展，权力的中心从大西洋、印度洋向太平洋过渡，美国逐渐占据新的历史位置。梁启超正是由此获得启发，在《二十世纪太平洋歌》之后，发表了名震一时的《少年中国说》。

1901 年，刚刚经历了义和团运动和八国联军干涉，敏感的中国知识分子已经在新世纪的晨钟中辨识这一时代的特征。他们从两个不同的角度展开了对时代的判断。梁启超放眼世界，断言中国（以及俄国）正处于为 19 世纪狂飙飞沙所驱突的时刻，如初离海岸之一叶扁舟，"停顿时代"戛然而止，正处于向彼岸前进的"过渡时代"。这是告别专制时代向新政体转进的"政治上之过渡时代"，是从鄙弃词章考据之学转向未来新学界之"学问上之过渡时代"，是从厌弃三纲五常、虚文缛节并希望之以新道德的"理想风俗上之过渡时代"。[15] 从时间观的角度说，将中国的历史区分为"停顿时代"与"过渡时代"已经不同

〈13〉 梁启超：《二十世纪太平洋歌》，《新民丛报》第 1 号，1902 年 2 月，第 111 页。

〈14〉 同上，第 112 页。

〈15〉 梁启超：《过渡时代论》，《清议报》第 83 期，1901 年 6 月，第 2 页。

于公羊三世说的叙述框架，更像是一种从欧洲现代性的时间观念中直接衍生而来的历史判断。

晚清公羊三世说试图将欧洲时间观的挑战纳入儒学世界观的内部，但在新的危机中，这一努力显然遭遇了前所未有的困境。这一困境是伴随对于帝国主义的思考同时到来的。1901年，幸德秋水出版《二十世纪の怪物　帝国主義》，试图对帝国主义时代做出新的解释。《新民丛报》于次年九月一日刊登广告词曰："帝国主义者，以兵力而墟人之国、屋人之社，以扩张其势力、开拓其版图之谓也。今日世界号称强国者，盖无不守此主义，而其膨胀之力已浸浸乎越于大西洋太平洋印度洋，而及于我国而未有艾。我国人将欢迎之而利用之，抑为所推倒、所摧灭也。今本书字之曰怪物，则其议论之新奇精警，虽未开卷而可想见。本书特采译之，以为我国人之鉴观而猛省焉。"〈16〉几乎与幸德秋水发表其帝国主义论著的同时，中国思想领域也开始了对于帝国主义问题的探索。1901年，早前一年创刊于横滨的《开智录》发表了署名自强〈17〉的文章《论帝国主义之发达及廿世纪世界之前途》，从另外一个角度呼应了梁启超对"二十世纪"这一历史时刻的判断："今日之世界，是帝国主义最盛，而自由败灭之时代也。"〈18〉这篇文章很快就被梁启超在《清议报全编》卷二十五的附录一《群报捃华通论》中转载。

幸德秋水的论述与梁启超、自强的文章相互呼应，但视角和侧重点并不相同。这是东亚地区最敏感的心灵对于世界进程的新的认知，也

〈16〉《新民丛报》第17号，1902年10月，广告版。

〈17〉《开智录》为横滨开智会的机关报，故又称《开智会录》。倾向革命，但由《清议报》代印、代发，仅刊行6期，于1901年3月20日停刊。该刊于1900年11月1日出版，主编郑贯一，由冯懋龙、冯斯栾协助编辑，三人撰文分别以自立、自由、自强为笔名。故署名自强的《论帝国主义之发达及廿世纪世界之前途》的作者应为冯斯栾。

〈18〉自强：《论帝国主义之发达及廿世纪世界之前途》，《开智录》，转录自《清议报全编》，第178页。

是全球范围内产生的第一波有关帝国主义的理论解释。[19] 他们的分析与霍布森的著名研究几乎同时，早于其名著《帝国主义：一项研究》（*Imperialism: A Study*，New York，James Pott & Co.，1902）一年发表。我们理应将他们的讨论置于 J. A. 霍布森的《帝国主义：一项研究》、P. 拉法格的《美国的托拉斯及其经济、政治和社会的意义》（1903）、R. 希法亭的《金融资本》（1910）、R. 卢森堡的《资本积累论》（1913）、K. 考茨基的《帝国主义》（1914）和列宁的名著《帝国主义是资本主义的最高阶段》（1916），以及奥托·鲍威尔、布哈林等在 1913 年前后围绕卢森堡著作发表的重要论文等帝国主义研究序列之中。幸德秋水是日本最初的社会主义者和无政府主义者，像后来许多社会主义者一样，他将社会主义视为克服帝国主义的必由之路；但不同于列宁等人强调帝国主义的垄断性和寄生性，即经济的特征，幸德秋水更关注军事的帝国主义与民族主义和爱国主义的密切联系。他的和平主义是对日本帝国主义的抵抗。"在日本开始建立其在东亚的殖民地并与西方重新谈判不平等条约的时刻，幸德提供了一种非西方中心论的帝国主义论述。幸德尤其强调政治因素，恰恰是因为他是从一个日本国民的角度进行写作的，而在日本这些因素对政府决定具有压倒性的影响力。"[20] 战后许多日本思想史

〈19〉 《二十世纪怪物　帝国主义》一书的中文译本于 1902 年在上海出版，即幸德秋水著《二十世纪の怪物　帝国主义》（赵必振译，上海：广智书局，清光绪二十八年［1902］），1925 年曹聚仁重新点校出版，影响扩大。值得一提的是，1902 年起，这部著作的译者赵必振（1873—1956）先后翻译了《近世社会主义》《土耳其史》《日本维新慷慨史》《日本人权发达史》《世界十二杰》《希腊史》《罗马史》《扬子江流域大势论》等 11 部著作，其中 1903 年翻译出版的《近世社会主义》（福井准造著，1902 年初版），是系统介绍社会主义的著作，与幸德秋水以社会主义思想抵抗帝国主义时代的倾向一脉相承。关于幸德秋水的反帝思想的最新研究，参见 Robert Thomas Tierney: *Monster of the Twentieth Century: Kotoku Shusui and Japan's First Anti-Imperialist Movement* 一书。这部著作也收录了幸德秋水原著的英文翻译。

〈20〉 Robert Thomas Tierney: *Monster of the Twentieth Century: Kotoku Shusui and Japan's First Anti-Imperialist Movement* (University of California Press，2015), p. 8.

学者根据列宁等人的理论检讨幸德秋水的帝国主义研究，认为他未能揭示帝国主义作为经济现象的特征。然而，正如梯尔耐（Robert Thomas Tierney）所说，幸德秋水的这一看法并非其理论弱点，而是其理论特点：19世纪晚期的日本尚未像欧洲工业国家那样抵达"资本主义的最高阶段"，但已经进入了帝国主义时期。因此，日本革命者面对的问题是：如何解释这一现象？[21]

与幸德秋水不同，自强（冯斯栾）将世界大势置于帝国竞争的格局中，忧心帝国主义时代导致19世纪帝国均势瓦解，置中国于更加困难的境地。对他而言，中国面临的挑战不是内部的民族主义和爱国主义，而是新型帝国主义造成的危险，但他对帝国主义的描述与更加重视政治和军事因素的幸德秋水相互呼应。自强对两种帝国主义做了区分：一种以恢复帝制或帝政为特征的波拿巴帝国主义为代表，另一种以"北亚美利加所行之帝国主义"（或称膨胀主义）为起点，两者之间存在性质差异，前者以政体形式（帝制）为标志，后者以对外扩张（共和制，超越了帝制与共和的政体差异）为症候。推动新型帝国主义产生的动力包括：物理学的发达促成了生产形态的变化，经济条件的改善导致人种膨胀，将"强弱之不齐"所导致的国内竞争态势推向全世界，最后，由于国内斗争相对平缓，新型帝国主义国家终于可以腾出手来对外掠夺。在欧洲各帝国内部的革命与反革命的激烈冲突之后（作者称之为"列强革命后恢复之余"），通过政治妥协，形成了贵族／资产阶级的混合政体，即从一种封建贵族的军事体系向严译《社会通诠》所谓"军国民主义"过渡的社会形态。

俄、法经典帝国主义（及对欧洲霸权亦步亦趋的日本）与在19世纪晚期发生转变的新型帝国主义——美国、英国和德国——存在连续性，

〈21〉 Robert Thomas Tierney: *Monster of the Twentieth Century: Kotoku Shusui and Japan's First Anti-Imperialist Movement*, p. 8-10.

但不能在认识上加以混同：前者是 19 世纪以世袭君主制为特征的帝国逻辑的延伸，而后者才是 20 世纪帝国主义的标志。这一观点与稍后梁启超的分析略相类似，但梁启超的分析从政治形态的差异，逐渐转向了经济分析，更加接近于霍布森及此后列宁所做的论断："俄国之帝国主义，与英、德、美、日之帝国主义，微有不同，即英、德诸国之帝国主义纯为'近世的'，而俄则仍近'中世的'也。俄之侵略，其主动在君主、贵族而不在国民，乃主权者野心之结果，非民族膨胀之结果也。"[22] 正如他在《二十世纪太平洋歌》中对"民族帝国主义"一词的使用一样，梁启超区分了帝国的帝国主义与民族的帝国主义，提示了法国大革命（以及美国革命）后产生的新型政体和国家形态与帝国主义这一现象的新关系。

在访问美国之后，梁启超基于对美国的实地考察，发表了《二十世纪之巨灵 托辣斯》一文，对于帝国主义与经济组织的变化有了更为深入的观察，其结论是经济组织的复杂化导致了生产过剩及对海外市场的需求，从而产生了帝国主义现象。这一论述将对帝国主义的分析从政治和军事形态转向了经济组织："托辣斯之起，原以救生产过度之弊，使资本家得安然享相当之利益。十年以来，其组织日巧密，其督理日适宜，遂使美国的业产增数倍活力"，由此产生了生产过剩。"岁积其所殖之利，如岗如陵，已如无复用之之余地。此亦英雄髀肉之所由叹也。故全美市场赢率日落一日。曩者，英人有事于南非，募军事公债五千万。美人争馈若鹜，不旬日而全集之。此皆满而思溢之表征也。故美国人之欲推广业场于海外，如大旱之望云霓，其急切视欧洲诸国倍蓰焉。由此以谈，则美国近来帝国主义之盛行，故可知矣。天下事惟起于不得已者，其势力为最雄伟而莫之能御，美国之托辣斯，由生产过度之结果也，其帝国主义又托辣斯成立以来资本过度之结果

〈22〉 中国之新民（梁启超）：《俄罗斯革命之影响》（续第 61 号，三、革命之前途），《新民丛报》第 62 号，1905 年 2 月，第 53—54 页。

也。皆所谓不得已者也。"[23]梁启超对于托拉斯起源的论述存在不少误解和不清晰之处，比如将托拉斯看成救自由竞争和生产过度之弊，而不是视为自由竞争的结果、垄断市场的形式和进一步导致生产过度的动因，但他将帝国主义视为托拉斯成立以来资本过度之结果却包含了洞见。[24]美国独立运动本是针对英国殖民主义而来，但在资本主义经济的推动之下，这一共和国却于1898年为吞并古巴、夏威夷、菲律宾而发起美西战争，1900年又加盟入侵中国的八国联军，公然抛弃其独立时的"共和不侵略主义"之承诺，从而开启列强重新瓜分世界的帝国主义时代。当梁启超在美国的新殖民地夏威夷眺望大洋另一侧的国度时，其心情可想而知；而在终于抵达北美大陆之后，他发现：生产组织的精密化和生产过剩正是美国帝国主义的原动力，生产过剩直接导致了帝国主义扩张，而托拉斯则形成了较之专制政体更为严密的对于人（劳动者）的控制体系。

如果帝国主义是一种超越政体形式的全球现象，那么，在新型的危机中，仅仅依靠政治变迁来拯救中国和世界就变得十分渺茫，由此，新世纪的思考必须是一种综合政治改革与经济—社会改革的运动：或者重建帝国以形成抗衡性均势（梁启超所谓"大民族主义"，即一种类似于维也纳体系的帝国式民族主义），或者探索超越或克服资本主义垄断和扩张形态的社会道路，后者正是晚清思想探索欧洲社会革命、分析包括托拉斯在内的生产组织形态和市场扩张的政治/社会后果的动力。为什么自强、梁启超等将老牌殖民主义国家英国也列为新型帝国主义呢？光荣革命之后，1689年，英国议会通过《权利法案》限制王权，但并未罢黜国王，建立共和体制，而是形成了国王统而不治的君

〈23〉 中国之新民（梁启超）：《二十世纪之巨灵　托辣斯》（续前号），《新民丛报》第42、43号合刊，1903年12月，第114页。

〈24〉 关于梁启超对托拉斯的论述及其谬误之处，参看赖建诚：《梁启超的经济面向》，台北：联经出版事业公司，2006，第124—129页。

主立宪政体。在欧洲历史中，英国也被视为最早的、包裹在王权框架内的民族国家。自强、梁启超将英国作为区别于传统殖民主义的帝国主义体制诞生的标志之一，包含了对新的历史因素的思考：在布尔战争中，英国与荷兰移民后裔布尔人建立的两个共和国德兰斯瓦尔共和国和奥兰治共和国为争夺南非土地和资源发生战争，这一事件不仅是殖民主义形态发生转折的重要环节，而且也是英帝国逐渐衰落、重新瓜分殖民地的民族帝国主义时代已经到来的界标。这一转折在欧洲内部伴随着地缘政治力量对比的重大变化：普法战争之后，德国一跃而进入列强行列，至 1900 年，经济实力甚至超过了英国，不但完成了德国的统一，而且工商学术后来居上，一边在欧洲帝国间纵横捭阖，另一边锐意于殖民扩张，进入了列强争夺殖民地的新时代。因此，自强将德国与美国、英国并列为 20 世纪三大新帝国主义的典范。

这一对于"世纪"的解释与欧洲维也纳条约体系的逐渐解体、1894—1895 年甲午战争、马关条约及其后的"三国还辽"等系列事件存在着密切关系。甲午战争的关键动力产生于日本明治维新，尤其是 19 世纪 80 至 90 年代的工业经济扩张与国内市场和自然资源匮乏之间的矛盾。甲午战争后，日本独占了朝鲜市场，吞并台湾、澎湖，逼迫中国开放沙市、重庆、苏州和杭州等商埠。清朝作为战争赔偿支付日本的 2 亿两白银为其工业化和军事化提供了重要资金。从 1895 年至 1904—1905 年日俄战争期间，日本的进出口贸易数倍扩张，军事工业、矿业、铸造业、航运业和纺织业惊人成长。1900 年的八国联军干涉与甲午战争后的"三国还辽"不同："三国还辽"是在维也纳体系面临新的势力崛起时帝国间平衡和妥协的产物，而八国联军干涉已经包含了更新的内容，其中美国的介入及其以"利益均沾"为目标的"中国保全论"最具有象征性。在幸德秋水、梁启超做出有关帝国主义时代的判断之后，如今称之为东亚或东北亚的地区卷入了帝国主义与革命的同一进程：1902 年日英同盟条约签订；1904—1905 年日俄战争爆发，并在战后签订《朴茨茅斯条约》；1904—1905 年俄国革命震撼亚洲，同一时期中国革命浪潮汹涌；1906 年日本社会主义运动再度兴起，1910 年"大逆事件"发生，幸德秋水于次年被处死；1911 年辛亥革命颠覆清王朝，创建亚洲第一个共和国；1914—1918 年第一次世界大战，1917 年俄国革命在战争硝烟中爆发；1919 年朝鲜的"三一"运动和中国的"五四"运动接踵而至，中国发生的一切已经成为全球性变迁之中的重要环节……[25] 马关条约—"三国还辽"—八国联军—日俄战争等系列事件，与美西战争、布尔战争等事件相互联动，标志着以 1815 年维也纳条约为标志的 19 世纪欧洲秩序在扩张中的式微，一个将中国、日本和其他世界悉数卷入其中的世界性的新型帝国主义时代正在降临。中国共和革命颠覆皇权，明确地向美国革命、法国革命和俄国革命致敬，但在新型帝国主义诞生（共和国或立宪政体与帝国结合）的背景下，其当下的含义却是超越 19 世纪维也纳帝国体系及其世袭君主模式的正统主义（legitimism），开创一种朝向未来的、从而也注定是不确定的社会 / 政治形态。新的共和国及其立宪政体同时包含对旧的共和国及其立宪政体（美国、法国）的模仿（政治结构、人民主权等）与否定（共和帝国主义和资本主义经济体制）的双重内容——如果说前一方面是 19 世纪的延续，后一方面却标志着在与前者的纠缠与搏斗中新世纪之诞生。

对 20 世纪的意识和判断凝聚了一代人对于鸦片战争以降，尤其是1884 年中法战争、1894 年中日甲午战争、1898 年戊戌变法失败的惨痛经验和理论总结。我们在梁启超等最为敏感的知识分子的写作中不难看到其时代判断中所积累的历史经验和知识视野。但在中国和东亚

〈25〉 与一系列国际事件相关联的，是日本思想界对帝国主义现象的新观察和社会主义思想的萌发。例如甲午战争时期，德富苏峰发表了《大日本膨胀论》；"三国还辽"事件后，日本新声社（新潮社前身）于 1906 年出版《世界之日本》；1898 年幸德秋水等成立社会主义研究会；1906 年堺利彦等成立日本社会党（次年被查禁）等。

地区的情境中，谈论 20 世纪与过去一切时代的区别，并不只是在纵向的时间轴线上展开的叙述，更是在横向的、整个世界关系的总体变化中产生的判断。因此，对于新世纪的判断包含着，也提供着一种新的时空框架、一种不同于（又纠缠着）公羊三世说和社会进化论的新的时势观。这一新的时势观为不同以往的政治判断提供新的认识前提：革命与改良、政治革命与社会革命的辩论正是在这一新的认识前提和框架下孕育和爆发的。

在日俄战争爆发前后，至少有两本杂志以"二十世纪"命名。1904 年 10 月，陈去病、汪笑侬等人在上海创办《二十世纪大舞台》，"痛念时局沦胥，民智未迪，而下等社会犹如睡狮之难醒，侧闻泰东西各文明国，其中人士注意开风气者，莫不以改良戏剧为急务"[26]，号召梨园子弟为创造"一般社会之国民"[27]而奋斗。柳亚子在《发刊词》中赞许汪笑侬等为"梨园革命军"，要求不但演出扬州十日、嘉定三屠等反清剧目，而且法国革命、美国独立以及意大利、波兰、印度、希腊的独立运动也应该成为编演内容。[28]这份刊物刊行两期后即为清政府封禁，但足以说明一种以 20 世纪为标志的世界意识已经遍及文化与政治各领域。1905 年 6 月 3 日创刊的《二十世纪之支那》，发起成员多为留学日本的华兴会成员，如田桐、宋教仁、黄兴、陈天华等。这本以"提倡国民精神，输入文明学说"[29]为宗旨的刊物，对英、俄、日、德、法等国家的殖民方式展开了分析，尤其对日俄在中国的冲突做出回应，终因抨击日本侵华政策而被迫停刊，同年更名《民报》，成为晚清时期影响最大的出版物之一。在这个意义上，《民报》正是"世纪"意识的延伸或产物。在这份倡导革命的刊物上，我们读到了一系

〈26〉 "招股启并简章"，《二十世纪大舞台》第 1 期，1904 年 10 月。

〈27〉 同上。

〈28〉 柳亚子：《发刊词》，《二十世纪大舞台》第 1 期，1904 年 10 月。

〈29〉 "本社简章"，《二十世纪之支那》第 1 号，1905 年 6 月。

列基于对新世纪的判断而产生的政治主张、哲学观点和战略筹划，其中心命题是综合了多重内涵——尤其是民族革命、政治革命与社会革命——的新型革命。

"世纪"意识传达的是一种"同时代性"的感觉，一种将不同空间及其历史脉络纳入同时代性的普遍视野的认知方式。在这种普遍性的视野中，中西古今的关系既不能用中体西用等二元范畴加以描述，也无法以欧洲版的普遍主义给予规范。世纪的概念标志着一种普遍历史观的诞生，以及对这一普遍历史内部的不均衡性和由此产生的矛盾和冲突的思考。"今天下人士之想望二十世纪之文明者，必曰：二十世纪乃精神的文明之时代，全是自由与公义之世界也；……此不过梦拟之想耳。实际二十世纪之自由与公义之腐败，必过于十九世纪之末。"〈30〉"今亚、非二洲，正当非（指菲律宾。——笔者注）、杜（指德兰斯瓦尔。——笔者注）事后，将来 Independence（自由，又译独立）与帝国主义之大争，其猛烈必百十倍于欧洲列国之革命也。"〈31〉因此，伴随帝国主义时代的降临，20 世纪势必是以亚非地区的民族革命为主要形态的、区别于欧洲革命模式的革命世纪。在《二十世纪之支那初言》中，笔名卫种的作者（也是编者）声言刊物的宗旨就是要阐明中国在帝国主义时代所处的独特位置，进而探讨适合于中国处境的"主义"。他说：

> 世界有名之主义，为今日列强所趋势者，则政治家之帝国主义其最著也，与吾人之主义同耶？否耶？在十九世纪初，平等博爱之说，大昌于世，学者无不唱和，则宗教家之社会主义是也。

〈30〉 自强：《论帝国主义之发达及廿世纪世界之前途》，转自《清议报全编》卷 25，第 183 页。

〈31〉 同上，第 184 页。

自帝国主义既出，而风会一变，此主义乃昔盛而今衰，与吾人之
主义同耶？否耶？又欧洲大陆，今日虽悉宪法，脱专制之毒，而
国民之权利与自由，皆从国法上所认定；乃各国人士，尚以为政
府时有专横，必欲尽拔其根株然后快，遂倡无政府主义。然此主
义既出，而学者每斥为邪说，为各国所不容，与吾人之主义又同
耶？否耶？[32]

作者提出辨别 20 世纪之支那所处的位置，以选择中国的独特道路。他
以爱国主义作为 20 世纪之支那所必举的旗帜，恰好与幸德秋水对于帝
国主义与爱国主义的关系的分析形成对比，但这一"主义"的区别源
自中国与日本在全球关系中所处的不同位置，并非截然对立。在同年
《国民报》上一篇题为《二十世纪之中国》的社论中，作者论英美自由
之沦丧，强调中国取法于 19 世纪法国革命所提出的自由平等的意义在
于："为地球万国之表率矣，亦我同胞之国民，二十世纪中分内所有事
也。呜呼，今日已二十世纪矣！"[33] 因此，即便是对 19 世纪命题的借
鉴与回归，也已经包含了全新的意义。当人们清晰地意识到这个变化
的独特性，就再也没有办法回到旧方式讨论自身面临的挑战了。
　　20 世纪作为中国历史上的第一个"世纪"诞生了。

作为世纪前史的他者历史

　　20 世纪的特征之一是互为前史的时代。伴随着欧洲殖民主义的
全球扩张，一种将其他地域纳入自身历史叙述的方式逐渐成形。黑格

〈32〉　卫种：《二十世纪之支那初言》，《二十世纪之支那》第 1 号，1905 年 6 月，第 3—4 页。
〈33〉　《二十世纪之中国》，《国民报》第 1 期，1901 年 5 月 10 日，第 12 页。

尔的历史哲学将东方、希腊、罗马、日耳曼作为欧洲主体诞生的不同阶段加以叙述，从而形成了一个完整的、以欧洲和日耳曼为中心的世界历史叙述；在他之前，亚当·斯密从经济史角度将人类历史发展划分为狩猎、游牧、农耕和商业等四个阶段，实际上也是以欧洲的商业和城市文明为中心将各种并存着的文化和生产形态完整地纳入历史时间的轨道。在黑格尔的以政治形态为中心的历史阶段描述与斯密以生产形态为中心的历史阶段描述之间，存在着一种明显的共通点，即将19世纪欧洲视为脱离其早先的（也是其他地区仍然居于其中的）社会形态的产物。在这一普遍历史的叙述中，亚洲作为历史的"开端"或"起点"被纳入了欧洲历史的内部。用雅斯贝尔斯的话说："脱离亚洲是一个普遍的历史过程，不是欧洲对亚洲的特殊姿态。这发生在亚洲内部本身。它是人类的道路和真实历史的道路。"〈34〉在20世纪，这一将非西方地区纳入欧洲普遍历史的叙述方式（即文明等级论的历史论述）已经成为帝国主义意识形态的核心内容，却同时成为日本和中国许多知识分子寻求变革的理由。当中国的思想者持续不断地将西方和其他地区的历史作为中国的变革与革命的思考前提时，挪用、修订和抵抗这一帝国主义意识形态并寻求新的替代物势必成为这一时代中国思想的重要方面。正是在这一语境中，工业社会的自我认同建立在对前工业社会的描述之上，农业社会的变革方案以工业社会作为前史，前者的殖民史观与后者的进步史观相互对抗又互为表里。

本尼迪克特·安德森曾用"比较的幽灵"一语作为其著作的标题。1963年，印尼总统苏加诺在雅加达发表演讲，以一种平静的语气说起希特勒，将其称为民族主义者，让在场的安德森和西方外交官惊诧不已。他因此想起了菲律宾国父何塞·黎萨（José Rizal）的民族主义小说《不许犯我》开头的故事：一位年轻的混血主人翁在旅居欧洲多年

〈34〉 雅斯贝尔斯：《历史的起源与目标》，北京：华夏出版社，1989，第83页。

后于 1880 年回到马尼拉，当他观望车窗外的植物园时，他发现自己已经处于一个倒置的望远镜的末端。他无法如其所是地观赏园景，因为现实的场景只有通过与他脑中的欧洲花园的意象的比较才能被体会。这是一种近在咫尺又远在天边的凝视。黎萨将这一双重幻影的动因归结为 el demonio de les comparaciones，即比较的幽灵。^{〈35〉}

如果将 20 世纪的大量政治论述与中国历史中的那些著名政论相比较，这一时代政治思想中无处不在的比较的幽灵如此醒目，以致我们可以说这是一种在多重视线中同时观看他者和自我的方式：观看别人也观看自己；观看别人如何观看自己；从别人的视线中观看自己如何观看别人，如此等等。更重要的是：这个观看过程不是静态的，而是动态的，是在相互发生关联，并因为这种关联而发生全局性变化的过程中展开的。中国面对的挑战不再是在一个相对自足的社会及其周边条件下发生的孤立事件，恰恰相反，这些挑战和应对方式具有无法从先前条件及其传统中推演出来的品质。这是比黎萨小说提及的更为复杂和多重的比较之幽灵。这一比较的方式并非诞生于人们所说的东方主义或西方主义幻觉，而是诞生于这一时代由生产、消费、军事和文化等物质和精神的多重进程所推动的全球关系。这一视角的转换意味着新的政治思考具有某种"反历史"的性质，即突破历史叙述的传统边界，将关于其他世界的叙述纳入有关自身社会的政治思考内部。20世纪中国的前史正是在这一将外部纳入内部的过程中诞生的。

老庄思想和佛教哲学都包含了多重观察和视角变化的精致解释，观看的多重性在任何时代都或多或少地存在。但在此前的时代里，政治思想和政治辩论主要围绕土地关系的变迁、封建／郡县（地方／中央）的消长和律法、税制及官制系统的转换、政统与道统的张力等问题展开，形成了一套相对稳定也相对成熟的观察历史、论述政治的方

〈35〉 本尼迪克特·安德森：《比较的幽灵》，甘会斌译，南京：译林出版社，2012，第 3 页。

式。汉代晁错的《守边劝农疏》《论贵粟疏》《贤良文学对策》《言兵事疏》《论削藩疏》，贾谊的《过秦论》《论积贮疏》《陈政事疏》，唐代韩愈的《原道》《论佛骨表》《师说》，柳宗元的《封建论》《断刑论》《非国语》，宋代王安石的《上仁宗皇帝言事疏》《答司马谏议疏》，苏洵的《六国论》，朱熹的《开阡陌辨》，直至明清之际黄宗羲的《明夷待访录》，顾炎武的《天下郡国利病书》，无不以三代、秦汉及前朝事迹和圣人言行为参照，即便调查研究，钩稽本末，洞幽烛远，直刺要害，在论述上亦不免"口不绝吟于六艺之文，手不停披于百家之编。记事者必提其要，纂言者必钩其玄"。〈36〉在这些政治论述中，比较是不可避免的，但主要在纵向的时间脉络中形成参照。这也就是被现代中国知识分子称为"历史周期律"〈37〉的论述方式——历史周期律与其说是对历史进程的客观呈现，不如说是人们理解时代变迁的认识方式。在很大程度上，20世纪是认识方式和政治分析上的"历史周期律"失效的时期，人们对时代变化和不同历史角色的解释，不但不可避免地涉及对这一时代世界进程的所有方面的分析和评价，而且也持续不断地对世界历史中的所有文明进行历史解释。这一全球视野产生了一种"理论方式"，即通过对其他世界及其事件的论述对"中国现实"进行介入，又从其他世界看待自己的方式中重构自我认识。1989年以降，重新解释法国启蒙与苏格兰启蒙、重新分析法国革命与英国革命都是为了探寻中国变革所应遵循的道路，这一方式正是在20世纪诞生的过程中形成的。

这当然不是说全球性比较的视野直到此时才出现。早在1845—1846年，马克思、恩格斯就已经在《德意志意识形态》中论述过17世纪以降，尤其是英国工业革命之后，"各民族的原始封闭状态由于

〈36〉 韩愈：《进学解》，《韩昌黎文集校注》（上），上海：上海古籍出版社，2014，第51页。
〈37〉 1945年7月，在延安访问的黄炎培正是基于中国历史中"政怠宦成""人亡政息""求荣取辱"等诸种变化规律，询问中共有无跳出历史周期律的良方。他的问题意识是从中国政治的古典传统中产生的。

日益完善的生产方式、交往以及因交往而自然形成的不同民族之间的分工消灭得越彻底，历史也就越是成为世界历史。例如，如果在英国发明了一种机器，它夺走了印度和中国无数劳动者的饭碗，并引起这些国家的整个生存形式的改变，那么这个发明便成为世界历史性的事实"[38]。在《共产党宣言》中，马克思进一步指出："美洲的发现、绕过非洲的航行，给新兴的资产阶级开辟了新天地。东印度和中国的市场、美洲的殖民化、对殖民地的贸易、交换手段和一般商品的增加，使商业、航海业和工业空前高涨，因而使正在崩溃的封建社会内部的革命因素迅速发展。"[39] 正是在这个意义上，马克思提出了不同于黑格尔版本的"世界历史"问题。在经济史领域，人们通常认为资本主义经济和政治形态在19世纪70年代进入新的阶段，即帝国主义阶段，但真正形成较为系统而完整的帝国主义理论尚需等待20年左右的时间。在19世纪末期，尤其是20世纪初期，一批有关帝国主义的著述在相互争论中相继面世。霍布森、卢森堡的立场各不相同，但都从资本主义生产和消费的矛盾着眼，即有效需求不足造成的生产过剩危机，来解释帝国主义现象；希法亭则从流通领域着眼，分析工业资本的集中、银行领域的变化和金融资本的形成，探索垄断性资本主义与帝国主义的关系。列宁就是在对前述理论的综合批判中，从生产的集中、垄断资本的形成及由此产生的金融资本和金融寡头的支配作用，研究了19世纪70年代以降资本主义经济的演变。

就中国而言，早在鸦片战争时期，林则徐、魏源等人已经将中国置于一种新的世界关系中理解面临的挑战和危机。如果说洪秀全的《原道救世歌》《原道醒世训》《原道觉世训》等作品显露出了一些不同以往的比较要素，洪仁玕的《资政新篇》则展现了一种从纵横交错的

〈38〉 马克思：《德意志意识形态》，《马克思恩格斯全集》第3卷，第51页。

〈39〉 马克思：《共产党宣言》，《马克思恩格斯全集》第4卷，第467页。

世界关系中论述中国前途的方式；洋务运动和戊戌变法的活跃人物着眼于中西比较探讨中国的变革之路，康有为的"公羊三世说"从中国历史转向世界关系，试图在新的框架内建立全球性的论述，并将中国问题纳入这一全球性论述内部。但是，针对19世纪70年代以降全球资本主义新形态的论述要等到新世纪降临的时刻才清晰地浮现，新的认识无疑综合了先前的各种论述。在这些论述中，无论是对时代症候的诊断，还是对变革方略的阐释，均显示出不同以往的特征。

全球性比较与"世纪"的意识相互伴生，笼罩了1900年前后的中国思想世界。"世纪"的诞生伴随着不同类型的旧时空观的式微（包括"公羊三世说"的逐渐退出舞台），以及在新的时空观中重构自我理解方式的文化运动。思想的变迁不可能截然两分，但在这一时刻，世界观的某种断裂依然清晰可辨。围绕俄国革命、法国革命、土耳其革命，以及美国问题、德国问题、日本问题等，不同政治派别为阐明自己的主张而展开辩论，其中心的主题是革命还是改良、共和宪政还是君主立宪、人民主权还是国家有机体、维持土地私有还是重构土地关系、维持旧帝国还是重启民族炉灶，以及如何面对资本主义的新型社会专制等问题。

比较的幽灵四处出击，这里只能略举数例。我们先从对20世纪中国具有深远影响的俄国问题开始。1881年5月1日，沙皇亚历山大二世在彼得堡遇刺身亡，行刺者5人被捕并判处死刑。由此开启了一系列以暴力恐怖手段攻击沙皇及其专制政体的行动。这些革命行动的组织者可以追溯至1861—1864年由车尔尼雪夫斯基、赫尔岑等人在彼得堡创立的"土地与意志"组织，1876年由普列汉诺夫、米哈伊洛夫（Michailov）、迪乌特切夫（Tiutchev）等重建的同名组织，1879年创建的革命恐怖组织"自由或死亡"，以及同年由前述两个组织合并而来的"人民意志"组织。他们也正是此后社会民主党人革命的前奏。这些组织的核心是推翻沙皇专制制度、重新分配土地、宗教自由、民族自决等。19世纪

90 年代，革命力量逐渐整合，社会民主党人的力量日益壮大。

清俄关系是 17 世纪以来最重要的帝国间关系，但两国内部政治的变迁对于对方的影响十分细微，我们能够找到的相关历史文献主要集中在边界、贸易、逃人、战争、条约等方面。甲午战争后，俄国为其在中国的利益策动并主导了"三国还辽"，并因此而获得了在中国东北的大量利益。1903 年 4 月，俄国撕毁《东三省交收条约》，拒俄运动在中国各地展开，留日学生秦毓鎏、叶澜、钮永建等人在东京锦辉馆发起成立准军事组织"拒俄义勇队"，后易名"学生军"，同年 5 月 11 日因清政府勾结日本政府干涉被迫解散，易名军国民教育会。在 20 世纪降临之前，中国改革者和革命者很少关注俄国的国内事件，但日俄战争爆发时，像长期与俄国争夺利益的北欧国家一样，许多中国人欢迎俄国的战败、支持俄国国内的革命运动，他们终于注意到俄国社会内部汹涌澎湃的革命浪潮，并试图将俄国革命运动的火焰引入清末革命的浪潮。1903—1905 年前后，中国的革命党人与立宪主义者围绕俄国革命问题展开辩论，前者赞扬俄国虚无党人的暗杀行动和革命勇气，以"多数政治"和公民自由对抗专制政体[40]，后者警告革命可能对民族也对王朝带来严重破坏，希望通过自上而下的立宪改革和地方自治实践，避免可能的政治溃灭。[41] 自此以降，两国内部不同力量之间从思想上的互动，到理论上、政党组织上、国家层面和国际合作领域的互动配合，构成了两国政治变迁的重要动力，并对 20 世纪的全球历史产生了深远影响。因此，俄国问题变成了中国革命和变革的内部问题。

针对俄国战败、革命烽火遍及中俄两国境内的复杂情境，梁启超在《新民丛报》连载长文《俄罗斯革命之影响》，从多重维度分析俄国革命

---

[40] 辕孙：《露西亚虚无党》，连载于《江苏》1903 年第 4 期，第 51—60 页；第 5 期，第 71—76 页。

[41] 中国之新民（梁启超）：《俄罗斯革命之影响》（续第 61 号），《新民丛报》第 62 号，1905 年 2 月，第 47 页。

的起因及其影响。他首先列举了四个促成革命得以发生的基础条件：1，贵族对土地的垄断和贵族与农民之间巨大的经济不平等；2，东正教的国教地位、国教对异教徒的排斥，以及由此产生的宗教不平等；3，多民族帝国内俄罗斯民族与其他各民族之间存在着明显的等级关系，造成了种族不平等；4，上述阶级的、宗教的、种族的不平等导致弱小阶级、宗教和民族无法参与政治机构，形成政治上的不平等。[42] 这些基础条件又与其他契机相互结合，产生了革命的火花。这些契机包括：在1815年参与远征拿破仑联军之后，美国革命和法国革命的思想不期而然地传播至俄国；尼古拉一世于1825年继位后施行严酷专制为革命埋下了火种。[43] 梁启超还叙述了革命文学、革命思想、革命组织和早期革命运动的作用，以及日俄战争的失败所提供的革命契机。值得注意的是，梁启超在文章开头描述了彼得堡工人罢工所造成的巨大影响，但并未对1905年革命的崭新因素即工人阶级集体力量的展示给予足够重视和分析。

与另一位从自己国家的命运出发密切地注视着俄国革命的德国观察家马克斯·韦伯一样，梁启超特别关注俄国地方议会和自治运动的作用和失败。[44] 俄国地方自治会主要在俄国欧洲部分及乌克兰，分省、县两级。县级从地主、城市居民和村社中选举产生，再由此产生省级议会，多由贵族支配。地方自治会支持立宪改革和1904—1905年革命，以及1917年二月革命。[45] 但是，俄国地方议会受到行政权的极大制约，议会通过的议案"在俄国则地方官虽不阻止，然犹必再呈于内务大臣，得其画诺乃能施行，而其争议最终之裁判所则枢密院也。以此一端，而议

〈42〉 中国之新民（梁启超）：《俄国革命之影响》，《新民丛报》第61号，1905年1月，第25—26页。

〈43〉 同上，第26—28页。

〈44〉 马克斯·韦伯：《俄国的资产阶级民主》，尤其是其第一节"俄国的地方自治会运动"，见《论俄国革命》，潘建雷、何雯雯译，上海：上海三联书店，2015，第49—82页。

〈45〉 《论俄国革命》，第49页译注。

会势力之基础全然无着矣"。而且议会议事之报告，必须经过地方官许可方能公布，议会因此无法获得舆论支持，脱离群众，名实不副。[46]

这一点也正是康有为、梁启超所担心的：他们既希望清廷能够推进立宪改革，又担心直接设立国会、进行全国性选举可能导致政治混乱，进而设想先在省、府、州、县、乡、村各级设立议会，培养公民自治，规避传统乡治为少数绅士盘踞争倾的局面。这是一种由上至下推进由下至上的政治模式的尝试。康有为在这一时期正在筹划地方自治以推动君主立宪改革，在1902年发表的《公民自治篇》中，他系统地解释了地方自治在各国的经验以及中国的历史传统，提出了以"乡治"为基础的多层次公民自治设计。这一构想通过梁启超等人的推广而对其后清末新政改革产生过影响。康有为的思考追溯中国古代的自治实践，同时又是在广阔的世界范围内展开的。[47]在康有为看来，俄国的立宪政治受阻于地方行政权和中央枢密院的干预和控制，而法国立宪政治的失败却正好相反，根源于不顾国情差异，直接移植美国的普选政治。早在1898年戊戌变法时期，康有为已经将其所著《法国变政考》上呈光绪帝（1911年出版的《戊戌奏稿》所辑《进呈法国革命记序》，应为后来补作）。[48]1904—1905年，俄国革命骤起，许多介入

〈46〉 中国之新民（梁启超）：《俄罗斯革命之影响》，《新民丛报》第61号，1905年1月，第33—34页。

〈47〉 明夷（康有为）：《公民自治篇》，《新民丛报》第5号，1902年4月，第40页。

〈48〉 康有为在《我史》（1899）中提到，1898年"七日进呈《法国变政考》"，见《康有为全集》第五集，北京：中国人民大学出版社，2007，第96页。黄彰健、孔祥吉等学者认为，《进呈〈法国革命记〉序》（六月）为后来的另作。参见黄彰健：《戊戌变法史研究》（下册），上海：上海书店，2007，第703页；孔祥吉：《康有为变法奏议研究》，沈阳：辽宁教育出版社，1988，第187页。茅海建指出，康有为代徐致靖拟"嗣后用人行政请明宣片"中举普法战争后，法国知耻自强为例；1898年8月21日，康有为在香港见《德臣报》记者，言及光绪帝的召见，仍举普法战争后法国自强为例证，他的这些论述都与《进呈〈法国革命记〉序》的取意完全相反。见茅海建：《从甲午到戊戌：康有为〈我史〉鉴注》，北京：生活·读书·新知三联书店，2009，第510—512页。

地方自治运动的精英卷入其中，中国的革命浪潮亦逐渐高涨。康有为撰写《法国革命史论》，探索中国变革的恰当道路。他批评拉法耶特（Gilbert du Motier, Marquis de Lafayette，1757—1834）不懂得孔子"早明太平世之法，而必先以据乱世升平世，乃能致之。苟未至其时，实难躐等"，"欲以美国之政，施之法国，而不审国势地形之迥异"，其结果是人权平等、主权在民、普通选举等"至公至平之理"，"以不教之民妄用之"，最终导致了恐怖之世的到来。[49]

　　法国大革命起因于封建之繁多、僧侣之专横、捐税之沉重、人民之悲苦。康有为详细描述了法国贵族的规模（10万人），并以四川省下辖百县、每县就有一千封建小国作比。法国普选时，全国25岁以上人口约五六百万，而选举人已经近四百四十万；凡乡市之吏，参政议政者，多不能读法令。从议会制度的设置来看，本应有上下两院，田间少年与贵位老成中和相济，但法国革命以主权在民为由，只有众议院而无上院，导致"贤士大夫不逃则戮"。[50] 康有为对法国历史的描述是否准确另当别论，他的核心问题是：中国历史上之封建、税法及僧侣阶层的状况均不同于法国，"我之大革命，盖在秦世；我之享自由，盖在汉时。凡法政之苛暴，大约在我中国三四千年前各土司之世，或间有之，而有书传以来，侯国已大灭，神权不甚迷，已无有如法之十万淫暴侯者矣"[51]。他因此警告说："夫当革命党之举事，而语之曰：救国而国将毙，救民而民殆屠尽，凡倡革命者身必死，彼必不信。则何不观法之往事乎。"[52]

〈49〉　明夷（康有为）:《法国革命史论》,《新民丛报》第85号, 1906年8月, 第10—11页;《法兰西游记》,《康有为全集》第八集, 第182页。按: 发表于《新民丛刊》的《法国革命史论》为康有为《法兰西游记》之节选。

〈50〉　明夷（康有为）:《法国革命史论》,《新民丛报》第85号, 1906年8月, 第10—11页。

〈51〉　明夷（康有为）:《法国革命史论》,《康有为全集》第八集, 第199页。

〈52〉　明夷（康有为）:《法国革命史论》,《新民丛报》第85号, 第31页;《康有为全集》第八集, 第190页。

对于康、梁的君主立宪主张和尊君态度，革命党人心知肚明，但他们也同样需要从对于法国革命的解释开始。1907年，寄生（汪东）在《民报》发表《正明夷"法国革命史论"》，对于康有为所举各条一一反驳，但并非从事实上全面否定，更多是从事理上加以辩驳。例如，康有为批评法国革命后仅设下议院，而未设上议院，汪东表示赞成，但继续申辩说："所谓政治革命者，亦以革专制云尔。今君权专制去，而民权专制来，本已悖乎初愿，此非效法美国之罪，而效法之未尽善者之罪也。"〈53〉针对革命可能遭致列强干预的观点，汪东提出中国的位置与美国同，远离欧洲，不似法国置身欧洲列国之势，革命并不会引发列国瓜分的后果。

《新民丛报》与《民报》的辩论聚焦于革命与立宪，但伴随对于帝国主义时代认知的深化，有关国家主义和社会主义的思考渐渐成为晚清民族主义浪潮中具有独特内涵的范畴。几乎与幸德秋水、自强、梁启超等人从爱国主义、军事主义和国家形态的角度思考帝国主义现象的同时，从经济竞争的角度观察帝国主义现象也渐成趋势。1902年，《新民丛报》第十一和第十四期连载了雨尘子的长文《论世界经济竞争之大势》，开宗明义重新界定19世纪与20世纪，认为前者为"欧人内部竞争之时代"，后者为"欧人外部竞争之时代"。〈54〉这也正是此后梁启超区分内竞的民族主义与外竞的民族主义的依据〈55〉，即两种民族主义的区分不仅是类型上的区分，而且也是时代的区分。内部竞争是国家内部的政治竞争，集中于民族主义与政治主权，而外部竞争以争夺

〈53〉 寄生（汪东）：《正明夷"法国革命史论"》，《民报》第11号，1907年1月，第59—60页。

〈54〉 雨尘子：《论世界经济竞争之大势》，《新民丛报》第11期，1902年7月，第53页。

〈55〉 梁启超在《新民说》和《二十世纪之巨灵 托辣斯》等多篇文章中都使用了这一组词汇，不仅分析民族主义的类型，而且也分析竞争的性质。

无主权的和有主权的土地为中心，"皆经济上之竞争也"〈56〉，聚焦于经济竞争与保障这一经济竞争的政治主权。

19 世纪的政治革命通过立宪改革明确和强化了所有权，也促成了竞争从政治领域向经济领域的转化。在劳动力、土地和资本等生产三要素中，资本的规模和流通状态至关重要，前者涉及生产能力，后者涉及消费能力，两者均以能否获得更大规模的市场为前提。"英之于南非，美之于菲律宾，犯天下之不韪而不辞，弃历史传来之主义而不顾，掷莫大之军费而不吝，果何所图哉？是岂沙土勃雷、张伯伦、麦坚尼诸氏轻功好武之结果软？是不然。全英、全美国民之爱财产之心膨胀也。"〈57〉正由于此，20 世纪的英、美、德、日已经不是 19 世纪以政治野心、军事野心为动力的列强，而是"以少数之资本家求资本之繁殖"为动力的经济体。"今日所谓大英王国、北美合众国、大德联邦、大日本帝国，皆一公司也。……所以异者，唯其目的，非以谋国中一公司一业务之利益，谋全国各公司之公共利益也。"〈58〉雨尘子反对用尼采的极端个人主义或达尔文的进化论来解释帝国主义。在他看来，欧洲列强的军备和海洋扩张与工商业关系密切，帝国主义现象必须从经济的角度给予解释。"今日之世，兵赖商，商亦赖兵，而成此经济竞争之形势。"〈59〉所谓文明与野蛮、天职与义务、自由贸易和自由航行等欧洲文明论的修辞都是对于"帝国主义"之原因的文饰。〈60〉由此，他将 19 世纪民族主义与 20 世纪帝国主义做了性质上的区分："夫民族主义者，前世纪政治之竞争，其大半皆由此；帝国主义，即民族膨胀之结果也。

〈56〉　雨尘子：《论世界经济竞争之大势》，《新民丛报》第 11 期，第 53 页。

〈57〉　同上，第 56 页。

〈58〉　同上。

〈59〉　雨尘子：《论世界经济竞争之大势》（续 11 号），《新民丛报》第 14 期，1902 年 8 月，第 43 页。

〈60〉　雨尘子：《论世界经济竞争之大势》，《新民丛报》第 11 期，第 57 页。

然民族合一膨胀，则全属经济上之问题。帝国主义，因经济之竞争而行于列国也。"⟨61⟩

19世纪与20世纪的变迁伴随着经济竞争的中心从大西洋、印度洋向太平洋的转变，或者说，从美洲、印度向中国的转变。这一转变的标志性事件是义和团运动，即庚子之乱。"于是乎自甲午大败以来，列国竞争之中心点，一转而至于太平洋，注乎中国。""及庚子之乱，而列国之手段又一变，前之瓜分主义，势力范围主义，一转而为领土保全、门户开放主义矣。""瓜分云者，势力范围云者，皆政治上之侵略，列国互角之手段；保全云者，开放云者，皆经济上之侵略，列国共同之手段也。盖慑于义和团之乱，知吾族之有抵抗力而避之也。呜呼，至是而吾国遂亡于列强共同之经济侵略之手矣！庸讵知经济上之侵略，较之政治上之侵略，其为祸乃更烈也！"⟨62⟩庚子事变后，列强没有要求中国割让土地，而是索取赔偿和修订通商条约，其奥妙即在让中国成为列强经济上之领土，"彼盖深知世界贸易之中心点，将移于太平洋，而集注乎中国，幸此之乱，先定百年大计，使永为世界第一安全市场，则将世世子孙，食其利而不尽。"⟨63⟩"二十世纪之政治，非政治之政治，而经济之政治也。观帝国主义所由来，列国军备所由盛，则今日舍经济外，更无所谓政治也。"⟨64⟩

1903年，梁启超游历美国，他的政治思考也由君主立宪向国家有机体学说转变。这一转变的契机正是对以美国为代表的新型帝国主义及其运行机制的贴近观察。在前已提及的发表于同年的《二十世纪之巨灵 托辣斯》的开篇，他发出惊人预言说：不出百年，世界将仅存数大国；不出五十年，世界将仅剩数十家大公司；政治上的一切机关和

⟨61⟩ 雨尘子：《论世界经济竞争之大势》，《新民丛报》第11期，第58页。

⟨62⟩ 雨尘子：《论世界经济竞争之大势》（续11号），《新民丛报》第14期，第48—49页。

⟨63⟩ 同上，第49—50页。

⟨64⟩ 同上，第52页。

武备，均为"保障经济生产之附庸"。[65]这篇文章的标题与幸德秋水的《二十世纪の怪物　帝国主義》相互呼应，从不同的角度探索作为20世纪之特征的帝国主义，但在思想上最接近的论述或许是马克思的女婿保尔·拉法格发表于1903年4月的法文作品《美国托拉斯及其经济、社会和政治意义》（*Les Trusts Américains*）一书。早在1894年，拉法格在《驳对卡尔·马克思的批评》中批判帕累托理论，论述自由竞争必然导致垄断，进而分析了垄断组织对国家机器的操纵。在1903年论美国托拉斯的著作中，拉法格以详细的数据，研究了托拉斯造成的资本和生产规模的空前集中，说明金融资本如何跨越国家边界，对世界市场进行控制和争夺。他以美国为例，说明金融资本的控制远远超出了经济领域，实际上已经形成了对美国社会的宗教、政治和精神生活的渗透和影响。在托拉斯的时代，金融资本也操纵国家的外交政策，例如美国的门罗主义和对太平洋地区的殖民和渗透，均与这一新型的经济组织的出现及其利益诉求有着密切的关系。如果说早期的殖民主义注重于对殖民地居民的财富和自然资源的掠夺，而由生产集中而产生的生产过剩却致力于对世界市场的占有。[66]

梁启超从自由与干涉的对立观察当代的变化，他的错漏甚多的观察中也包含了若干与拉法格的论述相互印证的发现。早在19世纪50至60年代，欧洲的资本和生产集中的结果之一是德国卡特尔的出现，而1873年世界经济危机爆发之后，垄断组织与集权获得长足的发展。梁启超发现：

〈65〉　中国之新民（梁启超）：《二十世纪之巨灵　托辣斯》，《新民丛报》第40、41号合刊，1903年11月，第97页。

〈66〉　拉法格：《美国托拉斯及其经济、社会和政治意义》，《拉法格文选》（下），中共中央马克思恩格斯列宁斯大林著作编译局，北京：人民出版社，1985，第212—293页。同时参见马健行：《帝国主义理论形成史》，北京：中国社会科学出版社，1993，第68—85页。

夫帝国主义也，社会主义也，一则为政府当道之所凭藉，一则为劳动贫民之所执持，其性质本绝相反也。故其实行之方法，一皆以干涉为究竟。故现代所谓最新之学说，骎骎乎几悉还十六七世纪之旧，而纯为十九世纪之反动。嘻！社会进行之线路，谁能画之？谁能测之？岂有他哉！亦缘夫时之适不适而已。喻斯理也，乃可以观察托辣斯矣。[67]

20世纪是对18、19世纪的反动，同时又是对16、17世纪的回归。所谓18、19世纪，即由重农学派、亚当·斯密所代表的自由竞争、自由贸易、自由市场、劳动力和资本自由流动的潮流，在政治上则体现为大革命所带动的以个人自由、财产权和新型国家的政治潮流；所谓16、17世纪，则是由欧洲重商主义，尤其是法国柯尔贝尔和英国克伦威尔所代表的晚期重商主义潮流，如开源节流、增加国家财政收入；国家扶植工业发展、增加税收；商业上重视国家干预，在对外贸易上实施关税保护制度，等等。

在梁启超看来，20世纪是19世纪自由竞争时代的后果，也是其反面：伴随生产过剩、经济危机和社会冲突，资本集中和国家干预成为新的潮流，前者以托拉斯为标志，后者以社会主义为新的方向。"乃举天下厌倦自由，而复讴歌干涉。故于学理上而产出所谓社会主义者，于事实上而产出所谓托辣斯者。社会主义者，自由竞争反动之结果。托辣斯者，自由竞争反动之过渡也。曷云托辣斯为反动之过渡也？托辣斯者，实'自由合意的干涉'也。"[68]在这里，梁启超从自由合意的干涉角度混淆了托拉斯与社会主义的关系，也就难以解释他在

〈67〉 中国之新民（梁启超）：《二十世纪之巨灵　托辣斯》，《新民丛报》第40、41号合刊，1903年11月，第98页。

〈68〉 中国之新民（梁启超）：《二十世纪之巨灵　托辣斯》，《新民丛报》第40、41号合刊，1903年11月，第100—101页。

文章中所列的 1882—1900 年间美国通过的各项反托拉斯法案的真正意义。他甚至以辩护的口气说明托拉斯可能调和劳资矛盾，希望将托拉斯作为一种生产制度提供给中国人参考。[69] 但这些误解并没有妨碍他得出如下结论："托辣斯者，生计界之帝国主义也；夫政治界之必趋于帝国主义，与生计界之必趋于托辣斯，皆物竞天择自然之运，不得不尔。"[70]

即便在同一篇文章中，梁启超对托拉斯的论述也包含着矛盾。一方面，他引用数据证明托拉斯成立后劳动者的薪资有所增长；但另一方面，他又如同拉法格一样，看到了资本集中和垄断组织的出现势必激化劳资矛盾。社会主义运动以保护大多数劳动者的利益为目标，而托拉斯"则资本家权利之保障也。资本家与劳力者，方为两军对垒之形，做短兵相接之势"[71]。梁启超比较社会民主党人的经济主张，发现他们的社会主义与马克思的学说有许多重叠，均将托拉斯视为"变私财以作公财之近阶梯"，即向社会主义过渡的阶段。[72] 事实上，类似主张已经出现在中国革命者的早期宣传中。例如，朱执信在《民报》第二期发表《德意志社会革命家小传》，以马克思学说和法国政治经济学为参照，提出综合政治革命与社会革命的构想。除了介绍《共产党宣言》的阶级斗争思想之外，他特别分析了马克思和欧洲共产主义运动的经济主张：废止土地私有，一切地租充公；征收累进税；否定继承权；没收依据外国及反叛者财产，由国民银行及独占事业及信用于国家；交通机关为国有；增加工业器械，强制施行平等劳动，结合

〈69〉 赖建诚：《梁启超的经济面向》，杭州：浙江大学出版社，2010，第 127 页。

〈70〉 中国之新民（梁启超）：《二十世纪之巨灵 托辣斯》，《新民丛报》第 40、41 号合刊，1903 年 11 月，第 103 页。

〈71〉 中国之新民（梁启超）：《二十世纪之巨灵 托辣斯》（续前号），《新民丛报》第 42、43 号合刊，第 108 页。

〈72〉 同上。

工农业，缩小工农业差别；设立义务教育制度，等等。[73]梁启超认为社会主义及其资本国有化的主张"实世界之公理，将来必至之符"[74]，但在当时之中国却没有实现的条件。1904年，梁启超在《新民丛报》发表《外资输入问题》的长篇研究报告，分析"近今列强之帝国主义，皆生计问题趋之使不得不然也"。而资本过剩"实列强侵略中国之总根源"。[75]综合言之，"二十世纪以后之天地，铁血竞争之时代将去，而产业竞争之时代方来。于生计上能占一地位与否，非直一国强弱所由分，即与亡亦系此焉。……即前者惟有国内托辣斯，今乃进而为国际托辣斯"[76]。

针对美国及其他欧洲列强对内实行干涉主义、对外采取帝国主义的态势，梁启超逐渐转向伯伦知理（ Bluntchli Johann Caspar，1808—1881 ）的国家有机体理论。[77]由于晚清思想研究聚焦于反满革命还是立宪改良、国家主义还是民族主义，常常忽略了促成梁启超转向国家主义的契机是对帝国主义的思考、对社会主义条件尚不成熟的分析。国家主义问题与社会主义问题是同时发生的，它们都致力于帝国主义时代带来的困境和挑战；康、梁在国家问题上与民族主义者的矛盾和斗争表现为改良还是革命的对立选择，但这一对立选择需要置于双方对于帝国主义时代的基本特征及中国在其中的位置的不同判断中进行分析。帝国主义既是一个经济的概念，也是一个政治的概念。卢森堡

〈73〉 蛰伸（朱执信）:《德意志社会革命家小传》,《民报》第2期，1905年11月，第7—10页。

〈74〉 中国之新民（梁启超）:《外资输入问题》(续54号),《新民丛报》第56号，1904年11月，第13页。

〈75〉 中国之新民（梁启超）:《外资输入问题》,《新民丛报》第52号，1904年9月，第2—3页。

〈76〉 梁启超:《二十世纪之巨灵　托辣斯》(续前号),《新民丛报》第42、43号合刊，第108页。

〈77〉 梁启超:《政治学大家伯伦知理之学说》,《新民丛报》第32号，1903年5月，第9—16页。

一方面将帝国主义解释为资本积累的形式，另一方面又强调其政治性："帝国主义是一个政治名词，用来表达在争夺尚未被侵占的非资本主义环境的竞争中所进行的资本积累。"[78] 国家与民族的区分和国家主义与民族主义的不同选择实际上是从对帝国主义的双重特性即经济特性与军事—政治特性的评估中衍生而来的。

对独特性的探索与对普遍性的重构

帝国主义不仅是一种扩张性的经济和军事体制，也是一种意识形态和价值谱系，后者借助于一套扩张性的知识渗入各种关于他人与自我的叙述。"世纪"意识既是对这一进程的自觉，又强烈地包含着对这一进程的抵抗。这是一个复杂纠缠、持续论辩的过程。也正由于此，"世纪"意识很难从单一的历史内部简单地衍生出来，不可能被完整地纳入时间的轨道。在这一独特的历史时刻，那些敏锐的中国人不得不去思考18、19世纪甚至更早时期的欧洲和全球问题，为现代中国创造自己的前史，以辨别中国在这个全球视野中的独特位置。如果没有一种旧时代正在落幕的感觉和一种比较性的视野，我们便难以透彻地理解为什么20世纪初期发生的政治辩论聚焦于不同类型的民族主义（反满的汉民族主义、多族群的中华民族主义，后者又可以区分为国家主义、五族宪政主义、五族共和主义等）、不同类型的世界主义（国际主义、无政府主义、大同主义等），以及它们相互之间错综纠缠的敌对关系。世纪的意识与旧时代终结的感觉是互为表里的，激烈的辩论及其对不确定之未来的眺望也是一种诀别的姿态。这也是理解持久消长的有关古今中西的思想辩论之性质的基本出发点：古/今、中/西的辩

〈78〉 卢森堡：《资本积累论》，北京：生活·读书·新知三联书店，1959，第359页。

论在话语上经常诉诸本质主义的文化差异，但其核心是：单纯地诉诸历史轴线来思考中国问题已经不可能，现在迫切的任务是辨别中国在新的全球关系中的经纬度，即时间轴线上的位置与空间维度上的位置。对于中国及其独特性的思考不仅是比较视野的产物，而且也是通过对中国历史和文化的解释进行战略和策略的辩论。这是渗入历史论述的政治论述，也是一种新的时代意识寻找其历史叙述的必然产物，20 世纪的政治论述与历史阐释、文化辩论有着密切的联系。

"世纪"意识（亦即对时势的判断）并非这些历史论述的衍生物，恰恰相反，这些历史论述正是"世纪"意识寻找自己的政治表达的结果。兹举四例，分别论述时间轴线上的社会形态之辨，空间维度上的中华之辨，内在性维度上的交往与自我表达（即语言的性质）之辨，以及超越性维度上的普遍宗教和"正信"之争。所有这一切都可以被归纳为在帝国主义与文明论的双重阴影下对独特性的探寻——对独特性的探寻也是对伴随帝国主义时代而来的普遍历史的抗拒和解构，但这一抗拒和解构不是通往对特殊性的确认，而是重构普遍性。

（一）时间的维度：历史演化、社会形态与民族主义

1898 年，与戊戌变法同时，严复以赫胥黎的《进化论与伦理学》为底本，综合斯宾塞学说，翻译出版了《天演论》，将进化学说引入中国思想世界；1903 年，他用典雅的古文翻译了英国社会学家甄克思（Edward Jenks，1861—1939）出版于 1900 年的新著《政治史》（*A History of Politics*），冠名《社会通诠》发表[79]，实际上是通过这一著作的译述进一步阐释进化论在社会形态上的意义，"纠正孟德斯鸠分

〈79〉 关于严译《社会通诠》的翻译及其语言政治，可参考王宪明《语言、翻译与政治——严复译〈社会通诠〉研究》（北京：北京大学出版社，2005）一书。

析中的静止的、'不前进'的本质这一错误"[80]。甄克思从社会形态演化的角度，将古今社会区分为三个前后相续的不同阶段，即图腾社会（蛮夷社会）、宗法社会和国家社会，将孟德斯鸠的地理环境决定论的空间解说转换成为时间轴线上的历史形态分析。"古今社会，莫不有所以系属其民者，今社会所以系属民者，曰军政。此于征兵之国最易见也。（按：即法德和英国）……惟古之社会则不然，其所以系民，非军政，乃宗法也。宗法何？彼谓其民皆同种也，皆本于一宗之血胤也。……《拿破仑法典》曰：'坐于法土，斯为法民。'此军国社会与宗法社会之所绝异而不可混者也，古以宗法系民。莫著于犹太，乃今亡国久矣，虽散居各土，而宗法之制犹存……社会之形式有三：曰蛮夷社会，曰宗法社会，曰国家社会。"[81] 严复先后撰述译者序[82]、按语和《读新译甄克思〈社会通诠〉》[83] 对甄克思的学说进行阐释，试图按照天演原理将社会形态三个阶段解释为中国必须遵循的公理。"夫天下之群，众矣，夷考进化之阶级，莫不始于图腾，继以宗法，而成于国家。……此其为序之信，若天之四时，若人身之童少壮老，期有迟速，而不可或少紊者也。"[84] 但这一普遍的人类发展阶梯在欧亚关系中恰恰以"在彼则始迟而终骤，此则始骤而终迟"的大分化为其形态。[85] 严复在普遍历史进程中展示内部分化和差异，其目的就是说明中国社会虽至秦已经向中央集权转化，但其精神气质仍然是一个宗法社会，而未能实现向军国社会的转变。

在《寻求富强：严复与西方》一书中，史华兹比较甄克思与斯宾

〈80〉 本杰明·史华兹：《寻求富强：严复与西方》，叶凤美译，南京：江苏人民出版社，1989，第165页。

〈81〉 甄克思：《社会通诠》，严复译，北京：商务印书馆，1981，第2—4页。

〈82〉 该序曾在《政艺通报》第3卷第6号单独发表。

〈83〉 首刊于《大公报》1904年4月20日，连载四期，总第651号到654号。

〈84〉 严复：《〈社会通诠〉译者序》，严译《社会通诠》，第ix页。

〈85〉 同上书，第x页。

塞之间的区别，指出："甄克思的论述所注意的中心在于近代'合理化的'国家的出现，而不在于工业革命的出现。""他更加注意的是所有近代民族国家之间的共同特征而不是它们之间的区别。""而当他赞同斯宾塞的国家'原本是一个军事组织'的观点时，他似乎并不觉得在工业社会里，国家将要消亡了……他似乎完全没有意识到斯宾塞对以近代工业体系为代表的'自发的'合作形式与'人为的、强制的'国家组织两者所作的区分。"[86]史华兹认为严复对于斯宾塞和甄克思之间的区别毫无了解，尤其对斯宾塞有关"军事的"和"工业的"两个阶段的严格区分完全忽略。从其一贯观点出发，他将严译《社会通诠》的中心问题置于社会有机进化及国家与个人的二元关系之中考察，并由此衍生出注重国家总体与反满民族主义浪潮的对立。这一观点也为其他学者所普遍接受。[87]通过比较严复的观点与此后中国共产党人用帝国主义来解释这一现象的区别，史华兹认为严复从社会进化的观点将帝国主义的出现理解为生存竞争的正常现象。[88]对于严复而言，国家的总体能力恰恰是个人脱离宗法关系而"期人人立"、进而形成兵、农、工、商的劳动分工。他在译序中说："由宗法以进于国家，而二者之间，其相受而蜕化者以封建。方其封建，民业大抵犹耕稼也，独至国家，而后兵、农、工、商四者之民备具，而其群相生相养之事乃极盛，而大和强立，蕃衍而不可以克灭。"[89]

严复对于国家总体性的关注与梁启超略相仿佛，但为什么他不是在国家主义与民族主义的对立中，而是在军国社会与基于宗法关系的

〈86〉 本杰明·史华兹：《寻求富强：严复与西方》，第166—167页。

〈87〉 干春松《民族主义与现代中国的政治秩序——章太炎与严复围绕〈社会通诠〉的争论》一文对于严复与章太炎有关《社会通诠》的争论做了清晰的梳理和分析，但也延续了史华兹对这一问题的基本判断。该文刊载于《开放时代》2014年第6期，第84—98页。

〈88〉 本杰明·史华兹：《寻求富强：严复与西方》，第168页。

〈89〉 严复：《〈社会通诠〉译者序》，严译《社会通诠》，第9页。

民族主义的对立中展开其论点？严复通过甄克思学说而形成的对斯宾塞在军事国家与工业主义之间的区分的忽略仅仅是"毫无了解"的结果吗？严复对《社会通诠》的译介几乎与幸德秋水对帝国主义的论述产生于同一时期，两者对于帝国主义的解释有所区别：前者从一种社会进化的角度将帝国主义的出现视为一种历史发展中出现的、必须加以应对的自然现象，而后者对帝国主义的批判建立在一种道德主义的激烈否定的前提之上。但透过这一区别，我们不是还可以发现另一个共同点，即将帝国主义解释为一种民族主义的衍生物，而不是工业—金融资本主义阶段的现象吗？幸德秋水的解释是以尚未完成工业化的日本帝国主义为目标的，而严复需要重申的是在帝国主义竞争的时代确立政治主权的重要性和前提。

此外，严复的观点是在内外精英指责义和团运动和清政府的"排外主义"的氛围中出现的，他将这一"排外主义"归于中国国民性的特质。章太炎在他的反驳文章中明确地将义和团的反教运动与宗法社会区分开来，他指出：义和团和清政府之"排教"动机各不相同，但均起于教民违法生事。"然人民之愤起排教者，其意乃绝不在是，浸假而基督教人之在中国，循法蹈义，动无逾轨，则人民固不以异教而排斥之，亦不以异种而排斥之。其相遇也，与昔之天竺法师无异。……是故政府之排教也，以其合群而生变；人民之排教也，以其藉权而侮民。皆于宗法社会无所关系云尔。"[90] 1903 年正值反满革命高涨之时，但也是 1900 年义和团运动之后。1901 年，《清议报》曾转载《开智录》所载《义和团有助于中国说》一文，赞扬义和团"出于爱国之心，忍之无可忍，故冒万死以一敌八，冀国民之有排外自立之一日也"。同时又将反帝与排满相结合，希望引导中国大众沿着民权独立、政体自由的道路，"霹雳一声，开廿世纪之风云"，"尽国民之责任，种同胞之

〈90〉 章太炎：《〈社会通诠〉商兑》，《民报》第 12 号，1907 年 3 月，第 10—11 页。

幸福"〈91〉。因此，严复对于合群的爱国主义的批判事实上包含了两重内容，即对义和团式反帝爱国运动与革命派的反满民族主义的双重指控。

与此前的一系列政论主要利用中西对比的框架有所不同，严复对于宗法社会和军国社会的解释被严格地置于一种普遍主义的历史社会学框架之中。甄克思的观点是在欧洲近代文明论的视野中展开的，我们在其后欧洲思想和理论对于中国的解释中也不难发现其脉络。例如，韦伯认为儒教与家庭伦理的稳固联系导致了儒教对于"客观理性化"的一种限制，即它力图以氏族方式将个人一再地从内心上与其氏族成员牢固地联系在一起，从而缺乏一种介于伦理与市民生活方式之间的中间环节。这一家庭伦理也难以发展出一种理性化的国家及其相互关系的伦理。〈92〉但儒学的伦理及其历史观是一种不断适应变化的伦理和历史观，超血缘和地缘的思想因素完全可能被组织到儒学的形式内部；在王朝演变的历史中，儒学以富于变化的方式处理政治、经济和各种社会问题，并将其伦理落实在一系列无法用家庭来加以概括的社会构造之中。因此，那种将儒学伦理限制在家庭伦理或血缘共同体范围内的论点是一种过于狭隘的看法。真正的问题是：为什么这一欧洲现代性的自我理解恰恰成为晚清变革运动的问题框架，这一框架是否具有普遍意义？〈93〉

正由于此，章太炎对于严复的反驳就必须诉诸中国历史的独特性、普遍主义历史叙述的特殊性，并在一个综合了独特性与普遍性的新框架内讨论中国民族革命的意义。换言之，他不是用中国的特殊性对抗理论的普遍性，而是首先质疑这一普遍理论的特殊性，其次分析这一理论在运用于中国时的错误，最终通过对中国历史独特性的讨论重构

〈91〉 转录自《清议报全编》卷 26，第 185、189 页。

〈92〉 韦伯：《儒教与道教》，洪天富译，南京：江苏人民出版社，2008，第 265—266 页。

〈93〉 有关这一问题的论述，请参见《现代中国思想的兴起》（北京：生活·读书·新知三联书店，2008）第八章。

一种能够容纳这一独特性的普遍性。因此，章太炎对于世纪及其普遍主义历史的意识是以对这一普遍主义历史的抵抗为特征的。针对被严复奉为规律的社会理论，章太炎指出孔德以来的社会理论虽然模拟自然科学的方法，但大多基于一时一地的经验，谈不上是普遍的理论。他说："社会之学，与言质学者殊科，几何之方面，重力之形式，声光之激射，物质之化分，验于彼土者然，即验于此土者亦无不然。若夫心能流衍，人事万端，则不能据一方以为权概，断可知矣！且社会学之造端，实惟殄德，风流所播，不逾百年，故虽专事斯学者，亦以为未能究竟成就。"[94] 甄克思的社会学至多只是反映了欧洲社会的状况，严复的错误首先在于将甄氏学说作为普遍规律运用于对中国的解释，例如将前者所谓宗法社会与"中国固有之宗法社会"相比较，凡有不合之处即视为中国的弱点。其次则是皮傅其说，错误地将"民族主义与宗法社会比而同之"，而给了"今之政客"以口实，"疾首于神州之光复，则谓排满者亦宗法社会之事，于是非固无取，于利害则断其无幸"[95]。

　　章太炎的政治宗旨其实十分明确，即排满革命无非是"覆我国家，攘我主权而已"，绝非严复所谓宗法社会之非我族类式的排外主义。[96] 他在《革命道德说》中说："吾所谓革命者，非革命也，曰光复也。光复中国之种族也，光复中国之州郡也，光复中国之政权也。此以光复之实，而被以革命之名。"[97] 正由于革命即光复，在时间观上他就不可能循进化论的逻辑；也由于同一理由，中国历史必有可以光复的旧物。

〈94〉　章太炎：《〈社会通诠〉商兑》，《民报》第 12 号，第 4 页。

〈95〉　同上，第 1 页。

〈96〉　同上，第 15 页。

〈97〉　章太炎：《革命之道德》，《民报》第 8 号，1906 年 10 月，第 13 页；收入《太炎文录初编》后更名《革命道德说》，《章太炎全集》第 4 卷，上海：上海人民出版社，1985，第 276 页。

章太炎从中国的宗法社会与甄克思所讨论的宗法社会之间的差异入手，质疑社会学的结构类型论述省略社会形态的历史多样性及其历史变异，并以此为出发点，重新展开中国历史演变的独特轨迹。甄克思"注意的是所有近代民族国家之间的共同特征而不是它们之间的区别"，严复更进一步将宗法社会这一范畴普遍化，两者基于不同理由都忽略这一范畴在不同地域和时期的独特形态。针对甄克思所指宗法社会的第一个特征即"重民而不地著"，章太炎首先指出这一观点缺乏对于宗法社会古今形态的区分，也就无法观察同一范畴背后的社会变化。例如，"古者宗法行于大夫、元士，不行于齐民；今者宗法行于村落素人，不行于都人士。古者宗法以世袭之，大宗为主，其贵在爵；今者宗法以及格之族长为主，其贵在昭穆年寿，此古今之所以为别。然与甄氏所述四端，则皆有不相契合者"〈98〉。农人怀土重迁，贵族以爵位为尊，两者并不相同。近世以降，流动人口只要能够在一地居住满20年，并拥有土地和住宅，即可就地入籍，也与古代宗法社会不同。

　　针对严复所说宗法社会"排外而锄非种"的观点，章太炎同样从历史变化的角度加以批判。他列举周代各种外来族名，说明古代中国多元并存，并无以"非种"为由加以排斥的情况："中国宗法盛行之代，春秋以前，本无排外之事，而其时外人亦鲜内入。……进观周穆王时，有西域化人谒王同游之迹，国人于此方胪句介绍之不暇，而何排斥之有？"〈99〉因此，以宗法社会为据批判中国盛行排外主义恰恰忽略了历史的变化。针对甄克思宗法社会"统于所尊"的观点，章太炎从古今变异的角度加以分析，即古代"宗法统于所尊，其制行于元士以上，族人财产有余，则之宗；不足则资之宗，上至世卿，而宗子常

〈98〉　章太炎：《〈社会通诠〉商兑》，《民报》第12号，第7页。
〈99〉　同上，第9页。

执大政，所以拱揖其下者，恃有政权以行其刑赏耳"〈100〉。但近世社会宗法关系下延至一般民众，情况便有所不同："民之行事，对于祠堂则固无责任矣。祠堂所有，辄分之以恤孤寡、兴教育，足以膏沐族人，而族人则不必以其所有归之祠堂，去留惟所欲耳。惟岁时丘垄之祭，略有责任，亦以墓田所收入者酬之，其有远行服贾，不以儋石之利为得者，则墓祭亦任之旁族。"〈101〉近世宗法社会的伦常和财产关系与军国社会有许多重合之处，认为宗法社会必然统于所尊而与军国社会注重人民的个人本位同样是错误的。"然则古者之行宗法，以其事为天倪定分；今者之行宗法以其丰为补阙拾遗，若云当今之世民，不以一身为本位者，则吾所未见也。故甄氏第三条义与中国固有之宗法，有合于古，不合于今也。"〈102〉

针对《社会通诠》有关宗法社会"不事物竞"、因循守旧的观点，章太炎指出：即便在宗法社会的兴盛期也并未规定"业不得更，法不得改"，而中国历史上的其他时期，如"宗法破散之后，得伺隙以求利也，然孔子固云'少贱多艺'；扁鹊亦以'馆舍之守，更事医术'。而未闻有遮禁之者"〈103〉。因此，生存竞争是贯穿历史的普遍现象，而绝不仅仅是军国社会的特例。"若就此四条以与中国成事相稽，唯一事为合古，而其余皆无当于古今，则今宗法必有差愈于古宗法者，古宗法亦有差愈于甄氏所见之宗法者。要之，于民族主义皆不相及，此其论则将及于严氏。"〈104〉换言之，章太炎承认甄克思的分析或许对于他所观察的社会而言是正确的，但这至多证明其社会理论是特殊的，如果像严复那样将其作为普遍适用的理论运用于中国或其他社会则是荒谬的。

〈100〉章太炎：《〈社会通诠〉商兑》，《民报》第 12 号，第 11 页。

〈101〉同上，第 12 页。

〈102〉同上。

〈103〉同上，第 13 页。

〈104〉同上，第 13—14 页。

但是，章太炎的指向并不是以独特性对抗普遍性，而是在历史的变迁和差异中重新界定普遍性的分析框架。通过分析和质疑甄克思的图腾社会—宗法社会—军国社会的进化阶梯，章太炎解构了民族主义或排外主义与宗法社会之间的必然联系，他的论述包含了四个层次：第一，不同形态的社会都包含了合群、排外的因素，从而合群、排外因素并非宗法社会的独有现象；第二，现代民族主义如果不是宗法社会解体的产物，也必然导致宗法社会的瓦解。"且今之民族主义，非直与宗法社会不相一致，而其力又有足以促宗法社会之熔解者。""当其萌芽，则固无宗法社会之迹矣。及其成就，则且定法以变祠堂族长之制，而尽破宗法社会之则矣。"[105] 第三，较之对黑人的歧视，中国历史上蒙古、回部、西藏与汉族的关系是基于语言、习俗和人员方面的长期交往、多重流变和相互同化中形成的，在外部压力之下，更易于形成一种超越宗法、种族、血胤关系的有机共同体。"今外有强敌以乘吾隙，思同德协力以格拒之，推其本原，则曰以四百兆人为一族，而无问其氏姓世系。为察其操术，则曰人人自竞，尽尔股肱之力，以与同族相系维。"[106] 第四，从政治的角度说，革命党人的民族主义本就以超越种族和血胤的藩篱而形成政治共同体为目标，其核心价值并非合群排外，而是在不平等的历史关系中重获政治主权，从而与宗法社会毫无关系。"又况吾党所志，乃在于复我民族之国家与主权者，若其克敌致果，而满洲之汗，大去宛平，以适黄龙之府，则固当与日本、暹罗同视，种人顺化，归斯受之而已矣。岂曰非我族类，必不与同活于衣冠之国，虽于主权之既复，而犹当劗面剚刃，寻仇无已，以效河湟羌族之所为乎？若是者，其非宗法社会亦明矣。"[107] 正由于此，中国面临

〈105〉章太炎：《〈社会通诠〉商兑》，《民报》第 12 号，第 18、19 页。

〈106〉同上，第 18 页。

〈107〉同上，第 16 页。

的并非在宗法与国家、排外与开放之间做出选择，而是以何种政治形式创建新的国家。

（二）空间的维度：身份、地域与主权

1907 年 1 月至 5 月，杨度在他本人任总编辑的《中国新报》第一期发表《〈中国新报〉序》，他指出，中国积贫积弱的根源首先在于"中国之政体为专制之政体，而其政府为放任之政府故也"，但更深的原因则是国民自治的能力较低，而自治能力低下的原因之一，又在于"其程度至不齐一，而其所以为差异者，则大抵由于种族之别。合同国异种之民而计之，大抵可分为汉、满、蒙、回、藏五族"〈108〉。按照严译《社会通诠》的逻辑，"五族之中，其已进入于国家社会而有国民之资格者，厥惟汉人。若满、蒙、回、藏四族，尚在宗法社会，或为游牧之种人，或为耕稼之族人，而于国民之资格，犹不完全"〈109〉。为了提供解决方案，他在《中国新报》第一至第五期刊载长文《金铁主义说》，系统阐述其政治思想，引发了一场激烈争议。文章开篇讨论"今中国所处之世界"，断言这是一个经济的军国主义时代，而他所主张的则是一个世界的国家主义。这个立场与梁启超对帝国主义时代的判断及其国家主义立场十分相似，同时也是在严译《社会通诠》的社会形态论的框架下展开的。所谓帝国主义时代的基本性质即金铁主义或"经济战争国"，杨度说："金者黄金，铁者黑铁；金者金钱，铁者铁炮；金者经济，铁者军事。欲以中国为金国，为铁国，变言之即为经济国、军事国，合为经济战争国。"〈110〉针对这一时代挑战的中国方略也很明

〈108〉杨度：《〈中国新报〉序》，《中国新报》第 1 号，1907 年 1 月，第 1、2 页。
〈109〉同上，第 2 页。
〈110〉杨度：《金铁主义说》，《中国新报》第 1 号，1907 年 1 月，第 27 页。

确，即内发展工商、外强化军事以建立国家，前者以扩张民权为前提，后者以巩固国权为目标。

与梁启超、严复的相关论述引发的争议类似，杨度的宏观判断所引发的争议集中在这一判断所引发的国内政治战略方面，即为适应世界性的挑战，中国需通过"金铁主义"的战略将自己转化为"经济战争国"，而其国内的政治前提即在清朝全部国土、全部人口的基础上落实国家统治权，而这一统治权的政治形式是君主立宪。所谓全部国土和全部人口所指为何？"以今日之中国国家论之，其土地乃合二十一行省、蒙古、回部、西藏而为其土地，其人民乃合汉、满、蒙、回、藏五族而为其人民，不仅于国内之事实为然，即国际事实亦然。"〈111〉"今日中国之土地，乃合五族之土地为其土地；今日中国之人民，乃合五族人民之为人民，而同集于一统治权之下，以成为一国者也。此国以外，尚有各大强国环伺其旁，对于中国持一均势政策，而倡领土保全、门户开放之说，以抵制瓜分之说。"〈112〉既然土地、人民以清朝范围为依托，其统治权必须以维持清朝作为政治象征的君主立宪形式："故中国之在今日世界，汉、满、蒙、回、藏之土地，不可失其一部；汉、满、蒙、回、藏之人民，不可失其一种，必使土地如故，人民如故，统治权如故。三者之中，不可使其一焉有所变动，一有变动，则国亡矣。故吾常谓今之中国国形不可变，国体不可变，惟政体可变。"〈113〉这一针对帝国主义经济军事竞争态势的判断恰好也正是国内立宪政治主张的前提，两者互为表里。

"金铁主义"的矛头所向即革命党人的排满民族主义。杨度不是用宗法社会的概念来解释民族主义，而是直接从民族革命的后果和民族

〈111〉杨度：《金铁主义说》（续第1号），《中国新报》第2号，1907年2月，第54—55页。
〈112〉同上，第89页。
〈113〉同上，第91页。

革命的前提上否定排满的意义。从后果方面看，"若汉人忽持民族主义，则以民族主义之眼视之，必仅以二十一行省为中国之土地，而蒙、回、藏地皆非；排满之后，若不进而排蒙、排回、排藏，则不能达其以一民族成一国家之目的，而全其民族主义"〈114〉。换言之，排满革命的效果不仅是颠覆满洲，而且也是中国的分崩离析。从民族革命的前提方面看，杨度采用了清代今文经学的一些看法，从文化角度阐释中国概念，否定其种族意义。"中国云者，以中外别地域之远近也。一民族与一民族之别，别于文化。中华云者，以华夷别文化之高下也。即此以言，则中华之名词，不仅非一地域之国名，亦且非一血统之种名，乃为一文化之族名。故《春秋》之义，无论同姓之鲁、卫，异姓之齐、宋，非种之楚、越，中国可以退为夷狄，夷狄可以进为中国，专以礼教为标准，而无有亲疏之别。其后经数千年，混杂数千百人种，而其称中华如故。以此推之，华之所以为华，以文化言，可决知也。故欲知中华民族为何等民族，则于其民族命名之顷而已含定义于其中。以西人学说拟之，实采合于文化说，而背于血统说。华为花之原字，以花为名，其以之形容文化之美，而非以之状态血统之奇，此可于假借会意而得之者也。"〈115〉

对此，革命党人不可能不做出回应。章太炎的《中华民国解》从历史和现实两个维度正面解说"中华民国"的疆域、人口、政治制度的具体规定和含义，回击杨度和立宪派的"文化中国"说。章太炎的困境是：革命党人既需要讨论中国概念的规定性，又不能在批判较有弹性的"文化中国说"的过程中落入种族中心的本质主义窠臼。这是知识和政治的双重挑战。从知识的路径说，章太炎采用了古典文字学

〈114〉杨度：《金铁主义说》（续第 1 号），《中国新报》第 2 号，第 55 页。
〈115〉杨度：《金铁主义说》（续第 4 号），《中国新报》第 5 号，第 17—18 页。

和古文经学的解释方式，从命名的历史展开论述。[116]在《语言缘起说》中，章太炎区分表实（物自身）、表德（物之特性）和表业（物之功能）三个层面，如"人云马云，是其实也；仁云武云，是其德也；金云火云，是其实也；禁云毁云，是其业也"[117]，并从这三个层面理解命名的历史性。章太炎对"金铁主义说"所依托的"文化中国说"的攻击也遵循了同一逻辑：首先，"文化中国说""未明于托名标识之事，而强以字义皮傅为言"[118]，既无法澄清华之本义与文化概念的区别，也难以将有无文化等同于是否中国人。章太炎将中国概念的多重意义放置在名实关系的历史形成中考察，用有关中国的几个名词（夏、华、汉）的语源学考证，对何为中国这一问题进行历史的和政治的论证。他的考证可以归纳如下：华本来是国名，非种族之号；如果考虑种族的含义，夏更接近，但夏的得名源自夏水。夏水起源于武都，至汉中而始盛，地在雍梁之际，该水又有其他称谓如汉、漾、沔，"凡皆小别互名"。夏起初是族名，而不是"邦国之号"，故又有"诸夏"的说法。这些名词的界限在历史变化中逐渐模糊混杂，故华、夏、汉等称谓"随举一名，互摄三义。建汉名以为族，而邦国之义斯在。建华名以为国，而种族之义亦在。此中华民国之所以谥"[119]。

其次，"文化中国说"以礼乐、王化为中心，将早期儒学和宋明理学中的夷夏关系相对化。这是从清代经学的脉络中发展而来的合法性

---

[116] 有关章太炎从命名与论述的角度对"中国"的论述，陕庆的论文《命名和论述"中国"的方式——对〈中华民国解〉的一种解读》做了深入详细的分析。这里援用了她的论述。见《"晚清思想中的中西新旧之争"学术研讨会论文集》，清华大学道德与宗教研究院主办，2016年12月10—11日，第194页。

[117] 章太炎：《语言缘起说》，载于《国故论衡》，上海：上海古籍出版社，2003，第31页。此文最初于1906年以《论语言文字之学》之名发表于《国粹学报》第24、25期（1906），后经章氏修改后收入《国故论衡》。

[118] 章太炎：《中华民国解》，《民报》第15号，1907年7月，第3页。

[119] 同上，第2页。

论述。[120] 章太炎依循古文经学的路径反驳说：清代公羊学对于夷夏相对化的阐释并不符合《春秋》本义（"盖《春秋》有贬诸夏以同夷狄者，未有进夷狄以同诸夏者"），也不同于公羊旧说，完全是"世仕满洲，有拥戴虏酋之志"[121] 的刘逢禄等人的发明。

　　第三，中华的意义必须在尊重"表谱实录之书"[122] 的前提下解释，不能任意发挥，以致"保中华民族之空模，而以他人子弟充其阙者"。[123] 章太炎以历史民族的观念对抗文化民族的观念，也就能够通过历史文献来论证种族的形成。"夫言一种族者，……而必以多数之同一血统者为主体。何者？文化相同自同一血统而起，于此复有殊族之民受我抚治，乃得转移而翕受之；若两血统立于对峙之地者，虽欲同化莫由。"这里言及种族与血统，主要是从历史的角度批判凌空的文化概念，而不是从科学实证的角度论述本质主义的（以血缘、肤色为中心的）种族概念；说到底，历史论述的核心是政治性的，即"所以容异族之同化者，以其主权在我，而足以翕受彼也。满洲之同化，非以受我抚治而得之，乃以陵轹颠覆我而得之"[124] "排满洲者，亦曰覆我国家，攘我主权之故。"[125]

　　然而，如果排满的关键是政治主权问题，那么，章太炎就必须面对杨度和其他立宪派的政治质疑，后者认为革命势必导致中国内部分裂和被外部瓜分。这是"金铁主义说"所持的"文化中国说"的全部前提，其基本推论是：蒙、回、藏人之文化不同于汉人文化，存在文化上的不平等，"乃自宗法社会之人不知服从国家而来。……试问今蒙、

〈120〉参见拙著《现代中国思想的兴起》第二卷有关清代今文经学的解释。
〈121〉同上书，第 4 页。
〈122〉同上书，第 5 页。
〈123〉同上书，第 6 页。
〈124〉同上书。
〈125〉同上书。

回、藏人对于今日中国为何等观念乎？"〈126〉他们除了认同清朝大皇帝之外，并没有国家认同。因此，为了达到国民全体之发达，首先需求文化之统一。考虑到各族之间的文化差异和不平等，实行国民统一之策，唯有不设等级和期限，以文化为标准，以普及中国语为条件，促进满汉平等和蒙、回、藏同化。由于文化同化的过程漫长，在现阶段，唯有通过君主立宪，开设国会，通过国会代表制解决各族人民的团结和协作。如果骤行民主，以人人平等为前提选举元首和国会，在文化不平等的条件下，其结果只能在如下两项中选择：维持统一，实行以平等为前提的种族歧视政策；尊重差异，实行各民族分离自治，即杨度所谓"内部瓜分"。〈127〉由于中国军事力量薄弱，不可能像美国那样实行门罗主义，分立自治必然导致列强瓜分。因此，立宪还是革命的政治路线选择与中国在帝国主义时代的命运息息相关。杨度说："欲保全领土，则不可不保全蒙、回、藏；欲保全蒙、回、藏则不可不保全君主，君主既当保全，则立宪亦但可言君主立宪而不可言民主立宪。此予主张立宪之唯一理由也。"〈128〉

早在与严复就《社会通诠》的商榷中，章太炎已经论述了世界范围内民族主义或民族—国家构成上的不同形态，他的历史民族论试图在民族范畴内容纳不同的族群。在《序种姓》一文中，他说："故今世种同者，古或异；种异者，古或同。要以有史为限断，则谓之历史民族，非其本始然也。"〈129〉从历史形成的角度说，中华民国面对的问题并不在是否排斥其他民族，而在应以先汉郡县为界还是以明朝直省为根本：若以先汉郡县为界，则蒙、回、藏在其时尚"不隶职方，其经营宜稍后"；若以明朝直省为根本，蒙、回、藏等"三荒服""虽非故土，

〈126〉杨度：《金铁主义说》（续第 4 号），《中国新报》第 5 号，第 30—31 页。

〈127〉同上，第 24 页。

〈128〉同上，第 32—33 页。

〈129〉章太炎：《訄书》（重订本），《章太炎全集》第 3 卷，第 170 页。

既不他属，循势导之"，反而比获取朝鲜、越南、缅甸等"二郡一司"更容易一些。[130] 因此，真正的挑战并非种族问题，而是如何在帝国主义条件下重新夺取和巩固历史形成的多民族社会的政治主权。

我们不妨先看他如何论述二郡一司、三荒服在中国民族形成中的位置。首先，朝鲜、越南在秦汉之际"皆为华民耕稼之乡，华之名于是始广。华本国名，非种族之号，然今世已为通语"[131]。在稍后的段落中，他运用考据学和舆地学知识分析古典文献中朝鲜、越南、柬埔寨、缅甸的范围、语言、族群及统属关系，实际上是为中华民国的政治主权所应覆盖的地域和人口提供历史根据。但章太炎的论述并不只是从历史民族的角度论述中华民国的政治主权，而是将历史脉络与抵抗帝国主义时代的霸权即解放的命题结合起来。他论述朝鲜、越南的状态时说：

> 是二国者，非独力征经营，光复旧土为吾侪当尽之职，观其受制异国，举止掣曳，扶衰禁暴，非人道所宜然乎。朝鲜设郡，止于汉魏。越南则上起秦皇，下逮五季，皆隶地官之版，中间阔绝，明时又尝置行省矣。今二国之陵藉于异域则同，而政术仁暴稍异，故经营当有后先。[132]

按照这一逻辑，光复朝鲜、越南并不仅仅是恢复故土，而且也是使之免于"陵藉于异域"命运的"扶衰禁暴"的人道政治。这一双重原则（历史原则与现实原则）也适用于缅甸："缅甸非先汉旧疆，特明代众建土司隶于云南承宣之部。土民习俗虽异诸华，而汉人徙居者众，与

〈130〉章太炎：《中华民国解》，《民报》第 15 号，第 7—8 页。
〈131〉同上，第 1 页。
〈132〉同上，第 7 页。

干崖盏达为邻类。然既未设流官，宜居朝鲜之次，外人之遇缅甸犹视越南为宽，则振救无嫌于缓。"[133] 按照章太炎的逻辑，缅甸问题可以稍缓的原因是双重的，因为相对于朝鲜、越南，缅甸非先汉旧疆，而帝国主义者对待缅甸的方式也略好于对待朝鲜、越南的态度。

从历史民族的角度看，"西藏回部，明时徒有册封，其在先汉，三十六国虽隶都护，比于附庸，而非属土。今之回部又与三十六国有殊。蒙古则自古未尝宾服。量三荒服之后先，则西藏以宗教相同犹为密迩，回部、蒙古直无一与汉族相通"[134]。因此，"故以中华民国之经界言之，越南、朝鲜二郡必当恢复者也；缅甸一司则稍次也；西藏、回部、蒙古三荒服则任其去来也"[135]。然而，相较于二郡一司为日本、法国和英国殖民盘踞，三荒服却是帝国主义统治的"薄弱环节"。章太炎说："今者，中华民国虑未能复先汉之旧疆，要以明时直省为根本（除缅甸）。越南、朝鲜其恢复则不易。惟缅甸亦非可以旦夕致者。三荒服虽非故土，既不他属，循势导之，犹易于二郡一司。"[136]

从表面看，章太炎与杨度的分歧集中于中国的统一是否以文化同化为前提，但这一策略分歧实际上建立在对于帝国主义势力及其干涉方式的不同判断之上。杨度认为：如果没有列强环伺的局面，通过反满革命而在清帝国内形成分立之势，尚可"自私为乐"，但庚子之后，帝国主义围绕中国瓜分论和中国保全论争执不休，反对保全最烈的俄国"今见中国各族分离，而蒙回之程度又不足以自立一国，岂有不入蒙回之地以占领之乎？俄既入蒙回，英必入藏，法必入滇粤，而汉人之土地亦将不保，直以内部派分之原因，而得外部瓜分之结果矣"[137]。

〈133〉章太炎：《中华民国解》，《民报》第 15 号，第 7—8 页。
〈134〉同上，第 8 页。
〈135〉同上。
〈136〉同上。
〈137〉杨度：《金铁主义说》（续第 4 号），《中国新报》第 5 号，第 24—25 页。

章太炎的反驳也完全基于国际条件和国内条件的对比。他的理由如次：首先，八国联军干涉之后未行瓜分，主要原因是帝国主义之间的相互制衡，以及单一帝国主义国家难以征服幅员广阔和人口众多的中国。其次，如果革命未能成功，满洲政府尚在，最为疏离的"回部无以自离，因无瓜分之道"；如果革命成功了，其军事力量"纵不足以抵抗欧人，然其朝气方新，威声远播。彼欧人之觇国也，常先名而后实，自非吹而可僵者。亦未至轻召寇仇为劳师费财之举而回部之脱离也，吾岂与之謷然分诀耶？彼其人材稀疏，政治未备，事事将求助于汉人，视为同盟，互相掎角，则足以断俄人之右臂明矣"〈138〉。

　　章太炎与杨度均支持多民族的中华之统一，两者的分歧在于主权形式的差异，即以汉人主导还是维持满人统治，由此引申出革命共和还是君主立宪的政治对立。章太炎批评杨度的"文化中国说"，以及建立在同化和议会选举基础上的国家形式。首先，章太炎对同化论的批评并不是对同化作为促进和巩固政治共同体的基本方式的批判，而是认为同化是一个漫长而复杂的进程，不可能在 20 世纪初期的紧迫形势下提供政治出路。以满、蒙、藏、回四部而言，满人同化程度最高，语言文字能力亦已完全同化，但高居统治者的地位，不事生产，不纳租税，"于百姓当家之业所谓农工商贾者，岂尝知其豪氂"〈139〉，对于满人而言，"宜俟革命以后，尽裁甲米，退就农耕，乃始为与汉人同化，然后得与中国之政治耳"〈140〉。若仅从文化同化的角度认为满人可以参加议会选举，担当"代议士资格"〈141〉，也就没有弄懂"同化"和"平等"的真正含义。因此，满人同化的真正前提是政治革命。

　　其次，回、蒙、藏三部情况各异，也难以单纯地从文化、语言的

〈138〉章太炎：《中华民国解》，《民报》第 15 号，第 16 页。
〈139〉同上，第 11 页。
〈140〉同上，第 12 页。
〈141〉同上。

角度来谈论同化。从语言文字的角度说，新疆汉族人口多，回民聪颖，蒙古与汉人贸易往来繁多，音声相闻，较之"向习波黎文字，既有文明之学，不受他熏"的西藏而言，均更易于同化。[142]但从居食职业角度看，"回部耕稼与汉俗不甚差违，宫室而居，外有城郭"，西藏高原虽有游牧，但因为山谷阻深，其势不能广衍，而土地"栽种独宜青稞，上者止于牟麦，而粳稻不适于土宜，木城虽陋，犹愈于支幕者"。相比于蒙古戈壁之游牧及"不得不张幕而处"的居住形态，最难同化的反而是蒙。从法律符令看，"西藏虽听于神权，清政府亦多遣满员辅其吏治，今仍可以汉官治之。蒙古自有酋长，其律亦与中土大殊，然如塞外归化诸城，凡诸狱讼以同知司裁判，诸台吉环坐其旁，应对唯谨，稍不称意，以手抵案而叱之，然则汉官任治，非不可行于内外诸盟"[143]。相比之下，回部的情况最为复杂。满洲征服回部的历史极其残酷，既完全不同于满蒙结盟的状况，也不同于清廷之崇奉藏传佛教。"今虽暂置行省，犹岁勒回民以供诸王之役使，满洲视回部若草芥，而回部亦深基满人，迁怒毗憎及于汉族吏治，稍有不适则噪变随之。"[144]因此，就法律符令之同化而言，回部最为困难。[145]一旦回人明白他们所受之迫害出于满人而非汉人，为了自身的利益，难道他们不会主动地与汉人同化吗？

第三，章太炎判断同化"必期以二十年，然后可与内地等视"[146]，进而设计一种中央权力与地方自治相结合的政治模式。他强调一旦同化完成，将彻底实行民族平等，"则不与美国之视黑民等者，谓其得预选举见之行事，不以空言相欺耳"。但这也不是说"其未醇化以前，则特定区划

〈142〉章太炎：《中华民国解》，《民报》第15号，第8页。
〈143〉同上，第9页。
〈144〉同上。
〈145〉同上。
〈146〉同上。

逾之者，斩杀唯命也。未醇化以前，固无得预选举之事"〈147〉。由于同化是一个长期而复杂的过程，故在此之前以立国会、选代议士作为筹码，"非独为人民平等计。询于刍荛，固欲其言之有益于治耳。若言之而不能中要领，与不言同，则选举固可废矣"。"故专以言语同化者，必不足以参通国之政也。"〈148〉总之，"不言吏治得失，则行媚可及于臧吏。不计民生隐曲，故选举可及于惰民。彼且谓今之满人可充议士，何论三荒服人犹有职业者耶！"〈149〉在这一过渡时期，可以在"三荒服各置议士，其与选者惟涉于彼部之事则言之，而通国大政所不与闻，则差无弊害耳"〈150〉。与允许三荒服自主议政相互匹配的，是在三部"各设一总督府。（中华民国建后，各省督抚当废，惟存布政使为长官，总督即专为荒服设也。）而其下编置政官，其民亦各举其贤良长者以待于总督府，而议其部之法律财用征令，以授庶官而施行之。兴其农业，劝其艺事，教其语言，谕其书名，期二十年而其民可举于中央议院。若是则不失平等，亦无不知国事而妄厕议政之位者。庙谋人道，两无所亏，则亦可以已矣"〈151〉。如果用今天的语言来说，这是一种建立在统一主权框架下的、将地方议会选举与中央派驻地方长官相结合的民族区域自治模式，但这一自治模式仅仅是以二十年为期的、向全民共治过渡的模式。在这一模式之下，"若三荒服而一切同化于吾，则民族主义所行益广。自兹以后，二郡一司反乎可覆，则先汉之疆域始完，而中华民国于是真为成立"〈152〉。

莱梯纳（Kauko Laitinen）、石川祯浩等学者对晚清反满主义做过详细的观察，他们都指出反满的种族主义在晚清革命宣传中扮演着重

〈147〉章太炎：《中华民国解》，《民报》第 15 号，第 10 页。

〈148〉同上。

〈149〉同上，第 13 页。

〈150〉同上，第 10 页。

〈151〉同上，第 14 页。

〈152〉同上，第 16 页。

要角色，促进了中国人的种族意识，加速了革命动员。石川祯浩将他的研究重点放在 20 世纪初期人类学在中国的兴起与反满主义的关系上，证明中国近代民族主义的种族主义性质或色彩。[153]晚清民族主义思想吸纳了大量西方民族主义知识的内容，从政治主权到民族认同，从经济体制到种族主义知识，民族主义与知识的重构相互促进。在许多方面，中国作者或介绍者由于痴迷于运用科学实证主义，其种族主义痕迹甚至超过了欧洲原作者，例如梁启超在浮田和民（1859—1946）的《史学通论》《西洋上古史》的影响下撰述《新史学》，他对浮田的"历史的人种"范畴的使用，更接近于科学主义的人种学概念。[154]但是，晚清民族主义是在对帝国主义时代的抵抗和批判性思考中诞生的，如同查特吉在印度语境中观察到的，"亚洲和非洲民族主义想象的最有力也最具创造性的部分不是对于西方推销的民族共同体模式的认同，而是对于与这一'模式'的差异的探求。我们怎么可能忽略这种对于另类模式的寻求而免于将反抗殖民主义的民族主义化约为一种滑稽的模仿？"[155]事实上，对于殖民主义的抵抗早在民族运动对于帝国的抵

〈153〉 Kauko Laitinen: *Chinese Nationalism in Late Qing Dynasty: Zhang Binglin as an Anti Manchu Propagandist* (London: Zurzon Press, 1990); Ishikawa Yoshihiro: "Anti-Manchu Racism and the Rise of Anthropology in Early 20th Century China", *Sino-Japan Studies*, No. 15, April 2003. (http: //www. chinajapan. org/articles/15/15ishikawa7-26. pdf); 另见石川祯浩：《20 世纪初年中国留日学生"黄帝"之再造——排满、肖像、西方起源论》，《清史研究》2005 年第 4 期。

〈154〉 石川祯浩认为浮田和民的"历史的人种"主要指"历史地形成的人种"（historically formed races），而梁启超的使用更接近于"历史制造的人种"（history-making races）。由于这一差异，浮田拒绝了历史的种族主义解释，因为他相信"历史的人种是历史的后果，不是其原因"，而梁启超却相信历史就是不同人种相互并争和发展的结果。Ishikawa Yoshihiro: "Anti-Manchu Racism and the Rise of Anthropology in Early 20th Century China", *Sino-Japan Studies*, No. 15, April 2003，p. 15. (http: //www. chinajapan. org/articles/15/15ishikawa7-26. pdf);

〈155〉 Partha Chatterjee, "Whose Imagined Communities?", *The Nation and Its Fragments: Colonial and Post-Colonial Histories*, Princeton University Press, p. 216.

抗之前就已经开始，它对于西方物质方面的模仿（如同"师夷长技以制夷"的口号所表明的）是与其在精神上寻求自主、独立，区别于西方模式相一致的。对于西方的物质模仿越成功，越需要在精神上获取主权性，因此，精神的领域也是主权的领域，而后者的目标就是确立一个非西方的领域。只有从这种反殖民民族主义对于差异的寻求出发，才能发现殖民地民族主义文化（包括文学）的创造性，而不致将这种具有独特性的文学和文化实践化约为一种在非西方地区进行复制的欧洲模式。

章太炎的"历史民族论"，尤其是用语言缘起论的方式对种族概念的论述，有力地解构了本质主义的种族观及其衍生话语。尽管他对中华民国的构想与欧洲殖民主义知识仍然存在着语词（种族、民族、总督制等）上的重叠，其同化说也未能完全自洽，但其要点是从历史脉络内部探寻一条不同于欧洲民族主义的、能够抵抗帝国主义侵略的、促进被压迫民族平等共处的道路。因此，章太炎的民族主义的伦理性质需要从其政治内涵方面加以论述。[156] 伦理总是相对于一定的历史共同体而言，一旦共同体的边界本身遭到挑战，从某一共同体角度论述的开放与包容在另一个共同体的视野中却可能隐含着霸权。《中华民国解》对于"二郡一司"和"三荒服"的论述在这些概念所指涉的语境中势必遭遇完全不同的读解。杨度（也在一定程度上包括梁启超）的"文化民族"或"文化中国"与章太炎的"中华民国"的根本区别并不

〈156〉张志强通过文本分析，颇有说服力地提出"章太炎的民族主义不是一种尊己慢他的自恋的民族主义，而是一种具有道德内涵的民族主义"，即一种"伦理性的民族主义"。"这种民族主义一方面突破了近代以来建立在主体哲学基础上的封闭排他的民族主义想象，而成为了一种在历史中不断形成，且在历史中不断开放自我的、具有道德感通性的伦理民族主义。另一方面，这种民族主义弥补了基于《春秋》大义而来的'文化民族'观念对主体政治性的淡化，也克服了'文化民族'所预设的汉文化中心主义。"（张志强：《论章太炎的民族主义》，见章念驰编《章太炎生平与学术》（下），上海：上海人民出版社，2016，第1035页）

仅仅在于前者封闭，而后者开放；"文化中国"概念也是在批判了美国对待印第安人和黑人奴隶制的种族主义基础上诞生的，相对于种族中心论，这一概念也包含着某种开放性。在我看来，章太炎与杨度的根本分歧是政治性的，从而也是伦理性的：杨度的"文化中国"论是为适应帝国主义"经济战争国"的局势而设想的国家图景，从而预设了其"金铁主义"逻辑；章太炎批判帝国主义（"金铁主义"时代）的宿命论，拒绝在文化、历史和政治领域服从"经济战争国"的逻辑。因此，他对"中华民国"和中华民族的历史解释的全部要义就在于拒绝按照"经济战争国"的模式及其"金铁主义"逻辑来设计未来中国的政治蓝图。这是一种反抗的世纪意识或反（帝国主义的）世纪意识。

（三）内在性的维度：符号、语言与主体

对于帝国主义的认知包含了双重的需求，即自我认知、自我确认的需求与对他人的认知及置身于世界关系中的交往的需求。为了克服帝国主义，革命者和改革者提出了民族主义、无政府主义和共产主义的方略，这些方略不但呈现为他们对于国家、政体及社会形态的针锋相对的主张，而且也对他们表达自我的形式即语言本身产生了极大的影响。20 世纪是一个罕见的语言自觉的时代，也是一个罕见的语言改革的时代。围绕自我与他人、自我与自我这两个层面，我们可以区分出两种不同的语言观：一种将语言界定为交流工具，另一种将语言界定为自我表达。前者是工具论的语言观，后者是创造论和主体论（或互主体论）的语言观。[157] 对于语言符号的探索同样体现在音乐、艺术、

---

〔157〕基于论述结构的需要，本文关于语言问题的讨论参照并使用了我在《声之善恶：什么是启蒙？——重读鲁迅〈破恶声论〉》（《开放时代》2010 年第 10 期）一文中的部分论述，特此说明。

戏剧、设计等不同形式之中，既服务于各不相同的社会政治目标，又通过多样的形式重构这些社会政治目标。

共产主义者、无政府主义者、社会主义者大多持交往的语言观。康有为在《大同书》中说：

> 夫语言文字出于人为，体体皆可，但取易简，便于交通者足矣，非如数学、律学、哲学之有一定而人所必须也，故以删汰其繁而劣者，同定于一为要义。[158]

语言是为了交流，为了交通便利，我们应该删繁就简，取消差异，定于一尊。从交流的角度看，不同语言的存在，方言的存在，就是交流的障碍，比方北方人到广州、福建、上海去，发现完全没法交流。方言如此，语言之间的差异就更是如此。无政府主义者正是从这里出发，不但要求删繁就简，而且要求彻底废除汉字，通行世界语。吴稚晖（燃料）说：

> 语言文字之为用，无他，供人与人相互者也。既为人与人相互之具，即不当听其刚柔侈敛，随五土之宜，一任天然之吹万而不同，而不加以人力齐一之改良。
>
> 执吹万不同之例以为推，原无可齐一之合点，能为大巧所指定。然惟其如是，故能引而前行，益进而益近于合点，世界遂有进化之一说。[159]

〈158〉康有为：《大同书》，《康有为全集》第七集，第 134 页。

〈159〉燃料（吴稚晖），《书驳中国用万国新语说后》，《新世纪》第 57 号，1908 年 7 月 25 日，第 11 页。

在同一篇文章中，他又说：

> 就其原理论之，语言文字者，相互之具也。……今以世界之
> 人类，皆有"可相互"之资格，乃因语言之各异其声，文字之各
> 异其形，遂使减缩相互之利益，是诚人类之缺憾，欲弥补此缺憾，
> 岂非为人类惟一之天职？
>
> 今之为一国谋者，其知此义矣，故语言文字应当统一之声，
> 不惟震慑于白人侈大之言者言之，即作者横好古之成见者亦复言
> 之。……故即就一国之已事而论，如日本以江户之音变易全国，
> 德奥以日耳曼语，英以英格兰语，法以法兰西语，而九州、四国、
> 萨克森、苏格兰、赛耳克勃烈丹诸语，皆归天然之淘汰。此在谈
> 种界者，不免有彼此之感情；而在谈学理者，止知为繁芜之就删。
> 因语言文字之便利加增，即语言文字之职务较完。岂当以不相干
> 之连带感情，支离于其相互之职务外耶！ [160]

根据这种以便于交流为中心的语言观，无政府主义者主张"欲求万
国弭兵，必先使万国新语通行各国，盖万国新语，实求世界平和之
先导也，亦即大同主义实行之张本也" [161]。"苟吾辈而欲使中国日进
于文明，教育普及全国，则非废弃目下中国之文字，而采用万国新
语不可。" [162]

无政府主义者或大同主义者的语言观以平等、交流、弭兵相标榜，
却导向了对于语言多样性和文化差异性的否定，而后者是民族主义语
言观的核心部分。章太炎在《规新世纪》中说：

〈160〉燃料（吴稚晖），《书驳中国用万国新语说后》，《新世纪》第 57 号，1908 年 7 月 25 日，
　　　第 11，12 页。

〈161〉醒：《万国新语》，《新世纪》第 6 号，1907 年 7 月 27 日，第 3 页。

〈162〉醒：《续万国新语之进步》，《新世纪》第 36 号，1908 年 2 月 29 日，第 2 页。

> 文字者，语言之符，语言者，心思之帜。虽天然言语，亦非宇宙间素有此物，其发端尚在人为，故大体以人事为准。人事有不齐，故言语文字亦不可齐。[163]

语言不是自然的存在，而是人的创造和内心的表达；人是有差异的，作为人的内在的表达也必然是有差异的。语言一旦形成就有其历史合理性。章太炎在1910—1911年间写了《〈齐物论〉释》，用佛教唯识学来解释庄子的齐物论，强调"以不齐为齐"界定平等，即将宇宙间事物的独特性作为平等的前提和条件。个体、国民、公民，作为一个法律的单位，在形式上是完全平等的，但每一个人、每一个民族都有自己的历史性，其语言也总包含着"表实、表德、表业"的多重功能。《新世纪》时期的吴稚晖，《大同书》时期的康有为，虽然政治观截然不同，但以普遍统一的形式，即所谓齐一的形式，规划世界却是一致的。他们或者期待用白话的形式，或者准备运用拼音文字的形式，达到世界语言的统一。但章太炎、鲁迅从一种与形式平等截然不同的"差异平等"观出发，把整个世界的差异性作为其语言论的前提，他们没有回避语言的交往功能，但其前提是如何通过语言建立自己与自己的关系，或者说，通过语言形成或创造自我——我或我们不再仅仅是与他者关系中的一个点，而是具有内在纵深的自我。

这种以独特性和自主性为中心的语言论当然与民族认同有着密切的关系，但内涵更为复杂。民族主义语言观包含着拒绝帝国语言的内涵，例如在欧洲民族主义运动中用英格兰语、意大利语、日耳曼语、法语对抗拉丁语，或者在全球化潮流中用民族语言对抗英语。欧洲民族主义的语言对抗是以民族语言的差异原则为中心的，但这个差异不是一种自然现象，而是一种民族创造性的表达。在章太炎、鲁迅的时

〈163〉章太炎：《规新世纪》，《民报》第24号，1908年10月10日，第55页。

代，无政府主义者、大同主义者建议大家都用同一种语言，取消文化的多样性，取消所有的差异性，也即在语言层面取消自我与自我的关系。这与鲁迅的语言观正好相反。对于鲁迅而言，语言的真谛在于传达心声。而传达心声既需要自我的能量，也需要语言的独特形式。他的"心声"概念强调的是语言与自我（个体之我和民族之我）之间的关系。《破恶声论》开篇云：

> 本根剥丧，神气旁皇，华国将自槁于子孙之攻伐，而举天下无违言，寂漠为政，天地闭也。……吾未绝大冀于方来，则思聆知者之心声而相观其内曜。内曜者，破黮暗者也；心声者，离伪诈者也。……天时人事，胥无足易其心，诚于中而有言；反其心者，虽天下皆唱而不与之和。其言也，以充实而不可自己故也，以光曜之发于心故也，以波涛之作于脑故也。……盖惟声发自心，朕归于我，而人始自有己；人各有己，而群之大觉近矣。……而今之中国，则正一寂漠境哉。〈164〉

寂寞不是由于没有声音，而是因为"靡然合趣，万喙同鸣"。心声就是人真实地表达自己，也拥有真实的自己的标志。这一对于真实性的追求越过了个体而至于民族的自我。不同的民族有不同的语言，就如同不同的人有不同的内心世界、不同的自我意志一样。如果语言是人的创造物，那么，它不仅是交流之具，也是内在的情感与意志的呈现。因此，章太炎、鲁迅不约而同地以文学为例：希腊、印度以诗歌形式呈现的神话传说、自然及社会现象，屈原、杜甫的伟大诗歌，摩罗诗人的挑战之声，乡间农人的淳朴信仰，所有这些创造性的"神思"都

〈164〉鲁迅：《破恶声论》，《鲁迅全集》第 8 卷，第 23—24 页。

是"心声"的表达、自我的创造。〈165〉在这个意义上,语言不是为了交流才存在的,交流是创造性过程的产物,是自我意志和情感之间相互作用的产物。

晚清的语言运动也包含了两条不同的脉络。一条脉络即白话的脉络,这一脉络发展至"五四"时期蔚为大观;另一条脉络即章太炎、鲁迅和国粹学派所代表的古文脉络。从形式上看,古文不但与伴随科举正规化之后的文言相对立,而且也与白话相对立。我们如何解释这一复古的形式与新的文学契机即文学革命之间的关系呢?上述讨论已经提示了几条线索:第一,古文与白话都将文言及其体制视为自己的对立物;第二,古文论者与白话论者都将语言与内心的关系视为语言变革的关键环节;第三,古文论者将古文视为古代的口语,而白话论者将白话视为今人的口语,两者均以"声发自心"这一声音论为出发点;第四,古文运动致力于创造"民族语",而白话运动致力于建立"国语",两者均与民族主义运动有着密切的关系。〈166〉但如前所述,晚清时期白话报刊相继创刊,以白话与口语相匹配在一些文化人中已经成为共识,为什么章太炎、鲁迅不是从白话的角度追求语言的口语化,而是力图恢复古文,以与宋以后日渐僵化的文言对抗?离开章太炎、鲁迅对于语言的历史形成及其合理性的思考,以及前述语言观的对立,我们很难理解其选择:"声发自心"是对自主性的呼唤,如果不能做到"人各有己",就不可能"声发自心";如果不能"声发自心",也就谈不上"人各有己";作为中国和世界前途的"人国"也就无以建立。

20世纪语言运动的方向并没有朝向章太炎、鲁迅一度期待的古文

〈165〉章太炎:《演说录》,《民报》第6号,1906年7月25日,第11页。

〈166〉从这个角度看,木山英雄将晚清时代的"文学复古"与五四"文学革命"视为一种辩证的转化,而不是简单的对立,是极具洞见的看法。[日]木山英雄:《"文学复古"与"文学革命"》,《文学复古与文学革命——木山英雄中国现代文学思想论集》,赵京华编译,北京:北京大学出版社,2004,第209—238页。

方向转进，而是沿着白话文、口语化、通俗化、大众化、拼音化、字体简化等方向发展，鲁迅本人正是在这一转化过程中成为现代中国文学的开山人物。但寻找精英语言与大众语言的结合、探索能够表达广阔内容而又摆脱"欧化倾向"的民族形式，并不仅仅是出于交流的需要，而且也是对于新的主体——阶级的主体、民间的主体、民族的主体等——及其语言形式的创造。交流与自我表达从来不是相互对立的，个体的独特表达也是在交互性的集体实践中获得意义的。语言不仅是主体间的媒介，也是自我的形式，是主体与自身关系的标志，也是这一关系存在并持续发生变化的前提。现代中国的自我表达是在 20 世纪获得确立的——正如鲁迅的自我批判一样，这一自我表达是从内在性的维度或真实性的维度提出的对时代主张的检验和批判。

（四）超越性的维度：宗教、道德与社会理想

内在性的维度不仅与自我表达、自我理解有关，而且也与信仰有关。20 世纪初期的革命浪潮与重构信仰的浪潮相互激荡，互为表里。这一时期关于信仰的讨论包含了不同的方向，如宗教的方向（佛教、儒教、基督教等），也包含了不同的层次，如为解决中国的群治问题或民族解放问题而提出信仰和道德问题，或者为一种更高形态的社会理想（如共和主义、社会主义、共产主义或大同主义等）而提出信仰问题。

1. 信仰与群治

梁启超的《论佛教与群治之关系》与他的另一篇更为出名的论文《论小说与群治之关系》一脉相承，将重建佛教信仰与"群治"问题关联起来，即以群治为目标倡导宗教。"吾祖国前途有一大问题曰：'中国群治当以无信仰而获进乎，抑当以有信仰而获进乎？'是也，信仰

必根于宗教，宗教非文明之极则也。虽然，今日之世界，其去完全文明，尚下数十级，于是乎宗教遂为天地间不可少之一物。人亦有言，教育可以代宗教。此语也，吾未敢遽谓然也。即其果然，其在彼教育普及之国，人人皆渐渍熏染，以习惯而成第二之天性，其德力智力，日趋于平等，如是则虽或缺信仰而犹不为害。今我中国犹非其时也，于是信仰问题，终不可以不讲。"〈167〉也正是从教育与信仰的关系出发，梁启超违背其老师康有为立孔教的宗旨，转而将佛教作为达成"中国群治"的前提，其理由是孔教以教育为宗旨，而非以信仰为特征。"吾以孔教者，教育之教也，非宗教之教也。其为教也，主于实行，不主于信仰，故在文明时代之效或稍多，而在野蛮时代之效或反少。亦有心醉西风者流，睹欧美人之以信仰景教而致强也，欲舍而从之以自代，此尤不达体要之言也。……吾以畴昔无信仰之国而欲求一新信仰，则亦求之为最高尚者而已，而何必惟势利之为趋也。"〈168〉梁启超的论述从一个侧面揭示了20世纪革命运动的一个特征，即对信仰的需求：大众运动、政党政治、国家建设，甚至经济形态，无不与信仰和价值问题相互渗透、纠缠，终于形成一种与其他时代有别的政治时代。

梁启超是在社会演化论的意义上提出其对信仰的观点的。他追随甄克思的思想，将社会形态区分为野蛮时代和文明时代，同时认为当下中国更需要信仰而非教育，显然将中国视为野蛮的或尚存野蛮时代特征的社会。因此，他视佛教为"天地间最高尚完满，博深切明之学说"〈169〉，不但以"群治"为目标，而且以承认斯宾塞主义的文明进化学说为前提，用他的话说："近世达尔文、斯宾塞诸贤言进化学者，其公理大例，莫能出此二字（指佛教之因果论）之范围。而彼则言其理，

〈167〉梁启超：《论佛教与群治之关系》,《新民丛报》第32号，1902年12月，第45页。
〈168〉同上，第45—46页。
〈169〉同上，第54页。

而此则并详其法，此佛学所以切于人事，征于实用也。"〈170〉中国群治所以要以宗教而非教育为手段，就是因为按照斯宾塞主义的"公理"，中国仍然未达人人平等之欧美社会阶段，不得不以宗教作为进化的阶梯。

当我们从 21 世纪宗教政治的复兴浪潮中回望梁启超的观点时，或许会问：为什么后革命的时代，不但北非、中东和中亚以伊斯兰教为主体的宗教运动渐成激荡之势，而且在欧洲和北美等经过了现代世俗化运动之后的基督教世界也出现了后世俗化趋势？如果将 1979 年伊朗革命与 20 世纪初期的"亚洲觉醒"运动联系起来观察，那么，在"亚洲觉醒"运动中所蕴含的对于信仰的需求与以 1979 年伊朗宗教革命为起点的宗教复兴运动之间存在怎样的复杂而曲折的联系？20 世纪的终结与各种以宗教或文明名义展开的复兴运动的兴起相互衔接，后者从前者那里汲取了某些批判和抵抗的内涵，但不再致力于生产形态的改造，私有产权、市场制度、雇佣劳动和消费主义等不再成为变革的目标。文化和宗教上的激进主义与 19—20 世纪的世俗的激进主义（现代革命）划清了界限，进而以保守主义的姿态站立在新世纪的门口。就此而言，尽管都带有信念政治的某些特征，但 20 世纪的革命与变革运动对于信念的需求已经伴随去政治化的浪潮被根本性地置换了。

2. 正信与迷信

与梁启超相对立，对于章太炎、鲁迅而言，提出信仰问题的意义恰好就在反击公理、进化、自然、唯物等文明等级论的普遍法则。鲁迅把心声、内曜、白心作为他的出发点，得到了一个有关"伪士"的论断："伪士当去，迷信可存，今日之急也。"〈171〉晚清时代是一个所谓

〈170〉梁启超：《论佛教与群治之关系》，《新民丛报》第 32 号，1902 年 12 月，第 54 页。

〈171〉鲁迅：《破恶声论》，《鲁迅全集》第 8 卷，第 28 页。本文有关鲁迅及其宗教观的讨论参照并使用了笔者在《声之善恶：什么是启蒙》（《开放时代》2010 年第 10 期）一文中的部分论述，特此说明。

的"启蒙时代"或"革命时代",但恰在此时,鲁迅尖锐地批判普遍主义的进步史观,甚至为"迷信"辩护。在前引《破恶声论》中,"破迷信"的启蒙命题就是他要破的"恶声"之一,他所批判的"伪士"就是将"进步、国民、世界人、全球化"挂在嘴边教导大众的知识分子。鲁迅提出的是关于"正信"的问题:

> 破迷信者,于今为烈,不特时腾沸于士人之口,且哀然成巨帙矣。顾胥不先语人以正信;正信不立,又乌从比校而知其迷妄也。[172]

没有"正信",无从判断什么是迷信。没有正信,"人各有己、朕归于我"都不可能。

这一对于正信的需求与此后共产主义运动之间显然也存在着某种呼应关系,虽然后者在无神论的旗帜下倡导更为激进的反迷信运动。鲁迅从内在性的维度讨论信仰问题。针对破除迷信的启蒙主张,他对迷信做了截然不同的界定:

> 夫人在两间,若知识混沌,思虑简陋,斯无论已;倘其不安物质之生活,则自必有形上之需求。故吠陀之民,见夫凄风烈雨,黑云如盘,奔电时作,则以为因陀罗(印度神话中的雷神。——笔者注)与敌斗,为之栗然生虔敬念。[173]
>
> 虽中国志士谓之迷,而吾则谓此乃向上之民,欲离是有限相对之现世,以趣无限绝对之至上者也。人心必有所冯依,非信无以立,宗教之作,不可已矣。[174]

〈172〉鲁迅:《破恶声论》,《鲁迅全集》第8卷,第27页。
〈173〉同上。
〈174〉同上书,第28页。

第一章 世纪的诞生:20世纪中国的历史位置 | 155

迷信被界定为形上的、超越于物质生活的需求。正因为如此，我们今天所谓迷信恰恰是古代先民们的虔诚信念，是基于他们内在的需要（心声、内曜、白心）而产生出来的超越的需求和创造性。

从这一超越性的维度，或者说，"非信无以立"的角度，鲁迅展开了他对宗教的讨论。他对宗教的界定是从超越性的维度做出的，强调的重心是由内而外、由下而上的自主能量，而不是由外而内、由上而下的宗教制度及其权威："宗教由来，本向上之民所自建，纵对象有多一虚实之别，而足充人心向上之需要则同然。"[175] 所谓"纵对象有多一虚实之别"，指多神教、一神教，或者无神教，它们形态各异，但在"足充人心向上之需要"这一点上是一致的。也正是由于将信仰或崇拜本身从崇拜对象的差别（多神、一神、无神）中解放出来，他就可以打破从欧洲传布而来并占据统治地位的宗教叙述。与通常认为西方或伊斯兰社会是宗教社会，而中国文明是一种世俗性质的社会的观念不同，鲁迅认为中国是一个较之欧洲社会、伊斯兰社会更为宗教化的社会，因为中国的国家、家族、社会制度均植根于原始的、对万物宇宙的普遍崇拜。他说：

> 顾吾中国，则夙以普崇万物为文化本根，敬天礼地，实与法式，发育张大，整然不紊。覆载为之首，而次及于万汇，凡一切睿知义理与邦国家族之制，无不据是为始基焉。效果所著，大莫可名，以是而不轻旧乡，以是而不生阶级；他若虽一卉木竹石，视之均函有神閟性灵，玄义在中，不同凡品，其所崇爱之溥博，世未见有其匹也。顾民生多艰，是性日薄，洎夫今，乃仅能见诸古人之记录，与气禀未失之农人；求之于士大夫，戛戛乎难得矣。[176]

〈175〉鲁迅：《破恶声论》，《鲁迅全集》第8卷，第28页。
〈176〉同上书，第27—28页。

这一看法与"东西文明论战"时期伍廷芳的观点略相类似，但前者强调信仰对于自主性的意义，而后者强调宗教对于亚洲文明的意义。1915年初，钱智修在《东方杂志》发表《伍廷芳君之中西文化观》一文，介绍伍廷芳[177]的中西文化论。伍廷芳说：

> 其社会制度，多有非亚洲以外所知者；宗教之对于西洋文明，盖影响甚微者也；而亚洲文明，则无不以宗教为社会之基础。究其结果，则务实之白种人，所以置经济问题之地位，有色人种，则以之置道德问题。据吾人之意，白种人直不解安乐为何物，何以故？以无余暇以享受安乐故。白种人以积财为人生之标准，而吾人则以道德为人生之标准。家庭之维系，所谓有色人种，尤较彼无责任之白种人，更为强固。于是社会之感觉，亦较为锐敏，而个人之受苦者较少也。[178]

伍廷芳的观点建立在欧亚分野的基本判断之上，按照这一分野，社会制度、宗教和其他生活方式在种族差异的基础上构成了文明的分野。对于鲁迅而言，民族的形成是历史的，宗教形式的差异是次要的，宗教所以成为问题是因为"非正信无以立"，故信的状态才是最为重要的。他不是从任何特定的宗教形式，也不是从任何特定的民间迷信出发来谈论宗教和迷信，恰恰相反，他把"信"作为宗教和迷信问题的核心来叙述。

---

[177] 伍廷芳（1842—1922），本名叙，字文爵，又名伍才，号秩庸，祖籍广东新会。清末民初杰出外交家和法学家。晚清时代曾出使多国。辛亥革命后任南京临时政府司法总长，袁世凯当权后辞职。洪宪帝制后任段祺瑞政府外交部长，1917年"府院之争"后任代理总理，此后追随孙文任护法政府外交部长等。

[178] 钱智修：《伍廷芳君之中西文化观》，《东方杂志》第12卷第1号，1915年1月，第3页。伍廷芳断言："余敢谓亚细亚，当再以文化沾溉西洋。此非余漫为嘲讽之言也。诚以白种人当受教于有色人种之同胞者，其事固尚多耳，如印度，如中国，如日本。……"

如果将这一关于中国宗教的观察与欧洲启蒙运动的观点进行对比，我们会看到些什么呢？这里以黑格尔为例，他从根本上不承认中国存在宗教。在一种哲学与宗教间建立起来的、典型的启蒙主义对比中，黑格尔说：

> 以泛神论代替无神论来指责哲学主要属于近代的教育（原译教养。——笔者注），即新虔敬派（原译新虔诚。——笔者注）和新神学，在他们（原译它们。——笔者注）看来哲学有太多上帝，多到按照他们的保证来说上帝甚至应是一切，而一切都应是上帝。因为这种新神学使宗教仅仅成为一种主观的感情，并否认对上帝本性的认识，因而它保留下来的无非是一个没有客观规定的一般上帝（上帝这里是可数名词单数。——笔者注）。它对具体的充实的上帝概念没有自己的兴趣，而把这个概念看作其他人们曾经有过兴趣的，并因而把凡属于上帝具体本性学说的东西当作某种历史的东西来处理。未被规定（原译不确定。——笔者注）的上帝在一切宗教中都能找到；任何一种虔诚的方式——印度人对于猴、牛等的虔诚或者对达赖喇嘛的虔诚；埃及人对公牛的虔诚等——都是对一个对象的崇拜，这个对象不管其种种荒诞的规定，还是包含着类、一般上帝的抽象。[179]

他又说：

〈179〉黑格尔：《精神哲学》，《哲学科学百科全书纲要》（简称《哲学全书》）第三部分，杨祖陶译，北京：人民出版社，2006，第385—386页。（译文在专家建议下根据下述版本做了些微改动：Georg Wilhelm Friedrich Hegel: *Enzyklopädie der philosophischen Wissenschaften im Grundriss,* Werke. Auf der Grundlage der Werke von 1832-1845 neu edierte Ausgabe. Redaktion Eva Moldenhauer und Karl Markus Michel, Frankfurt a. M.: Suhrkamp, 1979, Bd. 10, S. 381-382。）

……直接的知识应当成为真理的标准，由此可以得出第二条，所有迷信和偶像崇拜都被宣称为真理，最为不公和不道德的意志内容被看成正当。印度人并非通过所谓的间接认识、思考和推理而认为牛、猴或者婆罗门、喇嘛是神，而是信仰它们。[180]

真理与迷信、认识与信仰的对立是启蒙的最重要的原理之一，黑格尔正是据此将东方宗教与其他各种在他看来的低级迷信和偶像崇拜归为一类。在黑格尔、韦伯的传统中，欧洲宗教制度——尤其是新教及其制度——是理性化的产物，而理性化的前提即与早期崇拜之间的断裂。

　　鲁迅的观点完全不同。他批评启蒙运动以降对于古代神话和东方宗教的态度，"举其大略，首有嘲神话者，总希腊埃及印度，咸与诽笑，谓足作解颐之具"。[181]对于他而言，普崇万物的宗教并非黑格尔所批评的神物崇拜，而是"一切睿知义理与邦国家族之制"得以发生的根源，从而并不存在欧洲意义上的宗教与世俗的严格分界。针对欧洲中心的宗教观，他追问道："设有人，谓中国人之所崇拜者，不在无形而在实体，不在一宰而在百昌，斯其信崇，即为迷妄，则敢问无形一主，何以独为正神？"[182]

　　值得注意的是：第一，鲁迅对宗教和迷信的界定是对人的超越性的界定，而超越性是与内心需求连在一起的。这一判断直接联系着所谓"正信"的概念，但这一"正信"不是与日常生活世界的道理相脱离的公理，而是与制度和日常生活密切相关的信仰，"凡一切睿知义理与邦国家族之制，无不据是为始基焉"[183]。如果制度、习俗、国家均与

〈180〉黑格尔：《小逻辑》，《哲学全书》第一部分，贺麟译，北京：商务印书馆，1980，第166页，译文有改动。（德文原著：同上，Bd. 8, S. 162。）

〈181〉鲁迅：《破恶声论》，《鲁迅全集》第8卷，第30页。

〈182〉同上书，第28页。

〈183〉同上。

普遍崇拜联系在一起，也就不存在宗教与制度、宗教与世俗生活之间的严格分界。鲁迅拒绝多神、一神到无神的宗教进化论，也拒绝从这个三段论的宗教分类衍生出政体进化论，从而建立在这一宗教观基础之上的制度构想也与贵族政治、君主政治和共和政治无关。这是普崇万物的宗教与人各有己的政治。

第二，鲁迅对迷信和宗教的界定是现代思想的产物，他不是在宗教内部（例如基督教创世说内部）阐述宗教的成立，而是从人的自我创造能力着眼理解人类社会的价值观念和社会制度的形成。一方面，他追随章太炎的看法，强调中国宗教与印度宗教的区别，即在中国，统筹万物的自然崇拜与制度的关联，而在印度，却缺乏与宗教形态相互配合的国家体制；但另一方面，他同时指出：原始的宗教到今天已经无法有效运行了，需要重新建立宗教。从哪儿着手呢？第一是"仅能见诸古人之记录"，第二是"与气禀未失之农人"。换句话说，"正信"不可能产生于"伪士"的启蒙、民主、自由、科学、文明、进步等"公理"。[184]鲁迅引用尼采云："至尼佉氏，则刺取达尔文进化之说，掊击景教，别说超人。虽云据科学为根，而宗教与幻想之臭味不脱，则其张主，特为易信仰，而非灭信仰昭然矣。"[185]超人学说看起来是以进化、以科学为依据，但其实弥漫着宗教与幻想的气味，其根本主张同样在于改变信仰，而不是消灭信仰。在鲁迅看来，科学倡导者本身是信仰者，而科学的"牧师们"，也就是那些把它当成教条、原理来对待的人们，心智空虚迷茫，没有内在性，是"伪士"。科学以信仰作为根据，因而科学和宗教、迷信，实际上是同根同源的。它们之间的对立可以解释为信仰之间的对立，而不能解释为信仰与反信仰之间的区别。鲁迅的这个解释也是对现代社会的一个解读，他提出的问题是：

〈184〉鲁迅：《破恶声论》，《鲁迅全集》第 8 卷，第 28 页。
〈185〉同上书，第 28—29 页。

现代社会是一个世俗化的、去信仰的、去宗教化的、去魅的世界，还是重新制造信仰的世界？

如果将鲁迅对宗教问题的追问与他对"伪士"的抨击结合起来，我们也可以看到他对所谓世俗化的态度：人民的世俗生活与信仰的世界没有严格的区分，乡曲小民的礼仪、习俗、道德和制度与普崇万物的宗教信仰融为一体，而"伪士"们却在世俗化的名义下摧毁这一与信仰共在的世俗生活。因此，要理解鲁迅对于宗教、迷信的独特态度，需要在世俗生活与世俗化之间做出区分，而不能依赖欧洲启蒙运动在宗教与世俗化之间建立起来的那种僵硬对立。从这一点来说，他的观点既是前宗教的（就其发生学意义而言），也是现代的：不是上帝或神灵创造了人，而是人创造了上帝和神灵。

正是基于这一颠倒，他将宗教、神话、乡曲之迷信置于同一平面加以论述，礼赞人的信仰、神思和创造力：

> 夫神话之作，本于古民，睹天物之奇觚，则逞神思而施以人化，想出古异，诚诡可观，虽信之失当，而嗤之则大惑也。太古之民，神思如是，为后人者，当若何惊异瑰大之；矧欧西艺文，多蒙其泽，思想文术，赖是而庄严美妙者，不知几何。倘欲究西国人文，治此则其首事，盖不知神话，即莫由解其艺文，暗艺文者，于内部文明何获焉。[186]

如果中国正处于"本根剥丧，神气旁皇"之际，我们到哪里去寻找这个本根呢？我们可以从古民的神思、神话、信仰、迷信、宗教，以及由此转化而来的文学、艺术和科学之中获得启发。鲁迅因此将迷信与宗教信仰视为想象力的源泉："顾瞻百昌，审谛万物，若无不有灵觉妙

---

[186] 鲁迅：《破恶声论》，《鲁迅全集》第 8 卷，第 30 页。

义焉，此即诗歌也，即美妙也，今世冥通神阙之士所归也，而中国已于四千载前有之矣；斥此谓之迷，则正信为物将奈何矣。"[187] 把《破恶声论》当中关于宗教的讨论和《摩罗诗力说》中关于浪漫主义诗人的讨论联系起来，就会发现，鲁迅对浪漫主义诗人的讨论跟他对迷信宗教的讨论是一物之两面。在《摩罗诗力说》中，他把雪莱、拜伦等这些所谓刚健不挠的、反抗的诗人命名为"新神思宗"。那么，有新必有旧，谁又是"老神思宗"呢？这就是古代的先民和民间的信仰。先民的迷信和民间的信仰虽然并非正信，但其信的力量和由此产生的神思却是通达"正信"的桥梁。回顾整个 20 世纪的中国革命，其信仰的源泉不正是在获得现代启示之后，重新回向乡曲小民及其日常生活世界，在社会生活的改造、政治组织的建立与"正信"的反复求证中，形成新的政治主体及其信念政治的吗？在鲁迅的思想世界里，"真信"比"正信"具有更本质的意义；正是在对"真信"的持续追究中，他对各种以"正信"为名出现的理论学说给予质询和批判。

3. 以自识为宗的宗教与没有本体的本体论

鲁迅对"正信"的思考综合了施蒂纳、尼采和欧洲浪漫派的哲学和文学思想；他的有关迷信可能通达"正信"的思考很可能源自章太炎对佛教三性论中"依他起自性"的论述。

章太炎 1906 年从狱中释放后旋即流亡日本，并应邀担任《民报》主编。1904 年 4 月至 1906 年 5 月间，他在狱中研读佛经，出狱后尝试以佛理阐释世界，介入政治，并综合庄子学说和其他思想资源形成一套体系较为完整的齐物论哲学。1906 年 7 月 15 日，章太炎甫抵日本，应邀在"东京留学生欢迎会"上发表演说，将自己的主张概括为"用宗教发起信心，增进国民的道德"；"用国粹激励种姓，增进爱国的

〈187〉鲁迅：《破恶声论》，《鲁迅全集》第 8 卷，第 28 页。

热肠"。〈188〉章氏所谓宗教虽以佛教教义为主，但并非通行的佛教。〈189〉他相继发表《建立宗教论》《答梦庵》《答铁铮》《缘起说》《论佛法与宗教、哲学以及现实之关系》《人无我论》《菿汉微言》《告四众佛子书》等作品，综合华严法相二宗，以唯识学为主要根据，探索向内心求索的哲学。与梁启超"论佛教与群治之关系"相互呼应，所谓"用宗教发起信心"也是以"增进国民的道德"为直接目标，但章太炎的宗教论不但以"自识"为宗，而且也完全否定进化的社会形态论和文明等级说。他对"信心"和"道德"的解说均与梁启超不同。

在《建设宗教论》中，他以佛教三性说为依据阐释一种没有本体的本体论。"云何三性？一曰：遍计所执自性；二曰：依他起自性；三曰：圆成实自性。"〈190〉所谓遍计所执自性是指事物间的各种差别，如色空、自他、内外、能所、体用、一异、有无、生灭、断常、来去、因果，都是"由意识周遍计度刻画而成"，"离于意识，则不得有此差别"〈191〉。所谓依他起自性，是"由第八阿赖耶识、第七末那识，与眼、耳、鼻、舌、身等五识虚妄分别而成"〈192〉。所谓"虚妄分别"不同于"遍计所执自性"依靠意识而产生的色空、自他等概念（名相）上的区分，而是上述七识"了别所行之境"。"了别"不是意识上的区分，而是"以自识见分，缘自识中一切种子以为相分"〈193〉。按照唯识学的理论，上述现象的了别是心识内部的境相，而境相就是由能缘心所带起的，从而也能够显现与境相对应的"见分"（又称之为"能取分"；"见"就是照知的意思），即能照知者。不同于遍计所执自性中的名相

〈188〉章太炎：《演说录》，《民报》第 6 号，1906 年 7 月，第 4 页。

〈189〉章太炎说："今日通行的佛教，也有许多的杂质，与他本教不同，必须设法改良，才可用得。"见《演说录》，《民报》第 6 号，第 6—7 页。

〈190〉章太炎：《建立宗教论》，《民报》第 9 号，1906 年 11 月，第 1 页。

〈191〉同上。

〈192〉同上。

〈193〉同上，第 2 页。

分别，相、见二分是心识的内分。自识在显现境相（相分）的同时也能够显现自身（见分），色空、自他等其实"各有自相，未尝更互相属。其缘此自相者，亦惟缘此自相种子"。因此心识了别即"自证分"，并不同于遍计所执之名言。[194] 所谓圆成实自性是在遍计所执之名言外的自性，"或称真如，或称法界，或称涅槃"[195]。章太炎认为圆成实自性与柏拉图"以为明了智识之对境"的伊跌耶（Idea）非常接近。历来"言哲学创宗教者，无不建立一物以为本体"，本体的内容不同，但形式上很相似。那么，以圆成实自性作为本体与其他本体有什么区别呢？第一种本体是遍计所执自性，即误以名言为实体，比较易于识别；第二种本体是介于有无之间的依他起自性，"识之殊非易易。自来哲学宗教诸师，其果于建立本体者，则于本体之中，复为之勾画内容，较计差别。而不悟其所谓有者，乃适成遍计所执之有"，"其本体即不成本体矣"[196]。

按照三性论，以及这一理论视野中的没有本体的本体论，章太炎批判了三种"倒见"。首先是印度教之神我论。根据这一认为存在不生不灭的宇宙本体的神我论，一旦"我"与之合一，便可得灵魂之解脱："说神我者，以为实有丈夫，不生不灭。其说因于我见而起。乃不知所谓我者，舍阿赖耶识而外，更无他物。此识是真，此我是幻，执此幻者以为本体，是第一倒见也。"[197] 其次是欧洲和印度唯物论者的本体论："说物质者，欧洲以为实有阿屯，印度以为实有钵罗摩怒，执为极细，而从此细者剖之，则其细至于无穷。"从没有本体的本体论的观点，既不存在离开五尘之物质，也不存在离开五尘之能量。无限可分的物质不仅是"无厚"的，即非延长的、无形式的、非粗非细的，而

〈194〉章太炎：《建立宗教论》，《民报》第 9 号，1906 年 11 月，第 2 页。

〈195〉同上。

〈196〉同上。

〈197〉同上，第 6 页。

且脱离色、声、香、味、触等感觉，从而也谈不上力（能量）的存在。"力与五尘，互相依住，则不得不谓之缘生。既言缘生，其非本体可知。"〈198〉也就是说，力与五尘是依于见分而能显现的心之相分。因此，"此心是真，此质是幻，执此幻者以为本体，是第二倒见"〈199〉。第三是各种宗教崇拜，从《周礼》所记载的祭祀对象（如马步、诸逑等神灵）到山川、土谷、祠火乃至诸天，"其最高者，乃有一神、泛神诸教。其所崇拜之物不同，其能崇拜之心不异。……则以为我身而外，必有一物以牵逼我者，于是崇拜以祈获福"〈200〉。这些宗教为烦恼障、所知障所困，"不能退而自观其心，以知三界惟心所现，从而求之于外；于其外者，则又与之以神之名，以为亦有人格。此心是真，此神是幻，执此幻者以为本体，是第三倒见也"〈201〉。不仅宗教如此，柏拉图之论理念、芝诺（爱奥尼亚学派之哲人）之论万物无差别流变、康德有关现象界与道德界的区分，"非说依他起自性，则不足以极成未来，亦不足以极成主宰也"〈202〉。

在对本体问题做了彻底的清算之后，章太炎返回现实，强调就宗教而言，"要以上不失真，下有益于生民之道德为其准的"。即便普崇万物，"若于人道无所陵藉，则亦姑容而并存之"。〈203〉他引入众生平等的观念，取消高低贵贱之区分，也就对近代启蒙宗教观中的宗教等级论给予彻底否定：人类的历史既不能归结为图腾社会、宗法社会、军国社会的政治演化史，也不能简化为泛灵论、多神教、一神教、泛神教、无神教的宗教演化史。对于章太炎而言，提出建立宗教的问题，

〈198〉章太炎：《建立宗教论》，《民报》第 9 号，1906 年 11 月，第 6 页。
〈199〉同上，第 6—7 页。
〈200〉同上，第 7 页。
〈201〉同上。
〈202〉同上，第 9 页。
〈203〉同上，第 10 页。

并非确立对于外物的崇拜，而应该"以自识为宗。识者云何？真如即是惟识实性，所谓圆成实也"[204]。他对柏拉图、莱布尼茨、斯宾诺莎、康德、黑格尔等哲人有所肯定，原因是他们在依他起自性的层面通过对境相的分析呈现了见分的存在，其中泛神论的思想最具有建立宗教的潜能。换句话说，由于圆成实者太冲无象，要想趋近之，就不得不依赖依他起自性，"逮其证得圆成，则依他亦自除遣"[205]。章太炎以新唯识论为宗旨，强调阿赖耶识含藏一切有情，众生即我，我即众生，只有破除名相和一切偶像，入于自识，才能建立真正的宗教。在他看来，中国之孔、老，希腊之苏格拉底、柏拉图，"皆以哲学而为宗教之代起者"，而从苏格拉底、柏拉图缘生而来的基督和从孔、老流变而来的汉儒则走了"哲学复成宗教"的道路。[206]在经过明清儒者向哲学的转化之后，应该建立一种新的、以释教哲学为根据的宗教，即以自识为宗的哲学性的宗教。

在探究了20世纪初叶围绕时间、空间、内在性、超越性等四个方面的全新讨论之后，现在可以转向对于20世纪中国的社会理想、国家形态、政治主体（阶级、政党、人民等）及其演变的论述了。

〈204〉章太炎：《建立宗教论》，《民报》第9号，1906年11月，第19页。
〈205〉同上。
〈206〉同上，第25页。

第二章

国家与政治

"亚洲的觉醒"时刻的革命与妥协

中国的短20世纪：两个独特性

20世纪终于落幕了。霍布斯鲍姆站在欧洲的视角内，将这个世纪界定为从1914年第一次世界大战爆发至1991年苏东解体为止的、作为"极端的年代"的短20世纪。与他所界定的从1789—1848年的"革命的年代"形成了对比，"极端的年代"充斥着暴力却并不蕴含类似"双元革命"（法国革命和英国工业革命）所提供的那种创造性的历史遗产。与他的看法有所不同，在《去政治化的政治》一书中，我将中国的20世纪界定为以1911年前后革命至1976年前后为核心的作为"漫长的革命"的短20世纪——这是一个极端的但同时也是革命的时代。辛亥革命正是这个"漫长的革命"的伟大开端——不仅是中国的短20世纪的开端，而且也可以视为"亚洲的觉醒"的一系列开端性事件中影响最为深远的事件。将这两个相互重叠但视角不同的"短20世纪"拼合在一起，我们可以分辨出20世纪中国在这个"短世纪"中的两个独特性：

第一个独特性集中于这个"短世纪"的开端，即在革命建国过程中的帝国与国家的连续性问题。20世纪是以亚洲的民族革命和宪政民主为开端的，我们可以将1905年俄国革命、1905—1907年伊朗革命、1908—1909年土耳其革命、1911年中国革命视为"亚洲的觉醒"的开端性事件。1911 年中国革命在极短的时间内建立了亚洲第一个共和国，这使得这场革命具有真正开端的意义。我将 1905 年俄国革命也放在亚洲革命的序列中，不仅因为它的直接触发点是爆发在清朝境内的日俄战争及俄国的战败，而且这场战争和革命催化了中国民族革命的进程（正是在这一年，同盟会成立）及共和与改良的大辩论，同时也为伊朗革命和此后的土耳其革命提供了灵感。我们可以将"亚洲的觉醒"与第一次世界大战作为帝国崩溃的时代：1905 年革命失败了，但幅员广大、民族复杂的俄罗斯帝国衰相渐露，最终在革命与战争的硝烟中崩溃；俄国革命与民族主义力量相伴而行，民族自决的原则在波兰、乌克兰等周边地区获得胜利，尽管此后各周边民族以"加盟共和国"的形式加入苏联，但 1991 年的事件显示了苏联构架与民族原则的深刻联系；1919 年，诞生于 1867 年的奥匈帝国分崩离析，奥、匈各自建立共和国，原来寄居在奥匈帝国框架下的较小民族获得了民族国家的地位；奥地利社会民主党设想的那种在帝国范围内实行革命与变革的民族主义构想（以奥托·鲍威尔为理论代表）彻底失败了；奥斯曼帝国广土众民、横跨欧亚，它的崛起是促成欧洲海洋探险时代的世界历史事件，但在"一战"的硝烟之中，从稍早的革命中幸存下来的帝国趋于崩溃，新生的土耳其脱离了原有的制度多元主义，转变为一个构架相对单一、幅员大规模缩小的民族国家。在上述三大帝国的相继崩溃中，民族主义、宪政改革与复合型帝国的崩溃是同一故事的不同侧面。1918 年，威尔逊的十四条宣言在民族自决的名义下将民族原则置于王朝帝国的原则之上，民族、民族主义和民族国家作为帝国的反题支配了整个 20 世纪的政治逻辑。清帝国的命运初看上去跟其他帝国十分相似：1911 年的一场局部起义引发了王朝体系的崩溃，分离与独立的潮流遍及帝国的内外领域。在理论领域，种族中心论的民族主义在汉族、蒙古、西藏和回部都有回响，革命派的思想领袖之一章太炎更是将清朝与奥匈帝国、奥斯曼帝国相比较。〔1〕但令人惊异的是：在剧烈的动荡、分裂的危机和外来的入侵之后，脆弱的共和国却在帝国原有的地域和人口的规模上维持了国家的统一性。〔2〕如何解释这一复合型帝国与主权国家之间独特的连续性？

第二个独特性集中于这个"短世纪"的终结，即革命与后革命的连续性问题。在亚洲的"短 20 世纪"中，以 1917 年的俄国革命为标志，民族革命运动不再单一地与资产阶级宪政民主相结合，而是与社会革命和某种带有社会主义色彩的建国运动相结合。十月革命是欧洲战争的产物，但其中回荡着亚洲革命的气息，因为它延续了 1911 年革命将民族革命与社会主义性质的经济纲领和建国构想结合起来的路线——列宁在 1912—1913 年率先注意到中国革命的特殊性，即一方面，"社会主义革命……将是受帝国主义压迫的一切殖民地、一切国家和一切附属国反对国际帝国主义的战争"〔3〕；另一方面，为了在落后的农业国家发展资本主义（一种没有资产阶级的资本主义），就必须建立社会主义的国家和社会主义的行动纲领（一种没有无产阶级的社会主义运动）。〔4〕所谓辛亥革命的"社会主义色彩"是指孙文的建国纲领不仅指向一场民族主义的政治革命，而且也以克服资本主义弊端为宗旨的"社会革命"为目标，其主要的内涵是平均地权以及受亨利·乔

---

〔1〕　章太炎：《正仇满论》，《辛亥革命前十年间时论选集》第一卷，北京：生活·读书·新知三联书店，1963，第 98 页。

〔2〕　在第二次世界大战之后，1948 年，联合国发布普遍人权宣言，声称"每一个人都有权成为国民"（"everyone has the right to a nationality"），标志着第二次世界大战的终结同样是民族原则的胜利。在一波又一波民族解放运动的冲击下，海洋帝国体系逐渐瓦解，英、法、荷、比、日的殖民帝国体系相继接替，1997 年香港回归中国、1999 年澳门回归中国标志着这一旧式殖民体系的终结。但是，香港特别行政区、澳门特别行政区的设立，似乎又为中国找到了另一种帝国与国家的连续性的例证。

〔3〕　《列宁全集》第 30 卷，北京：人民出版社，1957，第 137 页。

〔4〕　有关列宁对辛亥革命的这一"发现"，请参见拙文《亚洲想象的政治》的相关讨论，见《去政治化的政治》，北京：生活·读书·新知三联书店，2008。

治理论影响的土地涨价归公的改革计划。将民族运动与社会主义建国运动及国际革命关联起来，是 1911 年中国革命区别于 1905 年俄国革命、1905—1907 年伊朗革命、1907—1909 年土耳其革命的关键之处，它预示了 20 世纪的革命将是与 18—19 世纪以美国革命和法国革命为代表的革命模式非常不同的革命。因此，1911 年革命是 1905 年之后革命序列的一个重要转折点，或者说，不是 1905 年俄国革命，而是 1911 年中国革命，才是这个革命的（而不仅仅是作为"极端的年代"的）"短 20 世纪"的真正开端。短命的辛亥革命为漫长的中国革命吹响了号角。中国革命与俄国革命，以及世界社会主义阵营的确立，改变了 19 世纪以降由单向的资本主义扩张所创造的世界图景；因此，离开"革命"的视角，事实上不可能理解 19 世纪晚期以降整个世界的图景。然而，伴随着冷战的终结，苏联和东欧社会主义国家体系相继解体，民族原则与市场—民主资本主义体系取得了双重胜利。在西方，这一过程也被比附于更早时期的帝国解体——民族和人民从专制（苏联）帝国的束缚中解放出来，走向新的宪政民主。在苏东地区，革命与后革命之间的断裂一目了然。但为什么在霍布斯鲍姆所说的"极端的年代"终结之后，恰恰是中国不但保持了政治结构、人口构成与国家规模的完整性，而且在社会主义国家体制的基础上完成或正在完成一种以市场经济为导向的大转变？

上述两个问题中的第一个涉及帝国与民族国家、帝制与共和的关系问题，第二个涉及社会主义国家体制与市场经济的关系问题。正如在 1911 年之后的动荡与分裂的岁月中，人们难以判断中国的未来一样，在 1989 年之后，没有人预料到中国会在政治延续的模式下获得如此高速的经济增长。就政治结构而言，中国的体制是 1949 年革命建国的产物；就国家规模和主权关系而言，当代中国的完整性却可以追溯至清王朝与诞生于 1911 年革命的新生共和国之间的连续性之上。换句话说，革命与连续性的问题——不可避免地，它也可以表述为连续性中的断裂问题——凝聚了中国的"短20世纪"的重要秘密。无论是对20世纪中国历史的解释，还是对当代中国及其未来的讨论，都离不开对这一问题的基本判断。

革命与连续性的创制

革命与连续性的这种关联不是历史的宿命，也不是某种文化原理的必然产物，它们都是在特定的历史事件中诞生的，是事件的参与者在各种历史合力的制约下的创造物。事件不仅涉及那些有形的人物和故事，思想、价值、习惯和传统等无形的力量也参与事件的创造，并在事件的爆发中重新组合。也许可以说，没有革命的爆发就不存在我们在这里所讨论的连续性问题，但连续性却不能看作革命的自然延伸。1911年武昌起义及随后在中国南方形成的"松散的跨省革命联盟"并没有力量完成全国范围内的革命建国，1912年2月12日，在南方革命党人与北方势力的博弈和谈判之后，清帝下诏逊位，革命派、立宪派和北洋集团在"五族共和"的旗帜下形成了一个出人意料的妥协，初期的革命建国运动由此展开为一系列曲折、复杂和动荡的事件。如何估价这一进程？首先对南北妥协及清帝逊位诏书在清朝与民国的主权继承关系上的影响做出论述的，是日本宪法学家有贺长雄。他在发表于1913年的文章《革命时代统治权转移之本末》中，将主权问题从革命建国（武昌起义及南京临时政府成立）转向南北议和及清帝逊位诏书，提出中华民国的主权系由清帝"禅让"而来。有贺氏的身份是袁世凯的宪法顾问，他的法理论述有着清晰的政治目标，即为袁世凯担任民国大总统提供合法性。他后来也直接参与了袁氏帝制复辟的活动。在革命史的叙述中，南北议和、清帝逊位、袁世凯被选为临时大总统只能是革命不彻底以致失败的标志。事实上，清帝逊位后，当袁世凯以"全权组织临时共和政府"的名义施行内政、外交时，孙文明确指出"共和政府不能由清帝委任组织"[5]，其后又在国民党一大宣言中就革命后"与反革命的专制阶级谋妥协"问题做了自我反省。[6] 但是，南北议和最终在"五族共和"这一点上达成妥协，可以作为透视与民国的兴替关系或"连续性的创制"的一个窗口。由于"主权在民"的最高原则的确立，这一妥协只是主权连续性创制的一个环节。在"短20世纪"的"漫长的革命"中，新的斗争是围绕谁是"人民"、如何界定"人民"、谁代表"人民"这一现代革命的中心问题而展开，但上述妥协的结果仍然难以绕过，这是因为在随后发生的帝制复辟、五四运动、南北战争、抗日战争、国共博弈，以及围绕国际承认而展开的内外斗争中，重建和更新这一连续性而不是否定或抛弃这一连续性，成为不同政治力量隐而不宣的前提。即便在反对袁世凯称帝的"护国战争"中，声称"独立"的各省也并不以分离主义为诉求，而是以重建统一的民国为前提。在世界各大帝国——哈布斯堡、霍亨索伦、罗曼诺夫、奥斯曼——相继解体的时刻，中国的各种政治力量——旧的与新的——逐鹿中原的政治目标已然以获取国家统一为前提。

帝国与国家、北方与南方

霍布斯鲍姆说，如果要为19世纪寻找一个主题的话，那么，这个主题就是民族国家。在第一次世界大战之后，民族国家取代帝国成为

〔5〕　中国科学院近代史研究所中华民国史组编：《中华民国资料丛稿·大事记》第一辑，北京：中华书局，1973，第53页。
〔6〕　《孙中山全集》第9卷，北京：中华书局，1981，第114页。

20 世纪的主要故事，民族主义、人民主权、宪政体制、主权单一性、条约及谈判构成了战后民族主义叙事的主要方面，与之相对立的就是帝国、君主权力、专制政体、多元宗主关系、朝贡及军事征服。不但在民族主义的叙事中，"走向共和"就是从帝国走向民族国家的政治过程，而且在国际政治领域，主权已经是一个与民族国家规范性地相互关联的领域。在历史研究领域，国家建设、民族主义、大众动员、公共领域，没有一个不是与民族国家这一范畴紧密相关。

但是，本文开头提及的第一个独特性，即在革命中诞生的帝国与国家的连续性问题，却在这个顺畅的叙述中留下了一些值得思考的问题。首先，如上文已经论述，与在第一次世界大战后各大帝国在"走向共和"过程中分裂为多个民族国家或加盟共和国不同，辛亥革命在"五族共和"的口号下通过"大妥协"完成了清朝与民国的主权转让，主权连续性成为此后国内政治博弈的规范前提。在苏联崩溃后，中国是前 20 世纪农业帝国中唯一一个将这种连续性维持至 21 世纪的国家。其次，帝国向民族国家的转化有一系列的历史前提。就前一方面看，在清代历史中，帝国建设与国家建设存在着若干重叠，但这些重叠并不能等同于从帝国向国家过渡的自然进程。从清军入关，到 18 世纪普遍性的帝国体制的形成，再到 19 世纪中后期由于西方列强的侵迫和一系列不平等条约的签订而发生的一些制度改革，清朝的内外关系持续发生着变化。划定边界、实施边界内的行政管辖权、核定贸易准入及其规模等通常被视为民族国家标志的现象，在清朝的对外关系——尤其是北方内陆关系——中早已存在，并不断发展。1884 年新疆建省也是这一进程的有机部分，它说明多元权力中心的帝国体制不是僵固不变的，主权单一化的过程也是帝国体制自我巩固的产物。就后一方面看，现代中国不仅在族群关系、宗教关系和地缘关系上承续了清朝的遗产并通过主权转让使其合法化，而且在其后的制度设计中也保留了诸如民族区域自治这样的多元体制安排——从革命的视野来看，这些制度安排所体现的社会内容（如土地改革的不同进度及不同方式等）也正是"必要的妥协"。1997 年香港回归、1999 年澳门回归标志着欧洲殖民主义帝国体制的正式终结，但特别行政区制度却可以视为某种帝国时代宗主权在民族—国家时代的变体。正如帝国内部的集中化趋势不能视为民族国家的萌芽而是帝国建设的一部分一样，民族区域自治不能视为帝国遗产的自然遗存，而是历史传统在新的主权原则和民族平等原则下产生的新型创制，即便在一百年之后，中国西南、西北的自治区域及香港、澳门特别行政区的矛盾和冲突也仍然与这一帝国—国家的复合关系有着历史的关联。也正由于此，第三，这些现象表明帝国与国家无法清晰划定为两种截然不同的政治体。如果清朝与民国的主权连续性标志着中国的独特性，那么，帝国与民族国家相互渗透的现象却是普遍的。我们可以在美国、俄国、印度和许多"民族国家"体制及其行为方式中发现"帝国的"要素。在 21 世纪，曾经被视为 19—20 世纪资本主义最适合的政治外壳（列宁语）的民族国家越来越捉襟见肘，资本主义世界正在被人们描述为帝国。伴随着 20 世纪的落幕，历史学家们发现从帝国到民族国家的叙述过于单一，两者之间实际上存在着许多交叉重叠，那些被归结为帝国的特征不但存在于过去和现在，而且还在欧洲的区域整合进程中显示着某种新的政治形态。在这个意义上，帝国形态与民族—国家形态本身并不提供褒贬的根据，人们需要根据不同政治体在特定历史条件下的存在状态对之进行判断，即相对单一的族群构成与多族群构成的政治形式本身并不提供政治判断或道德判断的根据。判断政治体的根据是历史性的和政治的。

在革命爆发的背景下产生的上述连续性是一场错综复杂的戏剧的产物。幕前的每一个势力——南方革命党人、袁世凯为代表的北方力量（军人集团、蒙古势力及不赞成共和的北方省份）、皇室，以及立宪派人士——有着各自不同的利益诉求和政治目标，但都认同"合满、汉、蒙、回、藏五族完全领土，为一大中华民族"（《逊位诏书》）这一前提。即便处于南北战争状态，这一前提本身也从未丧失合法性。如何解释这一现象？怎样分析主权连续与革命——反革命的关系？

为了解释这一问题，需要先看晚清与民国初期以北方与南方、内陆与海洋的分野而展开的两种中国观。这两种中国观并不单纯是地域性的，其中也包括了政治价值：前者是以清朝地域和人口为中心的多民族共同体，晚清立宪派的君主立宪、虚君共和及相对于"内竞的"汉族民族主义而言的"外竞的"的"大民族主义"，就是这一多民族共同体的政治表达；后者是以传统明朝地域及其人口为中心的汉人共和国，晚清革命者的排满革命主张、汉族民族主义（国粹主义）和"主权在民"理论都是这一汉人或以汉人为绝对中心的民族国家的合法性根源。革命党人的"排满主张"是一种政治革命的诉求，并不必然或全然等同于"汉人民族主义"，但说其中若隐若现地存在着一种汉人共和国的构想是有大量历史资料的根据的。革命史学历来以南方、海洋为中心，这与同盟会及其前身兴中会、光复会、华兴会展开革命活动的中心区域有着密切的关系。20世纪80年代，海外史学界曾发生过革命中心到底在南洋〈7〉还是在国内——主要是两湖和浙江〈8〉——的争论，但从更为宽广的视野看，后者不但与海外华人想象的以明代中国

〈7〉　颜清湟教授在他的著作中曾提出"（一）南洋华人社会是1908年与1911年革命活动的中心。（二）南洋华人社会成为革命逃亡者的集结地。（三）南洋华人捐助革命所需的财物"，以印证孙中山"华侨为革命之母"的说法。由于忽略此前的日本东京、同时期的美洲和国内的湖北，这个说法略嫌夸张，但大体上还是反映出革命的南方和海洋格调——在武昌起义之前，1907—1908年间的大部分起义都是经由河内、新加坡和香港组织的。颜清湟：《辛亥革命与南洋华人》，《辛亥革命与南洋华人研讨会论文集》，台北：政治大学国际关系研究中心，1986，第410页。

〈8〉　20世纪70—80年代，美国修正学派——也即当年的新左派——的学者提出革命的中心不在海外而在中国的观点，如Joseph W. Esherick对湖南、湖北的改良与革命的研究，Mary B. Rankin和Edward J. M. Rhoads对上海和浙江的激进革命者的研究。这些研究与中国大陆的辛亥革命研究有着呼应关系。

版图为中心的中国完全重叠，而且也与近代史学的海洋中心论相互呼应。中国学术界对于晚清洋务运动、工商业发展、沿海城市及新兴阶级及团体的出现做了大量的研究，若将这些工作与有关革命活动在美洲、日本和南洋的研究综合起来，我们可以清晰地看到支持革命活动和革命活动得以展开的南方—沿海的地域脉络。海洋中心论是与资本主义的全球性发展密切相关的。海外华人深受种族歧视之苦，他们对中国的理解与反清复明的诉求相互纠缠，"如果中国的政府是由汉人而非满人组成，海外华人大规模参与辛亥革命的情形恐怕不会发生"[9]。这一点正好与孙中山等人的"驱除鞑虏，恢复中华"的民族主义思想相互激荡。在革命之后，革命党人迅速调整了他们的反满民族主义主张，明确地以"五族共和"相标榜，但我们也不难在邹容、陈天华、章太炎、孙中山、汪精卫、朱执信等人的革命思想中找到脱离大清而独立建立汉人共和国的因子。1911 年武昌起义后鄂军都督府发布的文稿和全国通电，均以汉人居住的"十八省"相号召，以致很容易让人产生革命等同于依循明朝版图建立汉人的、独立的民族国家的错觉。从实际的政治势力分布来看，南京临时政府及参议院的席位也完全为内地省份代表和汉人所占据，这与革命后南方与北方形成两个政府的格局正好相对应。

民族自决与"落后的北方"

从 1911 年革命运动的角度看，或者说从所谓"带有共和制度要求的完整的民主主义"[10]纲领的角度看，资产阶级的共和制和独立的

〈9〉　颜清湟：《辛亥革命与南洋华人》，《辛亥革命与南洋华人研讨会论文集》，第 417 页。
〈10〉《列宁全集》第 21 卷，第 427 页。

民族国家是发展资本主义的政治外壳，而阻碍这个外壳形成的原因有多个：帝国主义瓜分中国的企图，中国乡村的保守势力，以及由清廷及北方军事集团所代表的"落后的北方"。"落后的北方"是列宁的用语，他针对 1912 年的南北博弈曾做出如下断言："袁世凯的那些党依靠的则是中国落后的北方"，即"中国最落后地区的官僚、地主和资产者"〈11〉。他早在 1912 年就预见了袁世凯帝制自为的可能性，并将这一问题与中国革命面临的"北方问题"关联起来。但是，列宁对"落后的北方"的理解完全集中在阶级分析，尤其是袁世凯集团所代表的利益群体之上，而忽略了"最落后地区"（有碍于资本主义发展的地区）的地域、族群、宗教等因素。从列宁后来阐发的有关民族自决权的理论来看，他将民族国家视作资本主义的"常态"，而族群复杂的帝国正是阻碍资本主义发展因而也必须加以去除的政治外壳。在他的主导下，布尔什维克在民族自决的原则之上支持波兰、乌克兰的独立，正是这一政治判断的延伸。

然而，为什么列宁在讨论中国革命时，不但高度评价孙文的建国纲领，而且也从未提出支持蒙古、西藏或回部地区寻求独立的诉求，而是将"落后的北方"视为革命的障碍？从方法论的角度说，列宁对民族问题的态度不是"从法权的各种'一般概念'得出的法律定义中寻找答案"，而是"从对民族运动的历史经济研究中去寻找答案"〈12〉。民族运动的经济基础就是："为了使商品生产获得完全胜利，资产阶级必须夺得国内市场，必须使操着同一种语言的人所居住的地域用国家形式统一起来，同时清除阻碍这种语言发展和阻碍把这种语言用文字固定下来的一切障碍。"就是在这个意义上，"建立最能满足现代资本

〈11〉《列宁全集》第 23 卷，第 129 页。
〈12〉 列宁：《论民族自决权》，《列宁选集》第 2 卷，第 507—508 页。

主义这些要求的民族国家，是一切民族运动的趋势（趋向）"⟨13⟩。正是站在这一立场上，他不但拒绝了奥地利社会民主党人奥托·鲍威尔的"民族文化自治"的主张，而且也批评罗莎·卢森堡在反对波兰独立的口号时提出的一系列论证。列宁指出卢森堡的主要错误在于"忽视了一件最主要的事情：资产阶级民主改革早已完成的国家和没有完成的国家之间的区别"，即在1789—1871年的欧洲民主革命之后，西欧已经"形成了资产阶级国家的体系，而且通常是些单一的国家的体系。因此，现在到西欧社会党人纲领里去寻找民族自决权，就是不懂得马克思主义的起码原则"。而"在东欧和亚洲，资产阶级民主革命时代是在1905年才开始的。俄国、波斯、土耳其和中国的革命，巴尔干的战争等，就是我们这个时代我们'东方'所发生的一连串有世界意义的事变。只有瞎子才不能从这一串事变中看出一系列资产阶级民主民族运动的兴起，看出建立民族独立的和单一民族的国家的趋向。正是因为而且仅仅是因为俄国及其邻邦处在这样一个时代，所以我们需要在我们的纲领上提出民族自决权这一条"⟨14⟩。因此，对于列宁而言，民族原则不是绝对的，是否支持民族自决取决于独立与分离是否有利于落后地区的资本主义发展，同时还取决于特定国家的地缘政治处境。例如，奥地利的"匈牙利人、捷克人恰恰不是趋向于脱离奥地利，而是趋向于保持奥地利的完整，其目的正是为了保持民族独立，以免完全被那些更残暴更强悍的邻国破坏掉！由于这种特殊情况，奥地利便形成两个中心的（二元的）国家，而现在又变成三个中心的（三元的：德意志人、匈牙利人、斯拉夫人）国家"⟨15⟩。与此相反，俄国的"异族人"在人口上占据多数（约占总人口57%），且大多居于边疆地区；

⟨13⟩　列宁：《论民族自决权》，《列宁选集》第2卷，第508页。

⟨14⟩　同上书，第517—518页。

⟨15⟩　同上书，第519页。

他们所受的压迫比他们在各邻国（列宁特别指出"并且不是在欧洲各国"）所受的要厉害得多；"异族"边疆地区的资本主义发展程度和一般文化水平，往往高于国家的中部地区。"最后，正是在临近的亚洲各国我们看到了资产阶级革命和民族运动已经发展起来，并且部分地蔓延到住在俄国境内的那些同血统的民族中去了。"〔16〕

根据上述分析，我们可以推断出列宁在中国边疆区域问题上的基本立场：一、与奥地利的匈牙利人、捷克人的处境相似，中国边疆区域寻求独立的运动很可能使其陷入"更残暴更强悍的邻国"——从甲午战争到"三国还辽"，从联手镇压义和团运动到日俄战争，我们可以清晰地看到俄罗斯、日本以及英、法等欧洲列强对中国的瓜分、支配和觊觎——的支配；二、不但中国的"中部地区"的"资本主义发展程度和一般文化水平"高于边疆地区，而且"资产阶级革命和民族运动已经发展起来了"，从而保留中国的完整更有利于革命运动的发展（从而也有利于资本主义的发展）。正是在这个角度上，列宁将袁世凯及与之结盟的北方地区称为"落后的北方"，亦即有待克服和解决的作为革命障碍的北方。他未能深入分析何以中国的激进革命派不得不做出背离革命宗旨的妥协，也很可能与他的上述政治—理论的视野有关。"落后的北方"迫使南方的革命党人做出妥协，但这也恰好说明：中国革命并未采用分离的方式寻求资本主义发展，"北方问题"是中国革命和中国资本主义发展中的"北方问题"。离开上述历史脉络，清朝与民国的主权连续性问题是难以解释的。

所谓"北方问题"中的"北方"，不仅包括东北、蒙古及北洋势力控制下的华北地区，而且也包括与这些区域关系密切的西北地区和地处西南的西藏地区，"五族共和"概念中涉及的四大族群及其活动区域都在其中。即便在中华人民共和国成立后，蒙、藏等地区的土地改革

---

〔16〕 列宁：《论民族自决权》，《列宁选集》第 2 卷，第 519—520 页。

进程也远较其他地区缓慢，这也意味着"北方问题"与革命进程中的"妥协"的关系是长期的。1912 年 1 月 1 日，孙中山即在《中华民国临时大总统宣言书》（以及《中华民国临时约法》）中提及"五族共和"的观念："国家之本，在于人民。合汉、满、蒙、回、藏诸地为一国，即合汉、满、蒙、回、藏诸族为一人，此为民族之统一。"[17] 与他的早期民族观相比，"五族共和"的提法不再将共和限制于明朝版图内的汉人共和国，而是将清朝大一统帝国作为"走向共和"的多样性的广阔空间，从后一方面说，孙文接过了立宪派的中国观，但同时以"共和"作为政治性替代。正如村田雄二郎、杨昂、常安等人所论，"五族共和"观念的渊源要早得多，它本身就"是清末以来立宪派、革命派在民族观论争上几经交锋、对话后所达致的产物"[18]。康有为、梁启超、严复、杨度等人以不同的方式为此做了前导，但他们是以"五族君宪"作为中国统一的前提的，君主制始终是五族统一的前提。因此，在 1911 年革命前，"五族君宪"与排满革命的汉民族主义处于对立两极。辛亥革命后，共和变成了新的共识，孙文也以"五族共和"相号召，但除了上述文献外，如同村田雄二郎所指出，"只有在蒙藏回各族和八旗代表前时，他（指孙文。——作者注）才触及五族共和"[19]。而在其对立面，由于王朝的衰落，君主制度无法维持，革命前主张"五族君宪"的立宪派认识开始转向，即从"五族君宪"转向"五族共和"[20]。这一转变为现代平等政治奠定了基础，也由此产生了如何通过法律、制度和实践在保守的宗教—政治传统（如西藏宗教社会的政治经济体制）与激进的阶级政治之间保持平衡和张力的挑战。

〈17〉　孙中山：《中华民国临时大总统宣言书》，《孙中山全集》第 2 卷，第 2 页。

〈18〉　常安：《清末民初宪政世界中的"五族共和"》，《北大法律评论》2010 年第 2 期，第 343 页。

〈19〉　村田雄二郎：《孙中山与辛亥革命时期的"五族共和"论》，《广东社会科学》2004 年第 5 期，第 123 页。

〈20〉　同上，第 126—127 页。

民国建立后，南北问题也并没有因为"五族共和"观念的产生和流行而消失。与革命风潮中建立汉人共和国的诉求相呼应，库伦率先独立，西藏接续其后发布驱汉令；在南北议和期间，蒙古王公对于"南中士论，多挟持共和之说，以相胁迫"[21]极为疑虑，他们强调库伦独立"非叛大皇帝，亦非深认识共和之意义为何物也，实以改为民主之讹传，恐失其统于一尊之效"[22]，其语调与革命前康有为、梁启超、杨度等人的说法桴鼓相应。杨昂等人的论述清楚地显示：蒙古势力认同"五族君宪"而不认同"五族共和"，因为政体的转变将最终涉及蒙古体制及王公利益。这是平等政治与传统政治之间的博弈。在给南方和谈代表伍廷芳的信中，蒙古王公强调满、蒙、藏、回"其人民习惯，只知有君主，不知何所谓共和，更深惧诸君子少数专制之共和"，他们追问道："诸君子所主张之共和将仅以十八行省组织之乎？抑将合满、蒙、藏、回共组织之乎？"[23]因此，在广阔的北方地带，君主制与共和制的斗争并未达成共识，"五族君宪"也并未随即修改为"五族共和"。正由于此，如果没有一种汲取了各方意见的"大妥协"以形成主权转让，"将不参与革命不赞成共和之地方暨诸外藩仍包于民国领土内"，作为清朝发祥地的东三省、未赞成或宣言独立的直鲁晋豫四省，更不用说内外蒙古十盟、察哈尔、乌梁海、哈萨克部落等诸藩，"只知对于清帝有服从之义务，不解民主共和为何物"，它们是否成为"民国之一部"都是大成问题的。[24]在南北议和过程中，围绕国民会议的筹备，各省代表也是由南北双方分别发电召集的，其中苏、皖、赣、鄂、

〈21〉 故宫档案馆编：《蒙古起义清方档案·宣统三年十一月初七日蒙古代表及那彦图等致内阁袁世凯函》，载《辛亥革命资料丛刊》（第七册），第298—299页。

〈22〉 同上。

〈23〉 《蒙古王公致伍廷芳函》，载渤海寿臣：《辛亥革命始末记》，见沈云龙主编《近代中国史料丛刊》第一编第四十二辑，台北：文海出版社，1969，第901—905页。

〈24〉 有贺长雄：《革命时期统治权转移之本末》，《法学会杂志》第1卷第8号（1913年10月），第15页。

湘、晋、陕、浙、闽、粤、桂、川、滇、黔由南京临时政府负责，而直、鲁、豫、甘、新、东三省由清廷负责，蒙古、西藏由两政府发电召集。为了争取在北京召开国民会议，袁世凯的理由之一便是蒙、回各属代表不愿南下上海。清帝逊位诏书虽然在国体问题上与孙文《中华民国临时大总统宣言书》及《临时约法》的修辞保持了一致（"将统治权归诸全国，定为共和立宪国体"，"总期人民安堵，海内刈安，仍合满、汉、蒙、回、藏五族完全领土，为一大中华民国"[25]），但逊位转让的形式和"由袁世凯以全权组织临时共和政府，与军民协商统一办法"的政治安排，显然包含了对北方势力进行安抚的意思。没有这个并不稳定的妥协和奠定了主权连续性的让渡形式，以及此后各种巩固这一主权连续性的革命和国家建设的过程，今天被称为中亚（Central Asia）、中欧亚（Central Eurasia）、内亚（Inner Asia）或内欧亚（Inner Eurasia）的广袤地域（西起伏尔加河，东至兴安岭）及喜马拉雅高原的格局很可能有所不同。

　　蒙古、回部、西藏与中原地区的关系可以追溯至久远的年代，但对于近代中国的构成而言，我们需要在两个政治共同体之间的关系中解释这一革命与连续的关系。从亚洲内陆的角度说，中国革命中的这一妥协尤其与 17 世纪以降清代历史发展有着紧密的联系。20 世纪 80 年代以来，许多学者致力于将内亚洲看作欧亚大陆历史的一个重要单位，而不只是其他文明中心的边缘区域。在他们看来，从 5 世纪至 15 世纪的一千年中，内亚洲民族是欧亚大陆变动的驱动器，而在 13—14 世纪达到顶峰的蒙古帝国是世界历史上最大的陆地帝国，但在 15 世纪之后，由于贸易路线的转变、其他的农业帝国（莫斯科公国、奥斯曼土耳其、莫卧儿印度、沙法维波斯和明、清两朝）的崛起及其技术和军事优势，再加上宗教的影响，作为世界历史中的一个重要因素的蒙

---

[25] 引自第一历史档案馆藏《清帝逊位诏书》原件影印版。

古及草原游牧文化最终"在清代统治下由合作或征服的手段而结束。最后的局面是蒙古准噶尔部族厄鲁特部，最后一个试图重续蒙古统一、壮大和辉煌的民族，在两个大帝国的建立者——沙皇俄国和清代中国，其时分割草原的两个势力——之间被排挤失败"[26]。"一个强大、独立的蒙古游牧政权在草原的消灭，是一个世界历史性的事件。草原地区的切分意味着一个流动、自由往来、征战和边界变动的时代的结束，同时也意味着蒙古人的分裂、分散和消灭——他们现在散布于从伏尔加河到中国北部的广大地区，是在欧亚大陆发生的最广的非自愿人群散布之一。"[27]历史学家也比较了清代在处理海洋事务与内陆事务方面的差别，认为它的内亚政策相对成功；在17—18世纪，清俄关系具备19世纪欧洲的国际法律和外交模式的特征，这也为清朝处理清俄边界内的蒙古及其他民族的事务提供了前提。[28]17世纪以降，蒙古的法律、经济、军事和其他因素一方面影响了清代社会的内部构成（如旗制），另一方面又通过与满人的关系而日渐融入关内的农耕文明。伴随着19世纪海洋力量及工商业、城市在中国沿海地区的发展，一种新的生产方式上的对峙再次变得强烈起来。因此，列宁从资本主义发展趋势的角度，将这一区域概括为"落后的北方"；而孙文则从17世纪以降"中国"的整合趋势着眼，逐渐放弃其"五族共和"理念，转向新的单一的"中华民族"。1920年，孙文在上海中国国民党本部会议上发表讲话，批评"五族共和"这一名词"很不切当。我们国内何止五族呢？我的意思，应该把我们中国所有各民族融成一个中华民族（如

〈26〉　司徒琳：《世界史及清初中国的内亚因素——美国学术界的一些观点和问题》，范威译，《满学研究》第五辑，北京：民族出版社，2000。

〈27〉　Peter C. Pedue, "Boundaries, maps, and Movement: Chinese, Russian, and Mongolian Empires in Early Modern Central Eurasia", *The International History Review*, 20. 2 (June 1998): 263. 转引自上文。

〈28〉　Mark Mancall, *Russia and China: Their Diplomatic Relations to 1728*, Cambridge, Mass: Harvard University Press, 1968, pp. 267-273.

美国，本是欧洲许多民族合起来的，现在却只成了美国一个民族，为世界上最光荣的民族）；并且要把中华民族造成很文明的民族，然后民族主义乃为完了"〈29〉。尽管如此，从 1912 年的"五族共和"论，到 1949 年之后在中华人民共和国的宪法框架内建立民族区域自治制度，"中华民族"这一概念内部仍然包含了上述南北关系的痕迹。

两种政治整合与革命：议会多党制、行政集权与革命建国

晚清新政推动的"地方自治"为民初各省的离心倾向提供了政治条件，中央政府的军事和财政极为困难，无法统一调度全国军队，也无法迫使各省向中央缴纳税收；革命导致了旧官僚体制的失效，边疆分离运动和国际形势险恶，都直接地影响了宪政建设。辛亥革命后形成的短暂妥协几乎同时就成为新一轮政治分裂、军事冲突和地方分离运动的起点。北洋政府凭借手中军政权力而冀望中央集权，南方及占据议会多数的同盟会—国民党则试图将权力集中于议会。1912 年，在选举袁世凯为临时大总统后，南京方面单方面制定的《中华民国临时约法》以限制总统权力为特点，1913 年在国民党支配议会的情况下更形成了"超级议会制"的《天坛宪法草案》。与此相对应，在宋教仁被刺及随后发生的"二次革命"之后，袁世凯于 1914 年另行组织的特别制宪会议通过了为袁世凯量身打造的《中华民国约法》。在这一"超级总统制"宪法框架下，议会降格为一个咨询机构。〈30〉由此，1915 年的

〈29〉 孙中山：《在上海中国国民党本部会议的演说》（1920 年 11 月 4 日），《孙中山全集》第 5 卷，第 394 页。

〈30〉 关于"超级议会制"与"超级总统制"的论述，见章永乐《旧邦新造 1911—1917》第 5 章，北京：北京大学出版社，2011，第 150—166 页。

复辟已经很迫近了。

如果我们将"政治整合"置于历史图景的中心，我们很快就会发现 1912 年前后出现了两种对立的政治整合的模式。第一种是以新型的"公开政党"和议会政治为核心的宪政民主。1912 年 3 月，宋教仁等在南京召集同盟会各省会员大会，提出以"公开政党"的形式扩大组织、参与国会竞选并争取组阁，其政纲包括完成行政统一、促进地方自治、实行种族同化、采用国家社会政策、普及义务教育、主张男女平权、厉行征兵制度、整理财政、厘定税制、力谋国际平等、注意移民垦殖事业等各方面。从 1912 年南北和谈至 1913 年宋教仁 3 月 20 日在上海车站遇刺，以国会选举为中轴，全国范围内各种政党纷纷涌现，政党政治成为一时风潮。但宋案之后，"二次革命"失败，以议会—政党作为整合机制的民主浪潮宣告终结。议会—政党作为政治整合的机制是欧洲民主的主要形态（与美国总统制有所区别），它将行政作为受命执行的、非政治性的官僚机构，而拒绝承认其具备政治整合的功能。

在这一以议会—政党为中心的政治整合方案的对立面，是将行政权置于中心的政治整合方案。1912 年元旦，孙中山在《中华民国临时大总统宣言书》中就曾这样描述"临时政府之责"："国民以为于内无统一之机关，于外无对待之主体，建设之事，更不容缓，于是以组织临时政府之责相属。"[31] 由于社会意志异见纷呈，利益多元，作为政治整合者的行政权力是维系政治统一并有效行政的力量。在除旧布新的时代，政府及其行政更是获取内外承认的政治机构，而不只是议会—政党体制条件下的官僚行政体系。但是，由于革命之后，行政权力为袁世凯所代表的北方势力所夺取，同盟会—国民党人转向了议会政治，并试图通过宪法形式否定行政权力的政治整合功能，进而将其贬低为

〈31〉 孙中山：《中华民国临时大总统宣言书》，《孙中山全集》第 1 卷，第 1 页。

官僚制的执行机构。在这一复杂的政治局势下，对于议会政治持怀疑态度的早期立宪派在"主权在国"的名义下将早期的国家主义主张转化为行政整合的政治理论，一方面强调行政权力的重要性，另一方面又以"国"的概念限制可能的君权扩张。在晚清时期，康有为、梁启超倡导国家学说（尤其是源于德国国家主义的国家有机体学说），目的是为限制君权的君主立宪提供宪法根据。因此，晚清国家主义学说的对立面首先是君主权力，其次才是革命。但在 1911 年革命之后，尤其在 1912 年清帝逊位之后，立宪派重提"主权在国"的目的却是抗衡急速扩张的议会权力。康有为质疑纷争的议会能否代表国民全体以委托政府履行其意志，暗示政府本身应该具备整合国民意志以达成有效行政的能力，从而在理论上加强了行政权力的政治整合职能。康在政治上与孙文相对立，但他的主权在国论与孙文对临时政府责任的期待其实有相似之处，即要求行政权力同时负担政治整合之责。

　　这两种对立的政治主张体现了有关国家的不同概念。将议会——政党视为国民代表，即政治意志的发出者，也就等同于将行政权视为一种非政治的（非代表性的）工具性权力，即纯粹官僚制的、形式上最合理的权威类型。这与韦伯以来将行政权力界定为一种非政治性的工具的理论一脉相承，代表了近代自由主义的主要政治观点。〈32〉与此不同，康、梁希望在"主权在国"的名义下加强行政权力，他们所设想的行政权力显然不同于官僚制意义上的国家。〈33〉康有为的"主权在国"是"主权在民"理论的一种变体，它意味着"国"有可能体现"国民

〈32〉　与此相对照，公共选择理论将经济自由主义有关经济人的预设（寻求利益最大化）运用于政治领域，视行政权力为在信息不对称的遮掩下牺牲纳税人利益的个人自私和寻租的领域。我们在当代对于公权力腐败的批判话语中时时可以看到这种公共选择理论的影子。在这两种历史视野中，行政权力都是被限制的对象，通常带有负面的意义。
〈33〉　关于康有为提出"主权在国"主张的研究，参见章永乐《旧邦新造 1911—1917》第 3 章，第 82—109 页。

全体"的意志，从而作为"国"的代表的行政权力不是非政治的官僚体制，而是一种政治性权力——一种社会意志的整合者。因此，"主权在国"与其说是一种关于主权的理论，不如说是一种关于政治整合的政治理论。由于缺乏有关行政权与政治整合关系的系统的理论支持，这一政治理论直接地诉诸主权概念。如果将1913年的争论置于总统与议会的对立之中，我们可以发现两者的区别：前者将主权从君主移向国家，而后者将公共行政作为政治整合者（public administration as political integrator）——康有为反复致意的是关于总统与总理的系列规定，同时希望用国教作为政治整合的精神来源，其基本的思路是通过有效的行政力量整合中央与地方、南方与北方以及各不相同的利益诉求。如果将"主权在国"的主张与围绕土地改革的争论联系起来，我们也可以找到民初"政治整合"的另一面向，即土地所有权与国家的关系。康有为反对联省自治或联邦制的政治构想，而比较赞同以乡为单位的基层社会自治。"主权在国"论综合了基层自治、土地的集体占有与大一统国家的构想。在这一以行政权力为中心的国家理论中，公共行政是一种政治整合的机制，而不只是官僚制的、形式主义的、非政治的执行机器。

"主权在国"在理论上的暧昧很可能来自国家理论本身。德国学者沃尔夫冈·赛别尔（Wolfgang Seibel）有一个有趣的观察：尽管黑格尔、韦伯为20世纪政治理论提供了最重要的灵感，但在德国的实际政治中流行的却是一种既非黑格尔主义也非韦伯主义的理论。"黑格尔认为，只要国家正当地运用法律，国家机器（也即官僚制度）的成员恪守普遍的理念，那么，国家——因此也是政府和行政——就是理性的化身；这与韦伯的作为法律原则的具体化的官僚制概念正好相对应。"黑格尔将合法的国家权力与普遍的共同善的抽象概念联系起来，从而赋予了国家以目的和价值，而韦伯专注于形式合法性的合法化效果。"就此而言，黑格尔和韦伯都是公共行政理论的'理性主义'学派的代表，这个学派忽略了将国家视为一种组织化现象的有机论视野。""德国公共行政不仅在获取组织效能和连贯性方面，而且在对挑战性的社会群体进行整合方面所具有的实际品质完全在他们的理论把握之外。"〈34〉根据一种将公共行政作为政治整合者的理论，"公共权力可以通过组织人民的参与和利益相关者的合作，提供象征性的意义并创造认同的模式"。"在德国，作为政治整合者的公共行政远在政党和议会之前就出现了。在 19 世纪初期，它甚至也曾被作为相对于宪法政府的另一种选项。"〈35〉这一作为整合者的行政的理论与德国的近代分裂有着密切的关系，它的核心是中央的整合能力与地方的适应能力。在"三十年战争"后，为了组织常备军并提供财政支持，一种综合行政效率同时又能整合那些挑战性的社会团体的政府应运而生，目的之一是克服欧洲社会常见的王室的常备军与土地贵族之间的冲突。在 19 世纪和 20 世纪初期，这一理论的主要代表斯特恩（Lorenz von Stein, 1815—1890）将公共行政理解为"工作着的国家"（the "working state"），即用一种活的有机体取代只是作为工具的政府，从而为将国家及其组织视为一种镶嵌在社会之中的实体铺平了道路；"正如黑格尔的作为理性的实际物质表现的国家以一种再整合的神话方式而产生作用，它（指"工作着的国家"）有助于为一个去中心的、地域上四分五裂的行政结构组织起连贯性，洛伦佐·冯·斯特恩的'工作着的国家'概念可以视为德国行政科学中的非韦伯式修辞的关键词。"斯特恩借助于黑格尔有关国家的法律人格（the juristic personality）的概念，指出国家的实际生活就像一个人的实际生活一样，是以行为（deed）和工作（work）的区分为特征的。国家行为以颁布法律、宣布公诉或其他

〈34〉 Wolfgang Seibel, "Beyone Brueaucracy-Public Administration as Political Integrator and Non-Weberian Thought in Germany", *Public Administration Review*, September/October, 2010, p. 721.

〈35〉 Ibid., pp. 719, 720.

决定的形式完成。但是国家的实际生活并不能奠基于一系列个人决定之上。就像一个人在实际生活中以工作的方式完成一个决定一样，国家的实际生活就是行政。因此行政是一个"作为工作着的国家的国家（the state as a working state）的实际生活"〈36〉。除了斯特恩之外，海因茨（Otto Hintze，1861—1940）在描述将土地贵族纳入国王军队时，强调了公共行政的整合能力是早期现代德国稳定政府的先决条件；齐门德（Rudolf Smend，1882—1975）强调行政决定与公共精神之间的相互协调，并从这一角度论述作为一种整合机制的整个政府机器。〈37〉（这里提及的行政决定与公共精神的关系让我们想到康有为对国教的倡导。）所有这些论点都指向了一个方向，即公共行政是一种政治整合的机制，而不只是官僚制的、形式主义的、非政治的执行机器。

将行政权力视为政治整合者也就意味着行政权力实际上是国家与社会的中介。与德国的"作为政治整合者的公共行政"理论一样，"主权在国论"也产生于一种分裂性的格局之中，它们之间的共同点是赋予国家或公共行政以政治整合者的角色。在这个意义上，"主权在国"是一个并不恰当的表述。就康、梁而言，这一表述留有晚清国家主义的痕迹，而未能准确地表达他们对于公共行政的政治整合功能的期待。"政治整合"是一个政治过程，即将分化的社会力量、社会利益和诉求纳入行政的有机运作之中。也只有在这个意义上，公共行政不仅是形式的、官僚制的，而且是政治的，即通过整合体现国民全体意志的存在。由于行政权力的象征性人物是政府首脑（总统或总理），"主权在国论"貌似一种取消了君主的君主论，在缺乏制衡的条件下，自由主义者有理由担心其转向人格性专制的可能（袁世凯称帝就是一个现成的例证），而民主主义者也有理由担心在这一原则下"主权在民"

〈36〉 Ibid., p. 722.

〈37〉 Ibid..

的精神名存实亡。但是，他们都忽略"整合"的政治职能及其构成条件——"政治整合"不可能通过由上至下的权力单向地完成，它不可避免地需要由下至上的参与和承认。在1913年之后的语境中，由于缺乏真正的社会动员，同时存在着南北的政治性对立，行政权力不可能承担政治整合的重任。无论从哪一个角度说，这一理论的衰落是十分自然的。

将"主权在国论"与作为"政治整合者的行政"做点比较就可以发现，前者的"国"仍然是抽象的，类似于黑格尔的作为目的的国家，而后者却是具体的。康、梁未能找到一个落实政治整合的具体机制，尤其是承担这一政治整合的恰当的政治力量。将行政权力（在国家的名义下）视为政治整合者的观点产生于一种分裂性的格局之中。"政治整合"是一个政治过程，即将分化的社会力量、社会利益和诉求纳入行政的有机运作之中。在民初的语境中，议会与行政的矛盾同时也是南方力量与北方力量的矛盾、军事力量与政治力量的矛盾、旧政权的剩余势力与革命势力的矛盾，从而具有难以通过形式化的程序达成化解的特征。清帝逊位诏书可以说在最大程度上提供了某种法理的连贯性，但其遗留的问题是无法通过一纸诏书解决的。袁世凯当政后，反复以"统一"相号召，除了在对外关系和边疆地区起到一点作用外，无论对于南方革命势力，还是对于北方军人集团，都没有构成真正的整合。中央与地方的拉锯关系依旧，更不用说广大的农村与两者的主权声称毫不发生关系。在这一语境中，如何进行政治整合，以什么力量作为政治整合的基础，却是难以回避的课题。

"现代君主"不可能是"国"或"行政权力"本身，而是力图掌握国家权力同时整合社会意志和诉求的政党。但在第一次世界大战之后，这个政党并不是第一种政治整合的模式，即由宋教仁所代表的欧美政党—议会制，而是一种新型的力量。在革命、妥协、议会斗争、超级总统制和复辟等一系列戏剧之后，不是19世纪的政党，而是 20 世纪的同样叫作政党的政治发明，不但占据了主要的政治舞台，而且也极大地改变了官僚制国家的性质。这一特殊的政党——国民党和共产党——类型偶尔也会三心二意地参与议会斗争，但更加注重直接的社会动员，以对抗性政治的方式推进政治整合，最终将行政权力与政治整合（政治动员）结合起来。对于这个政治组织而言，"领导权"（hegemony）或文化霸权与人民意志的形成互为表里，而"革命"就是其合法性来源。在《湖南农民运动考察报告》中，毛泽东有一个关于辛亥革命的著名论断："国民革命需要一个大的农村变动。辛亥革命没有这个变动，所以失败了。"[38] 这是从新的革命运动的角度做出的总结，但也清楚地揭示了"主权在国论"在政治上失败的基础性原因。在毛泽东发表这一论断的时刻，由新型政党领导的运动正在通过由下而上的运动进行政治整合。在"主权在民"原则普遍化的语境中，不是康、梁寄望的"国"，而是对他们而言非常陌生和恐惧的革命运动（正是康有为所谓"农夫革命"+"士夫革命"），正在推进整合——不是国家的行政整合，而是通过社会动员彻底重组国家本身。因此，运动中的政党是在特定的政治认同条件下形成政治整合的有组织力量——它不再是民初议会—政党制条件下的政党，而是一种通过整合社会意志直接掌握政治权力的政治集团——国民党的改组和共产党的出现都因应着这一真正的政治变动，它们的分化和对抗是在新一轮历史博弈中展开的。在北伐战争的时代，党是社会动员的组织者、参与者和政治整合者，也正是通过这种政治整合职能而获得了掌握国家权力的条件；但在其后的政治发展中，国民党放弃了社会运动，而转向具有较高官僚制特征的党—国体制，而共产党却坚持将党、国家（如边区政府）与以土地改革为基础的大规模社会动员结合起来。

在这个政治组织的用语中，无论是国民，还是农民，或者工人阶

〈38〉　毛泽东：《湖南农民运动考察报告》，《毛泽东选集》第 1 卷，第 17 页。

级和劳苦大众，都不是中性的描述性概念，而是新的政治范畴——在国民革命中，革命的对立面是北洋军阀和被界定为"旧势力"或"封建势力"的城乡精英力量，而在国共对立的政治语境下，农民革命和其他被压迫阶级的解放运动则将对立面设定为从革命中蜕变出去的中国官僚阶级及其代表的封建的、官僚买办的势力。在著名的《中国社会各阶级的分析》（1926年3月）中，毛泽东以区分敌人与朋友的方式，将中国社会区分为附属于帝国主义的地主阶级和买办阶级，代表城乡资本主义的生产关系的中产阶级（民族资产阶级），以自耕农、手工业者、小知识阶层为主体的小资产阶级和以半自耕农、贫农、小手工业者、店员、小贩为主体的半无产阶级，以及现代工业无产阶级及数量不小的游民无产者。地主阶级、买办阶级及军阀、官僚等依附于帝国主义的势力"是我们的敌人"，工业无产阶级"是我们革命的领导力量"，半无产阶级和小资产阶级"是我们最接近的朋友"。[39] 在这里，反复出现的"我们"其实才是最关键的概念，没有这一"我们"，就不存在敌人、朋友甚至革命的领导者。这个"我们"就是革命的政党。毛泽东对于中国社会各阶级的分析不是静态的社会分层，而是从革命政党推进的运动的角度展开的战略分析，其中每一个范畴都是政治性的，即以政治整合为目的的政治范畴。例如，在实际的动员中，农民、工人、城市小资产阶级等术语也被用于描述实际生活中的种田者、打工者或做买卖的人，但这些概念就像群众、统一战线一样，从一开始就是政治动员的范畴。中国革命中的"人民"的概念就建立在这些政治范畴之上，或者说，是通过对这些政治范畴的整合而产生的。革命政党及其领导下的各级政府奉行从群众中来到群众中去的组织路线，一面扩大统一战线（政治整合），一面巩固政党及革命政府的领导权。通过武装斗争和土地改革，落实早期革命提出的"平均地权"

〈39〉 毛泽东：《中国社会各阶级的分析》，《毛泽东选集》第1卷，第3—9页。

的要求——所有这些都可以视为这一政治组织进行"政治整合"的方法和策略。革命政党的主要功能是通过不同形式的动员和斗争,创造"人民"及其革命和战争("人民战争")——"人民"不是普通的工人、农民或其他劳动者的简单集合,而是一个包含了敌—友关系的政治范畴;政党建设、工人组织、农民动员、土地改革、军事斗争、创建根据地等实践,就是在这一敌—我—友的运动中将工人、农民、学生、青年、妇女等重构为人民的过程。

政治化是整个时代的特征。事实上,无论是1920年改组后的国民党还是1921年诞生的共产党,它们都遵循了以党治国的方针,在不同层次直接介入国家行政,从而使得公共行政不再遵循一般官僚制的逻辑,其组织结构深深地渗入各个社会细胞之中。国共两党竞争的后果在很大程度上源自政治整合的不同深度。但无论如何,将"政治整合"纳入公共行政,尽管层次各有不同,却是这两个政治组织的共同特点。在这里,政党成为国家与人民(社会)之间的中介——它既是人民的代表,又是国家行政的主导者。通过党—国互动,尤其是政党直接介入行政,国家也成为一种进行政治整合的公共行政,由此产生了一种新的国家类型,即区别于议会多党制+官僚行政体制的党—国体制。我们也许可以说由这一政党体制主导的国家即兼有政治整合与公共行政两重职能的"作为政治整合机制的公共行政体系"。

由于"漫长的革命"及其因应不同历史形势的革命战略,政党、国家的社会整合能力达到了任何其他官僚制国家难以企及的程度。它的动员力和整合功能是在对抗性斗争(民族战争与阶级斗争)的框架中展开的,是"民主专政"两重性的合体——"民主"是指它具有广阔的政治整合能力和代表性,"专政"是指这一政治整合是排斥性的和暴力的。如果将这个独特的政治过程同时置于"主权连续性"的命题之下,就会发现在中国革命和建国过程中产生的"主权连续性"是伴随着新的政治主体的诞生、伴随着这个政治主体的整合能力的增强和扩张才得以更新和完成的，它并不像北洋政府那样主要依赖国际承认来确认其主权连续性——在国际领域，国家间关系并不是在一般规范性的国际承认关系中发生的，而是在国际斗争和统一战线的政治性展开中形成的。即便相对于苏联、东欧社会主义国家，作为中国革命的后果的社会主义国家制度的政治的（非官僚制的）特征也是最为突出的。如果要回答为什么在"极端的年代"终结之后，中国的政治体制仍然保持着某种稳定性，恐怕难以脱离这一独特的现代政治遗产来加以解释。这并不是说这一政治体制摆脱了官僚制，事实上一旦政党从运动的形态向与国家结合的形态转化，不同程度的官僚化都是不可避免的。在市场化和法治化的时代，这一组织体系逐渐蜕变为或趋向于依法行政的官僚制体系，其政治整合机制渐趋衰落。我在《去政治化的政治》一书中将这一过程表述为从党国向国党的转变。为了遏制整合型国家对公民权利的压制（事实上，人们真正抗议的是向官僚制国家过渡时期的整合型国家，1957年和20世纪60年代的运动都可以作如是观，但主流的观点却误将整合型国家的官僚化趋势误读为革命时代形成的社会—政治整合及其政治形式本身），人们倡导扩大公民与国家之间的距离，实际上也就是希望国家从整合型国家向官僚法制国转变，但伴随着政治整合机制的衰落，公共行政的代表性危机也就到来了，以致重新出现了对于群众路线或公共参与的诉求。[40] 在上述矛盾的诉求中，隐含着一种双重现象：一方面，在世界范围内，政治自由和法制的口号未能挽救代议政治的代表性危机，但另一方面，伴随着公共行政从政治整合者转变为非政治的官僚体系，党—国体系的代表性断裂也不可避免地出现了。这是一个需要进行专门探讨的复杂问题，

〈40〉 关于公民与国家关系的讨论，可以参见查尔斯·泰勒的《公民与国家之间的距离》及我为《文化与公共性》一书所写的导言，见《文化与公共性》，汪晖、陈燕谷主编，北京：生活·读书·新知三联书店，1998，第199—220页。

这里只是扼要地提及，以说明一个论点，即无论就"人民主权"的深化，还是就主权连续性的完成而言，离开一种区别于19世纪议会—政党模式的新型政治组织及其对社会与国家的双重塑造，我们实际上无法认识究竟是怎样的力量和精神资源完成了"短20世纪"中国的"政治整合"。一旦"人民主权"的正当性被确立，以革命的形态来完成这一政治整合就具有了某种不可逆转的趋势，而在这一"革命的形态"中，我们尤其需要注意两个方面，即从"五四"直至60年代的持续不断的激烈的"文化革命"，以及从北伐战争开始至革命根据地建立，从抗日战争至解放战争的"人民战争"的展开——"人民战争"不是一般的军事斗争，而是与土地改革及农民阶级的重新锻造相伴随的革命过程。我将在其他的论文中处理20世纪中国的"文化"与"战争"这两个课题。

第三章

文化与政治

"一战"、内战与"思想战"

刊于《中国社会科学》2009 年第 4 期，题目为《文化与政治的变奏——战争、革命与 1910 年代的"思想战"》。本文是作者有关"五四"的系列研究的第一部分，曾以同题先后在斯坦福大学（2009 年 2 月 27 日）、纽约大学（2009 年 3 月 3 日）作公开演讲。2009 年 4 月 3 日，在加州大学伯克利分校举办的"中国思想史上的关键时刻与方法"（Moment and Methodology in Chinese Intellectual History）会议上，这篇论文被作为主题论文（keynote speech）发表。

"觉悟"的时代

　　"五四"运动至今整整九十个年头，正如许多重大的历史事件一样，它在中国历史中到底具有什么意义，至今并未更加清晰，反而日渐模糊了。正如许多学者已经清晰论证的："五四"文化运动提出的众多命题，如科学、民主、共和、白话文问题以及"五四"文学的诸多要素，都说不上是它的独创，早在晚清时代，"五四"的各种要素已经存在。在纯粹实证的意义上，"五四"的确承晚清的各种潮流而来。但我的问题有所不同："五四"能够在一个纯然实证的意义上说明其意义吗？"五四"的新意究竟何在？

　　过去二十年中，我们可以找到两个影响较大、方向相反的"五四"叙述。一个是将现代中国文学与思想的源头追至晚清，拒绝以"五四"为中心划分现代史的正统叙事。另一个"五四"叙述将洋务运动、戊戌变法、辛亥革命与五四运动置于同一个潮流的不同阶段之上，即从器物—制度层面的变革向观念层面的变革的转化和突进。[1]上述两种叙述各有侧重：前者隐含了对于"五四"的传统历史

---

〔1〕　如果以"五四"文献为据，陈独秀的《吾人最后之觉悟》首揭斯义。他将明末至"五四"的中西接触分为七个时期，其中鸦片战争后的洋务运动为第三期，（转下页）

定位的怀疑，更注重晚清与"五四"的延续性；而后者强调"五四"在中国现代历史中的开创性意义，但这一"开创性"其实是在一种典型的现代化叙事中被界定的。与那种将"五四"定位为"中国走向现代化的全面启动"的更为正统的观点相比⁽²⁾[2]，这一历史叙事说不上有多大的新意。

用器物、制度与观念的演进描述"五四"将晚清以降的变革置于直线发展的脉络中，没有真正把握"五四文化转向"中所蕴含的"转向"的意义。推动"五四"之"文化转向"的，不仅是从器物、制度的变革方向向前延伸的进步观念，而且更是再造新文明的"觉悟"。在第一次世界大战和中国的共和危机之中，18、19 世纪的欧洲现代性模式正处于深刻危机之中——资产阶级民族国家、自由竞争的资本主义经济，以及与此相关的价值系统，突然失去了自明的先进性；共和危机与国家危亡不再仅仅被归咎于中国传统，而且也被视为 19 世纪西方现代文明的产物。因此，如何评价共和的制度与价值，如何看待 19 世纪末期以降被

（接上页）戊戌变法为第四期，辛亥革命为第五期，而辛亥革命后的文化运动则为第六期，即"共和国体果能巩固无虞乎？立宪政治果能施行无阻乎？以予观之，此等政治根本解决问题，犹待吾人最后之觉悟。此谓之第七期，民国宪法实行时代"（陈独秀：《吾人最后之觉悟》，《青年杂志》第 1 卷第 6 号，1916 年 2 月，第 2 页）。这一观点此后为许多人继承，虽然分段略有不同。例如左舜生就说："原来中国人对西方的认识：第一段是坚甲利兵，第二段是工商业和政治，第三段才是思想学术以及文学艺术等。关于这种认识的进度，我们虽然不能就时间上划出很明确的段落，但甲午以前停留在第一段，甲午以后则进入第二段，一直到'五四'前后，才算是真正走进了第三段，这大致总是不错的。"（左舜生：《中国近代三度改革运动的检讨：戊戌，辛亥，五四》，见周玉山编《五四论集》，台北：成文出版社，1970，第 681页）在"五四"八十周年之际，金耀基重述他在《从传统到现代》（台北：时报出版公司，1986，第 161—166 页）中的观点，即"五四的历史定位应是中国现代化的一个里程碑。中国现代化由洋务运动的'器物技能层次'，转升到变法维新、辛亥革命的'制度层次'，再转到新文化运动的'思想行为层次'"。金耀基：《五四与中国的现代化》，见郝斌、欧阳哲生编《五四运动与二十世纪的中国》，北京：社会科学文献出版社，2001，第 63—64 页。

〈2〉 彭明：《五四运动与二十世纪的中国》，《五四运动与二十世纪的中国》，第 23 页。

视为楷模的西方模式，以及由此引发的如何看待中国传统等问题，构成了"五四文化转向"的基本问题。促成这一转折的，除了共和危机外，欧洲战争与革命时代西方形象的变化也是重要因素：如果将梁启超早年的《新民说》与他写作于欧洲战争期间的《欧游心影录》相比，我们不难发现前者内含完美的西方形象，而后者却显示了西方文明的百孔千疮。梁启超此时谈论的"中国人之自觉"不再是借鉴西方文明的自觉，而是从西方文明危机中反观自身的自觉。〈3〉1917 年 4 月，杜亚泉在《战后东西文明之调和》中说："战后之人类生活，必大起变化，已无疑义，改革时代，实近在眉睫之前。"〈4〉又说："此次大战，使西洋文明露显著之破绽"，一种"东西洋之现代生活，皆不能认为圆满的生活""东西洋之现代文明，皆不能许为模范的文明"的"觉悟"油然而生，"而新文明之发生，亦因人心之觉悟，有迫不及待之势"。〈5〉

　　这一"文化转向"仅仅是"保守派"的观点吗？显然不是。胡志德通过对黄远庸的文章的分析，清晰地论证说：《青年杂志》大胆专断的论述方式很可能直接因袭于当时有名的《东方杂志》。"〈6〉《新青年》的基本政治主张在于奠定真正的共和根基，不仅反击帝制复辟的政治企图，而且铲除帝制复辟的社会基础。但他们不可能对战争危机视而不见，而俄国革命及德国革命也给了他们重新看待西方历史的契机。陈独秀在《一九一六年》中说："创造二十世纪之新文明，不可因袭十九世纪以上之文明为止境。"他断言：在欧洲战争的影响下，军事、

〈3〉　梁启超建议"拿西洋的文明来扩充我的文明，又拿我的文明去补助西洋的文明，叫他化合起来成一种新文明"，这个看法与《新民说》的表述相差不能以道里计。见《欧游心影录·中国人对于世界文明之大责任》，《饮冰室专集》之二十三，上海中华书局，1941，第 35 页。

〈4〉　伦父：《战后东西文明之调和》，《东方杂志》第 14 卷第 4 期，1917 年 4 月，第 1 页。

〈5〉　同上，第 1—2 页。

〈6〉　胡志德：《余波：1910 年间的中国文化论战》，《五四运动与二十世纪的中国》，第482 页。

政治、学术、思想"必有剧变，大异于前"；中国在1915年经历了帝制复辟及其失败，"理应从头忏悔，改过自新"，"自开辟以讫一九一五年，皆以古代史目之"。[7]一年之后，俄国二月革命爆发，陈独秀断言："此次大战争，乃旷古未有；战后政治学术、一切制度之改革与进步，亦将为旷古所罕闻。吾料欧洲之历史，大战之后必全然改观。以战争以前历史之观念，推测战后之世界大势，无有是处。"[8]越二年，李大钊宣称："一七八九年法兰西革命，不独是法兰西人心变动的表征，实是十九世纪全世界人类普遍心理变动的表征。一九一七年俄罗斯的革命，不独是俄罗斯人心变动的显兆，实是廿世纪全世界人类普遍心理变动的显兆。"[9]新文化运动高举"科学"与"民主"的大旗，忠诚于共和的价值，并以此展开对于康有为及其同道的复辟主张的全面批判，但他们所揭橥的口号不再是重复19世纪的老调，他们对法国大革命及其价值的重申逐渐地和一种与19世纪的政治—经济体制诀别的意蕴相互缠绕。

没有一种与19世纪的政治—经济模式断裂的意志，中国的激进政治不可能形成；同样，没有这一断裂的意识，中国的那些被称为"保守主义"的文化理论也不可能形成。这一对"19世纪"的态度并非从一开始就已经明确，但随着战争进程的发展，文化论战的两个方面都逐渐地展开了对于这一问题的深入思考。将"五四文化转向"置于由第一次世界大战造成的人类震惊之中，我们或多或少可以理解这一"意识的转变"的普遍意义。这是一个"自觉"的时代，一个通过"自觉"激活新政治的时代，一个以相互对立的"自觉"展开论战并对各种立场进行理论化的时代。翻阅这个时期的各

〈7〉　陈独秀：《一九一六年》，《青年杂志》第1卷第5号，1916年1月，第1—2页。

〈8〉　陈独秀：《俄罗斯革命与我国民之觉悟》，《新青年》第3卷第2号，1917年4月，第1—2页。

〈9〉　李大钊：《BOLSHEVISM的胜利》，《新青年》第5卷第5号，1918年11月，第448页。

种印刷物，"自觉"与"觉悟"的字样扑面而来。1915 年《青年杂志》第 1 卷第 1 至第 3 号连载高一涵的长文《共和国家与青年之自觉》[10]，同年 10 月，《东方杂志》第 12 卷第 10 号发表杜亚泉的《吾人今后之自觉》[11]；1916 年 2 月，陈独秀在《青年杂志》第 1 卷第 6 号刊布《吾人最后之觉悟》[12]，同年 10 月，刘叔雅在《新青年》第 2 卷第 2 号发表《欧洲战争与青年之觉悟》[13]；1917 年 4 月，《新青年》第 3 卷第 2 号刊载陈独秀的《俄罗斯革命与我国民之觉悟》[14]，同年 8 月，杜亚泉在《东方杂志》第 14 卷第 8 号发表《今后时局之觉悟》[15]；1917 年底，《东方杂志》第 14 卷第 12 号刊登章士钊的《欧洲最近思潮与吾人之觉悟》[16]，一年之后，1918 年 12 月，只眼（陈独秀）在《每周评论》第 2 号发表《欧战后东洋民族之觉悟及要求》[17]；1919 年 1 月，《东方杂志》第 16 卷第 1 号发表杜亚泉的《大战终结后国人之觉悟如何》，同年，在"五四"运动过程之中，天津学生团体"觉悟社"成立，并于次年 1 月出版社刊《觉悟》，而上海《民国日报》副刊《觉悟》是"五四"时期著名的四大副刊之一。所有这些"自觉"或"觉悟"均以欧洲战争和共和危机为前提——前者击破了晚清以降中国知识人创造的近于完美的西方

---

[10] 高一涵：《共和国家与青年之自觉》，《青年杂志》第 1 卷第 1、2、3 号，1915 年 9 月，第 1—8、1—6、1—8 页。

[11] 高劳：《吾人今后之自觉》，《东方杂志》第 12 卷第 10 号，1915 年 10 月，第 1—4 页。

[12] 陈独秀：《吾人最后之觉悟》，《青年杂志》第 1 卷第 6 号，1916 年 2 月，第 1—4 页。

[13] 刘叔雅：《欧洲战争与青年之觉悟》，《新青年》第 2 卷第 2 号，1916 年 10 月，第 1—8 页。

[14] 陈独秀：《俄罗斯革命与我国民之觉悟》，《新青年》第 3 卷第 2 号，1917 年 4 月，第 1—3 页。

[15] 高劳：《今后时局之觉悟》，《东方杂志》第 14 卷第 8 号，1917 年 8 月，第 1—5 页。

[16] 行严：《欧洲最近思潮与吾人之觉悟》，《东方杂志》第 14 卷第 12 号，1917 年 12 月，第 1—9 页。

[17] 只眼：《欧战后东洋民族之觉悟及要求》，《每周评论》第 2 号，1918 年 12 月 29 日。

形象，后者打碎了仅凭共和政治本身（但不同立场的自觉对于共和价值的评价则截然对立）就可以拯救中国于水火的幻觉。总之，新的政治必须建立在新的"自觉"之上，但政治与自觉的这种关联究竟意味着什么呢？我认为意味着政治与历史之间的断裂——政治不能从历史中自然延伸，政治产生于历史断裂的意识——"保守主义"以断裂为前提讨论接续传统的问题，而"激进主义"以断裂为前提讨论创造一个完全不同的新世界的问题。

文化与政治都是人类生活的基本特质，它们之间并无必然分界。但为什么在战争与共和危机的政治背景下，"五四"文化运动刻意地在文化与政治这两个有着密切联系的范畴之间做出区分？为什么这一有着明显的政治动机的运动被理解为文化运动？在深入历史资料的分析之前，我在这里以《新青年》的姿态为据，勾勒几个不同的问题提供进一步思考的契机：首先，在什么条件下，"五四"文化运动将文化与政治区分开来？《青年杂志》第一卷第一号"通讯"栏发表了王庸工与记者（陈独秀）的通信，最为直接地回答了这一问题。王庸工信主要讨论筹安会讨论国体、恢复帝制的问题，要求杂志能够直接介入。陈独秀在答复中明确地批驳了筹安会的复辟理论，但同时表示《青年杂志》不准备介入这一讨论："盖改造青年之思想，辅导青年之修养，为本志之天职。批评时政非其旨也。国人思想，倘未有根本之觉悟，直无非难执政之理由。年来政象所趋，无一非遵守中国之法先王之教，以保存国粹而受非难。难乎其为政府矣！欲以邻国之志，警告国民耶？吾国民雅不愿与闻政治。日本之哀的美顿书曾不足以警之，何有于本志之一文。"[18] 参照开篇《社告》所谓"国势陵夷，道衰学弊，后来责任，端在青年。本志之作，盖欲与青年诸君商榷将

―――――――――――

〈18〉《通讯》（记者部分），《青年杂志》第1卷第1号，1915年9月，第1—2页。

来所以修身治国之道"〈19〉,我们可以清楚地判定:《青年杂志》的创刊本身是一个政治行动,但这个政治行动必须以一种与政治断裂的方式——即所谓"改造青年之思想,辅导青年之修养"、促进国人"根本之自觉"——才能完成。"文化"及其"运动"就是完成这一政治行动的方式。

其次,为什么《青年杂志》必须以一种与政治隔绝的方式介入政治?政治存在于人类生活的各个方面,从日常生活、社会团体到国家领域,但现代政治的一个独特性在于政治与国家的紧密联系,以致当现代人讨论政治问题时必定指一种与国家有关的活动。换句话说,这一作为国家活动范畴的政治构成了现代政治最为根本的特征。然而,"五四"时代的根本自觉不仅产生于共和政治未能真正生根的意识,而且也产生于对18、19世纪西方现代性的幻灭,因此,重构政治的行动必须以更新这一特定的政治模式为前提。陈独秀在《我的解决中国政治方针》演说中说:"我们不是忽略了政治问题,是因为十八世纪以来的政制已经破产,我们正要站在社会的基础上造成新的政治;我们不是不要宪法,是要在社会上造成自然需要新宪法底实质。凭空讨论形式的条文,是一件无益的事。"政治无所不在,"人类不能够脱离政治",但以国家政制为中心的18世纪政治模式、民国以降争权夺利的政治现实,全部是"冒充政治"〈20〉;将国家作为中心的政治,亦即"国家主义"政治,是"去政治化的政治"。陈独秀反复提到"在社会的基础上造成新的政治",这一任务即文化运动的任务。这一判断同样适合于中国政党政治,原因在于政党政治不是立基于社会,而是内在于国家,"政乃苛政,党乃私党","以其与多数国民无交涉也。本志以青年教育为的,每期国人以根本之觉悟,故欲于今日求而未得之政党

〈19〉《社告》,《青年杂志》第1卷第1号,1915年9月,第1页。
〈20〉 陈独秀:《谈政治》,《新青年》第8卷第1号,1920年9月,第1、9页。

政治，百尺竿头，更进一步"。〔21〕

　　第三，什么是与政治相隔绝但又能够重造政治的文化？无论在中国的古典词根中，还是在拉丁文中，"文化"都是动态的过程。文化的拉丁文词根是动词"Colere"，意谓耕作土地，后来引申为人的兴趣、精神和智能的培养。中国的文化概念起源于文与化这两个词的合成，前者有自然纹理（《易·系辞下》："物相杂，故曰文"）与礼乐秩序（《论语·子罕》："文王既没，文不在兹乎？"）的意思，后者则包含了文的养成过程（生成、造化、改易）的含义。与政治范畴一样，现代的"文化"概念与国家有着密切的关系——按照马克思的观点，在资本主义生产关系之上形成了"上层建筑"，而文化即是奠基于这一上层建筑之上的功能。"新文化运动"致力于以文化方式激发政治（"根本之觉悟"的政治），但它的社会改造方案包含促成全新的国家政治、全新的政党政治的兴趣，即"文化"及其"运动"不但能够在社会的基础上创造新人（"青年"），而且也能够通过新人及其"根本之觉悟"逆转国家与政党的去政治化趋势。上述文化与政治的概念均产生于对18、19世纪的国家政治的失望和告别。在这个意义上，"新文化运动"是一个典型的"20世纪"现象。

　　很明显，20世纪政治并没有脱离18、19世纪的基本框架，国家、政党仍然是"政治"的主要承载者。革命政治同样如此。"五四"文化运动和政治运动的直接产物是新型政党政治的形成——从共产党的成立到国民党的改组，以及青年党等其他政治团体的诞生。"文化"因此承担着双重的任务，即一方面在社会的基础上创造和培育新的政治主体，另一方面通过内在于国家与政党的运动（或"革命"）促成政治的生成、造化和改易。20世纪的"文化"命运始终在外在于国家政治与

---

〔21〕　陈独秀：《通信》（答汪叔潜），《新青年》第2卷第1号，1916年9月，第3页。

内在于国家政治之间摆荡，前者的范例是"五四"文化运动，而后者的范例是政党与国家内部持续不断的"文化革命"。无论是"外在"还是"内在"，一种通过文化与政治的区分而介入、激发政治的方式构成了20世纪中国的独特现象。在这个意义上，"五四"文化运动是后19世纪新政治的重要开端之一。

我在这里使用"'五四'文化运动"一语，以区别于"新文化运动"的概念。在1920年1月《致海外国民党同志函》中，孙中山说：

> 自北京大学学生发生五四运动以来，一般爱国青年，无不以革新思想，为将来革新事业之预备，于是蓬蓬勃勃，抒发言论。国内各界舆论，一致同倡。各种新出版物，为热心青年所举办者，纷纷应时而出。……虽以顽劣之伪政府，犹且不敢撄其锋。此种新文化运动，在我国今日，诚思想界空前之大变动。推其原始，不过由于出版界之一二觉悟者从事提倡，遂至舆论大放异彩，学潮弥漫全国，人皆激发天良，誓死为爱国之运动。……吾党欲收革命之成功，必有赖于思想之变化，《兵法》"攻心"，《语》曰"革心"，皆此之故。故此种新文化运动，实为最有价值之事。〈22〉

孙中山的根本目标是"吾党欲收革命之成功"，而"思想之变化"是前提条件之一。这里已经显示了一种将文化运动与政党政治相结合的动机。他用"新文化运动"概括《新青年》《新潮》等出版物推动的思想潮流，不但为陈独秀、胡适及傅斯年、罗家伦等新老两代参与者所承认，也预示了这场运动与新的政党政治之间必然发生的关联。从"五四"时代"思想战"的格局来看，"新文化运动"一语特

〈22〉 孙中山：《致海外国民党同志函》，《孙中山全集》第5卷，第140页。

指以上述刊物及其追随者为中心的文化潮流，而与之对立或论战的刊物并不在这个范畴之内。文化运动是通过对抗、辩论而产生的，其政治性隐伏在思想和价值的对峙和互动之中。若没有论敌、论战、同盟和分化，我们不可能真正理解什么是"文化运动"。以"'五四'文化运动"为对象，而不是单纯地陈述"新文化运动"，亦即将不同派别、观点、立场之间的对抗和论战的产生、形成、展开和转化作为对象，观察在这场剧烈的运动中，"文化"如何成为"新政治"的核心内容。

70 年代以降，先是在北美，后是在中国，一种将"五四"文化运动定位为激进主义的思想运动的方式逐渐成为共识。著名的"启蒙与救亡的双重变奏"的提法分析了启蒙主义与民族主义的历史纠缠，慨叹中国启蒙运动的悲剧命运仍然是基调[23]；而史华兹开创的自由主义、保守主义与激进主义的三重划分[24]，将思考的矛头主要对准了"五四"激进主义。林毓生将"五四"的"文化转向"解释为"借文化思想以解决问题的方法"（the "cultural-intellectual approach"），并认为这种方法（作为一种无意识）深深地植根于传统的儒家文化中，因此，"五四"的反传统主义和激进主义是传统思维方式的现代呈现。这就是作者所谓"中国意识的危机"。[25] 但是，如何解释"五四"文化运动对新的政治的创造？激进主义政治以激进主义文化运动为内核和前奏，那么，如何解释 20 世纪中国这一独特的文化与政治的变奏？如

〈23〉 这一观点较早由微拉·施瓦支提出，见《重评五四运动：在民族主义与启蒙运动之间》，收入《五四：文化的阐释与评价，西方学者论五四》，太原：山西人民出版社，1989，第 69—89 页；李泽厚的《启蒙与救亡的双重变奏》（《中国现代思想史论》，北京：东方出版社，1987）最初发表在《走向未来》（1986）杂志的首期，影响广泛。

〈24〉 本杰明·史华兹：《论五四前后的文化保守主义》，《五四：文化的阐释与评价，西方学者论五四》，第 149—163 页。

〈25〉 Yu-sheng Lin: *The Crisis of Chinese Conciousness: Radical Anti-traditionalism in the May Fourth*, University of Wisconsin Press, 1978.

何解释这一政治的文化内核？这些问题在上述两种解释中均未得到清晰的说明。

大约四十年前，迈斯纳（Maurice Meisner）率先将"五四"与中国的 60 年代放置于同一个脉络中进行观察，他指出：这两个相隔半个世纪的运动都是以"意识的转化"为宗旨的"文化革命"。[26]这是一个很有意义的观察，但未能得到充分论证。史华兹在讨论"五四"的"文化主义"时，试图连接迈斯纳与林毓生的观点，他说："当然，毛泽东会坚持认为文化革命在其转变成政治革命时才能影响现实。但这一事实仍然是，如果'文化'在 1969 年是具决定性的，那么它可能在 1919 年也是如此。"[27]通过将这一"文化转向"溯源于儒家传统的思想方式，"五四"文化运动中的"断裂意识"被重新连接到漫长的历史过程内部，迈斯纳问题中隐含的对于 20 世纪中国政治的独特性的观察反而湮没不彰了。这里的问题是："五四"的"文化转向"所蕴含的断裂意识究竟从何而来？为什么 20 世纪中国革命政治始终与"文化革命"密切相关？

"五四"文化论战涉及范围极为广泛，我不得不在选材上对论述加以限制。本文将分上、中、下三个部分探讨"五四"文化运动的形成与转化：上篇以《东方杂志》为中心，分析中国知识人对于欧洲战争和共和危机的政治—经济分析为什么转向文明问题的讨论；中篇以《新青年》《新潮》杂志为中心，分析"新文化运动"的文化政治与"五四"政治运动的关系；下篇以 20 年代初期的政治运动，尤其是新型政党政治的形成为中心，分析文化运动与政党政治的关系，说明

〈26〉 Maurice Meisner, "Cultural Iconoclasm, Nationalism, and Internationalism in the May Fourth Movement", *Reflections on the May Fourth Movement: A Symposium*, edited by Benjamin I. Schwartz, published by East Asian Research Center, Harvard University Press (1972). p. 15.

〈27〉 本杰明·史华兹：《五四运动的反省》，《五四：文化的阐释与评价，西方学者论五四》，第 2—3 页。

"新文化运动"的退潮和转向。

从"文明冲突"到"文明调和"

（一）事件与历史

1918年9月，《新青年》第五卷第三号刊登了主编陈独秀的《质问〈东方杂志〉记者——〈东方杂志〉与复辟问题》一文。[28] 三个月后，《东方杂志》主编杜亚泉（原名炜孙，字秋帆，1900年后以别字亚泉行世，笔名伧父、高劳，1873—1933）发表《答〈新青年〉杂志记者之质问》一文加以回应。[29] 越二月，陈独秀又发表《再质问〈东方杂志〉记者》一文[30]，杜亚泉未作回应，但其时围绕"东西文明能否调和"的思想论战已经大规模展开。1919年末，杜亚泉在《东方杂志》发表《论通俗文》一文，从语言与文学的角度批评新文化运动的两个重要分支即白话文运动和新文学运动[31]，预示着一种以攻为守的策略转变。但是，这是一个尚未展开就终止了的斗争。一个月后，在内外压力之下，杜亚泉黯然辞去《东方杂志》编辑工作。其时，《新青年》主导的思想运动、语言变革和文学革新已经蔚为大潮，正向新的方向发展。杜亚泉退出后，《东方杂志》的编辑方针开始往"注重于切实可行之具体问题"转变，也就意味着它退出了这一阶段言论领导权

〈28〉 陈独秀的《质问〈东方杂志〉记者——〈东方杂志〉与复辟问题》，《新青年》第5卷第3号，1918年9月，第206—212页。

〈29〉 伧父：《答〈新青年〉杂志记者之质问》，《东方杂志》第15卷第12号，1918年12月，第12—16页。

〈30〉 陈独秀：《再质问〈东方杂志〉记者》，《新青年》第6卷第2号，1919年2月，第148—161页。

〈31〉 伧父：《论通俗文》，《东方杂志》第16卷第12号，1919年12月，第4—7页。

的争夺战。^{〔32〕}

　　"东西文明及其调和"不是杜亚泉一时一地的偶然言论，而是《东方杂志》长期关注的话题。^{〔33〕}这个问题产生于什么情境、针对什么问题而来？为了厘清这一论战的前因后果，有必要对《东方杂志》本身进行追踪考察，分析导向有关文明讨论的历史动力和思想脉络。《东方杂志》由上海商务印书馆印行，创刊于 1904 年 3 月 11 日，至 1948 年12 月停刊，前后出版刊物 44 卷，中间三度短暂停刊（1911 年 12 月至 1912 年 3 月、1932 年 2 月至 10 月、1941 年 11 月至 1943 年 3 月），总时间跨度长达 45 年。首任主编蒋维乔，第 5 卷以前由徐珂（1869—1928）主编，从 1908 年 8 月 21 日出版的第 5 卷第 7 号起，孟森担任主编。1911 年，从第 8 卷第 1 号起，《东方杂志》一改早期的文摘汇编类型，连同版式的变化，杂志面貌大为不同。杜亚泉担任《东方杂志》主编是从 1912 年 7 月 1 日出版的第 9 卷第 1 号开始的，但由于孟森于1909 年起当选江苏省咨议局议员，该年 6 月 12 日出版的第 6 卷第 5 号起就已经由杜亚泉全面负责编辑工作了。因此，《东方杂志》的改版是杜亚泉主政时期的产物。"东西文明"问题正是在他主编时期逐渐成为重要议题，并最终引发了《东方杂志》与《新青年》之间的辩论。

---

〔32〕 1920 年 1 月，《东方杂志》发表《本志之希望》，重新说明办刊宗旨："杂志界之职务，自以言论为最重大，顾欲言论之不虚发，则第一必当择言论所针对之方向。第二必当使言论有可以实行之凭借。本志以为吾国之希望，惟在于社会自觉，而于操枋秉政之人无与。故今后之言论，亦将以促社会之自觉者居大部分，而不偏于政论之一方，而又以空虚无町畦之辞，于事实无裨益，徒足滋社会之迷惘，故今后所陈情于社会者，尤当注重于切实可行之具体问题，如本期所载之《论提倡国货宜设消费协会》及《说协济会》等篇。"坚瓠：《本志之希望》，《东方杂志》第 17 卷第 1 号，1920 年 1 月，第 1 页。

〔33〕 在杜亚泉执掌主编权的首期《东方杂志》上，即刊载了一篇在欧洲引起反响的文章（英文原题为 "Letters from John Chinaman"，译者称为中国无名氏所著），其主要内容即讨论 "东西文明之冲突"，除了反驳西方对于中国的误解（即中国对于西方的误解）外，也对两种文明的差异做了简要叙述。见《耸动欧人之名论》，《东方杂志》第 8 卷第 1 号，1911 年 2 月，第 6—10 页。

晚清时代即有"中体西用"问题的大辩论，但"五四"前后的"东西文明论战"有着截然不同的含义。概括地说，这场讨论直接产生于中国知识界对第一次世界大战与共和危机这两个重大事件的回应：如何看待第一次世界大战的原因和结果？如何理解民国初期尤其是洪宪帝制时期的共和危机？"东西文明论战"在文明、文化、思想的旗号下展开讨论，但其政治含义全部与这两个问题有关。1919 年 1 月，杜亚泉在《东方杂志》第 16 卷第 11 号发表《大战终结后国人之觉悟如何》，他感慨万千地说：

> 吾人对此时局，自不能不有一种觉悟，即世界人类经此大决斗与大牺牲以后，于物质精神两方面，必有一种之大改革。凡立国于地球之上者，决不能不受此大改革之影响。此种觉悟，吾国人之稍稍留意世事者，殆无不同。即如吾国之南北战争，本以参战为诱因，近以受此影响，退兵罢战，可知吾国人于时局上已有若干觉悟。但觉悟程度如何，与吾国将来对于世界之大改革能否适应，至有关系。故吾人亟欲以大战争影响之所及告我国人，以促国人之觉悟焉。[34]

在这里，他将第一次世界大战和中国的南北内战视为具有内在联系的事件，并以此为据，提出促进"国人之觉悟"的必要性。这个"觉悟"的内涵是什么呢？

民国建立后，《东方杂志》始终关注共和时代的政治危机；在战争期间，对共和危机的讨论逐渐地与对由战争引发的文明危机的思考关联在一起。在 1914—1919 年间，杂志每期刊载中外大事记，发表大量

〈34〉 伧父：《大战终结后国人之觉悟如何》，《东方杂志》第 16 卷第 11 号，1919 年 1 月，第 1—2 页。

国际政治和军事分析；它对东西文明的差异、冲突及调和的分析与对欧洲战争的分析紧密相关。如果没有第一次世界大战，《东方杂志》将延续晚清启蒙的基本观点[35]；如果没有共和危机，《东方杂志》也将延续民初对于民主政治的乐观看法。但战争深刻地改变了杂志的面貌和议题。杜亚泉辞职后《东方杂志》发表的那份声明说："自本志之出世，至今已十七年矣。而此第十七年，又适为欧战告终后之第一年。世局更新，则杂志界亦不得不明定期的，以顺应世界之潮流。"[36]言下之意，杜亚泉的去职与《东方杂志》的转向根源于一个事实：思想文化上的"战后时代"开始了。

霍布斯鲍姆在《极端的年代》中将"短20世纪"的开端确定在1914年第一次世界大战爆发的时刻，而其终结则为1991年苏东的解体。[37]战争与革命是这个时代的两个中心主题。这也意味着整个20世纪的历史与第一次世界大战及其引发的革命有着密切的关系，它的终结正是这次战争产生的历史范式的终结。作为一个改变历史进程的重大事件，欧洲战争在不同领域、不同社会触发了一系列后续性事件，中国的共和危机也忝列其中。这里所说的"重大事件"是指那些改变了历史演进的轨迹、创造了新价值和范式的事件，如法国大革命、第一次世界大战、俄国革命、第二次世界大战、中国革命等。但是，这些历史变动所以能够构成改变历史进程的事件，并不仅仅在于它们的规模浩大，而在于它们终结了此前形成的历史范式，在它们之后发生的一切不再是历史的自然延续，而是这一新事件所开创的范式的序列性展开。

事件总是依存于人们对于事件的认识、判断和感觉，以及基于这

〈35〉 杜亚泉从1911年起接编《东方杂志》，前后十年。1900年，他创办晚清科学启蒙刊物《亚泉杂志》，是晚清时代科学启蒙的倡导者。

〈36〉 坚瓠：《本志之希望》，《东方杂志》第17卷第1号，1920年1月，第1页。

〈37〉 Eric Hobsbawm, *The Age of Extremes, A History of the World*, New York: Pantheon, 1994.

些新的认识、判断和感觉而产生的行动。战争与革命在这个时代紧密相连，但不同的人对于这些事件的意义的理解未必一样。《东方杂志》与《新青年》共同面对着战争与共和的双重危机，但两者建立历史叙述的方式截然不同：前者紧密追踪战争发展与共和危机的轨迹，反思战争与现代文明的关系，而后者以革命（先是法国革命，后是俄国革命）为线索，试图从革命所带动的历史变动和价值指向中探索摆脱战争与共和危机的道路；前者在危机之中重新思考中国"文明"的意义，注重传统的现代能量，构思中国的未来，而后者立足于"青年""青春"，以"新文化""新思想"召唤"新主体"，为第三样时代的创造奠定地基。因此，建立自身与历史事件的关系的不同方式直接地产生了两种不同的文化政治。伴随着杜亚泉的去职，《东方杂志》和《新青年》在思想言论方面的影响发生了易位，这一转变与战后时期中国政治和思想的中心问题发生变迁有着密切的关系。

欧洲战争与中国的共和危机不仅在时间上相互重叠，而且两者有着密切联系。1914 年 7 月 28 日，奥匈帝国在德国的怂恿下发动对塞尔维亚的战争，引发多国大战。一个多月后，1914 年 9 月 20 日，著名的德国生物学家、一元论宗教的倡导者海克尔（Ernst Heinrich Philipp August Haeckel，1834—1919）在 *Indianapolis Star* 上发表文章，首次使用"第一次世界大战"（First World War）这一概念。[38] 就直接原因而言，这场战争产生于普法战争（1870—1871）后逐渐形成的德—奥同盟和英、法、俄"协约"之间的军备竞赛和对殖民地的争夺，但随着战争进程的发展，俄国、日本、美国、意大利等 28 个国家相继成为交战国，形成了前所未有的世界大战格局。大战期间，1915 年末，在筹安会和其他政治势力的鼓动与袁世凯本人的策划之下，洪宪帝制

---

[38] *Indianapolis Star*, September 20, 1914, see Fred R. Shapiro, ed (2006). *The Yale Book of Quotations*, Yale University Press, p. 329.

登场。与以往政治危机有所不同，帝制复辟当然是共和危机的产物，但由此引发的围绕国家统一问题的争论却与第一次世界大战的独特形式——民族国家间的战争——有着密切关系。战争爆发后，日本以承担日英同盟义务、保卫东亚和平相标榜，宣布对德参战。1914 年 8 月 27 日，日军封锁胶州湾，以进攻青岛的名义出兵山东。1915 年 1 月 18 日又向袁世凯政府提出"二十一条"，其中涉及山东、"南满"、蒙古、汉冶萍公司、沿海港湾和岛屿的租借，以及在政治、财政、军事、警察等领域全面控制中国的各项条款，并于 5 月 7 日提出对华最后通牒，限 48 小时内答复。帝制的迅速败亡与袁世凯接受日本的"二十一条"有密切联系，但对帝制的隐秘同情并没有因为袁世凯的死亡而迅速消失。原因很简单，对帝制的同情不同于对袁世凯的同情，前者不仅植根于民国初期的政治混乱和合法性危机（蒙古、西藏问题被视为这一政体转换所产生的危机的征候）之中，而且也与中国知识人在战争期间对于欧洲现代国家形态的思考有关。帝制失败后，围绕参战问题，在主战的段祺瑞政府与反对参战的总统黎元洪之间展开了激烈的"府院之争"。出人意料的是，这场府院之争的结果竟然是 1917 年 6 月的张勋复辟事件。[39] 从洪宪帝制到张勋复辟，中国政治领域围绕政体问题产生的矛盾和斗争与第一次世界大战的国际政治选择问题纠缠在一起。

同样是在 1917 年，俄国二月革命和十月革命相继爆发，列宁与德国签订《布列斯特－立陶夫斯克和约》，宣布退出大战。1918 年德国发生一月革命，社会民主党组成临时政府，德意志共和国成立。在观察和分析战争的动因和结果的过程中，中国知识人逐渐地将重心从战争转向了革命，由此引发了新的思考和分歧。1919 年"五四"运动直

---

〔39〕 应总统黎元洪邀请，督军团团长张勋于 1917 年 6 月 14 日入京调解府院之争，张勋入京后拥立宣统复辟，最终为总理段祺瑞所镇压。

接起因于对巴黎和会及《凡尔赛条约》出卖中国权益的抗议，而这个危机又根源于日本与德国对山东权益的争夺，以及德国的战败。在这个意义上，"五四"运动是第一次世界大战的序列性后果之一。战争的结束与苏联的成立，为中国正在进行的文化运动和政治变革提供了新的契机。中国共产党的成立、中国国民党的改组，以及北伐战争的展开，在一个短暂的时段内，一系列重大事件相继发生，它们看似截然不同，却相互关联。

在这一剧烈的变迁之中，"东西文明"是如何生成为中国思想领域的中心问题，又为什么会在"五四"以后逐渐消退呢？我们需要仔细观察"东西文明"问题发生、发展、变异的详情末节。

（二）对欧洲战争的民族主义回应

没有第一次世界大战所提供的历史契机，中国知识界不可能将如此众多的事件放置在一个世界性事件的序列性展开中加以思考。早在1911年，《东方杂志》即刊文讨论普法战争后欧洲的局势及各国外交政策，预言欧洲大患即在欧洲境内；但考虑到英日盟约将于1915年届满，有可能引发日、英、俄在满蒙的角逐，中国和亚洲很可能难以幸免于难，一种"此后十五年，实为欧亚两洲危急存亡关头"的预感逐渐浮出水面。[40]欧洲战争爆发前夕，1914年7月1日，《东方杂志》第十一卷第一号发表了《美墨之交涉　附图二十三》《日本政界之风潮》《爱尔兰问题之新局面　附图七》等国际评论，对于国际时局加以追踪报道和分析。针对日本首相大隈重信倡导日英同盟，钱智修发表《论日英对华同盟》一文，提出中英同盟的必要性。文章预示了日本参

---

〔40〕 某西人来稿：《最近欧洲各国之外交政策》，《东方杂志》第 8 卷第 2 号，1911 年 3 月，第 1—4 页。

与协约国战争对中国利益的损害。他的另一文章《英王游法纪事》提到了英、法、俄"三国协商之大问题"。[41] 也就是说，在大战即将爆发之际，中国知识人已经预见到这场远在欧洲的战争与中国有着难以逃避的关系。在这一广阔的世界视野中，《东方杂志》将民国以来政治问题的重心从"政治"（立宪、议会、政党）转向了"国家"（主权、统一、独立）。与该杂志在1911年对于旨在转移统治权的"革命战争"与共和宪政的全面肯定相较[42]，这一政治思考的重心转移是一个重要事件。

杜亚泉的《接续主义》一文刊载于第11卷第1号，即欧洲战争一触即发之际。他强调"国家非一时之业"，包含着过去、现在和未来。"截然中断，则国家之基础，必为之动摇。盖旧时之习惯既失，各人之意见纷乘"，无法形成共识。国家及其延续性暗含着对革命造成了国家基础动摇的判断。从这个判断出发，他提出了"保守"和"新旧间之接续"的必要性：

> 持接续主义以施行政治于国家，则开进之中，不可不注意于保守，固已。然所谓保守者，在不事纷更，而非力求复古也。国家当扰乱以后，旧时法制，其一部分已经破坏，若其接续尚未痊愈者，但稍微护持，不加摧折，则其创痍亦自然愈合。若其破坏已甚，接续全断者，则惟有就现在之状况修饰之，整理之，为不接续之接续。必欲复兴旧制，摧折新机，则破坏之后，重以破坏，而国本愈摇矣。
>
> ⋯⋯⋯⋯⋯
>
> 欲保持国家之接续主义，使不至破裂，此非国法之所能限制

〈41〉 钱智修：《英王游法纪事》，《东方杂志》第11卷第1号，1914年7月1日，第44—46页。

〈42〉 伧父：《革命战争》，《东方杂志》第8卷第9号，1911年11月，第1—3页。

也。要恃国民之道德以救济之。国家者，积国民之个人而成者也。然个人与国家，究非同物，故国家之目的，与个人之目的，自然不能尽同。舍个人之目的，以服从国家之目的，此国民政治上之道德也。[43]

"接续主义"需要在两个语境中加以理解：一方面，辛亥革命以后，临时政府不得不寻求各国承认——革命既然包含了断裂，重新获得承认就是必然的。但是，革命之后的中国难道不是延续着中国的正统吗？寻求承认不就等同于承认国家自身的断裂吗？在上述语境中，接续主义对国家延续性的重申隐含着对将皇权与共和截然对立的革命观念的批判和修正，其真正的动机是维护中国主权。

另一方面，伴随清王朝的覆灭，中国周边形势日趋严峻。在俄国的策动之下，外蒙首先寻求独立。围绕册封等问题，库伦政府与袁世凯政府之间的分歧直接关涉中国主权；甚至并不属于外蒙范围的海拉尔也出现了独立问题，后者与俄国缔结了协约并拒绝承认中国的宗主权。辛亥革命后，清朝驻藏军队发生内讧和哗变，并与藏人产生严重对立；1912 年，在尼泊尔人的调解下，驻藏清军全体缴械，由噶厦政府发给路费，所有驻藏官员和军队取道印度返回内地。这就是所谓"壬子事变"。在此之后的一段时期，中央政府与西藏的关系处于松弛甚至中断的格局。[44] 1913 年 1 月，十三世达赖委派他的侍读堪布德尔智（俄国人）前往外蒙首府库伦，与外蒙签订了相互承认其为"独立国家"的《蒙藏协定》；1913 年 10 月，在中、英、藏三方参加的西姆拉会议上，西藏地方代表夏札·边觉多吉在英国的怂恿下，提出"西藏独立"的诉求；1915 年底，"中英藏事会议"在伦敦召开，主要内

〈43〉 伧父：《接续主义》，《东方杂志》第 11 卷第 1 号，1914 年 7 月 1 日，第 2—3 页。
〈44〉 石硕：《西藏文明东向发展史》，成都：四川人民出版社，1994，第 427 页。

容涉及修改光绪三十二年（1905）签订的原约及附带条件。1905 年原约第五条载明"西藏大员尊北京政府训令，深愿改良西藏法律，俾与各国法律改同一律"，英国则应允在中国放弃治外法权等。但民国之后，英国"以中国司法，尚未十分改良，而藏地尤甚"为由，"拟援十年修改约章之例"，取消此条，并要求中国开放拉萨。[45]

"接续主义"所要处理的国家连续性问题，事实上是一个深刻的问题：清朝皇权具备着多面而模糊的代表性，如中国皇帝、蒙古大汗、满洲族长、儒教政体的代表、喇嘛教的信徒等，从而将"中国"这一复合社会凝聚在一个以各种线索勾连起来的庞大王朝体系之中。中华民国承清而起，但其政治文化发生了巨变，蒙古、西藏等周边区域发生的离心倾向成为长久地缠绕这一新国家的危机。康有为于 1911 年冬撰《共和政体论》曰："晚清若去，蒙、藏必不能保。" 1913 年 1 月至 3 月，他在《不忍》杂志第一、二册发表《蒙藏哀辞》，重述这一观点，并说："虽然，蒙、藏之自立，起于前年之革命，则不能尽责于今政府异。"[46] 他对共和的评议、复辟的论调及对孔教的倡导均与上述危机有着密切的关系。"五四"时代的文化论战逐渐地将政体问题解释为专制政体与共和政体的对立，晚清革命浪潮爆发以来始终挥之难去的皇权的多重代表性问题却被掩盖了。因此，两个政体之间是否存在接续的问题的确是一个问题。《接续主义》发表之时，蒙古问题已经发生，西藏问题也在萌芽和发展之中，而外交承认直接地关涉中国主权的完整性。杜亚泉论证国家对于延续性的依赖，显然是对这一历史局势的回应。"接续主义"这一概念强调国家的延续依存于国民个人对于国家目的的自觉服从，因此，政治的传承问题与公民的道德状态之间

〈45〉 参见《青年杂志》第 1 卷第 4 号"国内大事记"所载"中英藏事会议"，1915 年 12 月，第 3 页。

〈46〉 康有为：《共和政体论》《蒙藏哀辞》，均见《康有为全集》第十集，第 1—14 页。

存在着密切的关系，国体问题最终涉及伦理问题，这一点为《东方杂志》将对政治的关注转向文明或文化问题埋下了伏笔。

　　《东方杂志》第十一卷第二号是战争爆发后的第一期刊物，它标注的出版时间是1914年8月1日，距离战争爆发仅几天时间。这一期的开篇，除刊登了参政院、约法会议等照片外，特意刊登了奥匈帝国新任皇储及在塞尔维亚遇刺的斐迪南王储夫妇的照片，以及英法海军军舰的照片。用照片追踪战争过程及其人物和事件，在中国的刊物中十分少见，但《东方杂志》此后坚持多年。该期头条为杜亚泉（高劳）所写《策消极》一文，强调在"外境之督促"的条件下，"吾人"应克服消极态度，勇于承担社会责任，基本的思想与前引"接续主义"同。在这篇短文之后，是同一作者所写长篇报道《欧洲大战争开始》，详述7月31日之前欧洲战争的发展，行文至尾，作者指出："此次战事，影响于欧亚各国……日本在东方为英之同盟国；苟英德开战，则战事将蔓延于东亚之属地。而日本之助英以攻德，亦不难推测而知。故战讯谣传，香港、青岛、西贡诸港，汲汲于防御之预备。我国列于列强之间，虽无特别之关系，完全居中立之地位，狡焉思启之心，何国无有，其乘机而起，以攫利益取霸权犯中立者，亦安可不为先事之防乎？"〔47〕同期许家庆的《俄蒙交涉之内容》详细披露俄国外交部发表的关于对蒙古外交的"橙皮书"，并公布了俄国对达赖喇嘛"排俄联华"的不满。〔48〕

　　欧洲战争是一个重大事件，它对中国究竟有何影响？除了有关满蒙、西藏、山东等问题的持续讨论外，从1914年战争爆发至1919年和约签订，没有任何其他杂志像《东方杂志》这样如此紧密地追踪欧

---

〔47〕　高劳：《欧洲大战争开始》，《东方杂志》第11卷第2号，1914年8月1日，第12页。
〔48〕　许家庆：《俄蒙交涉之内容》，《东方杂志》第11卷第2号，1914年8月1日，第15—18页。该期同时发表了沈与白的《西藏社会调查记》。

洲战争的每一局部发展和全局变化，并发表各种研究和评论。以"中外大事记"的方式模仿其做法的，是1915年创刊的《青年杂志》。1914年9月出版的《东方杂志》第11卷第3号头条文章即杜亚泉的《大战争与中国》一文："今日欧洲各国之大战争，实为百年以来之大变；而其影响于吾中国者，亦将为十年中之小变"，明确地将中国即将发生的变迁放置在欧洲战争这一事件的脉络之中。作者认为：欧洲民族冲突若以某一方全面胜利结束，中国将面临更为严峻的挑战和空前的压力，他假定说：如果德—奥轴心全面胜利，"中世纪之神圣罗马帝国，将复现于欧洲。俄人于东欧南下之志，既为所阻，不得不经营亚洲，以图东进。英人亦必汲汲注意于印度之防护。且现时南洋荷属殖民地，如婆罗洲、苏门答腊、爪哇、西里伯等，其面积之广，数倍于日本。荷并于德，则与青岛及德属之太平洋群岛，联合一气，其在亚东之势力，将凌驾于日英俄法诸国之上。诸国为保持东亚之势力平衡，势必相互协商，攫取种种权利以相抵制，而我国乃陷于四面楚歌之中。然苟德奥而完全屈服也，则英俄法三协商国，……则在欧洲无对抗之力，……得长驱远驭以扩其势力于东亚"[49]。由于胶州湾问题，中国在战争中偏向协约国，但即便如此，早在战争爆发前，《东方杂志》分析普法战争后欧洲列强的均势平衡，指出与欧洲危机的爆发与对势力范围的争夺直接相关。例如，1911年因摩洛哥问题而在德法之间造成紧张，1912年意大利与土耳其签订和约，随即巴尔干国家又与土耳其爆发战争，进而导致列强干涉。在亚洲地区，英据印度，俄营西伯利亚，法占安南，英俄争霸阿富汗、波斯，而在朝鲜及满洲地区，日俄争霸之势已向日本倾斜。[50]总之，欧洲战争势必导致战争双方向其他地区扩张，忧虑并不是单向的。

〈49〉 伧父：《大战争与中国》，《东方杂志》第11卷第3号，1914年9月1日，第4—5页。
〈50〉 凡将：《十年以来世界大势综论》，《东方杂志》第9卷第7号，1913年1月，第1—8页。

对于第一次世界大战的理解，大致说来，中国知识界有三种不同的解释。第一种将欧洲战争解释成（同种却不同民族的）民族国家间战争，由此也发展出两种思路，一是强化中国的民族国家地位；二是超越西方民族国家，形成新的政治体；第二种将欧洲战争解释为民主国与专制国之间的战争，即英美是民主共和国，而德国及俄国是专制君主国，由此将战争解释为民主与独裁、公开政治与秘密政治、共和与君主的政治对立；第三种主要是在俄国革命和德国革命发生之后，即将战争的起因和结局归结为阶级间的战争和阶级斗争的成果，因为俄国和德国是在国内革命和政权更迭的背景下退出战争，并签订和平协议的。在战争的第一阶段，人们关注的主要问题是战争与民族国家体制的关系问题。在许多人看来，正是在这一体制下，民族认同超越了种族认同，以致同种却不同族的政治体之间发生了空前惨烈的战争。为了避免被瓜分或分裂的命运，必须唤起中国人的民族认同和民族自觉（"吾国民之爱国心"和"吾民族之自觉心"），这是杜亚泉和《东方杂志》对于欧洲战争的第一个回应。[51]因此，从"接续主义"的角度论述国家的延续性本身也意味着辛亥革命前后形成的政治议题发生了一次位移，即从政体问题转向了国家问题。

（三）超民族国家的构想、文明冲突论与以种族为核心的民族主义

1. "白种联合论"与"大亚细亚主义"

在战争初兴之际，《东方杂志》对欧洲各国冲突的分析也透露了另一种视角，即一种从超越民族国家关系的角度观察战争结果及其走向的视角。欧洲战争催生了欧洲人对于民族主义的反思——作为一个种族和文明单位的欧洲，有无可能消弭战争，最终走向联合？这是一

〈51〉　伧父：《大战争与中国》，《东方杂志》第 11 卷第 3 号，1914 年 9 月 1 日，第 1—7 页。

种产生于对政治民族主义的反思而回向种族主义的逻辑——一种以种族主义克服民族国家冲突的逻辑。对中国知识人而言，一个自然的问题是：如果这种超国家、超民族的文明结合体出现，中国又会面临怎样的局面？钱智修的《白种大同盟论》可以视为这一论述的开端。该文引用麦雷少佐（Major Stewart Murry）刊载于《19世纪》（*The Nineteenth Century*）上的文章说：

> 麦氏之文，引拿破仑在圣海冷那岛（St. Helena）之预言为证，即"时势所迫，欧洲列强，必须为或种形式之联合"是也。因谓白种人欲握全世界之霸权，则不列颠之盎格鲁撒克逊人，乃至欧洲及北美合众国之白种人，不可不结坚固之团体。
>
> …………
>
> 据麦氏之意，一旦欧洲大战争发生，大陆各国，乃至大不列颠，均于太平洋上无立足地。此日本人之机会也，而中国人则必为日本之后援。于是而斐洲之骚乱起，而亚洲亦兴师而出征。……（以下皆麦氏之言）……中国人者，从无不婚不嫁之男女，自1750至1800之五十年，人口已增加一倍。则今后之五十年，又安知不再增加一倍。试思此八百兆之中国人，吾人又何以御之？试思今后之五十年，其重要又如何？

在详细介绍了白种大联合或欧洲统一的观点之后，作者约略提及伦敦王家学校校长考尔特谷（Dr. Caldectt）博士关于"人类之联合"的观点，这种观点集中"在耶稣教是否以人类全体能受该教之教旨而着手进行"[52]。如果"白种联合论"以"文明冲突论"弥合西方的内部分

〈52〉 钱智修：《白种大同盟论》，《东方杂志》第11卷第2号，1914年8月1日，第22—23、25页。

歧，那么"人类之联合论"则以基督教的普世主义作为中心，两者一为冲突论，一为和谐论，但在以（西方）"文明"为轴心论述东西关系方面却相当一致。

"文明"概念统摄了种族和宗教的内涵，却超越了民族国家。欧洲战争以民族国家为主体，而反对和遏制战争的努力则试图以文明概念和欧洲统一的构想超越民族主义。但从上述"白种联合论"和"人类之联合论"的逻辑看，以文明为中心的欧洲构想即便能够消弭欧洲民族冲突或基督教国家间的冲突，也不能消灭冲突本身，它不过是将冲突引向一种新的范式，即文明间的竞争和冲突。1911年，杜亚泉译述了曾任英属印度总督的加查氏的东西两洋论，其第一条释"东洋之意义"，即称"东洋之于西洋，实为对峙之名称"，并认为东西两洋有可能在阿富汗、波斯、阿拉伯地区、小亚细亚及土耳其等处发生冲突。[53] 1915年11月，许家庆发表《欧洲合众国论（译外交时报）》一文警告说："征诸欧洲之历史，其结合一致，在有强大之敌国相逼而来之日，最为巩固。""因此成立之欧洲合众国，欧洲虽能自保其和平，然尚非如一部分之和平家所唱，足为世界平和最良之保证，不过竞争之单位，推移发展而已，其间仍不免有新祸机之萌发也。"[54] 欧洲联合的概念建立在种族主义之上，这一点从亚洲的角度观察，最为清晰。《新青年》所载刘叔雅的文章《欧洲战争与青年之觉悟》与《东方杂志》的相关论述若相桴鼓，作者所列之"吾青年诸君之自觉"的第三条，即为"黄、白人种不两立"。[55] 为什么《新青年》这一以倡导"法兰西文明"相号召的刊物也发出这样的声音？

〈53〉 伧父：《加查氏之东西两洋论》，《东方杂志》第8卷第2号，1911年3月，第6页。

〈54〉 许家庆：《欧洲合众国论（译外交时报）》，《东方杂志》第12卷第11号，1915年11月，第5页。

〈55〉 刘叔雅：《欧洲战争与青年之觉悟》，《新青年》第2卷第2号，1916年10月1日，第6页。

欧洲战争初期，面对德国的入侵和压力，法国政治家比兴氏主张"招致日本兵于西方战场，以资臂助"，但法国舆论大哗，"谓借助黄人，实欧洲高贵民族之大耻"。与此同时，两位著名的德国知识分子——倭根（Rudolf Eucken，1846—1926，1908年诺贝尔文学奖获得者）和海克尔——发表联合宣言，反对英国让黄色人种加入战争，并斥责俄国人为"半东洋半野蛮之民族，英人不当与之联盟以残同种"。[56] 倭根的哲学将东方思想糅合到对战争与文明的思考之中，而海克尔的一元论哲学也试图调和精神与物质、自然与上帝之间的矛盾，他们的思想在20世纪一二十年代的中国有重要影响。[57] 但这份宣言证明：前者所谓"精神生活"和"内的生命之奋斗"与后者所谓"万有皆神之教理"不但没有摆脱民族主义的立场，而且也都是对白种人而言的，"若夫东洋诸民族，则皆与犬羊貉子等视……然其贱视吾东洋、贱视吾黄种亦概见。呜呼！硕学大师之所见如此，其军人、政治家尚复视东洋人之为人类耶？"[58] 刘叔雅追问道："法兰西当危急存亡之秋，犹不欲借助黄人，自伤皙种尊严，其平日之贱视吾黄种为何如！他若'亚洲之事当以亚洲人之血解决之'、'亚洲人固吾人之臣虏'，则固时时见于英伦报纸者。更就各国之待遇俘虏观之，于皙种则遇之深厚，于有色人种则待若牛马，同为敌人，同为俘虏，而待遇之宽严厚薄，判若天渊。皙种于吾东洋民族宁复视为人类耶？"他因此断言：欧洲战争终局以后，即为"黄白人种陈师鞠旅以决生死之时期"。[59]

〈56〉 刘叔雅：《欧洲战争与青年之觉悟》，《新青年》第2卷第2号，1916年10月1日，第6页。

〈57〉 鲁迅早年曾大力介绍海克尔的理论，1916年，马君武则在《新青年》第2卷第2号（1916年10月1日）发表《赫克尔之一元哲学》，见该号第1—3页。

〈58〉 刘叔雅：《欧洲战争与青年之觉悟》，《新青年》第2卷第2号，1916年10月1日，第6页。

〈59〉 同上。

在欧洲舆论中，有关建立"欧洲合众国"以克服战争危机的舆论不可避免地与欧—亚、白—黄的冲突和对立的观点相互纠缠。正是以此为背景，1916 年 1 月，章锡琛发表了《欧亚两洲未来之大战争》（根据德国人台利史原著所写）一文，预言在民族国家的冲突之后，一种新型的文明冲突将继之而起：

> 欧洲大战乱既定之后，其继起之问题，决非各国家各民族之争斗冲突，而必为一文明与他文明之争斗，一人种与他人种之冲突。质言之，即欧罗巴与亚细亚之争斗冲突也。
>
> 夫东部亚细亚本形成一种特别之文明圈域。此圈域之中心，自不必问而知为中国，而印度之文化与日本之政治势力，更附益之以成一浑一体。故日本者，东亚文明之腕，而中国则东亚文明之脑也。
>
> 今日东亚之状态，方纷纭扰攘，陷于内部之争。然至欧洲之战云既收，交战各国和约告成，则东亚诸邦必将联合缔盟，造成强国之浑一体，而代表黄白两人种之两种文明，必将于斯起莫大之冲突矣。
>
> 因此冲突而起之战争，则在世界史上将开未有之先例。盖此种战争非如昔日，悉本于军事或产业之关系，而为原于两种人生观、两种宗教观、两种民族精神冲突之战争也。[60]

如所周知，"文明冲突论"是后冷战时代的一个热门话题。根据亨廷顿（Samuel Phillips Huntington）的分析，在冷战结束之后，伴随着意识形态冲突与民族国家冲突逐渐退场，一种"文明间的冲突"将成为一种

〈60〉 章锡琛:《欧亚两洲未来之大战争》（根据德国人台利史原著所写),《东方杂志》第13卷第1号，1916年1月，第23页。

新的冲突范式。[61]但"文明冲突论"并非当代的偶然发明，而是欧洲思想的一个持久命题，"欧亚战争论"就是在第一次世界大战期间出现的"文明冲突论"。与当代"文明冲突论"产生于对后冷战时代的思考相似，这个更早版本的"文明冲突论"产生于对战后政治格局的探究。通过对欧洲战争的反思，"文明冲突论"显示了一种超民族国家的思想，以及关于"后民族国家时代"（尽管其时民族主义方兴未艾）的国际冲突形态的思考。

晚清以降，"欧亚文明冲突论"或"大亚细亚主义"并非新鲜话题。《东方杂志》创刊于1904年日俄战争时期，首卷扉页广告就是上海商务印书馆的《日俄战纪》及《俄罗斯》，插图为日俄皇室及俄军将领照片。创刊号开篇是《新出东方杂志简要章程》，其第一条即为"以启导国民，联络东亚为宗旨"。这一时期的《东方杂志》不但抱着"与日本相为后先，全力而扼东方之霸权，则天下事未可量也"的期待[62]，而且有关黄种民族主义的论述也充斥其间。[63]然而，不但日本近代的"大东亚"思想与欧洲"文明冲突论"之间存在相互衍生的关系[64]，而且两者同样具有帝国主义性质。日俄战争后，围绕"满洲善后"问题，《东方杂志》对于政府在自己国土上严守中立这一形势深感

〈61〉　Samuel Phillips Huntington: "The Clash of Civilizations?", *Foreign Affairs*, Summer, 1993.

〈62〉　孤行：《论中国不能破坏中立》，《东方杂志》第2期，光绪三十年二月二十五日，第27—29页。

〈63〉　创刊号实际上是日俄战争专辑，头条文章《论中日分合之关系》云："近日拒俄之事，乃拒元之事之结果；亚欧之荣落，黄白种之兴亡，专制立宪之强弱，悉取决于此也。"（别士：《论中日分合之关系》，《东方杂志》第1期，光绪三十年正月二十五日，第3页）其他各篇如《论中国责任之重》《祝黄种之将兴》等均有师法美国门罗主义，以亚洲、黄种与欧美、白种相抗衡的意思（闲闲生：《论中国责任之重》，《东方杂志》第1期，第3—5页）。

〈64〉　关于亚洲观念的多重内涵及其演变，参阅拙文《亚洲想象的政治》，见《去政治化的政治：短20世纪的终结与90年代》，北京：生活·读书·新知三联书店，2008。

屈辱[65]，对于英俄围绕西藏、日俄围绕东北、德日围绕胶州湾的争夺备感焦虑，他们一方面相信在"黄白种界之竞争日激日烈"的条件下中日韩联合的必要性[66]，另一方面又觉得日本与其他列强一样虎视眈眈，"谋复国权"而不是什么黄种联合才是救国正道。[67] 1905 年以后，以黄种为中心、以中日联合为内涵的亚洲论逐渐退潮。[68] 代之而起的，是用帝国主义范畴观察包括日本在内的霸权国家的扩张策略[69]，而因应之道也必然展现为捍卫国家权益的政治民族主义。

与日俄战争后的情况略有相似，1914 年 8 月，日本对德宣战，山东权益问题再次成为中国舆论关注的焦点。1915 年 11 月，关于中国加入协约国但无须派兵参战之说开始流传，其中涉及四项条款，即驱逐德国在华一切势力，防遏日本对华侵略，中国向协约国提供军需品，杜绝印度、俄国附近之"一切祸根"。这一动议引发日本朝野反弹，有关中国参战的讨论随即被日本压制。[70] 1917 年 8 月 14 日，冯国璋代理总统终于正式宣布对德奥宣战，但参战动机之一，却是向日本借款以与南方革命党人作战。在欧洲战争接近尾声之际，有关中国

〈65〉 孤行：《满洲善后问题》，《东方杂志》第 2 期，光绪三十年二月二十五日，第 21—29 页。

〈66〉 可权：《论各国对现时旅顺之意见》，《东方杂志》第 5 期，光绪三十年五月二十五日，第 79—82 页。《东方杂志》第 10 期（光绪三十年十月二十五日）转载《大公报》八月初二日的社论《中国衰落非日本之福说》，亦谈及中日韩联合的必要性，但对日本"乘战胜之余威""向中国多方要索"深感忧虑。见该期第 231—233 页。

〈67〉 新华：《论中国无国权》，《东方杂志》第 5 期，光绪三十年五月二十五日，第 82—86 页。

〈68〉 这一时期对于日俄战争的解读也从黄种、亚洲等问题转向了政体问题（即立宪政体战胜专制政体），如《东方杂志》第 6 期（光绪三十一年六月二十五日）转载同年八月十八日《中外日报》的文章《论日胜为宪政之兆》，以日俄战争为例，批评专制政体，鼓吹中国的立宪改革，第 115—117 页。

〈69〉 例如，佩玉：《日本之帝国主义》，《东方杂志》第 8 卷第 4 号，1911 年 5 月，第 16—18 页。

〈70〉 相关讨论不仅《东方杂志》有之，《青年杂志》也同样十分关注，例如《青年杂志》第 1 卷第 4 号（1915 年 12 月）所载"国内大事记"头条即"引入协约问题"，对相关报道加以转载。

将成为战后世界经济战之战场的看法在欧美、日本逐渐兴起，中国知识界对于日本在战后安排中的角色的疑虑日渐深重。[71] 至 1919 年巴黎和会召开，《凡尔赛和约》签订，德国在山东的权益和胶州湾的租借地全部被转让给日本。在这一条件下，中国朝野对于日本版的"大亚细亚主义"已经毫无兴趣，他们更关注的是"大亚细亚主义"的帝国主义内涵。[72]《东方杂志》在讨论中日关系与"亚细亚主义"问题上出力尤多，例如高劳（杜亚泉）在第 12 卷第 4 号发表《日本要求事件》、章锡琛在第 12 卷第 6 号发表《日本要求事件之解决》（同期发表译作《日本之军国主义》）、许家庆在第 13 卷第 10 号发表《战后远东列强之地》（译《太阳报》末广重雄原著），从不同角度详尽披露中日交涉过程，深度说明胶州湾问题。[73] 因此，并不奇怪，在《欧亚两洲未来之大战争》发表三个月之后，章锡琛又发表《大亚细亚主义之运命》对前文加以修正和补充。他批评"大亚细亚主义"的笼统和缺乏实践计划，从七个方面分析阻碍"大亚细亚主义前途"的条件，即"列强既得之地步也""亚洲诸国现在及将来实质基础之薄弱也""执行机关上之缺陷也""亚洲诸邦之相互猜忌也""诸邦之目的不同也""利益之不均也""思想之缺陷也"。他据此断言："所谓大亚细亚主义者，

〈71〉 少游：《战后之中国与日本》（译自日本《东方时论》杂志），《东方杂志》第 14 卷第 6 号，1916 年 6 月，第 44—52 页。

〈72〉 关于日本的亚洲政策和大亚细亚主义问题，《东方杂志》给予持续的关注。例如，1917 年《东方杂志》第 14 卷第 3 号，刊载了君实翻译的《日人对于中日亲善论之意见》（第 13—16 页）、《日人之放论》（第 27—39 页）等。在后一篇论文中，日本原作者明确地把世界和平问题与东西文明关系作为观察的角度之一。他不但将日本的大东亚主义等同于美国的门罗主义，而且明确宣示日本对华政策必须与西方列强协同一致（即尊重列强之公约），并在此协同一致中"必当以日本为主，而列强为客，其共同动作以受指导于日本为原则"。

〈73〉 1917 年 1 月，胡学愚述《欧洲大战中之日本》，对于日本在战争中与欧洲各国的联盟和对立等详加分析，文末从英国人的角度提出日本对于中国无野心的看法，调子有所不同。见《东方杂志》第 14 卷第 1 号，第 9—15 页。

徒足以挑拨世界他部分之反感，而终无济于事实。甚愿为此说者之审思熟虑而无徒放言高论以快一时之意也。"〈74〉一年半以后，杜亚泉又从日本《外交时报》上译出《世界人之世界主义》一文，从人种的融合和投资及移民的自由两个方面，论述了白种联合论、泛美主义和亚细亚主义等建立在种族和地域关系之上的概念的局限，倡导一种"世界人之世界主义"。〈75〉杜亚泉是少数关注战后移民问题及其影响的人物之一，他的文明调和论与他对现代世界的经济流动和人口流动的研究有着密切的关系。〈76〉1918 年 11 月，他又翻译并发表浮田和民（Ukita Kazutami, 1859—1946）有关大亚细亚主义的文章，显然对于某种程度的超国家文明体的想法仍然抱有兴趣。〈77〉

"大亚细亚主义"不仅是《东方杂志》讨论的话题，也是当时思想领域共同关心的话题。1919 年，李大钊在《国民》杂志上发表《大亚细亚主义与新亚细亚主义》和《再论新亚细亚主义》两文，正可以与

〈74〉 章锡琛：《大亚细亚主义之运命》，《东方杂志》第 13 卷第 5 号，1916 年 5 月，第 16—18 页。他批评说："善为大言而未尝预定实践之计划，此亚人之通病也。今所谓大亚细亚主义者，其弊正同。夫既揭此巨大之标帜以相号召，则必先有预定之计划，若何而扫除欧美之势力，若何而经营亚洲之疆土，确立军事上经济上行政上巩固之基础，而后乃可以谋进行。"

〈75〉 高劳：《世界人之世界主义》（译自日本《外交时报》），《东方杂志》第 14 卷第 12 号，第 54—57 页。

〈76〉 1918 年，他曾发表《论移民海外之利害》（译自《新日本》杂志）一文，对"移民海外对于本国之经济及社会有何影响"详加讨论，见《东方杂志》第 15 卷第 2 号，1918 年 2 月，第 44—49 页。

〈77〉 1918 年 11 月，杜亚泉在《东方杂志》第 15 卷第 11 号上发表了译自日本《太阳杂志》浮田和民所著的《新亚细亚主义》，此文的副标题为"东洋孟禄主义之新解释"。按照作者的解释，这是一种排除了人种观念、崇尚和平及亚洲自治的主义。又，1919 年 5 月，《东方杂志》在《内外时报》栏发表高元《咄咄亚细亚主义》一文，对浮田和民的"新亚细亚主义"做了严厉的批评，认为"新亚细亚主义就是'大日本主义'的别名罢了"。见该号第 197—199 页。后一期，即该卷第 6 期是"五四"学生运动后出版的杂志，刊首登了学生游行的照片，内文亦有罗罗的《帝国主义资本主义之日本》一文（见该号第 35—39 页）。

《东方杂志》的讨论相互参照。李大钊认为日本的"大亚细亚主义"是以亚洲门罗主义的方式展开的"大日本主义",其实质"不是和平主义,而是侵略主义;不是民族自决主义,而是吞并弱小民族的帝国主义;不是亚细亚的民主主义,而是日本的军国主义;不是适应世界组织的组织,乃是破坏世界组织的一个种子"。[78] 为此,他提出了"新亚细亚主义"的替代方案,其中包含了两个要点:"一是在日本的大亚细亚主义没有破坏之前,我们亚洲的弱小民族应该联合起来共同破坏这大亚细亚主义;一是在日本的大亚细亚主义既经破毁以后,亚洲全体民众联合起来加入世界的组织——假如世界的组织那时可以成立。"[79] 显然,李大钊重视的不是国家间的联合或文明冲突论,而是"全体民众"的联合,从而区域或世界的组织必须是一种以社会革命和社会运动为前提的"民众的大联合"。

2. 文明的调和与现代西方文明的超越

中国知识界对于"大亚细亚主义"的批评产生了一个结果,即不是像日本朝野那样以"亚洲文明"(当然是以日本为中心的"亚细亚文明"或"东洋文明")为单位以与西方抗衡,而是以文明调和为方向对亚欧文明冲突论加以修正和调整。李大钊与《东方杂志》在政治立场上相距较远,但主张文明调和却是一致的。不管具体的判断如何,以欧亚为两极形成文明冲突或调和关系的假说,已经成为这一时代的"问题框架"之一。[80] 1915 年初,钱智修在《伍廷芳君之中西

〈78〉 李大钊:《大亚细亚主义与新亚细亚主义》,《国民》杂志,第 1 卷第 2 号,1919 年 2 月 1 日。又见《李大钊全集》第三卷,石家庄:河北教育出版社,1999,第 147 页。

〈79〉 李大钊:《再论新亚细亚主义》,《国民》杂志,第 2 卷第 1 号,1919 年 11 月 1 日。见同上书,第 357 页。

〈80〉 1917 年 10 月,君实在《东方杂志》第 14 卷第 10 号发表《亚细亚主义》(译自日本《亚细亚时论》杂志)一文,对亚细亚主义持肯定态度,其基本的立场是"以东西文化之融合调和为规",以形成一种类似于泛美主义的"大亚细亚主义"。见该期第 17—20 页。

文化观》中就曾介绍伍廷芳的中西文化论。伍廷芳在谈话中强调亚洲文化的优越：

> 其社会制度，多有非亚洲以外所知者；宗教之对于西洋文明，盖影响甚微者也；而亚洲文明，则无不以宗教为社会之基础。究其结果，则务实之白种人，所以置经济问题之地位，有色人种，则以之置道德问题。据吾人之意，白种人直不解安乐为何物，何以故？以无余暇以享受安乐故。白种人以积财为人生之标准，而吾人则以道德为人生之标准。家庭之维系，所谓有色人种，尤较彼无责任之白种人，更为强固。于是社会之感觉，亦较为锐敏，而个人之受苦者较少也。〔81〕

欧亚分野的基本概念建立在白种与有色人种的种族区分之上，而社会制度、宗教和其他生活方式则在种族分野的基础上构成了文明的分野。但正如泰戈尔对于东方文明的宣扬一样，这一东西文明二元论不以冲突和对抗为宗旨，而是以克服现代文明危机为指向。1916年，泰戈尔赴日本访问，轰动一时。《东方杂志》于年底刊载了胡学愚的《印度名人台峨尔氏在日本之演说》，其言云："吾东方人可不必慕西方之文明，但固守东方固有之文明，发展而广大之，即亦已足。吾东方文明，非政治的，而为社会的；非侵略的、机械的，而为精神的。其所恃之基础在于人道主义之关系。吾东方今既控制世界之潮流，当以世界之问题，引为吾人之问题，发挥东方之文明，使与地上各国之历史相调和。"〔82〕泰戈尔

---

〔81〕 钱智修：《伍廷芳君之中西文化观》，《东方杂志》第12卷第1号，1915年1月，第3页。伍廷芳断言："余敢谓亚细亚，当再以文化沾溉西洋。此非余漫为嘲讽之言也。诚以白种人当受教于有色种之同胞者，其事固尚多耳，如印度，如中国，如日本。……"

〔82〕 胡学愚：《印度名人台峨尔氏在日本之演说》，《东方杂志》第13卷第12号，1916年12月，第49—51页。

从宗教和精神文明的角度对于欧洲战争和现代性的分析〈83〉，极大地鼓舞了中国知识人的文明思考。梁启超的《欧游心影录》、杜亚泉的《静的文明与动的文明》、梁漱溟的《东西文化及其哲学》等大量著作与泰戈尔桴鼓相应，提供了不同版本的、以克服现代危机为宗旨的东西文明论。〈84〉

《东方杂志》以文明为单位考察东西差异由来已久〈85〉，但将这一文明差异作为摆脱膜拜西方的心态、形成"文明自觉"的途径，却是新的动向。对于《东方杂志》而言，"自觉"在这里首先是对盲从西方（或现代）倾向的修正，其次是对盲目否定中国（或传统）倾向的修正，这一点与《新青年》的立场尖锐对立。钱智修将一味崇拜西方、一味贬低中国的思潮概括为与爱国主义相对立的"嫉国主义"，在政治上与杜亚泉的"接续主义"论述一脉相承：

顾近者我国之民情，则大异其是。大自典章制度，微至服御

〈83〉 关于泰戈尔访日的讨论持续了很长时间，从战争期间直至 20 年代来华，络绎不绝。从宗教角度思考战争的文章可以参见鲍少游译自日本《中央公论》的长文《欧洲战争与世界之宗教问题》，见《东方杂志》第 14 卷第 2 号，1917 年 2 月，第 17—29 页。

〈84〉 1923 年和 1929 年，泰戈尔两度访华，不但成为轰动一时的文化事件，也引发了不同派别知识人之间的激烈论争，其根源也正在于对于他的东西文明论的不同评价。在他访华前，冯友兰在纽约访问泰戈尔，并以《与印度泰谷尔谈话（东西文明之比较观）》为题，将谈话发表在《新潮》第 3 卷第 1 号（1921 年 9 月）；与此同时，《东方杂志》第 18 卷第 17 号（1921 年 9 月）发表愈之的《台莪尔与东西文化批判》，介绍瑞士哲学家对泰戈尔的东西文明调和论的批判。泰戈尔第一次访华后，中国共产党人撰文批评泰戈尔的观点，如陈独秀以实庵的笔名在《中国青年》第 27 期（1924 年 4 月）发表《太戈尔与东西文化》，瞿秋白在《向导》第 61 期（1924 年 4 月）发表《太戈尔的国家观念与东方》等文，从不同角度批评泰戈尔的东西文明论。鲁迅在《坟·论照相之类》和《华盖集·马上支日记之二》中对于泰戈尔访华事件的讥讽更是著名的例子。

〈85〉 杜亚泉在接编杂志不久，即发表《东西洋社会根本之差异　译日本〈太阳杂志〉户田博士论文》，见《东方杂志》第 8 卷第 3 号，1911 年 4 月，第 1—6 页。

玩好，一切以欧美为极则。论及本国，辄存鄙夷不屑之意，日是中国人，复何足道者。其与爱国而过，盖用心同偏于一往，而各处反对之极端。吾无以名之，则名之曰嫉国主义。[86]

两年之后，陈独秀在《新青年》上发表《我之爱国主义》一文，对这一思潮和看法做出正式的回应。陈独秀将国家区分两类，一类是民德民力在水平线上的，另一类则是民德民力在水平线下的，断言后者"自侮自伐，其招致强敌独夫也，如磁石之引针，其国家无时不在灭亡之数。其亡，自亡也；其灭，自灭也。…亡之者，虽将为强敌为独夫，而所以使之亡者，乃其国民之行为与性质。欲图根本之救亡，所需乎国民性质行为之改善"。因此，"我之爱国主义，不在为国捐躯，而在笃行自好之士，为国家惜名誉，为国家弭乱源，为国家增实力，我爱国诸青年乎！"他继而列出"勤""俭""廉""洁""诚""信"数德作为"救国之要道"，以一种"所谓持续的治本的爱国主义"与有关"嫉国主义"的指控相对抗。[87]

很明显，文明论战同时也是政治论战，"吾人之自觉"直接关涉如何估价中国及其政治价值——如果以西方为普遍尺度和政治规范，那么，中国是否还存在自身的政治传统和政治价值？如果中国的危机是由文化衰败引发的基础性危机，中国的改造是否必须通过彻底改造这一文化传统（并全面引入西方进步价值）为前提？《东方杂志》和《新青年》的激烈论辩与其说是关于文明调和论与反文明调和论的冲突，毋宁说是有关"何为自觉"的辩论。

〈86〉 钱智修：《正嫉国主义》，《东方杂志》第 11 卷第 4 号，1914 年 10 月 1 日，第 1 页。
〈87〉 陈独秀：《我之爱国主义》，《新青年》第 2 卷第 2 号，1916 年 10 月 1 日，第 1—6 页。

洪宪帝制、政体危机与"新旧思想"问题

（一）共和危机、权力配置与国家传统

在深入所谓"文明自觉"与民初知识人的政治态度的关系问题之前，这里先讨论围绕洪宪帝制而发生的不同派别知识人之间的严重分歧。在这一政治分歧与文化论战之间同样有着深刻联系。若不了解上述文明论得以产生的逻辑与民初政治的关系，政治论战为什么会转化为"新旧思想"问题便难以理解。

在袁世凯称帝（1915 年 12 月 12 日）之前，随着筹安会的活动、古德诺为帝制辩护的文章发表，为解决所谓"国体问题"而进行的一系列活动渐次登场，中国政治领域中的君宪与共和再度成为最为敏感的议题。1915 年 12 月 11 日"解决国体总开票"，洪宪帝制于次日正式粉墨登场。《东方杂志》每月初发行（其他时期也有月中发行的情况），故 1915 年末期并无任何关于称帝问题的报道和评述。但早在 1915 年 10 月，《东方杂志》在"内外时报"栏目头篇刊登了"关于筹安会之辩论"，内收古德诺《共和与君主论》、杨度《君宪救国论》（上、中、下）两篇鼓吹帝制的长文，以及汪凤瀛《致筹安会书》、梁启超《异哉！所谓国体问题者》两篇质疑文章；1916 年初刊行的第 13 卷第 1 期，又在每期必载的"中国大事记"所记前月 11 日、12 日、13 日、14 日、15 日等各条，详载袁氏称帝过程及各项细节。两期报道均谨守客观，未表示明确态度，但《东方杂志》对于这一事件的高度关注是显而易见的。为什么杂志对于帝制事件未做迅速而明确的回应？它的基本立场究竟是什么？它的政治分析与战争分析及文化问题之间的关系如何？

仔细阅读 1915—1916 年间的《东方杂志》，我们可以从它的微妙

态度中察知端倪。^{〔88〕}概括地说，《东方杂志》对于帝制问题的态度可以区分为两个方面。首先是政治态度。《东方杂志》认为称帝事件与其说体现了民主共和与帝制的冲突，毋宁说显示了辛亥革命后中国政体无法形成有机统一的危机。因此，尽管《东方杂志》并不赞成帝制，却体认国家统一和独立问题的至关重要性。早在民国初年，杜亚泉就在《中华民国之前途》中将"地方制"与"外债"问题视为民国的软肋，而他同时发表的《革命成功记》则以冷峻的目光将辛亥革命的成功归结为"各省响应""海军之归附""和议之进行""边境之被动"各条，而不是单纯的革命党人的起义。^{〔89〕}1914 年，杜亚泉又著文指出："今之谈时事者，辄咨嗟太息曰：民国成立，倏已岁余，而内治之纷乱如是，财政之竭蹶如是，外交之危迫如是，长此终古，吾国将不足以自存"^{〔90〕}，提醒人们关心国家认同薄弱、中央政权无力、中央财政匮乏的局面。他的《接续主义》批评民国政治与传统政治的截然断裂，显然是将超越政体差异的国家延续性作为解决国家统一问题的途径。1915年 2 月，他又发表《自治之商榷》一文，对民国以降地方自治的存废进行分析，其基本的结论是："盖自治者，乃授一般人民以自治其事之权，而吾国普通人民之学识经历，方在幼稚，故不可不有所指导而限制之。"^{〔91〕}

从这个角度说，当务之急不是陷入民主与专制的价值论辩，而是探讨中国政体危机的解决之道。1916 年 3 月出版的第 13 卷第 3 号头条为家义的文章《建国根本问题》，无论是时间还是题目，都可以视为

---

〔88〕 杜亚泉对于洪宪帝制的高度关注，也证之于他以高劳笔名出版的《帝制运动始末记》（北京：商务印书馆，1923）。这部著作的底子就是他在编辑《东方杂志》时的追踪观察。

〔89〕 伧父：《中华民国之前途》，《东方杂志》第 8 卷第 10 号，1911 年 4 月，第 1—6 页；高劳：《革命成功记》，同前，第 6—16 页。

〔90〕 伧父：《现代文明之弱点》，《东方杂志》第 9 卷第 11 号，1913 年 5 月，第 1 页。

〔91〕 伧父：《自治之商榷》，《东方杂志》第 12 卷第 2 号，1915 年 2 月，第 14 页。

对洪宪帝制的回应。然而，细读全文，作者未提及共和政治一语，也没有讨论皇权专制问题，而是将"建国根本问题"归结为中央与地方的权力配置问题。作者指出：

> 今日时势，欲谋建国，当……怀一政权分配主义。第一，知中央集权地方分权乃配置之问题，非排斥之问题。第二，知中央政府、自治团体，乃互配之机关，非相克之机关。则种种无谓之辨争，可以消除于无有，而正当之解决可以得之于将来。此诚建国根本问题也。[92]

这一主题在同年第7号、第8号续有讨论，其时洪宪帝制已经垮台，《东方杂志》一方面明确地将帝制运动视为违背民意、天意之举[93]，但另一方面又认为中央—地方的冲突非但没有解决，反而由于这一事变，"集权政策将因之顿挫，分权势力，将因之膨胀，殆无疑义"。[94]

《东方杂志》的判断是以帝制复辟后的形势为根据的。辛亥革命后，各省分裂危机、中央政府危机与外交危机此起彼伏，权力统一问题始终没有解决。清王朝的覆灭与其说是革命的结果，不如说是清代政治不统一、地方军事化的产物。杜亚泉分析说：

> 革命军之起也，各省同时响应，标独立之帜，各设军政府，推举都督，迨形势既成，乃设统一之临时政府于其上。南京之临时政府，殆有联邦政府之观。[95]

〈92〉 家义：《建国根本问题》，《东方杂志》第13卷第3号，1916年3月，第2页。

〈93〉 伧父：《天意与民意》，《东方杂志》第13卷第7号，1916年7月，第1—4页。

〈94〉 伧父：《集权与分权》，《东方杂志》第13卷第7号，1916年7月，第6页。

〈95〉 伧父：《中华民国之前途》，《东方杂志》第8卷第10号，1911年4月，第2页。

这一形势既与中国传统行省体制不同，又使得民国初期的政治问题长期在集权与分权之间摆荡。帝制复辟后，上述各个方面形成了总危机的态势，而地方分裂危机最为显著。袁氏称帝不久，蔡锷、戴戡、李烈钧在云南率先起义，宣布独立，贵州、广西继之；帝制失败后，独立浪潮并未停止，先是广东宣布独立，浙江、陕西、四川、湖南也以不同的方式尾随其后，其他各省势力各显其能，一时政局乱象纷呈。与此相应的，是中央政府危机。护国军义旗初揭，中央政府责令曹锟、张敬尧、李长泰等起兵镇压，四川、湘西、桂边等战火骤起，而北京政府内部权力斗争加剧，段祺瑞、徐世昌因不赞成帝制而先后辞职。1916 年 6 月 15 日，由中央节制的海军公开反对帝制，以海军主力第一舰队为主，公推李鼎新为总司令，加入护国军，宣告海军独立。上述军政两个方面共同构成了中央政府及其军事体制的危机。伴随中国政体危机、中央政府分裂和地方割据的加剧，各国外交紧锣密鼓，围绕外交承认问题，伺机抢占在华利益，不但满蒙、西藏等边疆处于严重的不稳定状态，而且山东及其他内地的权益也岌岌可危。中华民国的外交危机直接地联系着国家的领土完整和主权独立。

在这个思路之下，《东方杂志》将民国的危机解读为"循环政治"[96]的危机，而不是共和与独裁的政治价值冲突所造成的危机。独立浪潮的激发与帝制复辟有着直接的关系，但地方分裂趋势的确是辛亥革命前后始终存在、未能解决的危机。这一时期《东方杂志》对于如何形成中央集权、地方分权及社会自治之间的良性关系的讨论构成

〈96〉 钱智修：《循环政治》："民国之肇建，于兹五年矣。此五年中，政体既突开创局，人物尤备极众夥颐。宜若可百废俱举，一新国民之耳目者，乃夷考其实，则政治之争点，常不过三数事，政争之中心，常不外三数人。始也，由内阁制而总统制，未几，仍由总统制而为内阁制。"那么，如何克服循环政治的逻辑呢？"曰平，曰定。论治则折衷于国情，对人则徐观其后效。毋张之过急，促反动之发生，平之谓也。政制已定，勿轻事更张。困难之来，则排以毅力，毋浅尝辄止。"《东方杂志》第 13 卷第 12 号（1916 年 12 月），第 1、6 页。

了政治思想的一个重要脉络，不但与辛亥革命前这份杂志对于"中央集权"和"寡人专制"的严厉批评形成对照〈97〉，而且也与辛亥革命后杜亚泉本人对于"减政主义"的倡导大不相同。〈98〉在《集权与分权》一文中，杜亚泉指出：

> 半年内之事变，……各省之现象，几与联邦无异。集权政策之效果，何以至于如此，推其原因，一由于政府之集权政策无贯彻之精神……二则由于极端之集权，决不能实现。苟非有相当之分权，则集权亦自然消灭也。〈99〉

他承认"近半年内之事变，固由帝制运动而起，与分权集权之问题，无所关系"，但同时强调"就我国之现势而言，极端之集权固属不能，极端之分权亦为不可。则以分权太甚，对外之势力益弱，且各省之间，难保不发生冲突，至破坏国家之统一也。况现今所谓地方分权者，其实际不能谓之地方分权，只能谓之个人专权于地方而已"。面对全面性的政治危机，他的建议是："一将政务分为统治、官治、自治三项"；"军事外交交通三者，直辖于中央，取集权主义，以固国家之统一；财政、司法及民政中之警察事务归官治，教育、实业及其他公益事务归自治，使地方团体不得强制人民，而专图人民之福利"……〈100〉

〈97〉 除了伧父本人的论述外，其他文章也多有涉及，例如日后成为青年党创始者之一的陈启天就专门撰文论述省制问题，回应洪宪帝制后的中央权力与地方权力的关系问题。陈启天：《省制论略》，《东方杂志》第 14 卷第 1 号，1917 年 1 月（续前号），第 10—16 页。

〈98〉 杜亚泉：《减政主义》，《东方杂志》第 8 卷第 1 号，1911 年 2 月，第 4—10 页。

〈99〉 伧父：《集权与分权》，《东方杂志》第 13 卷第 7 号，1916 年 7 月，第 5 页。

〈100〉 同上，第 6 页；伧父：《集权与分权》（续前号），《东方杂志》第 13 卷第 8 号，1916 年 8 月，第 1—5 页。

（二）"国家主义"与"政治主义"的区分

用建国问题、集权与分权问题回应洪宪帝制危机，凸显出《东方杂志》对于国家统一和独立问题的关注远远超过了对共和—独裁的政治价值的关注。讨论国家统一和集权的必要性既不等同于从民主政体的角度反对独裁专制，也不等同于赞成国家边界的过度扩张。[101]杜亚泉批判大政府主义，但并不将大政府主义归结为传统专制制度的产物，恰恰相反，大政府主义是当代世界各国的普遍现象。从这个角度看，政府之大小问题既不能放置在传统与现代的二元关系中讨论，也不能放置在民主与专制的二元关系中进行分析，而只能放置在现代政治自身的危机中加以观察。[102]这一论述是一个转折，它意味着《东方杂志》及其同道开始将中国政体危机置于现代政治危机的框架中进行讨论，而不是仅仅将帝制问题放在专制传统的叙述中加以分析。洪宪帝制失败之后，杜亚泉明确宣布："共和政治，不适于吾国之国情，此帝制派之扬言，以为改革国体之口实也。今记者敢仿效彼等之口吻，以谓'民主立宪之政治主义，不适于现今之时势'。"杜亚泉在民国初立时即关心"联邦非联邦"、"分权制与集权制"及"共和折中制"等问题[103]，但对于革命与立宪持热诚欢迎的态度。在1913年发表的《中国政治通览》中，他将中国的政治潮流概括为革命运动与立宪运动，前者"改君主国为民主国"，后者"变独裁制为代表制"，"民主立宪之中

〈101〉1917年3月，杜亚泉（高劳）在头条位置发表《个人与国家之界说》，提出"巩固个人之地位"的必要性，指出"个人对于国家，各有相当之责任"，反对将"强个人以没入国家"，亦反对"强国家以迁就个人"。见《东方杂志》第14卷第3号，1917年3月，第1—5页。

〈102〉在《减政主义》一文中，他说："今各国政府，组织繁复之官僚政治，视社会上一切事务，均可包含于政治之内，政府无不可为之，亦无不能为之。政权日重，政费日繁，政治机关之强大，实社会之忧也。"《东方杂志》第8卷第1号，1911年2月，第5页。

〈103〉伧父：《论共和折中制》，《东方杂志》第8卷第11号，1911年5月，第1—5页。

华民国，即由此二大政潮之相推相荡而成"。[104] 但时隔数年，他提出的却是"民主宪政主义"是否适用于中国的问题。

那么，什么是"政治主义"呢？杜亚泉说：

> 民主立宪，为吾国民之政治主义，吾人谓其不适于时势，绝非谓铲除此政治主义乃能适于时势也。……吾人意见，不但不反对政治主义，且极赞助政治主义，而希望此主义之急速完成。必此主义完成而后，吾国民乃可应时势之要求，以与列强角逐于二十世纪之世界。故政治主义不适于时势云者，所以警告吾国民使审察时势力谋政治主义之进行，俾吾国得于短少之时间中，经过此政治主义之时代，以入国家主义之时代。……夫一国之进步，常有一定之程序，欧洲诸国既由政治主义以进于国家主义，吾国前途，于此种程序，自亦不能凌越。若使吾国今日，毁弃其政治主义，则国家主义，必无从发生。……吾国家在二十世纪之生活，不当于政治主义中求之，而当以政治主义之能否完成卜之矣。……若吾侪国民对于内部政治问题，竟为党人政客之所误，或为官僚武人之所厄，而不能自拔，则瞻望将来，安能实现其国家主义，以当二十世纪之难局哉。[105]

"政治主义"——亦即民主宪政主义——以政府为中心，注重于改造国家内部环境，讲究群己权界，以伸张民权为取向，限制国家权力；而"国家主义"以国家为中心，侧重改造和适应国家的外部环境，强调人民对于保卫国家权利之责任，将国权置于个人权利之上。相对于将

---

[104] 伧父：《十年以来中国政治通览·上编 通论》，《东方杂志》第9卷第7号，1912年1月，第1—2页。

[105] 伧父：《论民立宪之政治主义不适于现今之时势》，《东方杂志》第13卷第9号，1916年9月，第4—5页。

"政治"完全纳入政府范畴的近代主义不同，杜亚泉的"国家"概念有某种自然的性质。所谓区别于"政治主义"的"国家主义"并不等同于用国家统摄一切政治生活。杜亚泉并不排斥政治主义，但希望将其纳入国家主义的框架。按照他对"时势"的分析，如果国民过于注重"政治主义"，极易产生内部分裂趋势，导致外敌乘虚而入。《东方杂志》多次讨论民国在满洲、蒙古和西藏等问题上的损失，而在杜亚泉看来，除了列强的霸权之外，这也正是民初"政治主义"的后果。[106]

"政治主义"的核心是以议会政治为框架的政党政治，对"政治主义"的批评必然包含对政党政治的批评。辛亥革命之后，围绕立宪和政党问题议论纷纭，杜亚泉指出，"果其立宪，则不论何国，无不有政党者"，并主张政党以"调查政务，研究政策，指导国民为目的"。[107]但是，民国既立，议会政治乱象纷呈；洪宪帝制时期，各地的反叛运动多由党人策动，地方分裂和中央政权危机均与政党问题有着莫大关系。这与杜亚泉关于"政党绝不能因地域而存立"而必须"以主义结合，非感情结合"的想法大异其趣。[108]在国家危亡之际，政党之间为求一己目的而竞争，他们经常引入外力，其结果势必加重国家的分裂。1912年，《东方杂志》发表玄览的文章，比较"青年支那党与青年土耳其党"，指出中国革命与土耳其革命均非"全体国民之革命，乃少数政治家偶得之胜利"，"广东进步主义者之言动，即撒罗尼加青年党之言动也。他如执政之腐败，陷国家于倾危，外国之资本，增势力于极度，个人功名心富，国民的奋发力弱，与夫真挚勇敢先忧后乐之爱国者，反为猎官之书生所排斥，骄悍之兵队所压抑。是皆支那与土耳其

〈106〉伧父说："国民苟斤斤于政治主义，则必生邻国之觊觎而招外交之屈辱。更征诸吾国近事，则五年之中，三起革命，政治之改良几何，而满蒙西藏间权利之损失，已不可问矣。此皆持政治主义之国民所宜及时自警告者也。"同上，第4页。
〈107〉伧父：《政党论》，《东方杂志》第8卷第1号，1911年2月，第10、13页。
〈108〉同上，第14页。

同出一辙者也"。〈109〉青年土耳其党（Jöntürk）即奥斯曼统一进步协会，1913 年改名为统一进步党。该党以推翻阿卜杜勒·哈米德二世的专制政权、恢复 1876 年宪法为宗旨，但由于政变流产，许多成员流亡国外。这些流亡群体分为几个主要派别：其中以穆拉德为首的一派受泛伊斯兰主义思想影响，寻求与苏丹妥协的途径，寻求温和的改革；以艾哈迈德·里扎（Ahmed Riza, 1859—1930）领导的派别坚持反对苏丹专制制度的斗争，要求实行普遍和平等的秘密选举，赋予议会权力，实行司法独立；而以萨巴赫丁亲王（Sabahheddin Bey, 1877—1948）为首的土耳其自由主义者，不但要求各民族实行广泛自治，而且主张欧洲列强干涉土耳其内政。1909 年 4 月，青年土耳其党人废黜王权，推行大奥斯曼主义，镇压民族运动，采取亲德政策。1911—1912 年爆发意土战争，1912 年第一次巴尔干战争爆发（保加利亚、希腊、塞尔维亚及黑山三个王国联合发起对土战争）。1914 年 11 月 2 日，在德国的推动下，土耳其对英、法、俄宣战，卷入第一次世界大战。1917 年 1 月，杜亚泉发表《外交曝言》，对中国的外交危机和面临瓜分的威胁详加分析，他再次以青年土耳党人为例，分析政党与国家分裂的关系问题。杜亚泉警告说：

> 设我国政党，不揣时势，效土耳其青年党之行为，致演成巴尔干分裂之局势，则瓜分之祸，即在目前。〈110〉

1918 年，在杜亚泉的上述论述发表一年半之后，土耳其战败投降。10 月 30 日，土耳其被迫签订《摩德洛斯停战协定》，青年土耳其党人政

〈109〉玄览：《青年支那党与青年土耳其党之比较论（译 *National Review*）》，《东方杂志》第 9 卷第 6 号，1912 年 12 月，第 8 页。

〈110〉伧父：《外交曝言》，《东方杂志》第 14 卷第 1 号，1917 年 1 月，第 9 页。

权终结。11 月 4 日，该党宣布自行解散。

杜亚泉的上述议论发表于他被迫卷入与陈独秀的论辩之时，但若比较两者关于政党的看法，并非没有相似之处。在《吾人最后之觉悟》中，陈独秀将中国政治危机归结为人民对于国家和政治缺乏干预的热情，"一般商民，犹以为干预政治，非分内之事；国政变迁，悉委诸政府及党人之手"。〈111〉但是，往下推论，分歧或侧重点之差异也就出现了。陈独秀希望的是一种全民政治，他将"最后之觉悟"定义为"政治觉悟"与"伦理觉悟"两个层次，也即赋予"政治"以"伦理"的内涵，或者说，以伦理作为政治的最终内涵，公众的参与和言论的自由是这一伦理政治的必要条件（或伦理的政治形式）。1916 年，陈独秀回答汪叔潜对他批评政党政治的疑问时，将"党见"与"国民总意"相区分，强调后者才是立宪政治的基础。"从舆论以行庶政，为立宪政治之精神，蔑此精神，则政乃苛政，党乃私党也。"〈112〉从政体形态上看，他对国会作为"代表国民监督行政部之非法行动"的机构也持肯定的态度，指出正是国会在政府借款、外蒙俄约、宋教仁案等事件上发挥了民主的作用。〈113〉与此不同，杜亚泉关心的是政党政治与国家稳定的关系，在他看来，政党组织的目的是"保持政治之均平，助成国家之发达"，但中国政党很有可能重蹈青年土耳其党人的覆辙，"滥用其形式，日相标榜，以为无意识之竞争，亦为买椟还珠者矣。此犹仅就政治上言之也。若从社会一方面而论，则道德新旧之殊异，理论事

〈111〉陈独秀：《吾人最后之觉悟》，《青年杂志》第 1 卷第 6 号，1916 年 2 月，第 3 页。

〈112〉陈独秀：《通信》，《新青年》第 2 卷第 1 号，1916 年 9 月 1 日，第 3 页。

〈113〉陈独秀说："世人攻击国会议员最大之罪状有二：一曰捣乱，二曰无用。所谓捣乱者：大约以其时与政府冲突，或自相冲突；所谓无用者，大约以其未尝建立利国利民之事业；为此言者，盖不知国会之为何物也。国会唯一之责任与作用无他，即代表国民监督行政部之非法行动耳。"《随感录（二）》，《新青年》第 4 卷第 4 号，1918 年 4 月 15 日，第 345 页。

实之差违，两不相容，时生冲突"。〈114〉

政党问题与议会政治条件下的言论自由问题关系密切，而言论自由的运用本身也产生了新的危机："言论自由，出版自由，他人用以促进文明者，吾取法焉，转成为意气之纷争……"〈115〉就言论自由无法呈现国民之总意、政党政治条件下的言论往往陷于偏私之纷争而言，杜的判断与陈的看法未必真正对立。在《言论势力失坠之原因》中，杜亚泉认为现代之言论状况甚至不如传统时代之清议，不但政治张弛、国是得失，言论无所转移，即便一般的社会问题，现代言论并未起到纠正、督促之实效，其根源在于现代言论一方面以公共舆论自任，但另一方面却受控于权势、党派与金钱关系，本质上不可能达成社会共识。〈116〉这一看法与他后来在"东西文明论战"中指责现代中国政治只有"分化"、缺乏"统整"的看法一脉相承。在洪宪帝制前，他对政党政治的批评集中在中国的政党政治的混乱之上，而在"东西文明"问题的脉络下，这一政治批评逐渐指向了西方现代政治模式本身。按照这一判断，中国的政治危机不是传统政治的危机，而是盲目模仿西方现代政治模式的危机。〈117〉

从表面看来，杜亚泉对于帝政与共和两面均加以批评，并无明确政治偏向，但此时（1917）帝制已经失败，而且他以青年土耳其党人导致的国家分裂作为证据，其锋芒暗指"党人""党派"以至整个共和政治却是清楚的。杜亚泉说：

〈114〉伧父：《现代文明之弱点》，《东方杂志》第 9 卷第 11 号，1913 年 5 月，第 5 页。

〈115〉同上。

〈116〉高劳：《言论势力失坠之原因》，《东方杂志》第 15 卷第 12 号，1918 年 12 月，第 1—5 页。

〈117〉值得注意的是，现代政治危机需要通过重铸政治力量（如政党改造）和国家框架才能加以解决，政权配置的讨论并不能直接提供解决方案；《东方杂志》致力于政治分析，却未能提供如何形成新的政治力量的方案。《新青年》并不直接讨论国体与政党问题，但它所推动的"新文化运动"却对新的政治力量的形成和重组产生了巨大作用。

> 此次运动，帝政与拥护共和两方面，虽无显然之国际关系，
> 而外国私人之参与者，已在所不免，如外国顾问之为袁氏奔走者，
> 与他国志士之为民党尽力者，隐然有对峙之势。今后政客党人，
> 当绝对的警戒，对于外交事件，务脱党派之意见。不得牵引外力，
> 入于政争。[118]

杜亚泉对政党政治的批评补充和深化了他对"政治主义"和"民主宪政"的反思。在帝制与共和相互对立的政治语境中，他的姿态后来被陈独秀解读为支持"复辟"并不奇怪。真正的问题是：当杜亚泉以"国家主义"批判"政治主义"时，他的论述就已经蕴含了从"政治问题"过渡到"文明问题"的线索——"五四"时代的政治辩论以文明辩论和文化论战的方式展开是有内在脉络可循的。

（三）两种国家概念：文明国家与民族国家

通过将国家与政治加以区分，杜亚泉暗示了不同的国家类型之间的差异。在他看来，那种建立在"政治主义"基础上的国家是一种独特的文明类型，由于"时势"的压力，中国需要汲取"政治主义"的要素，却更应该关注国家自身的连续性，即国家的地基是自身的文明和历史，而不是其他外来要素。这是一种以文明为内核的国家概念，其政治含义不在政体的形式，而在文明国家间的差异和对抗。在另一篇文章中，他指出："政治乃事务执行之机关，而非质力发生之产地，必民力充韧，百务振兴，而后政治乃有所凭藉。"[119] 这个想法表面是对政治领域的限制，实际却是将"政治"置于日常生活的深厚基础之上，

〈118〉伧父：《外交曝言》，《东方杂志》第 14 卷第 1 号，第 9 页。
〈119〉高劳：《吾人今后之自觉》，《东方杂志》第 12 卷第 10 号，1915 年 10 月，第 3 页。

我们在他较早的文章中可以找到相关的脉络。如在 1913 年 3 月发表的文章《现代文明之弱点》的末尾，杜亚泉说："国基初定，扰乱频仍，对内补苴之不暇，尚无以文明与列强颉抗之余力，亦未达以文明与世界接触之时期也。"而今天所应努力的，正是"发展物质之势力，促进精神之作用，以为文明竞争之准备者，诚切要而不容稍缓者矣"。〈120〉在这里，文明竞争的主体是国家，但竞争着的国家却属于不同的文明。

因此，不同于欧洲民族国家间的竞争，中国与西方国家间的竞争是文明国家间的竞争。这也就暗示了民族国家不是普遍的国家形态，而只是一种国家的文明类型。按照杜亚泉的观察，"政治"必须以独特的文明国家及其生活形态为基础，中国没有必要复制欧洲国家的政治文化。由此，杜亚泉在倡导"国家主义"的同时，也对以军国主义为取向的现代国家主义给予严厉批评。〈121〉他论述道：

> 我国社会内，无所谓团体。城、镇、乡者，地理上之名称，省、道、县者，行政上之区划，本无人格的观念存于其间。国家之名称，则为封建时代之遗物，系指公侯之封域而言，自国家以上，则谓之天下，无近世所谓国家之意义。王者无外，无复有相对之关系，其不认为人格可知。至民族观念，亦为我国所未有。〈122〉

按照这个论述，中国的国家不同于人格性的民族主义主体，中国的地方或区域也因此不会像欧洲国家那样自塑为主体。隐含在这一非人格化的国家形态的描述中的，仍然是一种对于分裂的忧惧。在这个意义

〈120〉伧父：《现代文明之弱点》，《东方杂志》第 9 卷第 11 号，1913 年 5 月，第 6 页。
〈121〉伧父：《国家主义之考虑》，《东方杂志》第 15 卷第 8 号，1918 年 8 月，第 4—9 页。
〈122〉伧父：《静的文明与动的文明》，《东方杂志》第 13 卷第 10 号，1916 年 10 月，第 3 页。

上，这一独特的国家论隐含了一种克服分裂危机的文明取向。如果国家的差异即是文明的差异，那么，《东方杂志》对于帝制问题与共和危机的分析势必从政治态度转向文明态度或文化态度。[123] 在中西区分的前提下，杜亚泉提出的是两种不同国家类型下的两种不同价值取向。在这个框架下，帝国主义与和平主义、民族主义与世界主义的对立不过是建立在西方政治地基之上的两种取向，而杜亚泉所要探讨的，则是在这种对立之外的文明差异。这个分析的逻辑与他对政体问题的分析是一致的，即共和与专制是欧洲政治传统的对立两极，是欧洲政治文化的内部矛盾，而建立在两种文明地基之上的国家形态的差异才是真正的价值差异。这就是他所谓"思想战"的内涵。如果我们不了解他对国家问题的上述独特理解，就会迷失在他本人也未加清晰界定的不同的国家和国家主义概念之中。

（四）"思想战"与"东西文明"二元论

《东方杂志》提出建国及集权与分权问题并不等同于回避政治价值的矛盾，毋宁说他们要重新规划"政治"的含义。这里的关键在于将政治问题归结为文明或文化的问题。在他们看来，将中国政治问题单纯地解读为共和与君宪的冲突已经陷入了一种单一的文化—政治价值

---

[123] 1915 年 1 月，杜亚泉曾主张"社会协力主义"，他认为帝国主义与和平主义处于西方思想的两端，"国家主义之极端，即不和平之军国民主义、民族的帝国主义；而和平主义之极端，即非国家之世界主义、社会主义也"。与此相对照，"我国统一已久，数千年闭关独立，国家主义，不如欧洲之发达；和平主义，亦无以相形而见优绌。故二主义间之冲突，未尝有所经验"。他主张"协力主义"，即"和平的国家主义"或"国家的和平主义"。见伧父《社会协力主义》，《东方杂志》第 12 卷第 1 号，1915 年 1 月，第 1—6 页。"论吾国之现势，保国家之平和，较之保国际之平和，必因之而骚动，故平和的国家主义，直接以保国内之平和，即间接以保国际之平和者也。"协力主义的要旨在于承认国家、国民和种族的差异，"承认各国家之并立于世界，各得自谋其繁荣进步"，并以此为前提进行"协力"。

的框架，误将西方现代国家形态理解为超越文明差异的普遍政治形态。在这里，根本的价值问题即新—旧关系与东—西文明的差异问题。钱智修在《惰性之国民》中问道："今吾国病源何在耶？向谓种族问题之为梗也，救之以革命而如故；向谓专制政治之厉民也，药之以共和而病亦如故。""吾国之病状，而吾欲以惰字一字概之者也，和以救之，以精神上之补剂而已。道德、宗教则其补剂之君也，学术政治则其补剂之臣也。"〈124〉

从这一角度出发，他们提出了"新旧思想"的关系问题。在此之前，1916 年 2 月，《东方杂志》第 13 卷第 2 号以头条位置刊登杜亚泉的学生远生（黄远庸）的文章《新旧思想之冲突》。作者明确地将"新旧冲突"归结为"思想冲突"：

> 自西方文化输入以来，新旧之冲突，莫甚于今日。……盖吾人须知，新旧异同本不在枪炮工艺以及政法制度等等，若是者犹滴滴之水，青青之叶，非其本源所在。本源所在，在其思想。〈125〉

从语调上看，远生的态度仍然偏于新思想的一面，态度也较为激烈，

〈124〉钱智修：《惰性之国民》，《东方杂志》第 13 卷第 11 号，第 1、6 页。

〈125〉远生：《新旧思想之冲突》，《东方杂志》第 13 卷第 2 号，1916 年 2 月，第 1—5 页。远生在文中论述道："学者叙述时代思想之变迁，有三时代，其一曰无意识时代；其二曰批评的时代；其三曰学说构成时代。中国今日，盖方由无意识时代，以入于批评时代之期。""所谓新旧思想冲突之点，不外数端。第一则旧者崇尚一尊，拘牵故习，而新者则必欲怀疑、必欲研究；第二新者所以敢对于数千年神圣不可侵犯之道德习惯社会制度而批评研究者，即以确认人类各有其自由意思，……第三，新者所以确认人类有此自由，因以有个人之自觉，因以求个人之解放，即以认人类各有其独立之人格。……第四，新者所以必为个人求自由，必为国家求其自由者，即由对于社会不能断绝其爱情，对于国家不能断绝其爱情；而旧者束缚桎梏于旧日习惯形式之下，不复知爱情为何物，故其现象，一尚独断，一尚批评；一尚他力，一尚自律；一尚统合，一尚分析；一尚演绎，一尚归纳；一尚静止，一尚活动。"

而两个月后杜亚泉发表的回应文章更强调新—旧、东—西之间的调和，拒绝在两者之间做必居其一的选择。在他看来，中国国民思想之冲突虽然产生于与西洋思想的接触，但并不能化约为东西思想之冲突。他说："吾国民之所谓新思想者，岂能脱离其固有之东洋思想，惟吸收几分之西洋思想而已。而所谓旧思想者，又岂能全然墨守其固有之东洋思想，以排斥西洋思想。然则新也旧也，不过一程度问题。其程度之所由差别，虽复杂多端，综其大要，则或由知识之差违，或由情感之殊异。"除了先天要素外，他又加上"利欲与意气"作为新旧两派相互区分的后天要素。"记者以为吾国他日而果至于灭亡焉，则其灭亡之原因，决不在于维新，亦决不在于守旧，而在此利欲与意气之二点而已。"〈126〉

这就是"新旧调和论"的滥觞。时隔半年之后，杜亚泉不再将新旧问题归结为"程度问题"，而是以文明差异说明"新旧"与"东西"的关系。在这一论述中，调和的基调并未改变，但东西文明的价值冲突却被凸显出来了。《静的文明与动的文明》一文是这一转换的代表作：

> 盖吾人意见，以为西洋文明与吾国固有之文明，乃性质之异，而非程度之差；而吾国固有之文明，正足以救西洋文明之弊，济西洋文明之穷者。〈127〉

与作者早期有关"吾国现在文明之不足恃，已为不可逃避之事实"〈128〉的言论相比，这篇论文的语调有了重要的变化——变化并不在于对中国现状的判断上，而在将欧洲战争危机确定为文明危机的基本判断之

〈126〉伧父：《再论新旧思想之冲突》，《东方杂志》第13卷第4号，1916年4月，第2、6页。
〈127〉伧父：《静的文明与动的文明》，《东方杂志》第13卷第10号，1916年10月，第1页。
〈128〉伧父：《现代文明之弱点》，《东方杂志》第9卷第11号，1913年5月，第5页。

上。杜亚泉认为东西文明的不同产生于东西社会形态的两大差异：其一，西方社会以民族为单位，构成民族的国家，而中国各民族的同化程度较高，即便是割据时代（如南北朝、五代、辽金时期）或少数民族王朝的时代（如元、清两朝），"仍为一姓一家兴亡之战，不能视为民族之争"；其二，西方社会海洋贸易发达，形成竞争激烈的经济形态，而中国的内陆经济以农业为本，安于里井，较少竞争。这两项社会形态的差异导致中西文明各自呈现出"静的文明与动的文明""自然存在与竞争存在"的态势。杜亚泉用人为与自然、向外与向内、团体的竞争与自然的个人、竞争之胜利与道德之修为、以战争为常态与以和平为常态等对称但截然有别的二元取向描述这种文明态势。在他看来，文明并不因其差异而必然产生冲突和对立，由于交往日盛、相互接近，文明间的相互学习、"抱合调和"才是真正的出路。〈129〉

但无论如何，文明异质的判断不可能不在政治思考和社会思考上留下深刻的烙印。《东方杂志》对于政体问题的分析与对战争原因的探讨有着内在的联系——它们共同指向对于"文明问题"和"新旧思想问题"的思考。从编辑方针上看，《东方杂志》力求提供一个全球性的视野观察中国的政治与社会问题，并提供解决之道。那么，两者（国际战争与国内政治）是如何关联起来的呢？第一，在战争与中国政体这两个性质很不相同的问题上，《东方杂志》均强调"思想"的作用，即战争的核心是思想的战争，政体冲突的核心是思想的冲突。这就为将战争分析与政治论战引向文明冲突和思想论战开辟了道路。第二，尽管欧洲战争与中国的政治矛盾产生于各不相同的历史语境，但两者同属于一个时势，受制于同一种逻辑。因此，克服战争危机的方法与解决政治矛盾的道路均与"思想问题"相关。1915 年 3 月，《东方杂

〈129〉伧父：《静的文明与动的文明》，《东方杂志》第 13 卷第 10 号，1916 年 10 月，第 1—8 页。

志》第 12 卷第 3 号以头条位置刊载杜亚泉的《论思想战》一文。作者认为"战争之起因，可依人类进化之程序，分之为三级。其始争得失，进则争利害，更进则争是非。争得失者为事实战，争利害者为事实战亦为思想战，争是非者则思想战也"。他由此断言：

> 今之时代，为思想战之时代。十八世纪民权思想之普及，美利坚独立，法兰西革命；……十九世纪民族思想之发达，意大利合并，巴尔干分裂，其他民族战争之爆发于各地者，更不知凡几。此回澎湃之思潮，更由太平洋印度洋远渡亚东，波及吾国，而有辛亥之役。吾国之思想战，盖以此为著矣。

"思想战"这一概念将各种形式战争、冲突和矛盾归结为思想冲突。按照这个逻辑，晚清以来的政治问题均根源于整个世界思潮的变迁，"辛亥之革命，即戊戌以来极端守旧思想之反动；近日之复古，亦辛亥以后极端革新思想之反响也。地球之存在，由离心力与向心力对抗调和之故；社会之成立，由利己心与利他心对抗调和之故。故不明调和之理，而欲乘一时之机会，极端发表其思想者，皆所以召反对而速祸乱者也"。[130] 在这个普遍联系的观点之下，对战争的思考（如《接续主义》对国家问题的分析）与对政体的讨论（如《论民主立宪之政治主义不适于现今之时势》对"政治主义"的批评）都包含着对国家及其文明价值的关注。对欧洲战争和国内战争的反思没有简单地走向对"战"的否定，而是将"战"转向思想领域，以思想和文化重构被战争和暴力所压抑了的政治。因此，"文化""文明"和"思想"等范畴逐

---

[130] 伦父：《论思想战》，《东方杂志》第 12 卷第 3 号，1915 年 3 月，第 1—3 页。作者进一步论述道："现时欧洲大战争之起因，以记者之观测，则全属于思想之关系。德之大日耳曼主义，俄之大斯拉夫主义，英之大不列颠主义，此皆思想上预期之利也。"

渐上升为思考和讨论的焦点。

调和论与 20 世纪新（旧）文明

（一）19 世纪政治模式的衰落

将政治问题纳入文明问题中加以处理，亦即将政治、经济、军事、制度和技术等问题收摄于"文化""文明"或"思想"问题之内加以展开；由此，对战争的反思与对共和危机的探索也全部被汇集到有关新旧思想与东西文明的反思之中。如前所述，这一方式产生于对欧洲战争与社会危机的观察，它本身就意味着对 19 世纪政治与经济体制的全面宣判，即 19 世纪欧洲所代表的政治模式、经济模式以及隐含其后的价值体系陷入了总体危机，任何回避这一总体危机的方式，都不可能为中国的未来变革提供合适的方法和尺度。杜亚泉说："现代文明根蒂之社会组织亦将死灭，哺食于此组织中之政治组织亦当然死灭。""今大战终结，实为旧文明死灭，新文明产生之时期。"他又分析"两种文明"的区别说：

> 旧文明者，即以权利竞争为基础之现代文明，而新文明者，即以公义公道为基础之方来文明也。但此在欧洲言之则然，若就我国言之，则当易为新文明死灭，旧文明复活之转语。盖我国今日，固以权利竞争为新文明，而以正义人道为旧文明也。我国近二十年之纷扰，实以权利竞争为厉阶，皆食此所谓新文明者之赐，与欧洲国际间纷扰之祸根，实为同物。欧洲所竞争者，为国家权利，故发生国际战争，吾国人所竞争者，为个人权利，故发生国内战争，范围之大小虽殊，因果之关系则一。……故我国之国内

战争，实欧洲国际战争之缩影也。[131]

如果欧洲战争和共和危机都是现代文明自身的危机，那么，如何估价现代文明及其政治价值就成了尖锐的问题。杜亚泉和其他一些同道提出"新旧问题"的目的，是要审查 19 世纪的新观念、新价值和新政治的衰落，进而重新勾勒未来之"新文明"。

什么是戊戌以来之新政治或"西洋之现代文明"？一言以蔽之，即以民族国家为中心的政治文化与以物质文明为中心的资本主义经济，它们的共同特征即以权利为本位的社会—政治体系，而支撑这一社会—政治体系的基本框架是国家。国家与政治的关系渊源于领导权问题。韦伯说："一切自主的领导行为，都可纳入其中。人们谈论银行的通货政策，中央银行的贴现政策，工会的罢工政策，也谈论大城市和城镇的教育政策。某个志愿团体主持人的政策，甚至谈论一个精打细算的妻子试图支配其丈夫的政策。我们今晚的思考，当然不是建立在一个这样宽泛的概念上。我们打算只从一个政治团体——也就是今天的国家——的领导权或该领导权的影响力这个角度，来理解政治。"[132]19 世纪出现了一种新的政治主体即民族国家，以致今天我们在谈论政治这一概念时似乎就是在谈论国家政治（政党、军队、议会和外交等），以致全然忘却了政治与国家的这一独特联系模式只是 19 世纪政治的特征。欧洲战争就是 19 世纪的国家及其政治文化的战争，催生战争的独裁政治、秘密外交、军备竞赛和经济剥夺是现代国家类型及其政治文化的衍生物。杜亚泉承认英、美、法国家的民主政治与德、奥、俄的君主政治有所区别，但即便是后者也不能归结为传统国

〈131〉伧父：《大战终结后国人之觉悟如何》，《东方杂志》第 16 卷第 1 号，1919 年 1 月，第4—5 页。
〈132〉马克斯·韦伯：《以政治为业》，《学术与政治》，北京：生活·读书·新知三联书店，1998，第 54 页。

家的范畴。〈133〉在战争结束之际发表的《国家主义之考虑》一文中，杜亚泉以德国国家主义对内实行专制、对外实行扩张为例，指出"如斯酷烈之国家主义，实非人类理性之所安"〈134〉。在这里，对于德国国家的批判并不仅仅限于德国一国，它也可以延伸至对作为一种文明类型的民族国家及其政治文化的批判。

如前所述，杜亚泉对早期国家主义立场的修正实际上产生于他对两种国家类型的区分。在他的上下文中，所谓国家是一种区别于传统政治形态的现代政治形式。因此，他对国家的批评不是对传统政治形式的批评，而是对现代国家的政治形式——亦即议会多党政治和军事体制——的反思。1917 年 7 月和 9 月，《东方杂志》各以头条位置刊登杜亚泉的《未来之世局》和《真共和不能以武力求之论》两篇文章，全面分析中国政治问题的两个症结，即国体与政党问题。在前一篇中，他设问说："政党之偏私，与武人之跋扈，既为民主主义必之结果，然则民主政体，果不可行，君主专制果不可废乎？"〈135〉在后一篇中，他提出："真共和之成立，不外二因：一为国内农工商业之发达，二为

〈133〉逊斋在《大战争与世界平和问题》（节译美国 Charles W. Elliot 原著）中说："所谓独裁专制者何？一国之政权，为君主或为少数执政者所独操，虽有宪法，而君权独尊，虽有议会，而无节制行政之能力。盖一国大权，为一二人所左右。"见《东方杂志》第 15卷第 2 号，1918 年 2 月，第 12 页。

〈134〉他又补充说："吾人今日所提倡者，固非德意志主义，顾现在世界通行之国家主义，虽不至如德意志之趋于极轨，然其主旨要不外激励人心，团结势力，以求向外之发展。故常含有排斥他人、伸张自己之意味。由是而军国主义、阴谋主义与夫尔虞我诈、此倾彼陷之种种政策，均在所不禁。然此等主义及政策，在国际上可以取得胜利者，在社会上或不免流为弊害也。"高劳：《国家主义之考虑》，《东方杂志》第 15 卷第 8 号，1918 年 8 月，第 4—5 页。

〈135〉伧父说："盖民主主义之试验期间尚不过百有余年，其有待于改良之处，固自不少。""近世民主主义之国家所以巩固，其政体灵敏，其运用者，多赖国家主义调剂于其间，而国家的民主主义，实近世最流行而适当之主义也。"见《未来之世局》，《东方杂志》第 14 卷第 7 号，1917 年 7 月，第 3、4 页。

国民教育之普及。"〈136〉这些观点综合了杜亚泉对于未来政体的观察，即民族国家即将衰落，超大型国家或超大型国家集团即将出现，而在这种超大型政体中，传统民族国家的两大政治力量即政党与武人将会衰落。从未来的角度看，民主政体并非"不可变之公理"。杜亚泉说：

> 所望于政党者，勿依据其运动与诱致所得之地位，自认为真正民意之代表，而恋恋于政党内阁之迷梦，以为万世不易之常经。所望于武人者，勿以为实力所在，何施不可，民主主义由彼等之好意使其存在，而非一定不可变之公理。吾尤望吾蒙眛无意之国民，注目于未来之大势，预备为科学的劳动家以作二十世纪之主人焉。〈137〉

这里提到了"二十世纪之主人"，即与民主政治的主体（如政党）完全不同的、作为未来政治主体的"科学的劳动家"。

"科学的劳动家"是一个新的政治主体，它的出现预示着在19世纪形成的那种国家与政治的牢固联系正在发生转变：国家间战争与阶级间战争、政治军事斗争与市场条件下的权利竞争，政党、军队等政治主体与作为"未来之主人"的劳动阶级同时出现于历史的舞台，后者将催生超越国家范畴的新政治。即便在战争与和平的问题上，阶级斗争和劳工运动也常常比各国政府更具有政治决定的作用。自杜亚泉接手编辑以来，《东方杂志》中始终存在着一条探索"二十世纪之政治问题"的脉络。例如，1911年4月，许家庆发表《二十世纪之政治

〈136〉伧父：《真共和不能以武力求之论》，《东方杂志》第14卷第9号，1917年9月，第2页。

〈137〉伧父说："欧战以后，世界之国家，经政党与武人之扰乱，渐有溶解之势，而数国家联合之大团体，将于此时出现。"见《未来之世局》，《东方杂志》第14卷第7号，1917年7月，第5页。

问题》(译自《新日本》2 卷 1 号所载文章,原题为《非天下太平论》)一文,将"人类之解放、个性之自觉、亚非二洲之自主运动、劳动界之反抗运动、社会党之政治运动、妇女解放运动、妇人参政运动"作为新世纪政治的主要课题。[138]1915 年 3 月,彭金夷在《东方杂志》第 12 卷第 3 号发表文章概括出"二十世纪之三大问题",作者说:"自十九世纪,继承于二十世纪之问题虽多,其中于二十世纪必须解决之最大问题有三。第一,男女问题,女子于政治上社会上,欲与男子占同等地位之问题;第二,劳动问题,资本家对于劳动者之问题;第三,殖民问题,国家与国家间之问题。以上所举三问题中,有一共同之点……即弱者对于强者之问题也。"[139]不是国体与政党问题,而是这些广泛的社会问题构成了未来政治的内容。

这个转变与杜亚泉和《东方杂志》对于"社会之疾病"及平等问题的长期关注有着密切关系。1913 年,杜亚泉按照"生产之分子"与"不生产之分子"的区分,将中国的"社会疾病"归结为"不生产分子"所占比例过大,并试图从土地、资本和劳力等政治经济学范畴探讨中国社会的生产与分配原理[140],而"平等"问题则涉及生计、男女、政治权利等各个方面。因此,《东方杂志》在深入探讨战争、国际关系、国体与政党等问题的同时,也辟出大量篇幅探讨婚姻、家庭、语言、个人、阶级、劳动、土地、人口、迁徙、教育及其他社会问题(如"阶级的奋斗""异性的奋斗"等)。[141]当杜亚泉沿着这一线索探索 20 世纪"新政治""新文明"的时候,他的政治概念超越了 19 世纪

〈138〉许家庆:《二十世纪之政治问题》,《东方杂志》第 8 卷第 10 号,1911 年 4 月,第 1 页。

〈139〉彭金夷:《二十世纪之三大问题》(日本安部矶雄原著),《东方杂志》第 12 卷第 3 号,第 40 页。

〈140〉伧父:《吾人将以何法治疗社会之疾病乎》,《东方杂志》第 9 卷第 8 号,1913 年 2 月,第 1—4 页。

〈141〉伧父:《推测中国社会将来之变迁》,《东方杂志》第 15 卷第 1 号,1918 年 1 月,第 1—6 页。

以政府、政党和国民经济为中心的国家论。

总之，通过对于欧洲战争危机的分析，一种将政治范畴从国家框架中解放出来的可能性诞生了。

（二）19 世纪经济制度的危机

《东方杂志》对于 19 世纪的政治形式的批判始终与对土地、资本和劳动的关系的分析相互关联，这也就为其政治思考提供了一个新的方向，即社会主义的方向，其中心是对以权利竞争为中心的资本主义的批判。[142] 就杜亚泉而言，这一批判同样产生于他对国际战争与欧洲社会的阶级斗争的关系的分析。在《大战终结后国人之觉悟如何》一文中，他指出：资本主义及其社会分配体制滋生了激烈的阶级斗争，而战争正是这一社会斗争的政治显现；真正追求和平的并不是那些政治领袖，而是"各国之下层人民"。从国家间战争的角度看，英、美、法、意为战胜国，但从阶级战争的角度看，俄、德、奥之"社会党实战胜其国之帝王、官僚、军阀，而新造其国家。……"在这个意义上，巴黎和会"谓为阶级战争之讲和会议，讵不可乎？"俄国革命与"过激党人"，德国革命与社会党人，奥匈帝国崩溃后的民族解放运动，比利时、荷兰、西班牙各国的社会民主主义浪潮，所有这些运动均体现着一种由下至上的态势，并共同创造着和谈的局势。[143]

由这一国家间战争与阶级间战争的区别，一种关于超越国家范畴

〈142〉"社会主义与社会政策"问题在《东方杂志》中出现很早，1911 年 6 月，后来接替杜亚泉编辑这份杂志的钱智修就曾发表长文《社会主义与社会政策》，对欧洲社会政策的兴起给予比较系统的介绍，并认为中国亦应刻不容缓地实行之。（见《东方杂志》第 8 卷第 6 号，第 1—10 页）此后各卷（如第 8 卷第 12 号）对于欧洲社会党尤其是德国社会党和法国社会党的情况也有详细介绍。

〈143〉伧父：《大战终结后国人之觉悟如何》，《东方杂志》第 16 卷第 1 号，1919 年 1 月，第 1—8 页。

的社会主义政治的萌芽产生了。杜亚泉说：

> 我国有志者，当此时会，一方面当劝勉国人实行政治上、精神上之社会主义，以纾未来之祸，一方面当留意于世界改革之大势，明其真相，悉其主旨，详其利害……[144]

在这里，"社会政策"是对自由竞争的资本主义的限制，而"纾未来之祸"一语则暗含对于布尔什维主义式的激进革命的警告。如前所述，杜亚泉明确地将"科学的劳动家"视为"二十世纪之主人"，试图在19世纪的政治与20世纪的政治之间做出清晰的区分。[145]在战争结束之际，他专门研究欧洲劳动争议的解决方法，以备未来中国之需[146]，并将"劳动主义"的观念追溯至中国传统内部。[147]在1917—1918年间，杜亚泉和《东方杂志》对俄国革命和德国革命的发生及其社会基础进行追踪观察，不但完全认同社会主义者对资本主义及其生产方式的批判，而且承认"过激主义"是对"资本主义之横暴""专制主义之固执""生活困难之苦痛""智能道德之低下"等"现代社会缺陷"的回应。如果将这些分析与李大钊在《庶民的胜利》、蔡元培在《劳工神

〈144〉伧父：《大战终结后国人之觉悟如何》，《东方杂志》第16卷第1号，1919年1月，第8页。

〈145〉这些新的议题同样产生于他对战争期间欧洲社会的观察。在战争初期，他指出："欧洲之国家，战争一起，举国一致。其国家观念之强，诚为吾侪所惊叹。而其社会中之一部分，即劳动阶级之观念，全与权力阶级异趣。彼等深知战胜之利益，多为权力阶级所获得，分配于劳动阶级者极少。故常常限制军备反对战争为主义，长与他国之同阶级者亲昵，而与同国之权力阶级相抗争。彼等之观念，以阶级为境域，不以国家为境域，其国家观念决不及阶级观念之强 。……而彼等之势力，实足牵制欧洲之国势。……欧洲各国，或渐悟穷兵黩武之非计……"见伧父：《大战争与中国》，《东方杂志》第11卷第3号，1914年9月，第6页。

〈146〉高劳：《劳动争议之解决方法》，《东方杂志》第15卷第1号，1918年1月，第13—22页。

〈147〉伧父：《劳动主义》，《东方杂志》第15卷第8号，1918年8月，第1—3页。

圣》、陶履恭在《欧战以后的政治》中所做的分析相比较，相似之处是多于相异之处的。[148]

但是，《东方杂志》的主张接近于欧洲社会党人，其核心观点是以"社会政策之厉行""民主主义之确立""殖产兴业之奖进""平民教育之普及"等社会主义方法克服资本主义弊病。它与《新青年》之间的分歧在于更为具体的解释不一致（可以参见李大钊在《BLSHEVISM 的胜利》中的观点）。在《续记俄国之近状》中，杜亚泉断言法国革命能够诉诸中间阶级的同情，而俄国革命则是一个底层的激进革命。在他看来，由于俄国帝制具有政教合一的特征，颠覆政体必将导致宗教的衰落；而宗教衰落的结果是道德与信念无所皈依，从而社会混乱就是必然的。[149]这个关于俄国政教体制的看法与康有为有关孔教的讨论不能说没有一些相通之处。在《对于未来世界之准备如何》一文中，杜亚泉说：

> 社会主义者，以现世界之经济制度根本错误，致生产分配不均，贫富悬隔太甚，过激者因而欲废弃地主资本家之特权，将一切生产匀配于劳动者之手，此等均富之说，共产之论，骇人听闻，予辈殊不欲效其口吻。第其所揭示现世界经济制度之破绽，实已确不可掩。
>
> 在吾人观念中之未来世界，就其近者而言，……固不认均富共产之可以实行，惟十八九世纪沿习而来之自由竞争主义，必因受生存权之反抗，大减其势力。[150]

〈148〉李大钊《庶民的胜利》、蔡元培《劳工神圣》、陶履恭《欧战以后的政治》均发表在《关于欧战的演说三篇》总题下，刊于《新青年》第 5 卷第 5 号，1918 年 11 月 15 日，第 436—441 页。

〈149〉高劳：《续记俄国之近状》，《东方杂志》第 15 卷第 1 号，第 37—42 页。

〈150〉伧父：《对于未来世界之准备如何》，《东方杂志》第 15 卷第 10 号，1918 年 10 月，第 2、6 页。

在这一思想指导下,《东方杂志》力图将社会主义与"过激主义"(布尔什维主义)、理论上的共产主义(无政府主义)与"过激主义"、民主主义与"过激主义"区分开来。1919年6月,《东方杂志》甚至以《过激思想与防止策》为题专门探讨避免"过激主义"的方法问题[151],其基本立场十分清楚。

《东方杂志》对俄国革命尤其是"过激主义"的态度与《新青年》日后的发展大异其趣,但此时《新青年》尚未大规模转向马克思主义和俄国革命,布尔什维主义及"过激派"问题并不是两个刊物之间发生争执的焦点。《新青年》与《东方杂志》均以东西文明或新旧思想为中轴展开讨论——恰恰由于这一共享的前提,一场包罗万象的论战才会在文化论战的形式下展开。因此,值得注意的是杜亚泉、陈独秀等如何将政治分析置于文明分析的框架之下。这里仅以杜亚泉的《中国政治革命不成就及社会革命不发生之原因》一文为例。在这篇论文中,作者将政治革命与社会革命置于不同社会条件和文化传统之中加以观察。在他看来,政治革命和社会革命依存于具体的历史条件和文化传统,其成败与否不能归因于偶然的人为因素,而必须考虑革命模式与文明的关系是否合拍。[152]在分析俄国"十月革命"时,杜亚泉力图从历史关系中阐述革命主体的诞生,他指出:无产阶级包含"劳动阶级"与"中等阶级"两个不同的部分;在传统社会中,"中等阶级"产生于与贵族、武士、僧侣等阶级的对立之中,他们充任官吏、教员、自由职业者和专门人才,实为"社会组织之中坚";但在资本主义条件下,"新中等阶级"的经济地位陷于"无产阶级化"的境地,从而成为区别于作为有产阶级一部

〈151〉君实:《过激思想与防止策》,《东方杂志》第16卷第6号,1919年6月,第1—10页。

〈152〉伧父:《中国政治革命不成就及社会革命不发生之原因》,《东方杂志》第16卷第4号,1919年4月,第5页。

分的"中产阶级"的社会阶层。革命或"过激主义"就是由这一独特的阶层率先引发的。[153] 在俄国，由于资产阶级不发达，从贵族阶级中分化出来的知识阶级直接与劳动阶级相结合，越过政治革命的阶段，产生了空前的社会革命。在德国，政治革命尚未成功，贵族阶级与资产阶级联合起来共同对付劳动阶级。为什么第一次世界大战始于德国的主动挑衅？根源在于面对无产阶级的兴起，贵族阶级与资产阶级想借对外战争以扩张自身势力，最终的结果是劳动阶级排斥军国主义并催生社会革命。[154]

杜亚泉对于"中等阶级"的分析与他对中国游民阶层的观察有着内在联系。秦政以降的中国社会，由于各种制度安排，知识阶级人数众多，知识程度愈益降低，同时又无其他技能支撑日常生活，遂成为一种既不属于财产阶级，也不属于劳动阶级的"过剩的智识阶级"；而在劳动者中，也由于生育过多、资质不高，产出"过剩的劳动阶级"，亦即"游民阶级"。中国历史上的革命多为这两个阶级共同构成的以重造贵族社会为规律的游民革命或帝王革命。中国的辛亥革命虽然深受欧洲政治革命的影响，但由于中国资产阶级"大都不解立宪共和为何物，初未尝与闻其事，提倡之者为过剩的智识阶级中之一部分，加入者为过剩的劳动阶级中之兵，事实上与从前之帝王革命无稍异，其模拟欧洲之政治革命者，不过中华民国之名称，及若存若亡之数章约法而已。革命以后，名义上不能建设贵族政治，实际上握政权之官僚或武人，大率为游民首领之贵族化者。政治革命之不成就，决非吾人所能讳言"。[155] 因此，中国的变革与其循政治革命与社会革命的道路，

〈153〉高劳：《中等阶级》（译自日本《太阳》杂志），《东方杂志》第16卷第6号，1919年6月，第19—23页。

〈154〉伧父：《中国政治革命不成就及社会革命不发生之原因》，《东方杂志》第16卷第4号，1919年4月，第1—7页。

〈155〉同上，第5页。

不如从消除两种过剩阶级及其文化着手。这个反对革命的结论与鲁迅《阿Q正传》对于辛亥革命的观察其实有着许多共同之处，但区别在于前者试图通过文明调和来解决中国政治问题，而后者却暗示着革命的不可避免。

总之，通过对于19世纪经济模式和阶级问题的社会主义分析，一种将政治奠基于社会和文明之上的可能性也诞生了。

（三）"新旧文明"之辩证

就对18—19世纪的西方政治模式的批判而言，《东方杂志》与《新青年》共享着许多前提。我已经引述过陈独秀关于"十八世纪以来的政制已经破产"的判断。[156] 他所谓"站在社会的基础上造成新的政治"的诉求，就是超越政治革命的阶段，将社会改造，而不是国家、政党作为"新政治"的地基。按照这个新政治的概念，政治不再等同于国家，政治问题也不再等同于国体与政党问题，政治领域与经济领域及其他社会领域的清晰分界随之被取消了。这个看法同样是《东方杂志》的基本立场。在这个意义上，尽管杜亚泉与陈独秀对于共和与传统价值的观点截然不同，但他们对于资本主义经济和政治制度的批判性分析都指向一种新的生活方式、一种与18—19世纪欧洲资产阶级文明截然不同的新文明。

与政治领域从国体与政党等范畴向社会范畴的转变相一致的，是政治范畴从客观领域向主观领域的转变。政治不仅取决于政治组织等物质基础，更取决于构成这一物质基础的主观条件。新文化运动将文化而不是政治置于这场运动的中心位置，就此而言，杜亚泉的立场相差并不遥远，他将造成"政治纷扰之原因"归结为"个人之无道德"、

〈156〉引自陈独秀：《谈政治》，《新青年》第8卷第1号，1920年9月，第1—9页。

"国民之无能力"及"经济之缺乏"三项，其中前两项均与主观状态有关。另一种更为准确的说法也许是：新文化运动与以杜亚泉为代表的思想潮流将文化与伦理置于政治概念的核心，他们在文化上和伦理上的对立也正是一种深刻的政治对立。杜亚泉说："近日政治上之纷扰，起于一种心理作用，乃由精神状态不安之故。"官僚、民党、政官、军人身份不同、主张各异，但他们之间的纷纭扰攘和消长起伏并不构成任何实质性的变化，关键在于其精神状态萎靡不振、道德人格低下卑污。^{〈157〉}正由于此，他断言："社会主义行之于国家之政治上，不如行之于国民之精神上为善。"^{〈158〉}因此，新政治不是一种国家的政治，而是一种思想的政治。

"五四"时代的论战以"东西文明"与"新旧思想"为战场，其前提正在于论战的双方事实上共享着一些前提。在这一论战之中，通过论辩、对立和相互渗透，不同思想和理论立场得以理论化，并催生出与这些理论相关的新政治。《东方杂志》与《新青年》在对"过激主义"和俄国革命的判断上有着明显的区别，但为什么这场论战不是围绕各自在俄国革命、德国革命及共和政治等政治问题上的分歧展开，而是以"新旧调和论"为中心呢？为了说明这一问题，有必要说明"新旧调和论"的逻辑。1917年春天，杜亚泉发表《战后东西文明之调和》一文，篇首即称引托尔斯泰语录云："方今之世，为改革时代，人类生活，当起一大变化。……盖中国、印度、波斯、土耳其、俄罗斯、日本等东洋国民之天职，不独获得欧洲文化之精彩，必当表示真正自由之模范于人类也。"这是在战争背景下对西方危机所做的文明论诊断。杜亚泉指出：经此战争，西方强权主义、帝国主义、物质主义

〈157〉 伧父：《政治上纷扰之原因》，《东方杂志》第15卷第2号，1918年2月，第7—10页。

〈158〉 伧父：《大战终结后国人之觉悟如何》，《东方杂志》第16卷第1号，1919年1月，第7页。

的伦理必将朝向其相反的方向发展，而资本主义经济危机所产生的社会主义潮流必将支配未来的局势。"吾代表东洋社会之中国，当此世界潮流逆转之时，不可不有所自觉与自信。"〈159〉这年底，章士钊在《东方杂志》发表《欧洲最近思潮与吾人之觉悟》一文，将这个"自觉与自信"的内涵挑得很明白，他说："从前欧洲思想之变迁，乃食文艺复兴之赐，现在思想，仍略有复古的臭味。吾国将来革新事业，创造新知与修明古学，二者关联极切，必当同时并举。"〈160〉因此，"复古"是新的，而文艺复兴以降的新思想反而是旧的了。

新旧的辩证法支配了《东方杂志》的论述基调，并不仅限于东西文明问题。1918 年 2 月，杜亚泉发表《矛盾之调和》一文，观察欧洲政治领域的并置现象，即"民众主义"（平等民权等）与"经济界之专制主义"（托拉斯等集中性的经济形式）并置、"国家主义"与"社会主义"并置。他认为应该从这些并置现象中获得"数种之觉悟"：一、天下事理非一种主义可以穷尽，多种主义可以并存互补（如政治自由与经济干涉）；二、两种对立主义之间如果存在某些相似或重叠，即可使之调和（如"社会主义"与"国家主义"）；三、主义是认为之规定，不是天然之范畴，理论上的整然有序并不等同于现实中界限分明，对抗与调和存在于具体的条件之下。〈161〉与这一并置主义相似，张东荪以黑格尔哲学为框架，认为"主义必有正负之两面"，而"两种主义，必为各得真理之一方面，不可偏废"，从而产生了"调和之需要"。据此，他试图在"多数决主义与少数决主义""代表主义与自由意思主义""平等主义与等级主义""单调主义与复调主义""非个性主义与个性主义""齐进主义与率导主义""个人本位主义与社会本位主义""人

〈159〉伧父：《战后东西文明之调和》，《东方杂志》第 14 卷第 4 号，1917 年 4 月，第 6 页。

〈160〉行严：《欧洲最近思潮与吾人之觉悟》，《东方杂志》第 14 卷第 12 号，1917 年 12 月，第 9 页。

〈161〉高劳：《矛盾之调和》，《东方杂志》第 15 卷第 2 号，1918 年 2 月，第 1—6 页。

民主义与国家主义""功利主义与理性主义"之间进行调和,这就是他的以调和为手段的"贤能政治"。〈162〉因此,调和问题不仅是处理东西、新旧文明的方式,也是一种普遍的方式。

在《新旧思想之折中》中,杜亚泉提供了一个以"时势"和事件为叙述框架的新旧观。首先,新旧总是存在于特定的时间点上,亦即"时势变迁"之中,不能以直线时间的观念来辨别新旧;其次,新旧存在于事件及其发生过程之中,因此必须以事件为轴心区分新旧。根据这两个尺度,"戊戌时代之所谓新旧"与"欧战以后现时代之所谓新旧"不能混为一谈,亦不能相互否定。戊戌时代以"仿效西洋文明为新,而以主张固守中国习惯者为旧";而战争改变了整个世界局势,"西洋之现代文明(亦即戊戌时代之新——作者注),乃不适于新时势,而将失其效用"。〈163〉例如,中国的战争以及滋生这些战争的政治基础产生于对欧洲19世纪文明的模仿,形式上为趋新所致,实质则为循旧所致;又如,欧洲的"平民政治"与中国的"仁政"思想、欧洲的和平主义与中国的"大一统主义"观念、欧洲的社会主义与儒家的"大同"理想"忻合无间",看似复古,实为翻新。〈164〉由于战后"中国与西洋各国必处于同一之境遇,故未来文明之创造,不能视为西洋人独有之要求",从而"中国固有文明"(作为战后时代之新——作者注)有可能对"未来文明"有所贡献。〈165〉在这个意义上,以战争作为中轴,新旧关系发生了逆转,即中国固有的"旧文明"是新的,而戊戌以来的"新政治"是旧的,新时代的要求一变而为"复古"。一个不难从中得出的结论是:新文明将诞生于中国传统与20世纪欧洲新文明的调和之中。

〈162〉张东荪:《贤能政治》,《东方杂志》第14卷第11号,1917年11月,第1—44页。

〈163〉伧父:《新旧思想之折中》,《东方杂志》第16卷第9号,1919年9月,第2页。

〈164〉伧父:《大战终结后国人之觉悟如何》,《东方杂志》第16卷第1号,1919年1月,第1—8页。

〈165〉伧父:《新旧思想之折中》,《东方杂志》第16卷第9号,1919年9月,第1—8页。

陈独秀在他质问《东方杂志》的第一篇檄文中举了三篇文章，即刊载于第 15 卷第 6 号上、由平佚译自日本《东亚之光》杂志的《中西文明之评判》[166]和钱智修的论文《功利主义与学术》[167]，以及刊载于同卷第 4 号上的伧父的论文《迷乱之现代人心》。杜亚泉的论文是将中国政治危机置于文明问题的脉络中进行表述的一个典范，而陈独秀对于这篇文章的批判也最为全面和尖锐。那么，杜亚泉的新旧调和论为什么会成为引发"东西文明论战"的关键文本呢？这篇文章的标题将中国危机归结为"现代人心"而不是传统，这一前提最为关键。在这一前提之下，杜亚泉列出四个方面作为中国现代危机的征兆，即"国是之丧失"、"精神界之破产"、"政治界之强有力主义"与"教育界之实用主义"，而这四个方面环环相扣，有着相互衍生关系，其中"国是之丧失"最具根源性。所谓"国是之丧失"指"现代思想，其发展而失其统一，就分化言，可谓之进步，就统整言，则为退步无疑"，实际上暗指议会政治、多党竞争与言论自由或者受制于局部利益，或者为争论而争论，莫衷一是，集众意而不能形成公意。这是现代民主政治的危机。"精神界之破产"指现代人沉浸于"物质的生活中，不遑他顾，本无主义主张之可言"，而少数所谓"有主义有主张者，亦无非为竞争权利与寻求奢侈之手段方便上偶然假托"。即现代的"主义"均为物质利益的直接呈现，"主义"本身缺乏超越的性质，而只是投机的手段，从而根本无法构成公意。由于是非与公意的衰落，"政治界之强有力主义"亦即强权政治应运而生。中国的"秦始皇主义"、欧洲的"德意志主义"与共和时代的强人政治其实正是众议纷纭、天下无道的产物。与上述各个方面相互呼应的，是"教育界之实用主义"——实用主义教育背弃重视精神生活和生活价值的古典传统，而将教育完全"埋没于物质生活之中"。"以实用为教育之

〈166〉平佚：《中西文明之评判》，《东方杂志》第 15 卷第 6 号，1918 年 6 月，第 81—87 页。
〈167〉钱智修：《功利主义与学术》，《东方杂志》第 15 卷第 6 号，1918 年 6 月，第 1—7 页。

主义，犹之以生活为生活之主义，亦为无主义之主义而已。"[168]

上述现象几乎为当时各派知识人所认同，区别在于杜亚泉将这些现象归结为"迷乱之现代人心"，而陈独秀将之视为传统中国的旧病复发。按照杜亚泉的诊断，中国的现代病灶是重"分化"而缺"统整"、重"物质"而无"精神"、重"实用"而无"价值"，政治上的强人政治恰恰是这一现代病的产物。要想治疗这一疾病，不能依靠输入西洋文明，原因在于西洋文明本身"方自陷于混乱矛盾之中，而亟亟有待于救济"，西方思想本是希腊与希伯来两个传统的混合，缺乏内在的统一性。因此，"救济之道，在统整吾固有之文明，其本有系统者明了之，其间有错出者则修整之"。总之，必须以擅长统整之中国文明会通、汲取西方文明，"今后果能融合西洋思想以统整世界之文明，则非特吾人之自身得赖以救济，全世界之救济亦在于是"。[169]换言之，一切输入中国的"主义"都在加速中国分化瓦解和中国精神领域的迷乱无宗，一切解救之道均在于立足中国文明的"统整"工作。

如果将杜亚泉视为文明中心问题的"统整"与"分化"置于他对欧洲战争与共和危机的分析之中，我们不难发现其与集权与分权、大一统与分裂、传统政体与共和、清议与言论自由等各个层次的政治判断之间有着紧密的联系。不同之处在于：这些二元范畴基本上是对现象的归纳，而"统整"与"分化"的范畴却更为抽象和普遍。杜亚泉在此基础上概括中西文明的不同取向，其以新／旧和东／西为杠杆形成的文明调和论的政治指向是十分清晰的。陈独秀对此一口气问了七个问题：1. 中国文明究竟是在儒家统一前为盛还是统一后为盛？ 2. 中国文明统一于儒术还是包含多种学术？ 3. 统一的欧洲中世纪与竞争性的现代西方何为优劣？ 4. 在输入西方学术之前中国精神界是否已经破

〈168〉伧父：《迷乱之现代人心》，《东方杂志》第 15 卷第 4 号，1918 年 4 月，第 5 页。
〈169〉同上，第 6—7 页。

产？5. 在共和条件下保存君道臣节名教纲常是否"谋叛共和"？6. "以中国此时无强力者"为憾的作者是否曾对洪宪时代"称快"？7. 古代精神生活是否即纲常名教，西洋物质文明是否也有精神文明？[170] 这些追问用语尖锐，除了第六条有些勉强外，其他各条均直点要害。

在欧洲战争、俄国革命与现代资本主义的普遍危机之下，"东西文明论战"说到底是一场如何判断现代危机及中国未来道路的大争论。无论其枝蔓伸向何方，这一争论最终取决于开创这一道路的主体究竟是谁。在《中国之新生命》一文中，杜亚泉说：

> 欲知中国之新生命在于何处，统括之不出两途：一、发生新势力以排除旧势力；二、调整旧势力以形成新势力。世界诸国，如法如美，以前者得新生命；如日如德，以后者得新生命也。夫新势力之发生甚难，……旧势力之排除更非易易……故求便利，计效益，自以调整新旧势力形成新势力为最宜。[171]

《东方杂志》对于世界局势和中国困境的描述没有任何其他杂志能及，但它恰恰未能回答由谁来"调整新旧势力以形成新势力"。政客、党人、官僚、学士一一沉陷于"迷乱"之中，我们能够期待他们通过自我修养立地成佛吗？[172] "自觉"的钟声没有在他们心头响起，谁又能

〈170〉陈独秀：《质问〈东方杂志〉记者——〈东方杂志〉与复辟问题》，《新青年》第 5 卷第 3 号，1918 年 9 月，第 206—212 页。

〈171〉伧父：《中国之新生命》，《东方杂志》第 15 卷第 7 号，1918 年 7 月，第 2 页。

〈172〉杜亚泉总结说："盖从前的种种运动，其初亦欲造成一新势力，以与旧势力对抗，其结果则依附旧势力而欲利用之。卒至旧势力愈炽，新势力毫无成就者，其误点所在，一、不于社会生活求势力之根据地，而但欲于政治行使其势力；二、不于个人修养上求势力发生之根本，而但以权谋术数为扩张势力之具，是二者，有一于此，则其势力不能成。故新势力之发生，必不取径于此。"伧父：《中国之新生命》，《东方杂志》第 15 卷第 7 号，1918 年 7 月，第 3—4 页。

够敲给他们听呢？我认为《新青年》与《东方杂志》的分歧不能全然置于东/西、新/旧概念之下加以说明：它们都批判18、19世纪的"旧文明"（从政治模式到经济形态），都拥抱20世纪的"新文明"（社会主义），但政治取舍各不相同。更为清晰的差别在于：《青年杂志》开宗明义，从"青年"问题开始，也即将一代新人的创造作为政治变迁和社会变迁的路径，它与《东方杂志》所共享的旧轨道已然终结的历史意识在这里转化为一种"青春的哲学"。在"文明调和论"的框架下，东西文明、新旧思想被置于一种客观的结构之中，杜亚泉仔细地勾画去取的方法，却无法说明由谁来对之进行汲取与调和，使之陷于一种"无主体的方法论循环"；而"新文化运动"以"运动"界定"文化"，以"文化"创造"运动"，它所召唤的是一个运动的主体，以及这个运动主体的政治。它对传统的激烈批判与对新政治主体的召唤完全一致。杜亚泉相信新政治只能产生于既定的历史与文明，而《新青年》却认为新政治只能产生于与历史的断裂。当杜亚泉从《东方杂志》黯然退场的时刻，"五四"学生运动的声浪仍在中国上空回荡，一种新的政治当真就要登场了——这个新政治是从对政治的拒绝中、在"思想战"的硝烟之中产生的。文化和伦理居于新政治的核心。这是现代中国的第一轮"文化与政治的变奏"，我们将在"短促的20世纪"一再听到它的回响。

2009年2月6日第一稿完成，3月至4月间修订

第四章

科学与政治

现代中国思想中的"科学"概念

"分科之学"、实证方法与社会模型

科学一词是 20 世纪中国使用最为广泛的关键词之一，最初源自日本明治学者西周（1829—1897）于 1874 年在《明六杂志》上对英文 science 一词的汉字翻译。西周深受孔德和穆勒的实证主义思想影响，科学一词的使用是在孔德"分科之学"的理论影响下产生的。在翻译和介绍英国的百科全书时，他说："奥胡斯德坤度（即奥古斯特·孔德。——作者注）类次诸学之见象，由单纯者至有组织者，立五学（天文学、格物学、化学、生体学、社会学）之模范，其立论极精，其识力极高。可谓尽矣……"[1] 除了按照孔德的五科分类的观念界定知识之外，西周特别提倡孔德的实证论和穆勒的归纳法，认为实证论和归纳逻辑为不同领域——除了自然科学各领域外，也包括宗教、道德、艺术和社会领域——共同提供了一种普遍适用的科学方法。在《百学连环》中，他区分了作为科学研究的"学"与作为技术运用的"术"，但同时指出"所谓科学，有两者（指"学"

〈1〉　西周：《知说》第 4 节，《明六杂志》第 22 号，明治七年（1874）十二月，收入大久保利谦编《西周全集》第一卷，宗高书房，昭和三十五年发行，昭和四十五年再版，第 462 页。

与"术"。——作者注）相混，不可判然分别者"[2]。西周早年曾接受严格的儒学训练，他对西方学术的翻译也多使用儒学范畴，例如他将philosophy翻译为性理学、理学、穷理学、希贤学、希哲学，最后确定为哲学。他在《尚白札记》第一部分"统一观"的开头论证说："凡百科学术，有统一观，其事最可紧要"，因为在学术上树立了统一观，可使人之事业就绪，社会秩序安定，家国天下富强，而学者分上事，则在"立统一观与究学术之精微"，但事非一人能得兼，"故立统一观为哲学家所应论究，究学术之精微则存于专攻各科学术者"[3]。

与明治日本相似，在晚清时代，"科学""诸学"等概念所指的知识均与西方知识或西学有关，引入这些专门知识是为了变法自强。因此，科学概念的使用与翻译西方知识有着密切的关系。康有为说："夫中国今日不变法日新不可，稍变而不尽变不可，尽变而不兴农、工、商、矿之学不可，欲开农、工、商、矿之学，非令士人通物理不可。凡此诸学，中国皆无其书，必待人士之识泰西文字然后学之。泰西文字非七年不可通，人士安得尽人通其学？不待识泰西文字而通其学，非译书不可，译书非二十行省并兴不可。"[4] 19世纪90年代，中国学者开始使用"科学"一词，这直接源自日本书目。例如，康有为编、1898年春由大同译书局梓行的《日本书目志》卷二"理学门"下列有"科学入门 一册 普及舍译 三角五分""科学之原理 一册 本村骏吉著 五角五分"等条目，"科学"一词在此涉及的是以物理学为中心的有关自然的知识。但同时列入的还有"理科教授法""理科通志""理科

〈2〉 西周：《百学连环》，《明六杂志》第22号，明治七年十二月刊（1874年12月19日），据岩波书店2009年版《明六杂志》，山室信一、中野目彻校注，中册，第236页。
〈3〉 西周：《尚白札记》，《西周全集》第一卷，第165—166页。
〈4〉 康有为：《〈日本书目志〉自序》，《康有为全集》第三集，第263—264页。

提要"等条，"理科"一词的使用比"科学"一词更为广泛。[5]该书起稿时间始于1888年，涉及"科学"字样的条目也应该形成于1888—1898年间。值得注意的是，《日本书目志》中列入"理学门"的著作大致包括物理、化学、历法、气象学、地理学、矿物学、生物学、哲学、宗教学、心理学、逻辑学、伦理学等，其他各卷中又分别列有生理门、宗教门、图史门、政治门、法律门、农业门、工业门、商业门、教育门、文学门、文字语言门、美术门、小说门、兵书门等，分类很不严格，但在体例上的确是按照"诸学"的性质和功能进行分门别类。在《日本书目志》的自序中，康有为在各专门之学的意义上使用了"诸学"一词，更接近于作为分类之学的"科学"概念。据王宝平考证，康氏书的来源是《东京书籍出版营业者组合员书籍总目录》（东京书籍出版营业者组合事务所明治二十六年七月编辑出版的销售目录，也就是书店联合会的宣传册），他利用该《目录》的"分类索引"和"发行所分目录"，略加删改，计减了五门（门的命名略有不同），删了2362种书，添了3种书。[6]1902年，梁启超在《地理与文明之关系》的附注中，将"科学"定义为"成一科之学者谓之科学，如格致诸学是也"[7]。在这里，分科之学的范围较之格致的范围更为广阔，以分科为前提的"诸学"也与晚清学制改革有关。在《变法通议·论科举》中，梁启超建议废除科举，建立新学，并建议"用汉唐之法，多设诸科"，而"诸科"的内容包括："明经一科""明算一科""明法一科""使绝域一科""通体一科""技艺一科"（以明"格致制造之理"），"学究一科""明医一科""兵法一科"……[8]在分科的意义上，我们不

〈5〉　康有为：《日本书目志》卷二"理学门"，《康有为全集》第三集，第279页。

〈6〉　王宝平：《康有为〈日本书目志〉出典考》，《汲古》57号，2010年6月，第13—29页。

〈7〉　梁启超：《地理与文明之关系》，《饮冰室合集·文集》之十，上海，上海中华书局，1936，第113页。

〈8〉　梁启超：《变法通议·论科举》，《饮冰室合集·文集》之一，第27—28页。

但可以找到"诸科"与"诸学"之间的一些联系，而且也可以发现作为一种新型的学制的分科之学与科举制度及其知识谱系之间的对立。

大致与此同时，严复在《〈国计学甲部〉（残稿）按语》（这部残稿，未标明原文出处，原作者姓名不详）中也在分科与专门化知识的意义上使用了"科学"一词，但所论的重心是群学（社会学）和国计学（国民经济学），显然超出了自然知识的范围。在引述法国巴黎法典学堂讲师齐察理的原文"以群学为之纲，而所以为之目者，有教化学或翻伦学，有法学，有国计学，有政治学，有宗教学，有言语学"的后面，严复按语云："所不举历史为科者，盖历史不自成科。一是群学，乃（及）一是格物之学，皆有历史。历史者，所以纪录事实，随所见于时界而历数之，于以资推籍因果揭立公例者之所讲求也，非专门之学也。"这里将"群学"与"格物之学"相互区别，将两者置于不同类型的"专门之学"的范围，同时又将它们与"历史"相互区别，隐然为此后社会科学、自然科学与人文领域的分化提供了伏笔。在按语的末尾，他谈到"群学之有公例，而公例必自信，自我观之，且由心志之自繇"[9]，也是对于格物之学与群学所做的进一步区分，即群学所研究的对象是具备自由意志的人，从而与作为格物之学对象的自然或物有重要差异。但严复相信，在"群学"研究中，即便存在"祈向之不灵，前言之不验"的情况，也主要是"原因之未得"，而"不可谓人事为无因果，抑科学之无此门也"[10]，从而将人的活动领域纳入科学研究对象的范围。"科学"在这里是一种分科的、以归纳或演绎方法求得公例的知识谱系，其范围囊括了除历史之外的各种有关自然和社会的特殊学科领域。

〈9〉　严复：《〈国计学甲部〉（残稿）按语》，《严复集》第 4 册，北京：中华书局，1986，第847 页。

〈10〉　同上书，第 848 页。

与西周将"哲学"或"统一观"置于"科学的科学"的地位有所不同，晚清时代的中国士大夫普遍倾向于用"群"的观念、"群学"的范畴统摄知识诸领域，从而将作为分类的知识的科学置于一种社会理想模型的框架之内。这一方式源自孔德、斯宾塞的社会学思想和中国古代思想中有关"群"的观念，即分科之学是与有关社会及宇宙自然的总体观念密切相关的。这也意味着科学及其谱系与一种新的社会共同体的观念具有密切的关系。按照儒学的观念，"群"是"不学而知，不虑而能"的"天下之公例"和"万物之公性"，也是自然之理与道德之理的合一。[11]正因为如此，"诸学"并非杂乱无章的分科知识，而是直接关涉"政""教"的"群术"。在作于1896年的《西学书目表》及其序例中，梁启超将"西学"区分为"学"（声光化电等）、"政"（政治、法律、社会行业的制度）、"杂"（报章、格致、游记等）三类，认为"凡一切政皆出于学，则政与学不能分，不通群学不能成一学，非合庶政不能举一政，则某学某政之各门——不能分"[12]。这种"诸学"分类的结构类似于儒学知识中有关政、教、艺的区分与联系，但不同于儒学的知识谱系，这一并不严格的学科区分是按照实证的原则进行排序的，对于梁启超而言，政、教、艺的结构也就是"先虚而后实，盖有形有质之学，皆从无形无质而生也。故算学重学为首，电化声光汽等次之，天地人物等次之，医学图学全属人事，故居末焉。西政之属，以通知四国为第一义，故史志居首，官制学校政所自出，故次之，法律所以治天下，故次之，能富而后能强，故农矿工商次之，而兵居末焉……"[13]

科学的总体观体现着现代国家以至整个世界体系的政治、伦理和

〈11〉 梁启超：《说群序》，《饮冰室合集·文集》之二，第4页。
〈12〉 梁启超：《"西学书目表"序例》，《饮冰室合集·文集》之一，第123页。
〈13〉 同上书，第124页。

技术结构的有机性。严复按照斯宾塞的社会学观念，以天、地、人的结构建立了一套有关自然、社会和道德的知识谱系，而在这个谱系中居于最高地位的是"玄学"或"炼心制事"之学，居于底层的是算学、化学、电学、植物学，处于中间层次的是农学、兵学、航海、机械、医药、矿务。这一科学的知识谱系与一种在实证基础上建构起来的社会模型密切相关，按照严复的描述，西方社会从底层的生活和生产方式，到上层的国家制度，"其为事也，一一皆本诸学术；其为学术也，一一皆本于即物实测，层累阶级，以造于至精至大之涂，故蔑一事焉可坐论而不足起行者也"[14]。实际上，严复所谓"玄学"是与"群学"密切相关的，前者主要包括数学和微积分，即一种能够对事物的"必然之理"进行总体把握的知识，而后者则是能够将归纳和演绎的方法论运用到政治、刑名、理财、史学等领域的"群学"。[15]"群学者何？用科学之律令，察民群之变端，以明既往测方来也。肄言何？发专科之旨趣，究功用之所施，而示之以所以治之之方也。故肄言科而有之。今夫士之为学，岂徒以弋利禄、钓声誉而已，固将于正德、利用、厚生三者之业有一合焉。群学者，将以明治乱盛衰之由，而于三者之事操其本耳。"[16]在这个意义上，科学以其分科和实证的方式提供了一种新的社会模型及其新的道德原则。

格物致知与科学概念的理学根源

晚清以降直至"五四"新文化运动前后，science 一词有着多个

〈14〉 严复：《原强》（修订稿），《严复集》第 1 册，第 22—23 页。
〈15〉 严复：《西学门径功用》，同上，第 94 页。
〈16〉 严复：《译"群学肄言"自序》，同上，第 123 页。

汉字翻译，科学只是其中之一。"格致学""格物学""穷理学""理学""理科"等对应于 science 的中文语词也广为流传，它们大致相当于自然科学的范畴。这类翻译源于传教士的著述，他们运用儒学术语翻译西方的科学技术概念，如丁韪良（W. A. P. Martin）于 1868 年出版《格物入门》、韦廉臣（A. Williamson）于 1876 年出版《格物探源》等，都用"格物"翻译 science。1874 年，英国驻上海领事倡导建立一个阅览室性质的"格致书院"，后经傅兰雅的提议和董事会批准，将其设为一个工业技术学校和自然科学的研习和教育机构，英文名字为 The Chinese Polytechnic Institution and Reading Room（中国科技学院及阅览室）。傅兰雅作为董事会成员参加了书院的创办。1876 年 2 月 9 日，傅兰雅、徐寿又创办了中国第一份科技期刊《格致汇编》（*The Chinese Scientific Magazine*），以图书连载、科学文论、人物传记、知识问答、科技信息等形式发表各种有关自然科学的知识，至 1892 年停刊，共计出版了 60 卷，在国内外有 51 个代销处。1885 年，傅兰雅还创办了格致书室，这是中国第一家科技专科书店。

格致、格物等概念的使用并不限于传教士的著作和实践，中国士大夫和近代知识分子也广用此语。在 1902 年之前，"科学"一语很少使用，例如，1861 年，冯桂芬倡采西学，"如算学、重学、视学、光学、化学等，皆得格物至理"[17]，并未提及作为总称的科学概念，而是将各学科置于"西学"的范畴内。即便在 1902 年之后，格致等概念也与科学概念并行运用，如梁启超在 1902 年已开始使用"科学"一词，但他发表于同年的、带有近代科学史性质的著作却题为《格致学沿革考略》。这里所谓格致之学囊括了各种以自然科学为中心的分类知识。格致概念也有广狭二义，其广义几乎等同于科学概念。1895 年，严复

---

〔17〕 冯桂芬：《采西学议》，见《校邠庐抗议》（戴扬本评注本），郑州：中州古籍出版社，1998，第 209 页。

在《原强》中说："格致之学不先，褊僻之情未去，束教拘虚，生心害政，固无往而不误人家国者也。是故欲治群学，且必先有事于诸学焉。非为数学、名学，则心不足以察不遁之理，必然之数也；非为力学、质学，则不知因果功效之相生也。力学者，所谓格致之学是也。炙（质）学者，所谓化学也。名数质力四者已治矣，然其心之用，犹审于寡而荧于纷，察于近而迷于远也，故非为天地人三学，则无以尽事理之悠久博大与蕃变也，而三者之中，则人学为尤急切。"[18]这段引文中的第一个"格致之学"指名、数、质、力等"诸学"，而后一个"格致之学"则专指力学，相当于格致概念的狭义用法。商务印书馆于1900年出版了一份专门的科学刊物，即由亚泉学馆编辑的《亚泉杂志》，主编杜亚泉在序言中自述宗旨云："揭载格致算化农商工艺诸科学，其目的盖如此。"[19]这里的格致与数学、化学、商学、工艺等诸领域并举，指物理科学。在《格致学沿革考略》中，梁启超在使用格致概念表述各分科之学的同时，又用格物与穷理分别表示归纳与演绎的科学方法，如谓"及倍根出，专倡格物之说，谓言理必当验事物而有征者，乃始信之。及笛卡尔出，又倡穷理之说，谓论学必当反诸吾心而自信者，乃始从之"等。[20]这也说明这一时期的科学和格致概念与实证主义方法论有着紧密的联系。

除格致、格物等词汇外，晚清民初流行的 science 一词的对译词还有理学、理科、穷理学、艺术等。例如，1906 年 11 月 15 日在上海创刊的月刊《理学杂志》（小说林宏文馆合资社编辑发行，薛蛰龙主编）直接用"理学"命名，它的宗旨是为中国的富强而普及科学。《亚泉杂志》第 7、8、9 册连载有《日本理学、数学书目》，开列"理学总记"

〈18〉 严复：《原强》，《严复集》第 1 册，第 5—6 页。
〈19〉 杜亚泉：《亚泉杂志序》，《亚泉杂志》第 1 期，1900 年 10 月 8 日。
〈20〉 梁启超：《论学术之势力左右世界》，《饮冰室合集·文集》之六，第 112 页。

书目 36 种，物理学书目 64 种，化学书目 86 种，天文学书目 4 种，气象学书目 7 种，博物学书目 18 种，……加之生物学、人类学、动物学、植物学、地质学、地震学、矿物学、算术、代数学、几何学等各科书目，总计理科书目 377 种，数学书目 531 种。除数学外，其他各科均归入"理学"范畴。[21]《科学世界》所载"社说"四篇即有三篇以"理科""理学"命名科学。[22] 杜亚泉用"政治与艺术之关系"作为一篇文章的论题，"政治"指内治外交、兵政工商、士风学政等各种社会生活领域，"艺术"则涵括"航海之术""军械之学""蒸汽、电力之机""铅字、石印之法"等科技实业领域。在这里，"艺术"既没有从实业中完全分化出来形成独立的概念，也没有包含科学研究与技术领域的严格分界。

格致、穷理等概念来自儒学尤其是宋明理学的格物致知论，但在明清之际也日益与一套自然知识联系起来。明代末期，西方传教士在输入基督教义的同时，也带来了"事天爱人之说，格物穷理之论，治国平天下之术，下及历算、医药、农田、水利等"[23]。为了让中国士大夫更易于接受基督教义，传教士们自觉采用"合儒"、"补儒"和"超儒"的策略，在介绍和翻译西方知识时尽可能运用儒学语汇，而明清士大夫也习惯于用"格义"的方式诠释他们接触的外来知识，格物致知这一儒学术语与西方科学技术知识的关联就是这一双重运动的产物。方以智的《通雅》和《物理小识》可为例证，他说："农书、医学、算测、工器乃是实务，……总为物理，当作《格致全书》。……道德、经

〈21〉《亚泉杂志》连载有《日本理学书目》（第 7 册，第 10—13 页，光绪二十七年二月初八日）、《日本理学、数学书目》（第 8 册，第 7—9 页，光绪二十七年三月二十三日）、《日本算学书目》（第 10 册，第 8—10 页，光绪二十七年四月二十三日）。

〈22〉 这四篇"社说"刊于《科学世界》第 1 编第 1 期（光绪二十九年三月初一）：王本祥《论理科与群治之关系》、虞和钦《现今世界其节省劳力之竞争场乎》、虞和钦《原理学》、虞和钦《理学与汉医》。

〈23〉 徐光启：《医学章疏》，《徐光启集》（下册），上海：上海古籍出版社，1984，第 134 页。

济、文章、小学方技，约之为天道人事，精之止是性理物理，而穷至于命，即器是道，乃一大物理也。"〈24〉值得注意的是，方以智对格物致知的解释建立在对"质测"与"通几"的方法论之上，认为事、器、心、性、命、天地乃至天下国家都是物，因而也是格物的对象，从而也都可以用质测（实验、实证）和通几（对一般规律的认识）的方法加以探究。我们可以从质测与通几的方法论中找到后来归纳与演绎、实验与理论等科学方法论的雏形。

徐光启、方以智等人试图在"格物穷理"与"修身事天"之间做出区分，以使前者更接近于（在某些语境中等同于）自然之学，并突破一般所谓理学的藩篱。这为晚清时代用格致概念表述 science 铺平了道路。"格物致知"这一儒学范畴所以能够被用于翻译近代的科学概念，"物"这一概念的转变是其关键。在古典的礼乐范畴内，"物"（或"百物""万物"）不是孤立的、客观的事实，而是处于一定的关系、制度、秩序、规范之中。《周礼·地官·大司徒》有"以乡三物教万民，而宾兴之"之语〈25〉，其中"三物"即六德（知、仁、圣、义、忠、和）、六行（孝、友、睦、姻、任、恤）、六艺（礼、乐、射、御、书、数）。由此可知古典的"物"概念与一整套礼乐规范有着紧密的联系："物"是自然秩序的呈现，而礼乐也是自然秩序的直接体现，从而自然秩序之"物"也是礼乐之规范。在宋明理学的范畴内，"物"与礼乐制度之间的直接联系松动了，它被组织在一个以理和气等概念为中心建构起来的思想体系之中。理学家从《大学》中引出了"格物致知"的命题并加以发挥，朱熹说："所谓致知在格物者，言欲致吾之知，在即物而穷其理也。盖人心之灵莫不有知，而天下之物莫不有理。惟于理

〈24〉 方以智：《通雅》卷首之二藏书删书类略，《方以智全书》第 1 册，上海：上海古籍出版社，1982，第 40—41 页。
〈25〉 《十三经注疏·周礼注疏》，李学勤主编，北京：北京大学出版社，1999，第 1450 页。

有未穷，故其知有不尽也。"〈26〉"格物"的目的是通过"穷理"而"致知"，而"知"在这里主要是一种道德的知识。在宋明理学中，"物"与礼乐秩序的关系疏离了，它不再直接地呈现礼乐规范，而必须通过"格物"的程序——"即物""穷理""至极"——以获得"理"。由于宋儒普遍地相信"理一分殊"，不同事物各有其理，从而为"格物致知"提供了一种认知的含义。这是宋代以降的博物学和自然之学常常被置于"格物致知"范畴之下的原因。在晚清时代，一种以原子论为核心的物质概念为实证科学提供了认识论的前提，"格物"概念中的"物"也就是建立在原子论基础上的事实概念，而"穷理"范畴中的"理"也不再是道德知识，而是指事物的客观规律。

儒学"修齐治平"的道德理想和以"天理"为中心的世界观对于格物致知论的影响从未真正消失。宋明儒者将"天理"视为万物之特性、道德之起源和践履之标准，并以此为基点综合自然、道德和政治等各个方面。在这个思想世界里，对于自然和万物的认识始终是与对政治秩序的认知和道德规范的实践密切相关的。与此十分相似，近代中国的科学概念和格致概念以对自然的研究和利用为中心，但也经常与政治、道德和秩序等范畴相互关联。严复在比较赫胥黎的道德主义和斯宾塞的自然主义观念时，曾把它们之间的区别直接地与唐代中期柳宗元和刘禹锡的"天论"联系起来，实际上是用天论的模式对物竞天择、适者生存的进化法则进行"自然主义的"处理。〈27〉他从近代天演论追溯至柳、刘"天论"，并把刘禹锡的"交相胜、还相用"的"天论"与进化论的"物竞天择"结合起来，这一事实揭示了一种基本的历史关系：即使在进化论的历史观内部，"天论"作为现实秩序合法性依据的方式并没有改变。无论是康有为、梁启超在介绍西方科学时所

〈26〉 钱穆：《朱子新学案》（中），成都：巴蜀书社，1987，第707页。
〈27〉 严复译、赫胥黎著：《严译名著丛刊·天演论》，北京：商务印书馆，1981，第92页。

遵循的"政""教""艺"的结构，还是严复提供的以群学或玄学为中心的科学知识谱系，都把科学发现和科学方法适用于政治和道德领域。在这一语境中，科学及其技术运用不但为利用自然和富国强兵创造了条件，而且它所发现的"秩序"也是人类智慧秩序和道德原则的源泉。因此，天理世界观的衰败和科学世界观的兴起不是简单的兴替关系，它们之间也存在着相互的渗透。

19 世纪晚期至 20 世纪初期的科学概念与进化、进步或天演的范畴有着密切的联系，科学既是实证精神和方法的表现，也是"天演"过程和历史进步的产物。通过激烈的思想批判，科学世界观最终取代儒学天理观，成为一种建立在对于客观规律认知之上的新公理。从晚清至"五四"时代的大量文献中，我们可以从几个方面归纳天理世界观与公理世界观的尖锐对立：第一，公理世界观逆转了天理世界观的历史观，将未来而不是过去视为理想政治和道德实践的根源。这一逆转瓦解了儒学世界观内部所包含的历史中断或断裂的意识，以及由这一意识而产生的接续道统的意志，代之以一种历史延续和无穷进化的意识，以及由这一意识而产生的与过去决裂的意志。在这一历史意识的支配下，不是以个人的道德／政治实践重构道统谱系，而是以一种投身未来事业的方式体现历史意志，构成了新的伦理。第二，公理世界观以一种直线向前的时间概念取代了天理世界观的时势或理势概念：时势和理势内在于物之变化本身，它们并没有将物之变化编织在时间的目的论的轨道上；而直线向前的时间提供了一种目的论的框架，将日常生活世界的变化、转型和发展全部纳入时间目的论的轨道。第三，公理世界观以原子论的方式建构了"事实"范畴，并以此冲击天理世界观的形而上学预设，试图按照事实的逻辑或自然的法则建构伦理和政治的根据。由于原子论式的事实概念的最终确立，任何对于事实的逻辑或自然的法则的反抗都必须以承认事实与价值的二元论为前提。

正如儒学不同派别对于天理和格物致知有着不同的解释一样，近代中国思想家对于科学的理解也包含着不同的路径。严复以理学、易学和实证主义为背景建立起来的公理观，梁启超以心学、今文经学和德国唯心主义为背景建立起来的公理观，章太炎以唯识学和庄子思想为背景建立起来的反公理观，构成了关于现代世界和中国的多种改造方案的三个代表性的方案。它们之间的悖论或相互解构为重新思考现代性问题提供了不同的视角。严复和梁启超代表了两种主流的方向：作为理学世界观和一元论自然观的一种结合，严复的公理观强调世界的内在同一性，认为可以通过格物穷理或实证的方法来理解宇宙、世界和人自身的内在规律性；而由心学、今文经学与二元论哲学（特别是德国唯心主义哲学）综合而成的梁启超思想则强调在自然世界与道德世界之间存在深刻的鸿沟，唯一能够沟通这两个世界的方式是"知行合一"的实践。上述两种"科学世界观"都预设了认知（科学）与实践（道德）在方法论上的同一性：格物致知与知行合一既是认识世界的方式，也是去私存公的道德实践。如果把梁启超的看法与严复加以对比的话，分歧并不在对先验的"公理"或"天理"的预设，而在人与这种先验本质的关联方式：严复认为可以通过实验的方式建立人与物的认知关系，并经由一套认知程序，抵达最终的真理；梁启超则试图在实践（知行合一）的概念之上重建最终的真理的概念（天理或良知），亦即把人的社会和道德实践与"公理"问题在根本上结合起来。

　　对于章太炎来说，"公理"不过是一种压迫和支配性的权力，现代社会在"公理"的名义下实施对个人的压迫，其程度远甚于古代社会及其以"天理"概念为中心的伦理体系。章太炎对"科学公理"的揭露建立在两个基本原则之上。首先，他利用主观认识论的原则区分出两种自然概念：科学所研究的自然不是自存的自然，而是被纳入特定视野和范畴中的自然（为科学所建构的自然），从而这一自然是缺乏内在本质的（没有自性）的自然，它呈现自身的唯一方式是因果律。从这一论点出发，他得出一系列结论："唯物"和"自然"的观念是虚妄的，作为解释体系的科学并不能解释世界自身；"公理""进化"不是宇宙的原理或先验规则，而是人的观念建构；"公理"的创制过程与其说是（作为自然本性的）"公"的展现，毋宁是"私"的曲折的表象。因此，"公理"是控制和支配的代名词。[28] 其次，他把自然的运行从目的论的框架中解放出来，否定进化的道德含义，从而拒绝把个体与进化论的历史目的论相关联，拒绝承认个体的道德取向依赖于社会整体的运行法则，拒绝把个体看作群体进化的工具：个体不是国家和法律的公民，家庭和社会的成员，历史和道德的主体，"主（人）—客（自然）"关系中的主体……总之，个体不能通过它与其他任何普遍性事物的联系来界定它的意义和位置。这种原子论观念的彻底运用恰恰颠覆了在实证主义科学观的基础上建构起来的社会概念。章太炎的反公理的世界观可以视为 20 世纪反思现代性的先声。

科学体制与科学的公理化

科学的力量在于它将普遍主义的世界观与一种民族主义的 / 世界主义的社会体制密切地关联起来，最终通过合理化的知识分类和社会分工将各种类型和取向的人类生活囊括在它的广泛的谱系内部。科学概念的普及与科学作为一个制度化的领域的建构密切相关。与教育制度的改革相配合，在国家的支持下，专业性的科学教育、科学传播和科学研究体制逐渐形成。19 世纪 70 年代的格致书院和《格致汇编》也标志着"格致"不再是士大夫修身齐家的道德活动，而是一种有组

〈28〉 章太炎：《四惑论》，《章太炎全集》第 4 卷，第 443—444 页。

织的、制度化的专门领域。科学期刊、科学教育和科学共同体将科学从一般社会领域中分化出来。据不完全统计，从 1900 到 1919 年五四运动前不到 20 年的时间里，共有一百多种科技期刊创刊：自然科学期刊 24 种（综合性 9 种，数理科学 9 种，地学 2 种，生物学 2 种，气象学 2 种）；技术科学期刊 73 种（综合性 13 种，工业 12 种，交通运输 14 种，农业 29 种，水利 5 种）；医学期刊 29 种。辛亥革命后六七年间创办的刊物比过去的总和增长了两倍。除了 1912 年农林部办的《农林公报》、1907 年广东农工商总局办的《农工商报》等少数报刊属于官办外，大多数科技期刊是由科学团体、大学和一些私人创办的。其中最为著名的当然是中国科学社的《科学》月刊、以詹天佑为代表的中华工程师学会办的《中华工程师学会会报》、最早的科学团体中国地学会办的《地学杂志》等。[29]科学杂志的创办者分布全国各地，大多是专业的科学和技术团体，其中一些水平较高的刊物来自留学国外（如美国和日本）的年轻知识群体。通过科学知识的普及、科学思想的宣传和科学组织网络的形成，一种新的知识社群和文化氛围出现了。

如果将晚清知识分子的科学宣传和实践与民国之后的科学共同体及其实践进行对比，我们可以发现一个明显的转折：以中国科学社等科学共同体的成立及其专业性的学术期刊的出现为标志，民国时代的文化领域出现了科学文化与人文文化的明确区分，而晚清时代的科学宣传则是变法改革和革命宣传的有机部分，严复等先驱者并没有在社会分工上构成一个区别于其他知识分子的独特社群。但伴随着科学共同体及其制度文化的发展，无论在社会成员的组成上，还是出版物的类别划分上，都鲜明地呈现了科学文化和人文文化（或日常文化）的差别，一种新型的社群或共同体出现了。科学

〈29〉 张小平、潘岩铭：《中国近代科技期刊简介》（1900—1919），《辛亥革命时期期刊介绍》IV，北京：人民出版社，1986，第 694 页。

共同体以客观的、以探求真理为唯一目的的方式将自身与其他政治和文化领域区分开来，从而在科学文化与其他文化之间构筑了两种文化的明确区分。科学或科学的这一词汇与客观或客观的概念有了紧密的联系。科学共同体及其活动以其特殊的学科、训练、方法和精确界定的概念重构了人们对自然和人类自身的基本理解，由科学活动而产生的新概念——诸如时间、空间、元素、原子、分子、电气、汽、能量、地史统系……——不仅扩展了人们对宇宙自然的看法，而且也根本改变了人们对世界的想象图景。因此，科学及其相关概念的影响远远地越过了两种文化的分界，成为衡量进步与落后、真实与虚假、对与错的普遍公理。

这种公理化的科学概念与晚清时代的科学概念有着微妙的区分。在晚清时代，文明及其相互竞争问题是中国科学概念的重要历史内涵，人们公认科学研究及其创造的社会规范是西方社会在文明竞争中获胜的主要原因。例如，最早的科学刊物之一《科学世界》刊文说："通世界万国，有急剧的战争，有平和的战争，或战以工，或战以农，要莫不待助于理科。是故，理科者，实无形之军队，安全之爆弹也。……生存竞争将于斯卜之，优胜劣败将于斯观之。"[30] 按照这个判断，科学的重要性来源于对这个时代的新形势的判断，而不是来源于科学本身。在这一背景下，晚清科学刊物发展了在文明冲突论中理解科学的方式，其主要的特点就是将科学放置于东方文明／西方文明、精神文明／物质文明的关系中考察科学的意义。例如，早期科学刊物《科学一斑》第三期发表《伦理学卮言》说："精神之文明为我国所固有，其不逮西洋者，物质文明耳，此差足自豪者也。今西洋方以物质之文明为基础，合精神而一之。中国乃不知吸取物质之文明，联合精神之文明以补我

〈30〉 王本祥：《论理科与群治之关系》，《科学世界》第 1 编第 1 期，光绪二十九年（1903）三月一日。

之短，为欲舍固有之精神，别求所谓物质文明者。亦思精神不存，物质将焉附耶？"[31]在"五四"以后有关科学与玄学的论战中，这种文明二元论为现代知识体系的分化提供了历史的背景；对于陈独秀、胡适等人而言，科学是解放的象征和召唤，也是各类社会文化改革的客观根据。

在"五四"东西文明论战之后，科学与特定的历史文明的联系逐渐被替换为一种有关科学时代的普遍叙述。陈独秀说："现在世界上有两条道路：一条是向共和的科学的无神的光明道路；一条是向专制的迷信的神权的黑暗道路……"[32]在著名的《敬告青年》一文中，陈独秀将"科学"一词与"实利""常识""理性""实证"等概念相联系，而它的对立面则是"虚文""想象""武断"等字眼。[33]根据孔德有关人类进化的描述，人类已经从"宗教迷信时代""玄学幻想时代"发展到了"科学实证时代"，因而"科学的"也必然意味着进步的、合乎历史发展规律的和正确的。[34]我们也可以在更早的文献中找到类似的表述，如吴稚晖认为："科学世界，实与古来数千年非科学的世界，截然而为两世界。以非科学世界之文字，欲代表科学世界之思与事物，牵强附合，凑长截短，甚不敷于应用……不能与世界共同进化而已。"[35]在这一语境中，科学代表着公理———切公理都必须符合科学的规律，我们可以称之为科学的公理化。著名的无政府主义者和科学宣传家吴稚晖说："什么叫做科学？就是有理想，有系统，有

〈31〉《伦理学卮言》，《科学一斑》第 3 期，光绪丁未年（1907）八月，第 139 页。该刊由科学研究会（由上海龙门师范学校的成员组成，该校前身为汤寿潜任院长的龙门书院）编辑发行，1907 年 7 月在上海创刊，月刊，计刊行四期。
〈32〉 陈独秀：《克林德碑》，《新青年》第 5 卷第 5 号，1918 年 10 月 15 日，第 458 页。
〈33〉 陈独秀：《敬告青年》，《新青年》第 1 卷第 1 号，1915 年 9 月 15 日，第 5—6 页。
〈34〉 陈独秀：《近代西洋教育》，《新青年》第 3 卷第 5 号，1917 年 7 月 1 日，第 1—4 页。
〈35〉 吴稚晖：《书神州日报"东学西渐篇"后》，《吴稚晖先生全集》第 2 卷，上海：群众图书公司，1927，第 99 页。

界说，能分类，重证据的便是……"〈36〉"如此，科学者，让美学使人间有情，让哲学使情能合理，彼即由合理得到真正合理之一部分。美学随宇宙而做工不完，哲学随宇宙而做工不完，科学区域，亦即随宇宙向日而扩大，永永不完。物质文明之真正合理者，固是他管辖，精神文明之真正合理者，亦是他管辖。"〈37〉事实上，这一公理化的科学概念也是他的无政府主义政治思想的哲学基础，用他早年的话说："科学公理之发明，革命风潮之膨胀，实十九、二十世纪人类之特色也。此二者相乘相因，以行社会进化自然之公理。盖公理即革命所欲达之目的，而革命为求公理之作用。故舍公理无所谓为革命，舍革命无法以伸公理。"〈38〉科学的公理化为"科学的"这一形容词的广泛流行提供了前提。

20 世纪以降，不但出现了以科学命名的各种门类的知识，如自然科学、社会科学、人文科学等大的分类和政治科学、经济科学、行政科学等小的分类，而且也出现了将"科学"或"科学的"作为形容词和定语的大量用法，如科学发展观、科学执法、科学行政等。科学概念几乎垄断了"真理"领域。在这个时代出现的不同的社会理论也多以科学的面貌出现，马克思主义、实用主义和其他主义都将自己描述为一种科学理论。也正由于此，几乎在科学潮流兴起的同时，针对科学及其霸权的批判思想也构成了 20 世纪中国思想中的另一脉络。在晚清时代，章太炎批判了进化、公理等观念；而在"五四"时代，梁启超、梁漱溟等人从文化的角度批判科学文明的偏颇，成为 1923 年爆发的"科学与玄学"论战的先声。

〈36〉 吴稚晖：《补救中国文字之方法若何》，《吴稚晖先生全集》第 3 卷，第 50 页。
〈37〉 吴稚晖：《一个新信仰的宇宙观及人生观》，《吴稚晖先生全集》第 4 卷，第 138 页。
〈38〉 吴稚晖：《新世纪之革命》，《新世纪》第 1 号，1907 年 6 月 22 日，第 1 页。

文明论战与知识领域的再分化

　　"五四"新文化运动，特别是《新青年》《新潮》以及其他激进的文化刊物，引发了文化界有关东西文化的激烈论战。《东方杂志》《甲寅》《学衡》《国学季刊》等刊物及其作者与以陈独秀、胡适为代表的"新文化运动"展开激烈论战。1923年的"科学与人生观"论战（又称"科玄论战"）是东西文化论战的一个自然的发展。

　　东西文化论战以历史/文化叙事的形式展开，双方对东西文化的合法性论证依赖于各自关于文化的历史叙事。这次论战以"文化"和"文明"为主题，论争的焦点是，究竟以什么文化及其价值为准则或目标确立中国社会、文化、国家的变革方向。梁漱溟出版于1921年底的《东西文化及其哲学》提供了与新文化运动相对抗的文化历史观。根据梁漱溟的界定，"文化……不过是那一民族生活的意欲（Will）"。[39] 这一文化或文明概念依赖于一种个体生命与文明的比喻关系，即如同个体生命一样，文化或文明是一种具有意志和态度的存在。东西文化所以是截然相异、不可调和的，是因为作为文化的起源的"意欲"完全不同。根据上述文化或文明与个体生命的类比关系，梁氏以"西方化"为比较的基准，区分出西方、中国和印度三种文化"路向"，即："西方化是以意欲向前要求为根本精神的。或说：西方化是由意欲向前要求的精神产生'赛恩斯'与'德谟克拉西'两大异彩的文化。"[40] "中国文化是以意欲自为、调和、持中为其根本精神的。""印度文化是以意欲反身向后要求为其根本精神的。"[41] 这三条路向的相互关系在现代的语境中首先体现为梁氏所谓"东方化"与"西方化"的不可通约的

〈39〉　梁漱溟：《〈东西文化及其哲学〉导言》，《梁漱溟全集》第一卷，济南：山东人民出版社，1989，第352页。

〈40〉　同上书，第353页。

〈41〉　同上书，第383页。

关系。科学/艺术、科学/玄学、理智/直觉等主题在梁氏的著作中无非是"西方化"和"东方化"的各自特征，是不同"意欲"的结果。按照这一文化概念，科学与玄学，或者理性与直觉的不可通约性，是由民族文化的不可调和性决定的。我们大致可以将梁漱溟的基本观念归纳为：

东方＝玄学＝艺术＝意见＝玄谈＝本体＝私德＝古化＝第二、三路向

西方＝科学＝学术＝知识＝论理＝现象＝公德＝今化＝第一路向

在梁氏的文化论中，"科学"不只是知识问题，"玄学"也不只是道德问题，它们指涉的是科学与玄学所代表的两种不同的文明问题。在科学的文明中，所有科学、政治、经济、道德、法律、思想等都是科学的、理智的、认识的，而在玄学的文明中，所有的科学、政治、经济、道德、礼法、思想等都是玄学的、艺术的、直觉的。因此，在科学的文明中，不存在科学与道德的不可通约性，因为存在着科学的道德；在玄学的文明中，也不存在道德与知识的不可通约性，因为存在着道德的知识。不可通约性仅仅存在于两种文明之间。

1923 年，张君劢在清华留美预备班发表题为《人生观》的演讲，触发了"科学与人生观"的大论战。从"东西文明"论战到"科学与人生观"论战，最为重要的变化是前者的东/西二元论转化成为后者的科/玄二元论。在第一次世界大战的背景下，人们从两个不同的方向上对科学文明展开批判性思考：在文化上，通过在与西方文明的对比关系中建立中国文化的主体性，否定西方文明的普遍意义；在知识上，通过"科学与人生观"的二元分化，将伦理学、心理学和其他社会科学从自然科学的完整体系中分化出来，进而否定科学公例或科学

规则的普遍意义，实际上也是在知识的领域重建人的主体性。张君劢说："此二三十年之欧洲思潮，名曰：'反机械主义'可也，名曰：'反主智主义'可也，名曰：'反定命主义'可也，名曰：'反非宗教论'亦可也。若吾人略仿孔德时代三分之法，而求现时代之特征之一，吾必名之曰：'新玄学时代'。"〈42〉这个"新玄学时代"的另一表述也可以说是反科学时代。

在"科玄论战"中，张君劢把问题放在"科学与人生观"的对立关系之中，目的在于用"人生观"的自主性、多样性、偶然性、单一性来反对普遍主义的"科学"，从而清晰地区分出自然科学与精神科学的界限。他说："天文学，世界统一者也，未闻有所谓英国天文学法国天文学也"〈43〉；而"精神科学"，如政治学、经济学、心理学、社会学等，却没有"牢固不拔之原则"。〈44〉"人生观"的多样性是和"民族"文化的多元性、个体心理的自主性直接相关的。用精神的多样性来对抗科学的普遍性，用多元的文化和历史来对抗"科学文明"（西方文明）的普遍意义，用主体的差异原则来对抗"科学"的同一原则或公例原则，这就是"科学与人生观"作为一组对举的修辞模式的历史含义。通过科学与人生观的对立，历史文化问题终于转变为抽象而普遍的知识问题：不是中体与西用的差别、东方文明与西方文明的对峙，而是科学与玄学、物理与心理、理性与直觉的对立，构成了讨论的中心问题。正是以此为中轴，普遍的科学知识体系开始分化为不可通约的、具有自主性的不同领域，即科学的领域与精神的领域。

1923 年底，张君劢应泰东图书局之请，编选出版了《人生观之论战》一书。在为这部论战汇编所写的序中，张君劢开门见山地引用穆

〈42〉 张君劢：《再论人生观与科学并答丁在君》(中)，《人生观之论战》(上)，张君劢编，上海：泰东图书局，1923，第64—65 页。

〈43〉 张君劢：《再论人生观与科学并答丁在君》，《人生观之论战》(上)，第29 页。

〈44〉 同上。

勒出版于1843年的著作《演绎的和归纳的逻辑体系》(张译为《论理学》)中关于"人生问题未达科学之境"的慨叹,并指出这一问题在此后的八十年间不仅纷争不绝,而且毫无解决之可能。但是,穆勒对心理与物理的差别的洞察并没有妨碍他在方法上促进心理学和社会学的科学化,而张君劢的努力方向则正好相反,他明确地致力于心理学、社会学和政治学与物理学、天文学等科学领域的严格分离。[45] 张君劢对社会学的批评与他对心理学的看法在逻辑上是一致的。按照他的逻辑推论,如果个人的心理和行为不受因果律支配,那么,由个人行为而成的社会行为则无"公例"可循。[46] "个人心理与社会生活之超于科学外也若此,故我从而断之曰:人生观,主观的也,直觉的也,综合的也,自由意志的也,起于人格之单一性者也。……十九世纪以来,欲进人事于科学之迷梦,今可以觉醒矣?"[47] 根据上述理由,张君劢把心理学和社会学归于人生观领域,不但以之作为与科学性质不同的独立范畴,而且也拒绝了社会科学的概念。在他看来,孔德和马克思在不同的方向上将他们的理论建立在因果律和整体论的公例规则之上,因而都是对人的自由意志的否定。

通过对"科学之限界"的反思,张君劢也提出了一个新的知识谱系,即一个能包容科学与"科学以外之知识"的谱系。在这个谱系中,形而上学、审美、宗教以及道德领域已经从"科学"的谱系中分化出来,并与之并列为独立的知识领域。与原先的科学概念相比,这一知识谱系仍然是一种分科的知识谱系,但居于统摄地位的不再是实证主义社会学,而是形而上学。张君劢说:"虽然分科之研究,不得已也,分科之学之是非,当衡诸于诸学上之最高原理,而融会贯通之,是之

〈45〉 张君劢:《人生观之论战序》,《人生观之论战》(上),第5页。
〈46〉 同上。
〈47〉 同上书,第8—9页。

为形而上学。形上学者，诸学之最终裁判官也。"〈48〉就分科的原则与统一观在这一知识体系中的位置而言，他的这一看法却出人意料地与实证主义者西周的表述十分接近，但不同的是：张君劢不只要求在科学知识领域之上保留"形而上学"的领地，而且还要求在科学知识之外，建立自主性的心理学、社会学、政治学和经济学等领域——这些领域不能由科学或作为科学之科学的"群学"来统摄，而只能由形而上学来统摄——形而上学是一切知识的前提。

中国近代思想中的科学概念深受孔德、斯宾塞、赫胥黎（以及罗素、杜威、马克思）等人对科学和科学方法的解释和运用的影响，也渗透了中国传统的知识论、道德论和宇宙论的因素。作为富国强兵的现代化运动的关键内容和重要手段，科学研究及其技术运用也为新的知识体制和文化话语提供了概念、价值、方法和组织体制。以此为背景，科学公理取代了传统的天理观，为现代世界观的形成奠定了基础。围绕着科学与国家、科学与时代、科学与文明、科学领域与精神领域的关系，近代中国思想中产生了一系列的论战，这些论战不但为科学研究开辟了道路，而且也为近代知识的形成提供了线索。科学是近代中国思想中最为重要的概念之一。

〈48〉 张君劢:《人生观之论战序》,《人生观之论战》(上), 第 15 页。

第五章

预言与危机（一）

中国现代历史中的"五四"启蒙运动

"五四"新文化运动也被称为启蒙运动。要描述这场运动，不能只考察这一运动所提出的思想观点和表述这些思想观点的时序，正如恩斯特·卡西尔在论述西方启蒙思想时说的，"启蒙思想的真正性质，从它的最纯粹、最鲜明的形式上是看不清楚的"，"在这种形式中，启蒙思想被归纳为种种特殊的学说、公理和定理。因此，只有着眼于它的发展过程，着眼于它的怀疑和追求、破坏和建设，才能搞清它的真正性质。这整个不断起伏的过程是不能分解为个别学说的单纯总和的"。[1] 我在这里所要写的主要是思想的叙述而不是事件的记录，但这些思想不仅是那个时代的思想家表述的思想原则，而且是那些有意无意地支配、指导和限制了他们的行动（包括表述某种思想观点）的思想，那些较之明确的观点更为内在、与他们的历史处境和个人经验更为密切的思想。它至少包含了这样两个层次的内容：第一，"五四"新文化运动是由千差万别、相互矛盾的思想学说构成的，然而作为一个统一的历史运动，它实际上必须找到一种基本的精神力量或情感趋向，从而使得各种纷纭复杂的思想学说获得某种"历史同一性"。一切对新文化运动或启蒙的思想运动的历史叙述，都必须在这种"历史同一性"基础上进行，因为只有这样，才能找到打开个别学说和思想原则之迷宫的通道，才不致在观念的

〈1〉　E.卡西尔:《启蒙哲学》"序言"，济南：山东人民出版社，1988，第5页。

大杂烩中不知所措。第二，"五四"新文化运动的历史使命与它用以完成这一历史使命的思想武器之间，存在不存在内在的分裂，也就是说，"五四"新文化运动在提出它的一系列基本命题的时候，是否已经存在自我瓦解的因素？"五四"新文化运动的悲剧性命运在多大程度上源于自身的危机，在多大程度上来自客观的历史情势？"五四"新文化运动的性质、意义和它的命运就隐藏在对于这些问题的解释之中。

"五四"启蒙运动的态度的同一性

启蒙的两种同一性：方法论与态度

假如我们想寻找18世纪西方启蒙运动的一般特征，那么按照传统回答，它的基本特征显然是它对宗教的批判和怀疑的态度。然而，启蒙思想家在几乎一切知识领域——自然科学、心理学、认识论、宗教、历史、法和国家以及美学等——进行重新思考，它显然不能用"态度"这个过于模糊混沌的词来表述。按照卡西尔的观点，启蒙思想千差万别，却存在着一个作为所有这些思想活动的出发点和归宿的清晰可辨的中心：启蒙思想抛弃了17世纪形而上学的抽象演绎的方法，而代之以分析还原和理智重建的方法。启蒙思想家不仅把这一方法论工具运用于心理学和认识领域，还把它运用于历史、宗教批判、法和国家以及美学领域。所谓认识某一对象，就是把它分析、还原为它的终极组织因素，然后在思想中把这些因素重建为一个整体。这种分析重建法正是启蒙哲学最根本的方法论特征，也就是被启蒙运动树为旗帜的"理性"这一官能的真正功能之所在。与此相联系，启蒙哲学在各个思想领域中的活动带有鲜明的经验论的、实证的倾向，它的感觉论的心理学和认识论便是典型的例证。启蒙哲学强烈反对 17 世纪形而上学，反对从原理、原则、公理演绎出现象和事实，而主张从现象和事实上升到原理和原则。正是通过这场斗争，启蒙运动极大地推动了西方思想的世俗化进程，促成了科学的蓬勃发展。这也被认为是启蒙运动最伟大的历史功绩之一。〈2〉

当人们把"五四"运动作为一场启蒙运动来分析时，首先涉及的是这场运动用各种"新"思想批判和否定了中国几千年的封建传统，提出了"人的解放"、"民主"和"科学"等现代思想，并没有人从启蒙思想的方法论特征这一基本线索来描述"五四"新文化运动的复杂内涵。这不是偶然的。新思潮的一些代表人物也曾试图把分析和实验的方法运用于历史、宗教和文学领域，例如吴虞、陈独秀等人对家族制度与专制主义的关系的分析〈3〉，李大钊关于物质变动与道德变动的论述〈4〉，胡适的白话文理论和用实验的方法对《红楼梦》进行的考证……《新青年》第 7 卷第 1 号的《本志宣言》明确声明："我们相信尊重自然科学实验哲学，破除迷信妄想，是我们现在社会进化的必要条件。"〈5〉不能把这仅仅视为受杜威实用主义哲学影响才偶然出现的字句，事实上，启蒙思想家只有对中国社会的政治结构、经济结构、伦理结构……做出精密的分析、还原和重建，才能真正认识从而改造一

〈2〉　参见 E. 卡西尔：《启蒙哲学》第一章"启蒙时代的精神"。

〈3〉　参见吴虞：《家族制度为专制主义之根据论》，载于《新青年》第 2 卷第 6 号，1917 年 2 月，第 10—13 页；陈独秀：《孔子之道与现代生活》，载于《新青年》第 2 卷第 4 号，1916 年 12 月，第 1—7 页；守常（李大钊）：《孔子与宪法》，载于《甲寅》日刊，1917 年 1 月 30 日。

〈4〉　李大钊：《物质变动与道德变动》，《新潮》第 2 卷第 2 号，1919 年 12 月，第 207—224 页；《由经济上解释中国近代思想变动的原因》，《新青年》第 7 卷第 2 号，1920 年 1 月，第 47—53 页。

〈5〉　《本志宣言》，《新青年》第 7 卷第 1 号，1919 年 12 月，第 4 页。

种心理现象和社会现象。一个成功的改革运动，必须具备关于改造对象和改造结果的相对精密而完备的知识，而这种知识的获得又需要理性的分析和科学的实验。这就是西方启蒙思想对于法国以至欧洲的资产阶级革命最为重要的贡献。

然而，试图在"五四"新文化运动中寻找某种一以贯之的方法论特征几乎是不可能的。这不仅因为新文化运动缺乏欧洲启蒙哲学的那种深刻的思想传统和知识背景，更重要的是，中国启蒙思想所依据的各种复杂的思想材料来自各个异质的文化传统，对这些新思想的合理性论证并不能简单地构成对中国社会的制度、习俗及各种文化传统的分析和重建，而只能在价值上做出否定性判断。这里涉及两个方面的问题：第一，"五四"新文化运动所推崇和宣扬的各种新思想主要是从西方搬来，而不是来自对中国社会结构和历史过程的独特性分析，因此许多深刻的思想命题是"悬浮"在人们所处的实际生活状态之上的，它们可能引起人们的震惊，却难以成为全社会持续关注的问题。只有当一种思想与它所分析的对象达到真正契合时，才有可能得出有效的结论。真正地体现了"五四"新思想的历史深度的，是吴虞、鲁迅等人对中国家族制度和礼教的分析和批判，这种分析和批判直接触及了中国社会的专制制度和组织结构之不同于西方社会的独特性，从而也就揭示了中国社会变革之不同于西方社会变革的独特性。他们的分析不仅指向中国社会组织结构和伦理体系对"人"的严重戕害，而且以此说明中国社会变革将不是以皇权或宗教权威的消灭为标志，因为中国的专制主义是渗透在社会的基本细胞家庭及其伦理形态之中，它并不会伴随专制君主的灭亡而灭亡。事实上，一系列肯定性的命题，如个性解放、妇女解放、思想自由等，只有在人们意识到自身所处的实际处境之后才具有它们的历史意义，也正由于此，新文化运动的政治激进性（对于共和的热情）最终呈现为对家庭伦理的激烈攻击和破坏。第二，尽管"五四"时期全面地引入了各种西方思潮和学说，但并不像人们想象的那样，是在几年的时间里"走完了"西方几百年才走过的历程。相对而言，欧洲新兴思想、学说的脉络较为清晰，无论它以如何叛逆的、反抗的姿态出现，我们都能从社会生活的变迁和思维逻辑的衍展中发现它与产生它的社会结构和文化传统的历史的和逻辑的联系。例如马克思主义作为一种崭新的思想体系，它的科学基础、社会生活基础和思维源泉都是十分明晰的。这个学说对于古典经济学、古典哲学和空想社会主义的批判否定是在一种历史逻辑的发展中进行的。然而，对于中国在相当短暂的时期内同时引入的各种学说和社会思想来说，那种内在的历史与逻辑联系并不存在，即使像鲁迅这样深刻的思想家，也可以把施蒂纳、尼采与托尔斯泰、卢梭相并提；许多青年思想家同时信奉着马克思、巴枯宁、克鲁泡特金、列宁、尼采、罗素、杜威……的学说。对于一个思想运动以至一个思想家来说，各种"异质的"学说相并存的局面，是以这些思想学说之间历史的和逻辑的联系的丧失为前提的，因为只有在这个前提之下，各种"异质的"学说之间那种对抗性、矛盾性和不可调和的分歧才能被忽略不计。〈6〉但是，任何一种思想学说丧失了它历史和逻辑的生长环境，也就丧失了它严格的规定性和由这种规定性所产生的历史价值。在这样的历史状况中，寻找作为一个启蒙运动的"五四"新思潮的统一的方法论基础自然变得格外困难。

〈6〉　毛泽东在回忆《新青年》对他的影响时说："在这个时候，我的思想成了自由主义，民主改良主义，乌托邦社会主义等等观念的一种奇怪混合物。关于'十九世纪的民主主义'，乌托邦主义，和旧式的自由主义等等，我有一些模糊的情感，但是我是确定地反军阀主义的……"中国社会科学院近代史研究所（主编）：《五四运动回忆录》（上），北京：中国社会科学出版社，1979，第7页。

评判的方法与态度的同一性

那么，在缺乏统一的方法论基础，缺乏内在的历史和逻辑的前提下，是什么力量使千差万别的学说、个性各异的人们组成了一个"思想运动"或"新文化运动"？在中国历史上，没有一个时代的文人像"五四"新文化运动者那样相互之间（团体之间、个人之间）区别得那么分明，也没有一个时代的文人像"五四"新文化运动者那样在如此分明的歧异中保持着较之"歧异"更为"分明"的"同志感"。这种"同志感"是如何形成的？

这种在各种理论矛盾之中仍然保持着的内在统一性乃是一种"基本态度"。如果说使用"态度"这个词描述西方启蒙运动太过模糊和混沌的话，那么这个词的既明确又模糊的特点却完全适合于"五四"新文化运动的特点：它的统一性和它的模糊性。"态度"不属于理论的范畴，不具备理论逻辑的意义，而是人们对于对象的一种带有倾向性的比较稳定的心理状态。胡适后来回顾说："据我个人的观察，新思潮的根本意义只是一种新态度。这种新态度可叫做'评判的态度'……'重新估定一切价值'八个字，便是评判的态度的最好解释。"[7]根据胡适的看法，这种评判的态度表现为两种趋势。一方面是讨论社会、政治、宗教和文学的种种问题，如孔教问题、文学改革问题、国语统一问题、女子解放问题、贞操问题、礼教问题、教育改良问题、婚姻问题、父子问题、戏剧改良问题等；另一方面是介绍西洋的新思想、新学术、新文学、新信仰，如《新青年》的"易卜生号""马克思号"，《民铎》的"现代思潮号"，《新教育》的"杜威号"，《建设》的"全民政治"的学理，以及北京的《晨报》《国民公报》《每周评论》，上海的《星期评论》《时事新报》《解放与改造》，广州的《民风周刊》等报纸

〈7〉 胡适：《"新思潮"的意义》，《新青年》第 7 卷第 1 号，1919 年 12 月，第 6 页。

杂志介绍的种种西方学说。胡适把这两种趋向归结为"研究问题"和
"输入学理"。^{〈8〉}但是，在当时"反传统"的潮流中，"评判的态度"中
认知的因素远弱于情感的因素，因此不足以在总体上建立起"评判的
方法"。尽管新文化人物在"研究问题"时发表了不少精辟的分析性意
见，但在基本上，"价值判断"的意义远胜于对问题的"结构分析"。
1923 年登场的、由新文化运动的参与者发起的"整理国故"运动和在
这场运动中发展起来的"古史辨"运动具有强烈的方法论取向，但这
些衍生性知识运动的崛起也正是新文化运动衰落的标志。因此，当新
文化运动倡导的"评判的方法"真正落实为一种"方法"之时，这场
文化运动恰恰因为"态度"的分歧而趋于解体。

胡适说："评判的态度，简单说来，只是凡事要重新分别一个好
与不好"^{〈9〉}，对于孔教、旧文学、贞操等的讨论就在于它们对于今人的
"价值"。各种西方思想纷至沓来，同一个群体以至同一个个人可以同
时信奉相互矛盾的学说，其前提就在于"价值判断"而不在方法上的
同一性："对于旧有学术思想的一种不满意，和对于西方的精神文明
的一种新觉悟。"^{〈10〉}因此，"评判的态度"首先是一种价值判断，而不
是"分析重建"，虽然这种判断过程包含了某种"分析重建"的因素，
但从总体上说没有贯彻为一种普遍的方法。胡适《新思潮的意义》一
文别有针对马克思主义传播的含义，但他把"评断的态度"视为"新
思潮运动的共同精神"和"根本意义"，的确抓住了"五四"启蒙运
动的基本特征。1915 年 9 月发刊的《青年杂志》第 1 卷第 1 号发表
陈独秀的《敬告青年》一文，那著名的六条准则概括了《新青年》的
基本倾向："自主的而非奴隶的""进步的而非保守的""进取的而非

〈8〉　胡适：《"新思潮"的意义》，《新青年》第 7 卷第 1 号，1919 年 12 月，第 7 页。
〈9〉　同上，第 6 页。
〈10〉　同上，第 8 页。

隐退的""世界的而非锁国的""实利的而非虚文的""科学的而非想象的"——这六条准则与其说标明了一种思维的方法，不如说建立了一种对待自身和社会的态度、一种道德律令。[11]"五四"人物也意识到"新思潮"自身常常流于空泛，因而强调审慎分析，例如《新潮》"特辟'出版界评'，'故书新评'两栏……就书籍本身之价值批评者甚少，借以讨论读书之方法者甚多"[12]，并指出应分析中国社会的独特性。然而，即使是这些明确地意识到"新思潮"在倡导"科学"的同时却缺乏科学方法的刊物，也并没能真正贯彻它们的宗旨，事实上，"五四"前后的新文化团体和刊物往往是建立在某种"基本态度"之上，它们虽然有时也标榜某种"主义"，但在理论上从未有过纯粹的"逻辑一致性"。茅盾、郭沫若、郑伯奇、鲁迅等人在阐述文学研究会、创造社和语丝派时，不约而同地强调了各个社团内部的分歧，并使用"基本的态度"[13]"创作的态度"[14]"共同的态度"[15]来表述他们的内在"同一性"以及他们相互间的分歧。如果说分歧的个人由于某种"态度"既明确又模糊的统一性形成了团体，那么对立或歧异的团体也由于某种更为基本的"态度"既明确又模糊的统一性形成一个历史性的文化运动。

这就是说，"五四"新文化运动在政治、伦理、哲学和文学等方面呈现了一种"无序"而矛盾的特征，它的内在同一性从表面上是看不出来的：作为一个思想启蒙运动，它找不到一个共同的方法论基础，缺乏那种历史的和逻辑的必然联系。然而，这绝不意味着，"五四"启

〈11〉 陈独秀：《敬告青年》，《青年杂志》第1卷第1号，1915年9月，第1—6页。

〈12〉 《新潮发刊旨趣书》，《新潮》第1卷第1号，1919年1月，第3页。

〈13〉 茅盾：《关于"文学研究会"》，《中国新文学大系·小说一集·导言》，上海：良友复兴图书印刷公司，1935，第4页。

〈14〉 郑伯奇：《中国新文学大系·小说三集·导言》，上海：良友复兴图书印刷公司，1935，第9页。

〈15〉 鲁迅：《我和〈语丝〉的始终》，《萌芽月刊》第1卷第2期，1930年2月，第46页。

蒙运动没有它的内在同一性，只是这种"同一性"不存在于各种观念的逻辑联系之中，而是存在于纷杂的观念背后，存在于表达这些相互歧异的"观念"的心理冲动之中，也即存在于思想者的"态度"之中。近年来引起巨大争议的"五四反传统主义"，就是作为一种对于对象的相对稳定的心理状态，作为一种"态度"，持续地存在于"五四"以及其后的中国历史之中。

新文化运动的基本特征

任何一场思想运动都体现了一种对待历史传统、现实与未来的"态度"，然而，当一场缺乏内在的方法论基础的思想运动仅仅依靠"态度"的统一性来维系自身的时候，它的命运也就不难想象。在进一步论述"五四"提出的启蒙命题的内在逻辑矛盾之前，我想先分析一下在"态度的同一性"基础上形成的"五四"新文化运动的一些基本特征：

第一，"态度"作为一种心理倾向，它总是指向一定的对象，离开了特定的对象，"态度"的同一性也就不存在了。因此，"五四"新文化运动最重要的特征就是它的对象性：对于中国传统文化和社会的批判与怀疑。"态度"的对象性特征决定了这个思想运动的各个组成部分必然在与对象的否定性关系中一致起来：重估一切价值、偶像破坏论成为"五四"时期最为流行的思想口号正说明了这一点。1919 年 1 月，陈独秀在《新青年》第 6 卷第 1 号发表《本志罪案之答辩书》，实际上总结了《新青年》几年来的工作。他指出传统社会"非难本志的，无非是破坏孔教，破坏礼法，破坏国粹，破坏贞节，破坏旧伦理（忠孝节），破坏旧艺术（中国戏），破坏旧宗教（鬼神），破坏旧文学，破坏旧政治（特权人治），这几条罪案"。尽管陈独秀声明，这种"破坏"背后蕴含了一种共同的价值理想，即"只因为拥护那德莫克拉西

（Democracy）和赛因斯（Science）两位先生，才犯了这几条滔天的大罪"。[16] 但实际上，《新青年》同人对"民主"和"科学"的理解并不一致：陈独秀把近世文明归结为人权说、生物进化论和社会主义，而在他看来这一切都来自法兰西革命，人权说出自拉飞耶特（Lafayette）（他甚至认为美国《独立宣言》亦其所作），生物进化说"本诸法兰西人拉马尔克（Lamarck）"，社会主义则始于巴贝夫（Babeuf）、圣西孟（Saint-Simon）和傅里耶（Fourier）[17]；李大钊则认为，法兰西革命是"立于国家主义上之革命，是政治的革命而兼含社会的革命之意味者也。俄罗斯之革命是二十世纪初期之革命，是立于社会主义上之革命，是社会的革命而并着世界的革命之采色也"，因而他呼唤"吾人对于俄罗斯今日之事变，惟有翘首以迎其世界新文明之曙光，倾耳以迎其建于自然、人道上之新俄罗斯之消息……"[18]；胡适则崇拜美国式的民主制度，"美国独立檄文，细细读之，觉一字一句皆扪之有棱，且处处为民请命，义正辞严，真千古至文……"[19]，他把杜威"实验主义"作为"生活和思想的响导"，"自己的哲学基础"[20]；鲁迅在倡导"科学"的同时，对"议会制"却存在着怀疑态度……这种对于某种表面看来"共同的"价值理想的不同理解必然而且事实上导致他们的严重分歧，一旦偏离开他们一度共同拥有的批判和否定的对象，这种分歧将会以更加尖锐甚至相互对立的方式呈现出来。这就是说，"五四"新文化精神的持续性主要是从它的否定方面，即所谓"破坏"的方面，衍生和发展起来，肯定方面只有在这个运动没有离开它的直接批判对象时才能呈现出它模糊的一致性，否则对立和分离就必不可免。

〈16〉 陈独秀，《本志罪案之答辩书》，《新青年》第6卷第1号，1919年1月，第10页。

〈17〉 陈独秀：《法兰西人与近世文明》，《新青年》第1卷第1号，1915年9月，第1—3页。

〈18〉 李大钊：《法俄革命之比较观》，《言治》季刊第三册，1918年7月，"论丛"，第1页。

〈19〉 胡适：《藏晖室札记》卷一，"1911年3月9日记"，上海：亚东图书馆，1939，第13页。

〈20〉 胡适：《胡适口述自传》，台北：传记文学出版社，1981，第91—92页。

第二，"民主"和"科学"是在新文化运动对中国传统和现实的批判和否定中获得它的意义的，也就是说，"民主"和"科学"首先是作为一种衡量对象的尺度、价值出现在新文化运动的批判"态度"之中的。因此，我们不应到政治哲学和自然哲学，而应到伦理学中去寻找它们实际的历史意义，应当把它们作为"五四态度"的核心即价值来把握。从某种意义上说，"科学""民主""进化"等思想已近于宗教式的信念，"怀疑"的态度建立在这种信念之上却并不指向自身。新文化运动总结明中叶以来中国人在"西学"影响下对改造中国的种种"觉悟"，认为政治制度的变革仅仅是较为肤浅的一步，"自西洋文明输入吾国，最初促吾人之觉悟者为学术，相形见绌，举国所知矣；其次为政治，年来政象所证明，已有不克守缺抱残之势。继今以往，国人所怀疑莫决者，当为伦理问题。此而不能觉悟，则前之所谓觉悟者，非彻底之觉悟，盖犹在惝恍迷离之境。吾敢断言曰：伦理的觉悟，为吾人最后觉悟之最后觉悟"[21]。

因此，独立自由平等首先是作为道德政治的"大原"，作为人的基本伦理准则而出现的，"民主"作为一种"制度化的现实"的意义似乎不如其伦理意义来得重要。1914年至1918年间，《新青年》月刊在批判中国专制主义传统的同时，对"民主"思想和民主政治进行了广泛的宣传，然而，这种宣传仍然停留在"态度"的领域，提不出任何实现民主政治的具体方案。多数人倡言不谈政治，个别人物如陈独秀，虽然热心政治问题，并分析了"民治主义之基础"，但无论在理论的深度和广度上，还是在寻找建立民主的有效的现实途径上，都难以形成始终一贯、切实可行的方法与路径。[22]

---

[21] 陈独秀：《吾人最后之觉悟》，《青年杂志》第1卷第6号，1916年7月，第4页。

[22] 参看《新青年》第3卷第1号（1917年3月）的《对德外交》，第3卷第4号（1917年6月）的《时局杂感》，第5卷第1号（1918年7月）的《今日中国之政治问题》等文。

"科学"的口号在这里也是作为一种道德律令出现的。作为一种律令，它并不旨在确立一种关于物性的论点，并不指向有组织的科学技术研究，与其说新文化运动试图建立一整套科学原理，不如说其对"科学"的倡导主要停留在"人生观"和哲学理论与方法如达尔文学说、孔德实证主义、杜威实验主义、克鲁泡特金的互助论等方面。"把科研作为一项持续进行的工作制度，建立一种由社会传播的、有意识加以发展和利用的理论和实践的体系"〈23〉，是科学家群体和国家体制共同推动的方向，然而，正如传统的"格物"一样，新文化运动中的"科学"概念虽然指涉科学的观察和利用，但其关注的重心是研究人事。如同费正清说的，中国人治学一直以社会和人与人之间的关系为中心，而不是研究人如何征服自然。作为"科学"倡导的一个结果，胡适等人提出了"整理国故"的任务，试图以批判和实证方法治学，然而这种方法正像清代乾嘉学派那样体现在文史训诂等领域，不甚关心物质技术；同时，"科学"的提倡也没有导致新文化运动的主要领导者制订出一套比较完整的逻辑体系，使人们能够据此以概念来检验概念，并系统地将一种陈述与另一种陈述进行对比。〈24〉因此，新文化运动者在"科学"的名义下对东西文化的比较和其他社会问题的分析，必然是笼统的、含糊的。

兹以"进化论"为例。这个"科学"学说是新文化运动的各方代表普遍接受并作为他们的自然科学基础的。然而，这个学说是以传统文化和现实秩序的挑战者和控诉者的面目出现的，它根本不再是一种关于自然的理论，而是试图为人的思想和信仰树立一种规范的律令。在"五四"一般学者那里，"进化论"的这种把"必然"与"必须"混

〈23〉 费正清：《美国与中国》，北京：商务印书馆，1987，第56页。
〈24〉 这也正是费正清所分析的中国科学发展的重要障碍之一，它确实与传统儒家思想传统有很内在的联系。参看同上书，第57—58页。

为一谈的内在矛盾完全没有呈现出来，即使如鲁迅这样的认识到进化学说与中国历史生活的"循环""轮回"特征的矛盾的人，在表述"进化"学说时也没有试图以这种矛盾为基础发展新的认识体系，甚至并不为此感到困窘，为什么呢？这是因为"进化论"在"五四"新文化人物那里并不是作为科学真理，而是作为道德命令出现的，当他们发现历史进程与这种"道德律令"的冲突时，心中涌出的是更加汹涌和悲愤的批判的激情。事实上，正是这种"科学"的伦理化倾向才导致了后来（1923 年）的"科玄"论战，环绕着"科学的人生观"问题，讨论的并非科学本身，而是寻找一种对待世界和人生的"态度"或信念。对于"五四"人物来说，"民主"和"科学"是揭发昏乱、妥协、肤浅的思想模式与生活方式的最基本途径，是"五四态度"（其对象是传统文化与西方文明）的功利主义的运用，是带有宗教信仰意味的"科学主义"和以反传统主义而不是以制度化的实践和逻辑体系为基础的"民主主义"。

第三，启蒙主义的基本特征即对"理性"的崇拜，"理性主义"强调的是"主观—客观"的同一性，所谓分析重建的方法就是理性主义的体现。"五四"启蒙主义标举"理性"的旗帜，然而"理性"一词如同"科学""民主"一样是以对于传统文化和人格的挑战者和控诉者的面目出现的，它没有或者主要地不是体现在"五四"启蒙思想的方法论之中。因此，当"五四"思潮在"态度同一性"的支配下形成一个历史运动时，它的情感性的思考较之理性分析更深刻地表明了这个思想运动的特点。一般说来，"态度"包含认知、情感和意图三种相互联系和制约的成分，在认知成分与情感成分不一致的情况下，情感成分往往比认知成分更重要。情感成分在态度中具有调节作用，当认知成分固定下来演变成一种情感体验时，它就会长期地支配人。

"五四"思潮的这种"情感性"特征可以从下述几个方面来分析：

首先，"五四"文化批判经常不是从某种理论逻辑出发，而是和个人的独特经验相关，对于对象的分析是在独特而深切的个人经验中形成的。正由于此，理智的分析恰恰是以个人的强烈激情为基础的。即使把卢梭这样富于激情的思想家的著作，如《社会契约论》和《论人类不平等的起源》，与鲁迅、胡适等人对中国家族制度和婚姻制度的分析相比较，也不难发现中国启蒙思想与个人经验的更为深刻、极其罕见的血肉联系。胡适与鲁迅不仅社会政治见解和各自信奉的思想理论各不相同，而且个人的风格也相差甚远，然而，在抨击"孝道"和"节烈"观的问题上却达到惊人的默契，1918 年 7 月胡适发表《贞操问题》⟨25⟩，8 月鲁迅发表《我之节烈观》⟨26⟩；1919 年 8 月胡适发表《再论"我的儿子"》⟨27⟩，11 月鲁迅发表《我们现在怎样做父亲》。⟨28⟩ 这种共同的态度和相近的立论来自他们相近的个人经验，尤其是内心承受的传统婚姻的痛苦。对于鲁迅来说，偏执狂式的想象（《狂人日记》）和自我牺牲的表达（《我们现在怎样做父亲》），都是一种反叛和脱离社会的特殊方式，但不仅如此，它撕破了生活的陈腐而使人麻木的表层，使他接触到某种更深刻和更丰富的，但不幸也可能是"虚幻"的事物：鲁迅通过这两种方式充分地表达了传统的残酷和强烈的自我意识，但同时也试图以某种"崇高的道德感"（这种"自我牺牲"的道德与他在理性上确认的"自他两利"的道德是冲突的）来为自己无法解脱的生活状况做出道德化或合理化的解释。因此，基于他的个人经验，竟然同时出现了逻辑上相互矛盾的道德观。"五四"时期许多思想家和文学家的矛盾不应到逻辑体系中去寻找，而应到他们的个人经验和情感体验中去寻找。他们和他们笔下的反叛人物远非彻底的无所顾忌的英

⟨25⟩　胡适：《贞操问题》，《新青年》第 5 卷第 1 期，1918 年 7 月，第 5—14 页。

⟨26⟩　唐俟（鲁迅）：《我之节烈观》，《新青年》第 5 卷第 2 期，1918 年月，第 92—101 页。

⟨27⟩　胡适：《再论"我的儿子"》，《每周评论》第 35 期，1919 年 8 月，第 4 版。

⟨28⟩　唐俟（鲁迅）：《我们现在怎样做父亲》，《新青年》第 6 卷第 6 期，1919 年 11 月，第 555—562 页。

雄，而是陷于传统的世界和偏执狂的世界之间，各以自己的方式陷入混乱。对于他们来说，恰好是对于孤独、迷惘、无用和自己是环境的牺牲者的感觉的自我诉说，表达了他们与传统的疏离：他们通过创造一种新的理解方式而把自己的孤立无援和自卑感转变成胜利和批判的激情。

其次，"五四"人物大多背井离乡，他们或者从异国归来，或者告别故乡并接受了西方文明。他们丧失了传统文人与"乡土"或"地方"的联系和亲近感，因而在自我感觉上成了传统秩序的流放者。尽管实际上与这个秩序存在着难以摆脱的联系，但他们是以一种完全游离于这个秩序的叛逆者心态展开批判的。在艺术领域，现实主义小说对"乡土"的描绘直接表明了作者对于乡土秩序的残酷与愚昧的否定，而"唯美主义对于人生的发掘和象征主义对于形象的探索，都表明一种态度，即对于人们在世界上曾经一度共有的准则与体验，表示极端厌恶或怀疑"。[29] "五四"人物把个人的独立性，如"孤立的人""独异""个人的自大"作为普遍性的思想命题，这与同时期文学作品越来越夸张地专注于人的内心和情感，以致形成各种远离现实世界的"理想"和某种程度的滥情倾向是同源的，都和"五四"人物与乡土秩序的这种疏离感相联系：无论是孤独，还是自卑，都已不是偶然的、个别的情绪，而是一种普遍性的态度，一种意识形态，一种整整一代知识者所共有的生活方式。伴随着这种疏离情绪越来越被强调，文化理论上的"反传统主义"也就愈加激烈，以致超越他们对传统文化的理性认知和分析，表达出被称为"整体性的（totalistic）反传统主义"的意识趋向。应当提醒注意的是，这种"整体性"不是体现为一种"理论"，而是体现为一种未加逻辑分析的意识形态，一种在理性旗帜覆盖

〈29〉 F. H. 欣斯利（编）:《新编剑桥世界近代史》第 11 卷，北京：中国社会科学出版社，1987，第 181—182 页。

下的感性的力量。

上述分析说明：由于缺乏统一的方法论基础，"五四"启蒙思想没有形成一个有力的思想体系，从而为制度化的社会实践和科学的发展提供理论基础；各种思想学说在"态度的同一性"支配下构成了一种怀疑主义的意识形态，它们的逻辑前提的丧失也表现了一种实用主义的倾向，"五四"的广泛的包容性体现了"思想自由"的原则，却也与这种实用的态度相联系（即忽略各种学说的内在规定性）；"五四"思想与个人经验的深切联系体现了一种激情的力量，而激情的"激烈性"又总是与它的短暂性与非理性相联系。"五四"启蒙思想在批判中国传统的过程中，提出了"民主"与"科学"以及有关"自由"的现代命题，完成了它伟大的历史使命，但由于缺乏分析和重建的方法论基础，从而未能建立一种由社会传播的、有意识加以发展和利用的理论和实践的体系。作为一个例外，"五四"白话文的成功，正是由于白话文的倡导建立了这样一种理论和实践的体系，从而使得社会及政府把白话文的实践作为一项持续进行的工作制度。

"五四"启蒙运动的意识危机

炽情的而非经济的个人主义

正如卡西尔说的，"怀疑论往往只是一种坚定的人本主义的副本而已。借着否认和摧毁外部世界的客观确实性，怀疑论者希望把人的一切思想都投回到人本身的存在上来"〈30〉。"五四"人物对传统的政治秩序和道德秩序的否定和批判，无非是把人作为人本身这一人本主义命

〈30〉　卡西尔：《人论》，上海：上海译文出版社，1985，第 3 页。

题当作启蒙思想的基本原则："人的觉醒"是"五四""反传统主义"的真正本质。从文学上的浪漫主义倾向，到伦理领域的非道德化的自然主义，直至政治哲学领域的无政府主义的流行，这一切表明："人"力图从各种实体的或观念的桎梏中获得解放。

然而，"五四"时代的中国面临着较之 16 或 18 世纪的欧洲远为复杂的局面，"人的觉醒"运动并没有真正形成那种与"自由主义"文化，即和资本主义经济关系自然地联系在一起的所谓"个人主义"文化。在第一次世界大战的背景之下，资本主义经济关系已经以帝国主义全球体制的形式出现，并渗透在殖民地、半殖民地社会的政治、经济和文化关系内部。因此，"人的觉醒"不可能与帝国主义时代的抵抗政治相脱离。

但抵抗的逻辑本身却相当复杂。罗素说过，初期自由主义在有关知识的问题上是个人主义的（请想想笛卡尔的"我思故我在"），在经济上也是个人主义的（他把它称为"用财产权调剂了的民主主义"），"但是在情感或伦理方面却不带自我主张的气味。这一种自由主义支配了 18 世纪的英国，支配了美国宪法的创造者和法国百科全书派"〈31〉。"五四"关于"人"的启蒙却并非如此，它更近似于"由卢梭开端，又从浪漫主义运动和国家主义获得力量"的那场运动（罗素称之为"自由主义的对立面"），其中，"个人主义从知识的领域扩张到了炽情的领域"〈32〉，也很少关注"民主"与自由主义经济关系的内在联系，从而形成了一些西方学者称之为"民主—自由"相分离的思想格局。尼采的名字显然比培根更加引人注意，而尼采正是自由主义发展为其自身的对立面的哲学代表。

问题并不这样简单。事实上，周作人的《人的文学》一文较为完备地表述了古典的"个人主义的人道主义"思想，在更早时期，严复

〈31〉 罗素：《西方哲学史》下卷，北京：商务印书馆，1976，第 128 页。
〈32〉 同上。

在《论世变之亟》里已相当深刻地陈述了自由主义的精髓，而胡适的《易卜生主义》不啻是一篇个人主义的宣言。陈独秀在《孔子之道与现代生活》一文中也把"经济学上个人财产独立"作为"现代伦理学上之个人人格独立"的"根本"^{〈33〉}，可见问题不在于"五四"人物是否提出了有关"个人"的各种命题，因为原始材料使我们确信"五四"人物关于"人的觉醒"的思考是相当广泛的。在进一步分析历史进程的影响之前，我想先从意识的层面分析"五四"人物提出"人"的命题的过程和方式中所隐含的悖论和显著的矛盾。这就是说，"五四"人物在提出"人"的命题时，已经暗含了这个命题的内在危机，历史事件无非是加速了这个危机的爆发。

我从下述几个方面进行分析。

启蒙的三组悖论

第一，个体意识的觉醒与民族主义的前提。

"五四"人物把"人"的觉醒归结为人的独自性，也就是把人从各种群体的、类属的、观念的领域解放出来。这样一种寻找"人"的独特性的努力必然导致对于家族、伦理以至民族和国家的否定，因为一切外在于"人"本身、"个体"本身的东西都构成了对"人"的压迫，易卜生的"国民之敌"和"孤立的人"成为"五四"人物普遍推崇的人生准则，不仅表明了他们道德上的优越感，更表现了一种对于"国家"和"种族"观念的反叛。鲁迅把"个人的自大"与"合群的爱国的自大"作为对立的范畴，认为"'个人的自大'，就是独异，是对庸众宣战……但一切新思想，多从他们出来，政治上宗教上道德上的改革，也从他们发端"，而"'合群的自大'，'爱国的自大'，是党同

〈33〉 陈独秀：《孔子之道与现代生活》，《新青年》第 2 卷第 4 号，1916 年 12 月，第 3 页。

伐异，是对少数的天才宣战……他们举动，看似猛烈，其实却很卑怯。至于所生结果，则复古尊王，扶清灭洋等，已领教得多了"。[34] 陈独秀把"国家"同"宗教""君主""节孝"一道视为应当"破坏"的"虚伪的偶像"[35]，他在钱玄同讨论中国文字的存废时指出"鄙意以为今日'国家''民族''家族''婚姻'等观念，皆野蛮时代狭隘之偏见所遗留"[36]，李大钊也把"家园、阶级、族界"视为"解放自由的我"的对立物，"都是进化的阻碍，生活的烦累，应该逐渐废除"[37]。"五四"人物在伦理方面虽然强调灵肉一致的古典和谐，但实际在情感的趋向上，他们对于培根、笛卡尔、莱布尼茨以至黑格尔的"理性主义"并不热衷，而对卢梭、叔本华、施蒂纳、尼采、柏格森以至弗洛伊德的学说有着自然的亲近。这些非理性主义哲学家"要求这样一个宇宙，在那里，人生不仅仅是一出木偶戏，或者各种人物在其中只演分配给他们的角色的一出戏。他们都摒斥这种世界，其中缺乏自由、创造性、个人责任……他们的兴趣由一般转向个别，由类似机械的性质转向有机性……"[38]"五四"人物重视的正是人的独特的感性存在和自由创造的能力。

问题并不在于"独立的个体"是否具有现实可能性，因为"个体意识"对于"五四"人物来说并没有构成如施蒂纳和尼采那样的完整学说，而只是一种"精神"或"态度"。我所说的悖论或矛盾在于："五四"人物在表述他们的个体独立性的同时，事实上已经把个体的独立态度建立在这种个体意识和独立态度的否定性的前提之上。在帝国主义时代，这一否定性前提的首要原则是民族主义。在理论上，

〈34〉 唐俟（鲁迅）：《随感录》，《新青年》第 5 卷第 5 号，1918 年 10 月，第 515—516 页。

〈35〉 陈独秀：《偶像破坏论》，《新青年》第 5 卷第 2 号，1918 年 8 月，第 89—91 页。

〈36〉 钱玄同：《中国今后之文字问题（附陈独秀答书及胡适跋语）》，《新青年》第 4 卷第 4 号，1918 年 4 月，第 356 页。

〈37〉 守常（李大钊）：《我与世界》，《每周评论》第 29 号，1919 年 7 月，第 4 版。

〈38〉 梯利：《西方哲学史》下册，北京：商务印书馆，1979，第 355 页。

"五四"人物力图破解民族的界限，建立一种人类的意识，以"个体—人类""我—人"的关系超越家族与民族的关系。〈39〉鲁迅甚至把"国"的概念看得"愚"如"省界"，"国"的灭亡或许已证明"人道主义"的胜利〈40〉；陈独秀、李大钊都明确地分析了"爱人"较之"爱国"更为重要〈41〉，其关键就在于"国家""种族"的思想以"集体"的名义取消了人的独立性和自我意识，从而陷入了一种人的无主的盲目状态。

但是，"五四"人物的上述思想并没有形成逻辑一致的体系，"个人"的思想只有在与它的特定批判对象——中国传统文化相联系时，才是真正有效的，也即是说，"种族""国家"只有作为"从前当作天经地义的""一种偶像"时〈42〉，它才会成为"个体意识"的否定对象；超出"反传统"的范围，它们恰恰构成了"个体意识"的形成前提和部分归宿，因此，对于这些标举"个体意识"，批判"合群的爱国主义"的"五四"人物来说，投身于政治性的、而非文化性的民族主义或爱国主义运动，原是件极其自然的事件。这种意识上的分裂状况是中国近现代思想的独特现象，不独"五四"时期如此。在此之前，谭嗣同的《仁学》中，"反传统"的非国家思想就与保国、保种、保教的族类思想并行不悖，他的大同主义的人类意识是以民族主义思想为现实基础的。〈43〉另一个例子是鲁迅。1907 至 1908 年，鲁迅在《文化偏

〈39〉 参见周作人：《人的文学》《新文学的要求》，载于周作人《中国新文学的源流》，绍兴：人文书店，1932。

〈40〉 《鲁迅全集》第 11 卷，第 354 页。

〈41〉 只眼（陈独秀）：《我们应当不应当爱国》，《每周评论》第 25 号，1919 年 6 月，第 3 版；李大钊：《"少年中国"的"少年运动"》，《少年中国》第 1 卷第 3 期，1919 年 9 月，第 1—3 页。

〈42〉 参见周作人：《人的文学》，《新青年》第 5 卷第 6 号，1918 年 12 月；以及周作人：《新文学的要求》（1920 年 1 月在北平少年学会的演讲），《艺术与人生》，上海：上海群益书社，1931。

〈43〉 李国祁：《中国近代民族思想》，《港台及海外学者论近代中国文化》，重庆：重庆出版社，1987，第 100 页。

至论》和《破恶声论》中，以施蒂纳、叔本华、基尔凯郭尔和尼采的"个人"学说为哲学背景，"把人各有己，朕归于我"作为通达"人国"的途径，否定了一切外在于人的物质的和精神的"专制"形式：国家、道德、伦理、观念以及"国民"和"世界人"等类属概念。[44]但在《中国地质略论》和《摩罗诗力说》中，又鲜明地表现了他强烈的民族主义情绪。"五四"时期他一边斥责"合群的爱国的自大"，一边担忧着"中国人"会不会从"世界人"中被挤出。[45]明确提出"我们究竟应当不应当爱国？"问题的陈独秀，在《敬告青年》一文中，把拯救中国社会的希望寄于青年的自觉，在《我之爱国主义》一文中，他又说："欲图根本之救亡，所需乎国民性质行为之改善"，"一国之民精神上物质上如此退化，如此堕落，即人不伐我，亦有何颜面有何权利生存于世界？"[46]中国社会的兴盛与灭亡正是几代启蒙思想家最基本的思想动力和归宿，无论他们提出什么样的思想命题，无论这个命题在逻辑上与这个原动力如何冲突，民族思想都是一个不言而喻的存在，一种绝对的意识形态力量。在这个意义上，不是救亡压倒启蒙，而是救亡催生启蒙并引导其运动，构成了这一时代的主要思想基调。

那么，应当如何解释"五四"人物在"民族"和"国家"问题上如此明显又如此轻易地被忽略了的矛盾呢？这可以从两个方面进行分析。

首先是中国民族主义的性质。费正清曾延续清儒的看法指出：近代初期的中国还保留了非民族主义的传统，即只要统治者把儒家思想作为无所不包、普遍适用的治国之道，那么即使由异族如满清来统治，也是可以接受的，这也意味着中国文化（生活方式）是比民族主义更

〈44〉 参见鲁迅：《文化偏至论》，《鲁迅全集》第 1 卷；《破恶声论》，《鲁迅全集》，第 8 卷。
〈45〉 《鲁迅全集》第 1 卷，第 357 页。
〈46〉 陈独秀：《我之爱国主义》，《新青年》第 2 卷第 2 号，1916 年 10 月，第 1—2 页。

为基本的东西。在西方，例如法国和德国，即使在政治冲突中也拥有共同的基督教文化，而"中国正相反，政府在概念上始终是同整个文化相关联的。政治形态和文化几乎已经融合在一起"〈47〉。因此，当中国面临在文化上处于"异质"状态的西方入侵时，它的民族主义兴起是一种"文化民族主义"：无论是"以夷制夷"，还是"中体西用"，以至孙中山的"民族主义"，文化之体都处于核心位置。〈48〉经过戊戌变法、辛亥革命，中国知识分子在文化价值上逐渐接受了西方文化而不仅仅是西方物质文明的先进性，中国近现代革命形成了一种反传统的方式。这就产生了中国民族主义与背叛传统的独特结合。因此，"五四"人物在"反传统"的过程中对这种"文化的民族主义"持批判态度是顺乎自然的事，而"外抗强权，内惩国贼"的民族主义已经不是一般的"文化民族主义"，而是"政治民族主义"——民族独立和政治主权而不是文化（尤其是"五四"人物反叛的儒家文化）和传统社会制度的普遍适用性，成了这个时代知识分子的新民族主义的中心内容。所以，"五四"人物对"爱国"的批判是一种文化的批判，而不是政治的批判。

其次是中国启蒙思想的性质。中国近代启蒙思想不是在固有文化中衍生的，不是在"人"和"上帝"的关系中萌发的，也不是科学知识进化的自然结果，而是在帝国主义时代的民族危机、民族文化的危机中发展起来的，所谓"伦理的觉悟"来自对民族生存问题的思考：从鸦片战争时代地理学的发现（中央大国的幻觉的打破）起，经历了洋务运动对西方技术的发现，戊戌运动对西方行政制度的发现，辛亥革命对西方政治制度的尝试，然而这一切不仅仍然使"吾人于共和国体制下，备受专制政治之痛苦"〈49〉，而且民族危机日益深重，于是，

〈47〉 费正清：《美国与中国》，第74页。
〈48〉 孙中山倡导民族主义，尤强调恢复固有道德、固有智识及固有能力，甚至在"五四"之后，他也强调民族道德对于外国民族的道德的优越性。
〈49〉 陈独秀：《吾人最后之觉悟》，《青年杂志》第1卷第6号，1916年7月，第2页。

"人"的启蒙问题才应运而生。因此，从基本的方面说，中国启蒙思想始终是中国民族主义主旋律的"副部主题"，它没有也无力构成所谓"双重变奏"中的一个平等和独立的主题。

这就是为什么"五四"启蒙思想毫无困难地越过它们的理论矛盾而投身并领导了"五四"学生运动的双重原因。但是，把"五四"爱国运动简单地视为"新文化运动"的直接成果显然是一种错觉，作为一场民族主义运动，它的成分相当复杂，这只要举出孙中山、唐绍仪、康有为、吴佩孚、张敬尧等各种政治和文化背景的支持者的名字就可以发现，这些人物在文化上与新文化运动是对立的。人及其个体性的命题终于湮没在"民族主义"的命题之中。应当指出的是，政治民族主义在"五四"时代是一个难以回避的历史课题，而在今天，一个政治主权稳固的时代，"民族主义"又日益恢复了它的"文化的民族主义"的特点，而这种"文化的民族主义"正是"五四"启蒙思想家抨击和否定的对象。因此，对"五四"的否定在一定程度上也正是"五四"目标已经达成的结果。

因此，以集体性和文化的普遍性为其特征的民族主义与以个体和思维的独立性为其特征的"个体意识"之间的冲突，从一开始就无法构成实质性的对抗，后者在那个特定时期仅仅是前者的历史衍生物，从未成为一种独立的现实力量。

第二，人的发现与人的分裂。

西方人文主义关于独立自主地创造自身命运的自由人思想在 18 世纪的启蒙哲学中获得了它的"理性主义"，特别是"自然法"的理论基础。"人的本性"的概念是自然法学说的出发点。这一理论的基本方法，是从具有定理性质的某些原理演绎的唯理论方法。从自然法的观点看，现存的关系通常作为"非自然的""不合理的"关系而被摒弃，和它相对立的自然秩序则是一种逻辑地起源于自然的秩序，是由一切理性认为可信的、合乎逻辑的论据所证明的某种理性事物。例如，在一个历史地存在着的人身上，能够区分出一些自然赋予人的和人所固有的特点。尽管由于文化进步和社会设施的发展，人也增加了一些特点。由于这种区分的结果，得出某种概括的人，即构成以后一切理论的逻辑基础的抽象概念，从人的永恒不变的本性中产生的权利是自然的权利。这些权利是人所固有的，它们同那些可以符合自然规律，也可以不符合自然规律的成文法没有任何依从关系。自然法的理论家们不是把自然规律解释成实际的存在所固有的规律性，而是把自然规律解释成由我们的理性加于存在的抽象准则。

"五四"人物的启蒙思想从方法上说（虽然是不自觉的）也是用逻辑上先于社会而存在的个人利益和需要来论证社会的必要性，就此而言，他们建立的关于人及其自然权利的思想显然比孙中山的学说更接近于西方启蒙主义的理性原则。孙中山否定"天赋人权"学说而倡导"民权"的依据是前者不符合历史事实，即把"天赋人权"这一超越性的价值准则或由理性加于存在的抽象准则做了一种现实性的理解。周作人在《人的文学》中，从两个方面，即"从动物"进化的和从"进化的"来分析灵肉二重的"人"。正如自然法的"人的本性"概念一样，他"相信人的一切生活本能，也是美的善的，应得完全满足。凡是违背人性不自然的习惯制度，都应排斥改正"〈50〉。"五四"时期的"人道主义"或"个人主义的人间本位主义"思想以这种逻辑上先于社会而存在的理性原则来批判和否定中国的传统制度习俗和伦理体系，从而在理性的基础上建立了关于"灵肉一致的""完全的人"〈51〉的理想。李大钊在《自然的伦理观与孔子》中，也正是用"自然法"的理论抨击作为"历代君主所雕塑之偶像的权威"和"专制政治之灵魂"的"孔子之道"：宇宙自然的一切现象，包括道德现象均"循此自然法

〈50〉 周作人：《人的文学》，《新青年》第5卷第6号，1918年12月，第576页。

〈51〉 同上，第577页。

而自然的、因果的、机械的以渐次发生渐次进化"〔52〕。

但是，中国启蒙思想面临着深刻的历史冲突：为了拯救在帝国主义时代风雨飘摇的中国，20世纪初中国社会思想的首要任务是摧毁专制政治和伦理体系，建立真正的民主共和国和新的社会伦理秩序，进而赢得民族的独立与发展；与此相应，以自由、平等和民主为中心内容的理性精神构成了中国近代革命的主要思想基础。但另一方面，西方资产阶级的一些敏感的思想家已经从自身社会的历史发展中感受到深刻的危机，他们对资本主义青年时代的一切理想持深刻的怀疑态度，如施蒂纳、叔本华、尼采、基尔凯郭尔以至柏格森等人，他们通过对自身所处的社会和启蒙哲学以来的理性主义哲学体系的批判，以个人——主体的个别性和不可重复性——为中心建立了他们的非理性主义的思想体系。在这些各不相同的思想体系中，启蒙主义所倡导的种种社会理想，从民主政治、自由平等原则、科学的发现以至"人"的理性主义理想陷入了深刻的危机，它们恰恰构成了对个体人的严重抑制。"如同笛卡尔发现自我这件事是近世同中世纪区分开来的主观分界线那样，将现代从近世、近代中区分出来的主观分界线正是笛卡尔所坚持的自我的分裂。"〔53〕人的悲剧性分裂的主题成为"20世纪"的一个具有特征性的命题，这个命题本身即已证明启蒙主义在反对一切权威的过程中，把"理性"奉为绝对的权威，从而用"理性"的宗教代替了上帝的崇拜，"完全的人"不过是理性的抽象原则的体现者。"五四"启蒙思想的特点就在于：一方面，它必须为中国的社会变革提供理性主义的思想体系；另一方面，"五四"人物对引导20世纪西方文化思潮的现代思想体系的敏感与认同，必然使得这一启蒙思想呈现出不同

---

〔52〕 李大钊：《自然的伦理观与孔子》，《甲寅》日刊，1917年2月4日。

〔53〕 今道友信：《美学的现代课题》，载于马克思主义文艺理论研究编辑部（编选）：《美学文艺学方法论》上册，北京：文化艺术出版社，1985，第286—287页。

于18世纪西方启蒙主义哲学的精神特点：他们必须把尼采等非理性主义者的名字同启蒙运动的理性原则融为一体。

这种"融合"在对待"传统"的否定性"态度"的前提下是可能的。例如，胡适和鲁迅曾一再引用易卜生在《人民公敌》中的那句名言，即"世界上最有力量的人是最孤立的人"，用以否定传统的偏见，宣传个性解放的思想。然而，易卜生的这一教义并不能用古典人文主义或启蒙运动的理性原则加以理解，它来自存在主义的理论先驱基尔凯郭尔关于"孤独个体"的思想，而后者的真正含义是指一种孤独的非理性的主观心理体验，这种体验是与超验性相联系的个人在自己的存在中领会和意识到的。实际上，基尔凯郭尔所说的那种孤独的非理性的主观心理体验，也就是后来的存在主义者所表明的"存在"概念。"孤独个人"的思想表现的对群众的否定也即基尔凯郭尔的"公众的概念就是非真理"的命题，它强调的是人只有意识到自己的存在、与自身发生关系时，人才能成为一个"自我"。胡适、鲁迅显然忽视了"孤立的人"的命题中包含的非理性内容，而对之做了理性主义的理解。

然而，如果说理论命题的现实化理解是一种思想宿命的话，那么这种命题隐含的思维逻辑影响人对现实的理解也是一种必然。在"五四"人物提出"人"的启蒙主义命题的同时，也出现了对于这个命题的深刻怀疑。这种怀疑既不是所谓"救亡压倒启蒙"的后果，也不是以明确的理论方式呈现的，而是渗透在"五四"人物在表述"人"的命题的过程之中。在艺术领域，郭沫若、郁达夫等人强烈地渲染了"性"的压抑和变态对人的支配作用；在《银灰色的死》等小说里，病态的、闪烁着异样的美的"死亡"成为难以摆脱的主题。他们正是用这种自怜自艾、悲观厌世的调子表现了他们的精神觉醒和反叛的激情，但这类作品对"人"的理解与《女神》对人的精神力量的崇拜之间的距离是一目了然的。

最深刻地体现了"五四"时代对"人"的悖论式的理解的无疑是

鲁迅：他的深刻之处就在于他不仅体现了这个时代的一切理想，而且还体现了对于这些理想的怀疑。早在1907—1908年，当他提出"立人"命题的时候，就同时表示了对于理性主义的"知见情操，两皆调整"的"理想之人格"或"知感两性，圆满无间"的"全人"[54]的怀疑。他的"个人"是对启蒙主义理性原则的反叛，是以主观意志为"本柢"的非理性主义思维的结果。鲁迅把施蒂纳、叔本华、基尔凯郭尔、易卜生和尼采看作20世纪"新思想之朕兆，亦新生活之先驱"[55]，并以他们的思想为依据，对法国革命的自由平等原则、对以多数原则为基础的民主政治、对科学技术发展造成的物质文明——总之，对启蒙主义的理想与后果进行了激烈的抨击，其原因就在于它们用普遍的、一般的东西，无论是物质的还是精神的，压抑了唯一性的个体的自然和独立。应当指出，尽管这种关于"个人"的思想表达了对中国传统的政治和文化秩序的否定，但它同时也包含了对这种否定的否定，因为前一个否定在当时的中国主要体现为对自由平等原则、民主政治和物质文明的追求。由于鲁迅把立论的基础建立在具体个别的感性存在即个人之上，因此从思维方法上说，他也就否定了一切先于这个具体个人的抽象准则和"自然规律"，从而完全离开了启蒙哲学的思想形式。

"礼教吃人"是鲁迅深刻的思想发现，也是"五四"启蒙思想的普遍命题。启蒙思想家从各个方面揭示"礼教"对于人的压抑和戕害，并由此阐释了中国专制秩序的内部结构和基础。把人或人的个性同"礼教"相对立，这种立论的方式说明这些思想家是把"礼教"作为一种外在于"人"的强制性力量来看待的，因此这里的"人"也就是一种逻辑上先于社会的理性主义理想。从这个角度看，"五四"启蒙思想

〈54〉 鲁迅：《文化偏至论》，《鲁迅全集》第1卷，第54页。
〈55〉 同上书，第49—50页。

家与人文主义的启蒙主义那种"人"与宗教、"人"与专制制度二元对立的思维方式是一致的。

但是，人与外在于"人"的强制性制度的对立并不仅仅是中国制度所独有的，也是那些被人们自觉追求的、称之为"现代"的制度的特性。正由于此，在鲁迅那里，有关个人的思想与启蒙主义的理性人之间的一致是暂时的。《狂人日记》的叙述过程包含了深刻的悖论："吃人"世界的反抗者，自身也是有了"四千年吃人履历"的"吃人者"，由独自觉醒而产生的"希望"被证明是虚妄的，对自身历史的"有罪"的自觉使狂人在"绝望"之中产生"赎罪"的心理愿望。在第一层关系中，鲁迅用"真的人"与礼教相对立，从而揭露了"礼教吃人"的"非人"本质；在第二层关系中，鲁迅显然又证明了"真的人"及其世界是不存在的，它是通过同现实世界相对立而构成的：既然它纯属道德光学的幻觉，它事实上就是虚假的世界。"救救孩子！"的呼唤似乎是对希望的呼唤、对"真的人"的世界的憧憬，但狂人的心理独白恰恰又证明"孩子"也已怀有了"吃人"的心思，就像卡夫卡《判决》中的格奥克遭到的"叛决"一样："你本来是一个天真无邪的孩子，但你本来的本来则是一个恶魔一般的家伙"——对于狂人和"吃人"世界的每一个生存者以至后来者来说，"本来的本来"使他们无可挽回地成为"罪人"。因此，在"觉醒的人"与"吃人"的世界之间存在着既对抗又同一的关系，从而"觉醒的人"必然是意识到自身的内在分裂的人。事实上，对"觉醒的人"的这种分析已经动摇了"觉醒"这一启蒙主义命题的基础，因为这一命题是建立在"人"与"吃人"世界的二元对立的思想形式之上的，而"有罪"的自觉却建立在"人"与"吃人"世界的"同一"关系之上。如果说"人"的"本来的本来"使每一个觉醒者感到"绝望"的话，那么对于自身的"本来的本来"的洞察也将促使他"反抗绝望"——对于"吃人"世界的斗争同时成了"赎罪"。

从"真的人"的立场对"吃人"世界的揭示表达了一种"人"的乐观理想，然而对外部世界的认识和反抗却导致"觉醒者"对自身的悲剧性理解："人"的分裂。在《野草》中，这种"人"的分裂的主题体现为一种根本性的情绪：深刻的焦虑与不安——一种找不到立足点的惶惑心态："我"告别了一切天堂、地狱、黄金世界，却处于一种不明不暗、无家可归的两难境地（《影的告别》）；"我"要反抗和战斗，却陷于"无物之阵"（《这样的战士》）；"我"要不停地寻求，却不过是走向死亡；"我"渴望理解，却置身于冷漠和各色各样的"纸糊的假冠"之中（《过客》）；"我"憎恶这个罪恶的世界，却又不得不承认自己与这个世界的联系（《墓碣文》）……但恰恰是这种无可挽回的"绝望"处境和令人沮丧的"罪"的自觉唤起了"我"对生命意义的再认识：生命的意义犹存在于"绝望的反抗"之中。"反抗绝望"的人生哲学把个体生存的悲剧性理解为与赋予生命和世界以意义的思考相联系，从而把价值与意义的创造交给"赎罪的"个体承担。《野草》把个人面临世界时的感情、情绪、体验置于思维的出发点，从主观方面寻找人的自由、创造性的活动和人的真正存在的基础和原则，在孤独、惶惑、死亡、有罪感、焦虑、绝望等非理性情绪体验中，获得了关于"人"与世界及其相互关系的理解，这种理解方式与尼采、基尔凯郭尔以及他们的追随者雅斯贝尔斯、海德格尔、加缪、萨特更为相近，而他们的思想体系恰恰是在对启蒙主义的理性原则的怀疑和批判过程中形成的。

由于意识到"人"的分裂，对世界的批判才会同时成为对自我的批判。这样一种思维方法不仅构成了鲁迅人生哲学的特点，而且也构成了那个时代的"启蒙思想"的特点：不是以"人"的名义对政治的、宗教的、道德的强制力量的批判和反抗，而是改造"国民性"、改造民族灵魂，构成了"五四"启蒙思想的更具特点、更加持久的命题。尽管问题由个人转到了民族，但"内省的""赎罪的"思维方式却是一致的：民族的新生存在于它的每一个子民的自我批判之中。陈独秀在

《一九一六年》中说："盖吾人自有史以讫一九一五年，于政治，于社会，于道德，于学术，所造之罪孽，所蒙之羞辱，虽倾江、汉不可浣也。当此除旧布新之际，理应从头忏悔，改过自新。……吾人首当一新其心血，以新人格；以新国家；以新社会；以新家庭；以新民族；必迨民族更新，吾人之愿始偿……"〈56〉鲁迅对"民族"问题的思考似乎同样体现了一种"罪"的自觉和"反抗绝望"或"赎罪"冲动，他认为"民族根性造成之后，无论好坏，改变都不容易的"〈57〉，中国民族的衰败早在几百代的祖先那里就种下了"昏乱"的种子，如果民族不"扫除了昏乱的心思，和助成战乱的物事"〈58〉，那么进化的自然法则"便请他们灭绝，毫不客气"。〈59〉值得注意的是，改造国民性的命题实际上是把民族的解放归结为每一个人的精神解放，这个精神解放不是一般的"人的觉醒"，不是"人"对外部世界的一切强暴的反抗，而是认清自己的"罪恶"，进行"赎罪"式的自我否定。"我们现在虽然好好做'人'，难保血管里的昏乱分子不来作怪，我们也不由自主……这真是大可寒心的事。"〈60〉把民族的解放问题首先归结为个人的道德状态的问题，这种独特的思路与《狂人日记》的叙事逻辑不是有着内在的联系吗？

欧洲启蒙精神的特点是把人类与自然界、人与宗教等理解为主体—客体关系，因为只有把自然界和其他力量作为客体与自身对立时，人才可能摆脱并征服它们。从笛卡尔到黑格尔哲学，都把人的认识能力和道德实践能力放在至高无上的地位，人似乎已成了人格化的逻辑范畴和道德规范。理性主义把人的注意力导向对"客体"的控制，从而以工具、技术和自然科学为标志的人控制自然的能力空前发展了，

〈56〉 陈独秀：《一九一六年》，《青年杂志》第 1 卷第 5 号，1916 年 1 月，第 2 页。
〈57〉 《鲁迅全集》第 1 卷，第 313 页。
〈58〉 同上。
〈59〉 同上书，第 314 页。
〈60〉 同上书，第 313 页。

作为人类自我控制的社会组织、经济组织、政治组织和国家机构也日趋严密，而人作为一个独特个体的精神活动和内心要求却被忽视了。然而，"五四"人物在宣传理性主义的"人"的理想时，却把思维的中心从"主体—客体"的关系转移到人与自身的关系，不是通过主体对客体的认识和掌握来发展人类征服自然和自我控制的能力，而是通过自我（个别的和民族的）的"反思"来达到对自身的理解。"人"的分裂以及与之相伴随的自我否定（或"赎罪"）的命题，就是在这种"反思"的精神活动中产生的。对于"五四"人物来说，"内省"较之"认识"是一种更为深刻的思维形式，人的存在及其悲剧性分裂的主题作为一个"现代"命题，就是在这种思维形式中产生的。事实上，改造国民性的命题体现了对于"人"的解放的期待，同时也体现了对于"人"的解放的可能性的悲观主义理解，因为"赎罪"的行为将是永恒的——难道有人能够彻底地摆脱自身的文化传统而成为自由的人吗？而这个"人"的命题同时又是一个民族的命题：难道一个民族能够彻底地摆脱自身的文化传统而成为自由的民族吗？

因此，与启蒙哲学的理性主义的乐观精神形成对比的是，中国知识分子在从事"改造国民性"的事业时充满了一种深沉的悲剧感。就鲁迅而言，他摒弃了乐观的希望，又拒绝承认绝望，所谓"绝望之为虚妄，正与希望相同"，从而以"绝望的反抗"作为他的人生信念。

第三，个人的自由与阶级的解放。

启蒙哲学关于人的自然权利和人的理性自由的思想面临着另一更为严峻的挑战，这种挑战来自社会主义思潮，特别是马克思主义。马克思揭示了启蒙哲学的"自由的人性"和"理性"不过是"资产者的中等市民的悟性"[61]和对"利己的市民个人"及其社会生活内容的承

〈61〉 中共中央马克思恩格斯列宁斯大林著作编译局（编译）：《马克思恩格斯选集》第3卷，第297页。

认罢了。〈62〉马克思不是用"自然法"的理论观察"人"及其本性，而是从人的经济利益的角度、从"社会关系的总和"的角度分析"人"及其本质，从而用变更经济关系和阶级解放的思想取代了启蒙主义的"人"的解放的命题。

马克思主义的传播和共产主义运动的发展构成了中国现代历史的一个最为重大、最为持久的现象。正如西方一样，中国的社会主义和共产主义学说是在启蒙思想内部作为这个思想的一个独特部分发展起来的，但是，一旦这个学说找到自己的现实力量和成熟的思维方法，它便作为一个独立的思想体系而存在，有着完全不同于启蒙思想的目标、使命、历史观，从而成为启蒙运动的一种"否定的"力量。它的那些原本就与启蒙命题相冲突的思想将以明确的方式呈现出来。事实上，当陈独秀、李大钊等人起初试图用马克思主义来完成启蒙的任务时，他们并不清楚这个强有力的思想武器本身已经包含了对启蒙主义命题的否定。但历史证明了这一点："五四"启蒙运动分化的原因之一，即马克思主义的中国信徒已经获得了不同于启蒙主义的新使命。胡适与李大钊关于"问题与主义"的激烈论战的实质也就在这里。应当指出的是，对于17世纪和18世纪的早期社会主义体系来说，唯理论的社会哲学，特别是自然法是它们与启蒙主义共同的理论基础，但是中国的启蒙主义并没有它统一的思想基础，马克思主义在起初之能成为启蒙运动的一部分是在这一运动的"态度的同一性"而不是在社会哲学的同一性基础上形成的，一旦中国的马克思主义者对马克思主义有了更为深刻的了解，这种"态度的同一性"将为世界观的分歧所取代。对于陈独秀、李大钊来说，马克思主义的传播和共产主义运动的实践，也同时宣告了启蒙主义思想运动作为一个运动的终结。

〈62〉 中共中央马克思恩格斯列宁斯大林著作编译局（编译）：《马克思恩格斯全集》第二卷，第145页。

现在需要研究的是，马克思主义在"五四"启蒙运动中呈现的特点，它对"启蒙"命题的发展和否定，由于它的出现而导致的启蒙思想的内在矛盾。首先一个问题是：马克思主义作为启蒙主义的资产阶级世界观的反动，为什么能被纳入中国的启蒙主义文化思潮中去？

第一，马克思主义是和十月革命的历史实践一道在中国传播的[63]，启蒙思想家把它作为一种现代"革命"或"变革"的思想而加以利用，在李大钊的文章里，"民主主义""社会主义""布尔什维主义""劳工主义"是作为并立的革命思想而存在的。[64]在进化论的基础上，启蒙思想家把法国革命与俄国革命视为历史进程从"政治革命"到"社会革命"的自然发展[65]，因此，他们实际上模糊了这两种革命及其思想背景的区别，罗家伦说，"革命以后，民主主义同社会政策，必定相辅而行"，"民主主义同社会主义固然日益接近，就是社会主义同个人主义，也是相关的而不是反对的"[66]，正说明了这一点。

第二，中国启蒙思想与民族主义有着深刻的联系，巴黎和会关于山东问题的消息刺激了民族主义的发展。既然中国的民族主义已经和"反传统"的倾向紧密地结合在一起，中国的知识分子也就难以在民族自身的价值观和文化中汲取对于西方资本主义—帝国主义的批判力量。马克思主义和列宁主义作为一种对于资本主义和帝国主义的批判学说，既来自"先进的"西方，又适应了这种民族主义对于西方资产阶级的怀疑。另一方面，马克思主义作为一种以人类解放为使命的学说，也使得那些对于狭隘的"爱国主义"和"国家主义"持批判态度的启蒙

〈63〉 尽管此前朱执信、江元虎等人已对马克思学说有所介绍，但"传播"的事实却在十月革命之后。

〈64〉 参见李大钊：《庶民的胜利》《布尔什维主义的胜利》，均刊于《新青年》第5卷第5号，1918年10月。

〈65〉 陈独秀：《二十世纪俄罗斯的革命》，《每周评论》第18号，1919年4月20日，第3版。

〈66〉 罗家伦：《今日之世界新潮》，《新潮》第1卷第1号，1919年1月，第20—21页。

学者感到亲切。对于他们来说，"社会革命"是作为现代世界普遍的革命形式来理解的，"历史者，普遍心理表现之记录也。……法兰西之革命，非独法兰西人心变动之表征，实十九世纪全人类普遍心理变动之表征。俄罗斯之革命，非独俄罗斯人心变动之显兆，实二十世纪全人类普遍心理、变动之显兆"。[67]因此，这个革命及其思想基础既满足了启蒙思想家的民族主义情绪，又满足了他们的"人类意识"。从表面看，"五四"启蒙人物的"世界主义"倾向与他们强烈的民族主义精神相互冲突，但实际上，正如李大钊把法、俄革命看作世界革命的普遍形式一样，中国的马克思主义者也把中国的民族革命理解为具有世界意义的革命。这种理解方式在毛泽东身上体现得更为强烈，他不但要求将中国革命的具体实践与共产主义学说的普遍真理结合起来，而且也把中国革命看作世界革命的策源地之一。

第三，启蒙思想家重视"国民性"的改造和民众的普遍觉悟，而李大钊等人对马克思主义的民粹主义的理解使这两者在当时获得某种共同性，甚至可以说，后者扩展了启蒙主义的内容。1919年初李大钊在《每周评论》发表《唐山煤厂工人生活》[68]，同年2月在《晨报》连续发表了《劳动与教育问题》[69]和《青年与农村》[70]二文，强调对于民众进行教育的必要性。他特别指出，中国作为农业国家，农民阶级的"不解放"、"苦难"、"愚暗"与"利病"，就是整个民族的"不解放"、"苦难"、"愚暗"和"利病"。因此，他鼓励中国青年学习俄国青年的榜样，"到农村去"，使农民知道"要求解放、陈说痛苦，脱去愚暗"。[71]这种强调农民的自

〈67〉 李大钊：《法俄革命之比较观》，《言治》季刊第3册，"论丛"，第3页。

〈68〉 明明（李大钊）：《唐山煤厂工人生活》，《每周评论》第12号，1919年3月9日，第2版。

〈69〉 守常（李大钊）：《劳动与教育问题》，《晨报》第64号，1919年2月14号，第7版。

〈70〉 守常（李大钊）：《青年与农村》，《晨报》第70至74号连载，1919年2月20号—23号，第7版。

〈71〉 守常（李大钊）：《青年与农村（一）》，《晨报》第70号，1919年2月20日，第7版。

觉和平民教育的思想不仅适应了启蒙思想试图通过普遍的"伦理觉悟"而改造中国的思路，而且就是中国启蒙思想的内在部分。

第四，李大钊等人在宣传马克思主义思想时，特别强调了"伦理"的方面，从而使启蒙主义与马克思主义在人道主义问题上获得了它们的一致性。在《我的马克思主义观》中，李大钊强调"以人道主义改造人的精神，同时以社会主义改造经济组织"，"可是当这过渡时代，伦理的感化，人道的运动，应该倍加努力，以图铲除人类在前史中所受的恶习染，所养的恶性质，不可单靠物质的变更。这是马氏学说应加救正的地方"。[72] 这种对马克思主义的道德化的修正显然表明李大钊在当时仍然试图把马克思主义与启蒙运动一致起来。[73] 中国马克思主义特别强调意识或主观意志在变革社会过程中的巨大作用，在此后的中国革命中，这种对主观因素的关注逐渐转化为对于阶级概念的政治性运用，"思想改造"的命题正是由此衍生而来的。

然而，即使如此，在新文化运动的范畴内，马克思主义也构成了对启蒙命题的否定力量。马克思主义自身的那种强大的逻辑力量不可能被包裹在启蒙主义的外衣之中。首先是中国马克思主义的传播，尤其是其阶级概念，动摇了建立在个人与理性范畴之上的启蒙的政治信念即"民主"，进而产生了一种与此对立的民主观。"民主""共和"作为一种国家组织、社会制度和伦理观念是"五四"启蒙思想反对"重在尊卑阶级"[74] 的专制主义的旗帜。法国大革命作为自由平等原则的实践而得到陈独秀等人推崇。然而，1919 年 5 月李大钊即指

〈72〉 李大钊：《我的马克思主义观（上）》，《新青年》第 6 卷第 5 号，1919 年 5 月，第 536 页。

〈73〉 在《物质变动与道德变动》中，李大钊试图用唯物史观解释道德问题，但他的结论仍然具有启蒙主义色彩："我们今日所需要的道德，不是神的道德、宗教的道德、古典的道德、私营的道德、占据的道德；乃是人的道德、美化的道德、实用的道德、大同的道德、互助的道德、创造的道德。"参见李大钊：《物质变动与道德变动》，《新潮》第 2 卷第 2 号，1919 年 12 月，第 224 页。

〈74〉 陈独秀：《旧思想与国体问题》，《新青年》第 3 卷第 3 号，1917 年 5 月，第 2 页。

出，法国大革命不是"平等精神"的体现，而是代表"资本家的中级势力"〈75〉；1920年陈独秀在《新青年》第8卷第3号发表《国庆纪念的价值》，指出"共和政治为少数资本阶级所把持，无论那国都一样，要用它来造成多数幸福，简直是妄想"。〈76〉在第8卷第4号他又发表《民主党和共产党》一文批判"民主政治"："民主主义是什么？乃是资产阶级在从前拿他来打倒封建制度的武器，在现在拿他来欺骗世人把持政权的诡计"，"若是妄想民主政治才合乎全民意，才真是平等自由，那便是大错特错。"〈77〉十八年后，经历了中国革命的多次波折和共产主义运动的分裂，陈独秀才终于承认他和早期马克思主义者对"民主"的否定是一种"超资本主义的小资产阶级社会主义的幻想"〈78〉，他认为"民主是……每个时代被压迫的大众反抗少数特权阶层的旗帜，并非仅仅是某一特殊时代历史现象"。〈79〉他总结苏联的教训说："不幸十月以来，轻率的把民主制和资产阶级统治一同推翻，以独裁代替了民主，民主的基本内容被推翻，所谓'无产阶级民主''大众民主'只是一些无实际内容的空调名词，一种抵制资产阶级民主的门面语而已。"〈80〉陈独秀从"民主"的急先锋到"民主"的批判者，进而又在对共产主义运动的思考中重新举起"民主"的旗帜，这一曲折的历程本身具有深刻的象征性。

其次是中国马克思主义的经济决定论动摇了启蒙主义的文化决定论。"五四"人物重视伦理的觉悟和"国民性"的改造，然而正如李大钊指出的，唯物史观认为"一切社会上政治的、法制的、伦理的、

〈75〉　李大钊：《我的马克思主义观（上）》，《新青年》第6卷第5号，1919年5月，第531页。

〈76〉　陈独秀：《国庆纪念的价值》，《新青年》第8卷第3号，1920年11月，第2页。

〈77〉　陈独秀：《民主党和共产党》，《新青年》第8卷第4号，1920年12月，第4页。

〈78〉　陈独秀：《"五四"运动时代过去了吗？》，《政论》（旬刊）第1卷第11期，1938年5月15日，第9页。

〈79〉　陈独秀：《给西流的信》（1940年9月），载于《陈独秀书信集》，北京：新华出版社，1987，第503页。按：西流即濮德治。

〈80〉　同上书，第504—505页。

哲学的，简单说，凡是精神上的构造，都是随着经济的构造变化而变化"〈81〉，因此"经济问题的解决，是根本解决。经济问题一旦解决，什么政治问题、法律问题、家族制度问题、女子解放问题、工人解放问题，都可以解决"。〈82〉"根本解决"的途径由伦理觉悟转向经济变革：除了生产力的发展之外，经济权、所有制的变革，构成了几代中国马克思主义者最为关心的问题。

第三是马克思主义的阶级和阶级斗争学说动摇了启蒙主义的"个人主义"思想。"五四"启蒙思想家蔑视"每喜从同"的"群众意识"，倡导"力抗群言，独标异见"的个人精神〈83〉，陈独秀进而从经济和伦理两方面加以论证："现代生活，以经济为之命脉，而个人独立主义，乃为经济生产之大则，其影响遂及于伦理学。故现代伦理学上之个人人格独立，与经济学上之个人财产独立，互相证明，其说遂至不可动摇。"〈84〉1919 年 5 月，李大钊在《我的马克思主义观》中首先批判了亚当·斯密、马尔萨斯、李嘉图和穆勒的"个人主义经济学"，声言"现在社会主义、人道主义的经济学，将要取此正统的位系，而代个人主义以起了"。〈85〉启蒙思想家把个人作为家族、群体、民族、国家、伦理观念的对立物，从而把个人的自由解放视为首要的任务。而马克思主义则把"阶级的自觉""阶级竞争"视为历史的根本特点，"既往的历史都是阶级竞争的历史"。〈86〉在这样的思想基础上，唯物史观事实上也动摇了"五四"启蒙思想家共同认可的"进化论"的历史观，在此后几十年的历史中，"人"或"人的解放"被作为抽象人性论的命题

〈81〉　李大钊：《我的马克思主义观（上）》，《新青年》第 6 卷第 5 号，1919 年 5 月，第 530 页。

〈82〉　李大钊：《再论问题与主义》，《每周评论》第 35 号，1919 年 8 月 17 日，第 1 版。

〈83〉　陈独秀：《抵抗力》，《青年杂志》第 1 卷第 3 号，1915 年 11 月，第 2 页。

〈84〉　陈独秀：《孔子之道与现代生活》，《新青年》第 2 卷第 4 号，1916 年 12 月，第 3 页。

〈85〉　李大钊：《我的马克思主义观（上）》，《新青年》第 6 卷第 5 号，1919 年 5 月，第 523 页。

〈86〉　同上，第 527 页。

而遭到严厉批判，在"阶级斗争"的疾风暴雨中，"人的解放"的命题成为有待重新发现的过去的命题。

应当指出，即使在《我的马克思主义观》《阶级竞争与互助》等文中，李大钊也试图把马克思主义与启蒙思想相结合：把阶级斗争与互助的人道主义伦理法则相结合，把进化学说与唯物史观相结合，把"人"的思想同阶级的思想相结合。陈独秀甚至试图把马克思主义同实用主义相结合，多次劝说胡适信仰唯物史观。然而，中国知识分子并不是把马克思主义作为一种分析世界客观规律的科学方法和理论来接受的，正如他们倡导"民主""科学"和进化学说一样，马克思主义也"是作为意识形态，作为未来社会的理想来接受，来信仰，来奉行的"。[87] 因此，在态度的同一性之下，马克思主义与其他学说一样，构成了启蒙的内在要素，但作为纯粹的思想准则，马克思主义与启蒙原则之间的矛盾和冲突终将在历史和政治的变迁中爆发。因此，一旦脱离了"态度的同一性"的逻辑，那种"结合"的企图是不可能真正实现的。问题正在于：早期马克思主义者承认启蒙主义的含混的思想命题的历史合理性，但伴随着理论的发展和实践的变迁，以马克思主义为旗帜的运动逐渐进入了一个完全不同于"五四"新文化运动的历史氛围之中。

马克思主义的广泛传播和共产主义运动的持续发展与"五四"启蒙运动的短暂形成了鲜明的对比。除了中国历史发展中民族危机的影响，中国革命面临的问题、置身的国际和国内处境已经不再是新文化运动所能想象的。新文化运动所借重的启蒙原则与帝国主义政治—经济逻辑的关系、启蒙价值与中国传统的矛盾一再地成为此后文化和政治运动必须处理的问题。由于缺乏统一的方法论基础，中国的启蒙思想无力建立起一整套对于自然、历史现实和未来的逻辑严密的思想体系，也没有提供人们制度化和系统化地进行社会改造的途径。"五四"

〈87〉 李泽厚：《中国现代思想史论》，北京：东方出版社，1987，第 150 页。

人物多年在国外或在西方的文化中流浪，他们在精神上处于中国社会和文化的"边缘"。所谓"反传统主义"说明他们在心理上把中国社会视为一个统一的整体，然而他们的那些缺乏系统的反叛思想似乎无法改变，甚至也无法让他们自己认识这个整体的运行规律。马克思主义在俄国的具体实践的陪伴下恰恰在这时为一部分中国知识分子提供了完整的、逻辑严密的世界观和方法论，从而满足了他们对中国社会问题作"根本解决"的内心期待。借助于马克思主义，中国的知识者发现他们面对的那个社会和传统并不是一个固定的整体，它的运动方向是不同利益和目标的社会集团之间斗争的结果，是各种社会力量相互作用的结果。当这些孤独的"反叛者"（就对秩序而言）意识到"阶级斗争"将影响这个社会以及每一个人的未来时，他发现必须使自己选择一个真正属于未来的社会集团的力量。于是他们不再是这个社会的"边缘人"或"流放者"，他们有了自己的阶级的敌人和朋友，从而回到了这个社会并获得了目标。他们从"叛逆者"变成了"革命者"，从"人的解放"的鼓吹者变成了"阶级解放"的信仰者和实践者。马克思主义不仅解释了历史和现实，而且为他们找到了自己的位置和回到自己的社会的道路。把"五四"人物与30年代左翼知识分子做总体对比，后者不再有前者的那种焦灼、惶惑和孤独；对于"找到了"自己位置和信念的人来说，一切都是"必然的"，也许斗争更加艰苦，然而内心却获得了安宁。当一种思想学说成为一个有组织的社会群体的信仰体系，那么它作为超越于一切个人之上的绝对的精神力量而存在。[88] 至此，这一脱胎于"五四"的"重估一切价值"的思想终于摆脱了"重估"的命运。

思想武器的选择体现了"五四"人物对于启蒙命题的理解。各种

〈88〉 马克思主义在中国的传播是一个异常复杂的现实过程，仅仅在观念的领域对之做出解释显然是不够的，我希望有机会就此做专门的研究。

思想与启蒙主义在目标和对象上的暂时统一却可能最终导致对启蒙命题的否定，这对那些思想武器使用者来说也许并不自觉。例如完整系统地提出启蒙主义的"人"的命题的周作人却把"新村主义"作为他的启蒙理想加以宣传。从表面看，"新村主义"的根本主张是要人人"尽了对于人类的义务，却又完全发展自己的个性"，然而这种发展如同胡适所说是"想要跳出现社会去发展自己的个性，故是一种独善的个人主义"〈89〉。周作人把改造个人与改造社会分割开来，离开了启蒙主义的那种"主体—客体"的思维方式，而更接近于孟柯的"穷则独善其身"的思想和中国传统知识分子如自食其力的陶渊明那样的"山林隐逸的生活"。"新村主义"与启蒙主义的那种进取、改造、征服的精神是背道而驰的，却仍然标举着"人"的旗帜。又如无政府主义在反对专制和反对旧伦理的斗争中与启蒙主义有着共同的对象，然而中国的无政府主义者却常常把老子及其小国寡民的生活奉为无政府主义的鼻祖和社会理想，把克鲁泡特金的"互助"思想和中国墨家的"兼爱"思想相提并论〈90〉，把"无政府主义"和孔子的"大同"思想混为一谈。无政府主义一面反对封建专制，一面对资本主义以至社会主义心存恐惧，他们的那种绝对自由的思想与虚无主义态度是和启蒙主义的"理性"原则相对立的。无政府主义几乎影响过整整一代启蒙思想家，从陈独秀、李大钊到鲁迅，都曾在不同程度和不同方面把无政府主义思想纳入启蒙的思想范畴之内，并在当时同样没有意识到启蒙的使命与这种思想武器之间的内在冲突。

以上的分析说明了"五四"启蒙思想的内在复杂性和矛盾性。作为一个思想运动，它是在面对过去、反叛过去的激烈的态度中形成的。"五四"启蒙思想没有共同的社会哲学基础，从而没有建立起自己的逻

〈89〉 胡适：《非个人主义的新生活》，《新潮》第 2 卷第 3 号，1920 年 2 月，第 470—471 页。
〈90〉 李大钊也曾如此。

辑体系，而启蒙主义的思想原则一旦离开了它的逻辑体系，也就丧失了它的明确规定性。在"态度的同一性"基础上形成的启蒙思想运动，同时包含了对启蒙的思想原则的否定，即使各种"主义"仍然标举启蒙的口号。但这些"主义"在更为基本的前提和精神上与启蒙原则的对立和冲突，必然导致中国启蒙思想的内在混乱和启蒙运动迅速的分化与解体。这就是我所谓"五四"启蒙思想的"危机"。"危机"不是外在的，不是由外部历史事变决定的，而是内在于启蒙思想运动的。民族矛盾的尖锐化和中国社会政治的分化只是促成了"危机"的爆发。

当然，这并不是说"五四"启蒙运动的"危机"仅仅停留在意识的或精神的领域，"意识的危机"表现的是社会生活更为深刻的矛盾：首先，中国的启蒙运动发生在 20 世纪，这个时代对于西方人来说正是启蒙主义的一系列信念破产的时代，是人们试图超越启蒙建立各种新的思想体系，从事新的社会实践的时代，而中国人在从事自己的启蒙使命的过程中不可能不受同时代西方包括俄国的影响；其次，中国的资本主义经济关系的相对弱小，无论是资产阶级还是无产阶级都处于软弱的位置，使得启蒙思想找不到自我实现的有力的物质基础，农民阶级由知识分子的启蒙对象到改造知识分子的主要力量的角色转换正是由于中国革命（无论是资产阶级性质还是社会主义性质）不得不以农民作为阶级基础。在这个前提下，中国的传统文化才能借着各种形态的思想形式影响人们思想以至生存方式。因此，在整个 20 世纪，传统主要是通过大众性运动及其生存方式来展现自身的。第三，"五四"时代是中国各派政治势力处于混乱和对抗的时代，北洋军阀政府面临革命力量的挑战和各派势力的挟制，因此，新文化运动才能在政治夹缝中发展起来。一旦政治专制形成，启蒙主义的思想运动也就必然遭到压制。1929 年 9 月胡适发表《新文化运动与国民党》一文，从文学革命、思想自由和对待旧文化的态度等三个方面，指出"国民政府"和"国民党"是对新文化运动的"反动"。这一方面是因为"根本上国民党的运动是一种极端的民族主义运动，自始便含有保守的性质，便含有拥护传统文化的成分"，而一党专制之下，这个政党的保守性质和反动的理论就"可以阻碍一国文化的进步"，"天天摧残思想自由，压迫言论自由，妄想做到思想的统一"。[91]

正是在新文化运动的发展、矛盾和解体过程中，中国社会萌发新的政治。因此，恰恰是在分析了新文化运动的解体之后，我们需要追问：什么是新文化运动的政治？

1989 年 2 月 24 日夜于北京，初稿完成

附　论

什么是"五四"文化运动的政治？
——关于"五四"的答问 *

周展安（以下简称周）：二十年前，您在写作《预言与危机》以及《中国的"五四"观》的时候，在写作方法上，一方面是动态的历史分析，另一方面似乎更倾向于一种共时的、结构性的分析方式。而在近来的研究比如《文化与政治的变奏——战争、革命与"五四"时代的思想战》等文章当中，似乎是动态的历史分析的意味更浓一些，

---

* 刊发于《现代中文学刊》2009 年第 1 期。

〈95〉　胡适：《新文化运动与国民党》，《新月》第 2 卷第 6—7 号合刊，1929 年 9 月，第 5、12、14 页。

"五四"是作为一场运动、一个内涵丰富的事件（event）被看待的。不知道我这种理解对不对，或者请您谈一谈您在不同时期的"五四"论述有些怎样的区别。

汪晖（以下简称汪）：这些论文的写作毕竟隔着二十年了，要隔着这么长时间来比较是很困难的。但是，两者之间确实有变化。在二十年前的文章中，我讲的是启蒙的态度与方法的问题，不是一般的结构，而是辩证的、自我解构的关系。也就是说，我当时提出的问题是"五四"运动为什么会解体，而现在写出来的部分是在问新文化运动是如何形成的。从时段上来看，二十年前写的是我现在还没有写到的部分。在《预言与危机》中，我研究的主要是《新青年》以及《新潮》《每周评论》等杂志，是新文化运动的主体部分，而现在写出来的是它的对立面和前提，是政治性的问题。这一点是差异，但也不是绝对的差异。《文化与政治的变奏》显示的正是两者的差异和两者的重叠方面。在早期的文章里，要处理新文化运动是怎么解体的，就必须处理这个运动的"同一性"及其内部的复杂要素，因此，"同一性"问题是动态的，是运动的同一性，而不是结构的同一性。今天的问题是"五四"为新的政治提供了哪些前提？在这个文化运动中诞生的政治的新意究竟何在？要讨论这个问题，就必须讨论"五四"文化运动所批判和拒绝的旧政治是什么政治这一问题。在 20 世纪 80 年代末，这个问题并不是清晰的——也许是过于清晰的，因为启蒙与救亡都是不证自明的问题。救亡是什么？救亡是抽象地、一般地说的，但救亡一定有具体的内涵、具体的方式、具体的主张，也就是有具体的政治。启蒙是什么？启蒙也是抽象地说的。在"五四"前后所谈的"觉悟""自觉"各不相同，各有针对的对象，不同的"觉悟"和"自觉"构成了"同一性"，同时也就构成了矛盾和冲突。如果不谈具体的政治及其构想的差异，而只是谈启蒙与救亡的差异，就把握不住这一时代文化论战的政治意义了。

关于"五四"新文化运动的解体以前说过很多，历来认为到了"五四"学生运动之后，尤其是1920年、1921年，伴随中国共产党的成立和新的政治局势的形成，新文化运动就基本结束了。过去有两个主要的讲法：一个是毛泽东的讲法，或者以毛泽东为代表的中国共产党人的讲法，他们将自己定位为"五四"运动的合法继承人，认为这个时候政治发生了变化，即从旧民主主义到新民主主义，中国革命的一个新的阶段开始了。对于他们来说，"五四"新文化运动谈不上失败，而是发生了转化、深化。当然，转化本身意味着自我克服，但这不是失败。这是一个传统的说法。第二个就是80年代的说法，认为新文化运动中的启蒙没有完成，你刚才说的人的觉醒，在当时被定义为启蒙的中心问题，这至今仍然是事实，新文化运动的一个基本的内容在这里。这是它们和《东方杂志》等很不同的地方，尽管他们也谈到对德宣战问题、复辟问题，但根本的是解决人的问题。从文学上的浪漫主义倾向，到伦理领域的非道德化的自然主义，到政治哲学领域中的无政府主义的流行，所有一切都表明，"人"力图从各种实体的或者观念的桎梏中解放出来。陈独秀、李大钊在这个问题上的看法存在着不同的取向，但大的方向的确是有一致性的。也因此，李泽厚的"救亡与启蒙的双重变奏"这个命题的合理性是存在的，只不过他完全没有呈现这背后的政治逻辑是什么，他只看到形式上的对立。

就是在这个意义上，他们认为新文化运动失败了。我当时的论述，第一，是批评了"救亡压倒启蒙"这个说法，因为启蒙就是救亡的产物，没有救亡不存在启蒙这个问题，不可能有一个纯粹的、抽象的启蒙，但反过来，这个救亡不同于历史上的其他救亡，它和许多新的价值及其运动方式联系在一起；第二，虽然启蒙是救亡的产物，但启蒙又预设了一些自己的前提，这些预设的前提和它的历史性前提之间、和它的方法之间有矛盾。因此我虽然也承认这个运动解体了，但我这个说法和一般的说法有差别，是因为我强调是思想内部存在着解体的要素。胡适说"五四"运动解体是因为学生运动的兴起，政治介入了，因此文化运动没有了。不但是胡适，就是陈独秀本人也强调过当时就是要谈文化问题。从这个角度看，胡适的说法有一定的道理，但是这个说法是比较外在的，过分外在的一个主要的毛病就是切断了文化运动和"五四"运动的一个实际的历史和思想的联系。因此也无法解释陈独秀为什么参加了这些历史运动，更不要说傅斯年、罗家伦这些第二代，他们也都是在这个运动中的，尽管《新潮》和《新青年》是不一样的。

我在文章里面提了一个概念，叫作"态度的同一性"。"态度的同一性"首先是针对"方法的同一性"来的，也是对"五四"启蒙运动基本特征的一个客观的概括。我们可以发现，启蒙在西方或在中国都是混乱的，没有一个纯粹的所谓启蒙，所以卡西尔说欧洲启蒙运动也是千差万别。但是欧洲启蒙运动里面有一个相对稳定的东西，就是它不管在什么领域里面，都有一个方法，说到底就是实证的、理性的方法，所谓理性重建、实证还原。我说过，新文化运动的一些代表人物也曾试图把分析和实验的方法运用于历史、宗教和文学领域，例如吴虞、陈独秀等人对家族制度与专制主义的关系的分析，李大钊关于物质变动与道德变动的论述，胡适的白话文理论和用实验的方法对《红楼梦》进行的考证。但是，试图在"五四"启蒙运动中寻找某种一以贯之的方法论特征几乎是不可能的。中国启蒙思想所依据的各种复杂的思想材料来自各个异质的文化传统，对这些新思想的合理性论证并不能简单地构成对中国社会的制度、习俗及各种文化传统的分析和重建，而只能在价值上做出否定性判断。它是一个直接的价值观斗争。作为一场思想运动，它是在面对过去、反叛过去的激烈的态度中形成的，而没有建立起自己的方法论体系——方法论的问题也许在那场运动后逐渐被提出，例如"整理国故"和科学、社会科学的发展。在"态度的同一性"基础上形成的启蒙思想运动，本身包含了对启蒙的思想原则的否定因素，这与欧洲启蒙主义的理性主义和经验主义基础不大一样。民族主义、无政府主义、非理性主义、马克思主义等都是其表现。这些"主义"在更为根本的前提和精神上与启蒙原则的对立和冲突，也必然导致中国启蒙运动的分化、解体和转向。这是我二十年前要解释的问题。

今天所讨论的问题有所不同，我要问的是当时的政治前提到底是什么？只说救亡是不够的，因为自1840年以来，都是在救亡，可到底是什么东西发生了变异？新文化运动的一个基本前提是对共和的忠诚，共和是一个基本的价值；为什么是在建立了第一个共和国之后，对共和的辩护变成了一个政治问题？共和危机到底是什么危机？这个是过去的人没有清楚说明的。当然，袁世凯称帝、张勋复辟是被看作危机的表现的，但仅仅如此吗？我强调说辛亥革命以后就出现了危机，辛亥革命诞生之日，就是共和危机开始之时。伴随普遍王权的衰落，中国幅员广大的王朝出现了新的政治危机，康有为很明确地提到这个问题，要注意他从1911年就开始思考共和问题，当然这个问题可以追溯到革命前他与革命派的辩论。《共和平议》也是《新青年》针对的主要论辩对象之一。康有为是反对袁世凯称帝的，可是却被《新青年》作为主要的论辩对象，为什么呢？他提倡孔教的政治内涵是什么？是支持专制、帝制吗？还是也有别的政治意识？过去都是在专制、民主这个二元论里面讲，可是《新青年》试图回避不谈的政治，到底是什么样的政治？这个是我要去钩沉出来的内容。

共和危机是"五四"新文化运动要回应的对象，这里的"共和"当然首先是指受到政党政治和军阀政治羁绊的、空有共和之名的国家政治，而不是共和的基本理念。《新青年》的主要作者群是高举"科学""民主"的大旗，忠诚于共和的价值，来展开对于康有为及其同道的复辟主张的全面批判的。在这个意义上，也可以说是"共和"理想提供了思考新政治的可能性。但是，共和危机还有更深一层的含义，在这里，危机所指向的不仅仅是现实存在的国体和政党，更涉及共和理念本身。因为当时对于共和危机的观察，并不仅仅来自袁世凯称帝和张勋复辟等造成的混乱政局，也来自对辛亥革命之后就开始的中国普遍王权衰落的认识，来自对西方现代文明之危机的认识。康有为关心的是什么问题？他关心的是君主立宪问题，是如何找到一种政治形式以弥补普遍王权衰落造成的危机问题。辛亥革命后，1912 年外蒙古宣布独立，同年西藏驱逐清朝驻藏官员和士兵，并与外蒙古签订相互承认的条约，1913 年西姆拉会议召开，西藏危机也出现了。康有为那时写了《蒙藏哀辞》等文章，他对"共和"的批评是与此相关的。几乎同时，各省的自治运动也在发展，国家处于四分五裂的境地，北洋政府作为中央政府的合法性其实从未真正确立。袁世凯恢复帝制的努力也就发生在这个语境中。因此，以什么样的方式解决中国的政治危机是不同政治力量面对的问题。

"五四"新文化运动不是仅仅受激于国内的政治形势，也是受到第一次世界大战以及德国革命、俄国革命等事件深刻影响的结果。对于第一次世界大战，大致说来也有三种不同的解释。第一种将欧洲战争解释成（同种却不同民族的）民族国家间战争，由此也发展出两种思路，一是强化中国的民族国家地位；二是超越西方民族国家，形成新的政治体。第二种将欧洲战争解释为民主国与专制国之间的战争，即英美是民主共和国，而德国及俄国是专制君主，由此将战争解释为民主与独裁、公开政治与秘密政治、共和与君主的政治对立。第三种主要是在俄国革命和德国革命发生之后，即将战争的起因和结局归结为阶级间的战争和阶级斗争的成果，因为俄国和德国是在国内革命和政权更迭的背景下退出战争，并签订和平协议的。因为有这些重大事件的影响，"五四"的思想者们就不可能再去重复18、19 世纪西方现代性的老调，将自己凝固在戊戌变法、辛亥革命及其遵循的模式之上，他们必然会带着自己的觉悟，重新去改造这些理念并创造新的政治。

因此，"五四"文化运动是不断变化的，即便以《新青年》为对象也可以观察到清晰的变化：不仅是陈独秀转向马克思主义之后的变化，即便在此之前，也存在着变化。新文化运动是以文化这个范畴为中心的，但新文化运动不可能没有对立面而成为一场运动，所以我逐渐地强调这个时代有一场思想运动、文化运动，不完全是新的运动，包括像《东方杂志》等也是这场文化运动的一部分。为什么？因为它们虽然高度地重视政治，但是到了新文化运动前后，它们对政治的关注逐渐转向了文化和文明这个问题。因此就要问：文化和文明与政治这两个议题之间构成一个什么样的关系？也只有讲清楚了这个关系，才能继续论证我二十年前说的文化运动的解体是什么意思。这是应该讨论的核心。当然，我今天的讨论要比那个时候更为具体和历史，也更具有政治性。差别主要是在这儿。

周："五四"新文化运功虽然是以文化命名的，但并不是一场单纯的文化运动，它同时也是一场社会运动。陈独秀既讨论"吾人最后之觉悟"，讨论文学革命，也讨论劳工、妇女、人口问题。但陈独秀同时又对文化运动和社会运动有明确的区分。请您谈一谈"五四"时期文化和社会的关系。

汪：社会是晚清就出现的范畴，严复的"群学"不就是讨论社会吗？但晚清有没有这个范畴跟讨论"五四"有没有这个范畴，不是一个问题。就单个要素来说，如科学、民主、共和，包括白话文问题，都不是"五四"的独创，它们在晚清时期都出现了。但是，我们不能在一个纯粹实证的意义上来认识这些要素，来认识晚清和"五四"的关系。我们要追问的是，到底"五四"是在什么条件下提出这个问题的，它的特点在哪儿。讲文化和政治，是从文化和政治自身的历史脉络来的，不能把文化、社会、政治变成一个分类的范畴。新文化运动接触社会问题的一个核心是从文化这一范畴出发的，是从文化和政治的变奏里面衍生出的。社会范畴是通过文化问题才获得独立的意义的，文化是一个特殊的策略，社会问题在这个特别的历史脉络里面才能产生，不是说有个天生的所谓社会问题。虽然晚清就讲社会了，可是真正的社会科学的思想，的确是在"五四"运动之后才真正生根的。严复的"群学"是一个世界观性质的东西，但"五四"之后的社会学就有了学科的意义。"五四"时期社会问题所以能够浮现，一定程度正在于他们把原有的政治问题悬置了，悬置了才会有社会这个范畴出来。我说把"原有的政治"悬置了，不是把政治悬置了。"原有的政治"就是国家的政治、政党的政治、议会的政治，等等。但"五四"文化运动不但将政治的边界大大扩展了，而且也改变了政治的含义——家庭、性别、阶级、语言、文学、劳动等，都成了新政治的题中应有之义。用一个时髦的话说，微观政治出现了，不是否定国家政治，不是否定政党政治，而是通过有关家庭、个人、阶级、婚姻、劳工、人口、教育等的讨论，重新确定新政治的地基。这都是新文化运动的内容。因此，"文化"不是一个抽象的问题，文化是重新确认政治、介入政治、与政治相互渗透，并创造出新的政治问题、提出新的政治价值的方式。社会不只是一个客观的范畴，提出社会问题意味着价值的转移，这个问题本身包含着政治性。不是说用文化和政治相互对抗，而是说通过文化运动产生出新的政治，就是把所有这些社会问题提升到更高的高度，而不把政治范畴仅仅视为国家和政党独霸的领域——这是军阀政治和旧式政党垄断的领域。只有从这些方面，我们才能理解什么是"五四"文化运动提出的"文化"含义，也才能理解"社会"这个范畴在文化运动中的意义。

总之，不能在分类学的意义上来看待文化和社会，也不能在分类学的意义上来看待文化和政治。新文化运动中的文化不是一个可以和政治区分开来的范畴，文化和政治的对峙只是一个策略，是陈独秀他们用以介入政治的策略。但这个策略又不仅是策略，因为从文化入手介入政治，意味着要对什么是政治重新开始考虑。这是价值问题，也是评判问题。这也是为什么"态度"在这场运动中居于如此重要的位置。所有的政治都有自己的文化。文化是强烈自主的力量，是创造政治的力量。主义是文化也是政治。如果政党政治，只是结构性的权力，没有真正的主义、思想、价值，只能是去政治化的政治。政治冲突在一定意义上就是价值观的冲突，就是文化思想的冲突。新文化运动一个很重要的贡献，在于它为新的政党政治提供了新的文化基础，在于它为政治提供了伦理内核——政治的核心是伦理和价值，政治对抗和辩论的核心也是伦理和价值。无论是国民党的政治、无政府主义者的政治，还是共产党的政治，没有这个文化基础，是不可能产生这种政治冲突的。要在这个意义上来理解这个独特的历史时期，不能把后面的历史搬到这个历史时期来，要进入到历史脉络里面来思考他们要拒绝的政党政治是什么样的政党政治，那不是抽象的，而是国民党改造前的政党政治，也是在北洋军阀、地方军阀控制下的政党政治，是缺少伦理内涵、充满权斗而缺少"文化"的政治。改组后的国民党和新生的共产党则是有新的文化支撑着的政治运动，也因此，才会有真正的理论斗争，包括一个政党内部的理论斗争。

不要预先形成对于文化、社会、政治这些概念一个固定的看法，然后带着这些看法来认识"五四"时期的历史，也不要急着去给出关于这些概念的定义。不要抽象地认识这些概念，而是要在具体的文本脉络和历史脉络里来认识这些概念在当时的具体语境中的关系。重要的是考察当事人在运用这些概念的时候，他们真正的目的是什么。《新青年》所讨论的劳工问题、女性问题、家庭问题等，在今天看都是政治问题，但这一类的政治问题，是和旧式的国家政治不同的。陈独秀他们谈文化和社会，是试图将政治从"国家与政治完全一致"这个关系中解放出来。他们清楚地知道，当时谈文化谈社会，都是在谈政治，但同时，这里的政治不同于旧式的国家政治、政党政治框架下的政治——我在这里提到"旧式的"，是因为新政治也并不等同于对国家、政党等概念的否定，而是要重新赋予这些概念新的内涵，或者从新的价值出发去规范其政治性。

周："觉悟"是方法吗？还是有更加具体的内容？如果没有某某主义（贬义地说就是教条），那么会不会流于盲动主义和机会主义？觉悟也好，主体的创造也好，是不是总要有方向问题，总要有路线问题？

汪：觉悟，有不同的觉悟，有不同觉悟之间的斗争，因为有斗争，那么觉悟当然有自己的所指。"五四"新文化运动，新旧之间，都讲觉悟，新旧之间在冲突，那么什么在冲突，当然是有内容的。但是，就当时的历史条件而言，首先要看他们为什么要讲觉悟，对谁觉悟，针对什么而来的觉悟。由于第一次世界大战和中国的共和危机，很多人对于戊戌变法、辛亥革命的模式，对于18、19世纪的欧洲现代性模式产生了深刻的怀疑，资产阶级民族国家、自由竞争的资本主义经济、议会框架下的政党政治，以及与此相关的价值系统，都失去了自明的先进性。为民主辩护，为西方价值辩护，是在这一前提下发生的。同样，对传统的尊重，新古典主义或新保守主义，也是在这个前提下得以理论化的。在这种情况下，觉悟的问题出来了。觉悟，首先就是不能走别人走过的道路，就是发现以前的东西不对了，因此要有自觉、觉悟。张君劢、梁启超、杜亚泉等讲觉悟都是从这里出发的。比较梁启超早年的《新民说》和写作于欧洲战争期间的《欧游心影录》，可以发现前者内含完美的西方形象，后者则显示了西方文明的千疮百孔。梁启超此时所谈的"中国人之自觉"不再是借鉴西方文明的自觉，而是从西方文明危机中反观自身的自觉。1917年4月，杜亚泉在《战后东西方文明之调和》中说："战后之人类生活，必大起变化，已无疑义，改革时代，实近在眉睫之前。"又说，"此次大战，使西洋文明显露显著之破绽"，一种"东西洋之现代生活，皆不能认为圆满的生活"、"东西洋之现代文明，皆不能许为模范的文明"的"觉悟"油然而生，"而新文明之发生，亦因人心之觉悟，有迫不及待之势"。

如我在《文化与政治的变奏——战争、革命与 1910 年代的"思想战"》一文中所说，这不仅仅是所谓"保守派"的观点。《新青年》的基本政治主张在于奠定真正的共和根基，反击帝制复辟的迷惘。但他们不可能对战争危机视而不见，而俄国革命和德国革命也给了他们重新看待西方历史的契机。陈独秀在《一九一六年》中说："创造二十世纪之新文明，不可因袭十九世纪以上文明为止境。"他断言：在欧战的影响下，军事、政治、学术、思想"必有巨变，大异于前"。一年以后，俄国二月革命爆发，陈独秀在《俄罗斯革命与我国民之觉悟》中断言："此次大战争，乃旷古未有；战后政治学术、一切制度之改革与进步，亦将为旷古所罕闻。吾料欧洲之历史，大战之后必全然改观。以战争以前历史之观念，推测战后之世界大势，无有是处。"两年之后，李大钊写作《BOLSHEVISM 的胜利》，宣称："一七八九年法兰西革命，不独是法兰西人心变动的表征，实是十九世纪全世界人类普遍心理的表征。一九一七年俄罗斯的革命，不独是俄罗斯人心变动的显兆，实是廿世纪全世界人类普遍心理变动的显兆。"所有这些，都是有着具体内涵的觉悟，对于李大钊和陈独秀而言，阶级问题也逐渐变成了"觉悟"的内容。

新文化运动提出的"觉悟"问题，是对于那个时期的政治进行分析的结果。因为普遍王权的衰败，产生了议会政治、多党政治、军阀政治、民族国家政治等，在这个政治之下，出现了资本主义经济，这是当时讨论要针对的问题。要认识什么是"觉悟"，首先要分析当时具体的历史脉络，明白讲"觉悟"的人所针对的问题。所有的"觉悟"都是在这个运动里面、在这个特定的事件里面产生的。人们对自己有了完全不同的理解，对自己的理解又是通过对历史和时代的认识而来的。"觉悟"并不像你理解的那么抽象，它们是有丰富的历史内涵的。也是在这个基础上，因为有各自的历史内涵，所以才能产生新的、不同的政治选择。没有对于欧洲资本主义市场经济的否定，就不会产生出社会主义思考；没有对西方国家文明破产的认识，不会产生出重新讨论东方文明这样的问题。而没有这些，就不会出现讨论十月革命和法国大革命的差异的问题，就不会讨论民主是不是有了断裂、有不同的民主这样的问题。你可以看到，所有这些都发生在这个时候，都围绕着共和危机、第一次世界大战而来。尤其第一次世界大战使我们发现以前的榜样、现代想象的标准忽然不行了。这是所有人都发现了的，康有为、梁启超、杜亚泉、陈独秀、李大钊都说不行。他们所采取的种种方法，或者接续、或者调和、或者决裂，都是在这个"觉悟"的前提下产生的，因此我才说这是不同的"觉悟"之间的冲突。

周：文化革命是强调觉悟，强调"主观内面之精神"。但是如果这个觉悟仅仅是局限在知识者群体中，那么它是无法真正具有革命性的，理论只有掌握群众，才会变成革命的力量。毛泽东在1939年关于"五四"的两个讲话中，反复强调和群众结合的问题。毛泽东的重点是放在革命主体身上，"革命是什么人去干呢？革命的主体是什么呢？"毛泽东虽然没有正面触及觉悟的问题，但这里谈动员群众和强调觉悟是一致的。但毛泽东的说法也提醒我们，谈觉悟和主观精神等，都必须时刻联系群众路线。群众路线，即如何联系群众，联系哪些群众是"短20世纪"中国革命的核心问题。如何联系群众以及联系哪些群众当然也就是区分朋友和敌人、识别阶级的过程。而这个问题，1919年之前的陈独秀他们是没有认识的，他在1919年的《新青年宣言》中还是反对阶级政治，要求全民政治的。请您谈谈对这个问题的看法。

汪：任何历史运动都有自己的缺点，不过我更愿意把这个理解成历史运动的一个局限，而不是简单的缺点。我们要把问题放在历史脉络里面来看，不仅要把"五四"放在具体的历史脉络里面，也要把毛泽东放在具体的历史脉络里面，否则就无法真正发现新文化运动的意义和独特性。一方面，在"五四"时期讨论劳工问题、性别问题等，本身也是有阶级的视角的。另一方面，当毛泽东在讨论群众路线的时候，是在一个具体的战争环境里面，作为一个政党的政治领袖来讨论的。新文化运动所承担的历史角色和他是完全不一样的。

在《五四运动》和《青年运动的方向》等文章中，毛泽东提出知识分子应当和工农大众相结合的问题，要求把启蒙主义的"化大众"转变为知识分子的"大众化"，这一方面来自进行广泛的革命动员的现实需要，另一方面也是中国马克思主义意识形态对中国社会的不同阶层对待革命的态度的分析、对中国革命的指导思想和前途的基本认定。作为"毛泽东思想"的一个有机部分，毛泽东的"五四"观也是历史唯物主义对待中国历史的娴熟运用；而运用历史唯物主义的概念、方法解释中国历史的过程，又是和中国共产党人为制定现实的革命策略而对中国社会性质和中国社会各阶级进行分析的过程相联系的。总之，毛泽东的批评是在自己特有的历史脉络里展开的，我们不能把毛泽东的历史脉络强加到"五四"身上。毛泽东同时高度肯定"五四"运动，他认为"五四"运动为共产党的成立做了思想上和组织上的准备。对于毛泽东来说，"五四"运动不仅提供了中国共产党及其现实策略的合理性和合法性的历史证明，而且也是一个关于未来社会及其与中共关系的现实的预言。其实，"五四"运动不仅为共产党，也为国民党的改组做了思想和组织上的准备。孙中山这样评价"五四"运动："此种新文化运动，在我国今日，诚思想界空前之大变动。推其原始，不过由于出版界之一二觉悟者，从事提倡；遂至舆论大放异彩，学潮弥漫，全国人皆激发天良，誓死为爱国之运动。倘能继长增高，其将来收效之伟大且久远者，可无疑也。吾党欲收革命之成功，必有赖于思想之变化。"无论对共产党还是国民党，"五四"新文化运动的作用都不可谓小。新文化运动促进了马克思主义、布尔什维克主义、杜威主义等思想的传播，这些理论和主义是和阶级、劳动、商品、资本主义、社会主义、共产主义等特定的概念相伴随的。它们共同联系着一种新的政治，新的政党政治。没有这些理论和主义，以民族解放和阶级解放为诉求的政治组织就无法找到自身的政治主体。在这个意义上说，从"五四"新文化运动到新型的政党政治的产生，不是一个简单的自我否定，而是运动本身包含的政治逻辑的一个必然的延伸，这是第一。

第二，新文化运动不是作为政治组织、作为政党来起作用的。恰恰相反，《青年杂志》的创刊采取的是一种与政治断裂的方式，即所谓"改造青年之思想，辅导青年之修养"，促进国人"根本之觉悟"才能完成，虽然它本身也是一个政治行动。我说过，政治存在于人类生活的各个方面，从日常生活、社会团体到国家领域，但现代政治的一个独特性在于政治与国家的密切联系，以至当现代人讨论政治问题时必定指一种与国家有关的活动。换句话说，这一作为国家活动范畴的政治构成了现代政治最为根本的特征。但是"五四"时代的根本觉悟不仅产生于共和政治未能真正生根的意识，而且也产生于对18、19世纪西方现代性的幻灭，因此重构政治的行动必须以更新这一特定的政治模式为前提。新文化运动的任务是"在社会的基础上造成新的政治"，以反击以国家为中心的政治，因为后者其实是"去政治化的政治"。它致力于以文化方式来激发政治，但它的社会改造方案又包含促成全新的国家政治、全新的政党政治的兴趣，即"文化"及其"运动"不但能够在社会的基础上创造新人（"青年"），而且也能够通过新人及其"根本之觉悟"逆转国家与政党的去政治化的趋势。

不能简单用毛泽东的尺度来衡量新文化运动，这样会把握不住新文化运动的独特性，也把握不住政党政治、大众运动和战争的条件下文化运动的独特性，因为其间有历史差异，这个历史差异要放在相应的脉络里面来看待。"五四"运动当然有自己的局限性，但那只是在毛泽东的背景下来谈的。如果在三四十年代，还是像新文化运动那样来做一般的启蒙，对他来说当然就不行了，在这个意义上，他的批评是有道理的。但反过来说，中国共产党包括毛泽东也都是这个运动的产物，没有这个运动，怎么会产生出他们的思想脉络。其次，即便在后来的语境中，"五四"文化运动的意义也需要认真思考，例如，文化运动与政党政治究竟是什么关系？文化运动都应该变成大众运动和政党政治的文化运动吗？历史当中的对话关系，也需要历史地去把握。要去寻找一个历史事件的独特性，否则就会在历史解释上陷入事后聪明的目的论。

周：1923 年，瞿秋白发表《〈新青年〉之新宣言》，特别突出运用社会科学研究社会性质的意思，认为不是要抽空地讲思想，而是要阐明革命的社会基础，"《新青年》当为社会科学的杂志。《新青年》之革命性，并不是因为他格外喜欢革命，爱说激烈话，而是因为现代社会已有解决社会问题之物质基础，所以发生社会科学，根据于此科学的客观性，研究考察而知革命之不可免"。并且提出了社会公律的说法，"当严格的研究方法研究一切，自哲学以至于文学，做根本上考察，综观社会现象之公律，而求结论"。文化是高度能动的领域，社会科学是强调社会公律的，从《新青年》创办初期的言论到瞿秋白的宣言，再到 30 年代更加强调研究经济问题、注重数据分析的社会性质论战，似乎有一个强调规律、思想逐渐定型、文化的能动性逐渐弱化的趋势，如何认识这一点？

汪：首先是社会科学的诞生本身，就是思想创造的产物。中国社会史论战并不预设思想定型和能动性的弱化，社会史论战正是积极地创造新政治的一个途径，只是它的论述方式发生了变化。而且倒过来说，没有新文化运动，也不可能出现社会科学的论述，尽管其中有思想变化的脉络。很清楚，文化运动打破了原来关于国家、政党作为政治中心的叙述，才把社会这个问题提升出来，社会科学的必要性才能产生，新的政治需要通过对社会问题的分析才能产生。至于说社会科学里面的方法、决定论等，那是另外一个脉络里的问题，不能放在刚才的这个模式下来认识。30年代的中国社会史论战正是中国思想发生重大转变的一个征兆，积极地引导社会运动的征兆，不能说到了这里思想的能动性就没有了。范畴发生变化了是没错，里面有问题，有决定论的问题，也没错，但不能掉到一个我们后来对于社会科学的简单批判里面。因为"五四"运动进行社会调查远远在1923年之前，第一个明确做调查的就是陶孟和，他在很早的时候就在《新青年》上发表了一个社会调查。李大钊关于唐山工人的调查也是那时产生的。这些社会科学的实践正是新文化运动的有机部分。其实，文化运动的讨论中也包含了关于"公律"的问题，而且更早。梁启超的环境决定论也是包含公律的意思，关于环境决定论从晚清开始就一直在讨论。

公律、决定论，这是认识方法的问题，是认识论的问题。不能简单说这就是弱化了文化运动的能动性，我认为科学主义的问题、这里解释的问题是两个层次的问题。创造新政治的时候，要把这个当成一个话语来叙述，不是当成一个简单的构造来叙述。没有30年代的社会史论战，没有中共、国民党、托洛茨基派、自由主义政治派别等在历史问题解释上的分野，新的政治不会是这个模式，这是能动还是被动？阶级概念有结构性的特点，但通过这个概念创造新的政治和新的运动是能动的，还是被动的？我说过，"短20世纪"是一个理论世纪，充满着理论辩论，而理论辩论也就是政治辩论，政治是理论性的，理论是政治性。在"短20世纪"当中，从革命文学论争到中国社会性质和社会史论战，从两个口号的辩论到关于民族形式的论战，从新启蒙运动到大众哲学的普及，从毛泽东的《论持久战》这样的军事讨论到《矛盾论》《实践论》这样的哲学讨论，都可以看出中国革命中的政治实践和理论实践是密切相关的。社会科学所提出的问题，中国社会性质和社会史论战所激烈争论的封建、半封建，殖民地、半殖民地、帝国主义等问题，都是有着极强能动性的理论问题，同时也是政治问题。我们可以总结这里面在认识论上的一些问题，但不能说这样就是没有能动性，否则无法解释政治在当时为什么产生了极强的能动作用，正是通过这些辩论，革命的对象、革命的主体、革命的目标等清晰化了，政治的能量也因此被积聚起来了。总之，要区分不同的层次。

周：对觉悟的强调或许会涉及唯物和唯心的争论，如何在马克思主义的观点里认识"觉悟"的作用？马克思反对对"社会存在决定社会意识"做简单理解，但强调觉悟是否尤其是由中国的特殊国情所决定的？如何在理论上认识"没有革命的理论就不会有革命的行动"？

汪：马克思在《关于费尔巴哈提纲》等文章里面是极为强调能动性和主观性的，阶级觉悟就是一个能动的问题，不是一个被动的问题。"觉悟"是非常清晰地在特定的历史脉络里面针对着特定的对象来说的，不是抽象来的，不是一个自我完成的觉悟。"觉悟"是社会运动的产物，是战争、社会政治变迁、所有社会关系的产物，不能抽象地、教条地来理解。我在《去政治化的政治》里面引用列宁和恩格斯的话，引用毛泽东在《矛盾论》里的话，都是在强调理论的重要性。唯物和唯心是马克思主义的传统话题，但是这些马克思主义的经典作家从来都没有教条地去理解唯物和唯心。如果他们是那么教条的话，他们的政治是不可能产生的。中国革命的一个特殊性，是社会主义革命产生在一个这么落后的国家，要政治地来理解这个历史。我现在不去进一步地深究唯物论、历史唯物主义在理论上包含的一些不清楚的问题。马克思既有历史唯物论又有辩证法。教条的历史唯物论是有问题的。马克思本人由于他高度的辩证的观点，他对问题的把握是清晰的，但后来很多马克思主义者在这个问题上犯了很多错误，教条主义的产生就是这么来的。如果先验地从"心"的角度来看待"觉悟"的话，就会陷入教条主义里面去。我讲的"觉悟"也都是在具体的脉络里面、在历史关系里面展开的，不是抽象去讲的。但是这又不能简单地化约成物质决定意识这一说法，因为其中有能动关系。《关于费尔巴哈提纲》和《路易·波拿巴的雾月十八日》很清楚地说明了这个问题。就马克思本人来讲，我觉得《关于费尔巴哈提纲》处理得最清楚。总之，所有这些都必须放置在历史脉络中来理解，不能抽象地、先验地来理解。唯物、唯心、存在、意识，都要在历史关系里面来认识和界定。比如说什么是新文化运动的社会物质存在？生产关系，社会关系，都是我们历史分析的内容，不能简单地讲。抽象的概念是提供一个方法，不可能取代对历史的分析。比如刘叔雅的《欧洲战争与青年之觉悟》，他讲的"觉悟"是针对着欧洲战争而来的，对欧洲战争有具体的分析，因此讲"觉悟"也非常具体，一条两条都标出来的。这就是文本的脉络。如果问题里面不具备文本的脉络，就会把握不住。同时这个文本脉络也就是进入历史脉络的一个途径，它是一个途径，也是一个分析的对象。历史早已消失了，如果离开了文本，就无法进入历史。但是同时，文本不是历史简单的反映，它既是历史的产物，又能动地作用于历史。

第六章

预言与危机（二）

十月革命与中国革命

如何思考革命及其"失败"?

如果说 19 世纪是由 18 世纪英国工业革命和法国大革命所界定的，那么，20 世纪则是由俄国革命与中国革命所界定的。这两场革命不仅试图在自己的国家创造一个新社会，而且也将各自的革命道路理解为全世界探索未来的伟大尝试，从而激发起全世界不同地区的人们对俄国与中国的赞扬与诅咒、支持与遏制、热爱与敌视。从 1917 至 2017 年，天地玄黄，在两场伟大革命的诞生地，革命的面貌早已模糊。20 世纪 90 年代，伴随苏东的解体，中国知识领域盛行的是"告别革命"的口号，这是美国版的"历史终结"命题的亚洲版表述。在俄国以及西方知识界，"十月革命"常常被视为预伏在苏东解体过程中的"原罪"，有关社会主义和共产主义的讨论已经转化为社会主义为什么失败、共产主义为什么不可能的讨论。1994 年 11 月 5 日，俄罗斯联邦总统办公厅主任谢尔盖·亚历山德罗夫·菲拉托夫就断言："从形式上说，1917 年 10 月俄国发生了一次政变，其结果是政权为人数不多但很团结的左翼激进政党所篡夺……1917 年的 10 月是对俄国社会进行最严重的革命破坏的开始。""由 19 世纪的伟大改良的俄国向工业化民主社会的逐步转变过程中断了。1917 年的

2 月成了国家民主发展路线的终点，二月革命后经过八个月俄国就确立了集权主义的镇压体制。"[1] 在苏联解体前，各种反对的和修正的观点已经复苏，而在后冷战的氛围中，甚至修正的观点也已过时，盛行一时的是通过"解密档案"，将早已被批驳的故事重新编造（如列宁是德国间谍的故事），通过西方（如德国《明镜》周刊）和俄国媒体，广为流布，不胫而走。

在这一对于革命的反动大潮中，也存在着一些值得讨论的、对于正统叙述进行修正的观点。例如资深的十月革命专家亚·叶·拉比诺维奇一方面承认革命发生的不可避免性，另一方面认为存在着为十月革命所错失的其他可能选择，即"建立多党制的、民主的、社会主义的政治制度，这个制度以苏维埃为基础，它必须实现刻不容缓的深刻变革和争取实现和平"[2]。探讨 1917 年另一种可能的结果实际上提出的是两个相关的问题，一个是具体的历史判断，即二月革命与十月革命的关系问题。例如，阿·伊·福明通过对列宁的《四月提纲》的解读，重申了立宪民主党人米留可夫的观点，即十月革命是二月革命的继续，但他不是站在布尔什维克死敌的立场，而是站在拯救一个革命传统的立场，认为"十月革命不是开创人类历史上共产主义纪元的第一次社会主义革命，但有理由认为，十月革命是本世纪最后一次大革命，它巩固了工业化社会的胜利，有助于确立后工业化社会文明的基

〈1〉 这是谢·亚·菲拉托夫在"1917 年的 10 月和布尔什维克在俄国的实验"莫斯科科学—实践会议上的发言，刊于《1917 年 10 月和布尔什维克在俄国的实验》一书，1995 年莫斯科版。这里使用的是标题为《关于布尔什维克实验的争论》的译文，刊于刘淑春、翟民刚、王丽华编：《"十月"的选择——90 年代国外学者论十月革命》，北京：中央编译出版社，1997，第 305、307 页。

〈2〉 这是原苏联《共产党人》杂志历史部编辑 B. 布舒耶夫对印第安纳大学教授、国际十月革命史委员会副主席亚·叶·拉比诺维奇的采访记录，刊登于 1990 年第 16 期《共产党人》。这里引用的是题为《1917 年秋季的俄国》译文，见《"十月"的选择——90 年代国外学者论十月革命》，第 25 页。

础"〈3〉。换句话说，十月革命是一个将政权转移到无产阶级和农民手中的资产阶级民主革命，即一场不同于无产阶级专政的、无产阶级和贫苦农民的专政。〈4〉从经济的角度说，这一专政就是列宁曾经说过的那个"真正民主革命国家中的国家垄断资本主义"〈5〉。这一诠释实际上是用列宁在1905—1907年形成的对于俄国革命的阐释否定列宁在1917年二月革命之后对于革命的社会主义性质的重新界定。

与这一判断直接相关的，便是重新探讨革命的性质：十月革命是一场社会主义革命还是"亚细亚式的社会革命"，它所开创的苏维埃国家是国家资本主义，还是社会主义？这一问题已经隐伏在有关二月革命与十月革命关系的讨论之中了。早在苏联解体前夕，E. T. 博罗金就论定："俄国1917年革命的目标，是反对完全衰老的亚洲封建主义，同时反对业已发展起来的私有制资本主义。它的使命是为农民同生产资料彻底分离和在国有制统治基础上建立社会化生产创造条件。如果我们不理解革命的这一特殊性，就不能理解革命的进程及其后果，就不能理解它客观上可能成为而且已经成为导致确立国家资本主义的使命。"〈6〉为了将十月革命的使命界定为确立"国家资本主义"，作者从经济的角度将这一进程解释为类似于欧洲资本主义原始积累的农民与生产资料的彻底分离，从而完全否定了社会主义经济建设中让劳动者（以农民与工人为主体）与生产资料重新结合的各种尝试。

普京时代的到来让种种修正观点找到了弥合其冲突的契机。十月

〈3〉 这是乌克兰国立卢甘斯克师范学院教授阿纳托利·伊万诺维奇·福明刊登于俄罗斯《自由思想》杂志1996年第10期的文章《对革命时期重大事件的反思》中的观点，引自《"十月"的选择——90年代国外学者论十月革命》，第367页。

〈4〉 同上书，第351页。

〈5〉 这句话是列宁的原话，但作者按照自己的论述加以运用，见同上书，第352页。

〈6〉 E. T. 博罗金：《1917年我国发生了什么事件？》，原载苏联《社会政治科学》杂志1991年第9期，译文见同上书，第137—138页。

革命在战争中拯救了俄国，曾经遭到布尔什维克的敌人们长期指责的《布列斯特和约》也因为德国战败而被苏俄政府宣布废除。[7]十月革命后，即便在流亡的白俄分子中也发生了有关十月革命的争论，其起因是部分白俄欧亚主义者认为十月革命是俄国在面对西方列强压力下的一个曲折的、保留自身力量的步骤，从而不能完全否定。十月革命主张的民族自决最终通过联盟形式，最大程度地保留甚至扩展了沙俄帝国的领土、人口和权力。总之，对于现代化论者而言，十月革命为工业化扫清了封建障碍；对于民族主义者和爱国主义者而言，苏联的卫国战争为抵抗和粉碎纳粹德国的进攻建立了不朽功勋；对于当代欧亚主义者而言，十月革命正是重振俄罗斯帝国的转折点。十月革命不可能被整体地否定。

一个世纪之后，这一革命面对的真正挑战是对它所创造的第一个无产阶级国家或无产阶级专政国家的否定。这是既不容于西方自由主义意识形态，也与当代俄国的政治道路大相径庭的政治模式。正是在这一复杂而矛盾的氛围中，我们看到了一种暧昧的纪念方式：普京总统于2016年12月19日颁布纪念俄国革命100周年的筹建措施命令，"责成俄国历史学会组建纪念俄国革命100周年委员会，在一个月期限内筹建班子并提出纪念方案；俄罗斯政府文化部具体负责实施；俄罗斯各联邦主体、地方政府机构、社会和学术团体及有关科研、教学人员等参与这个工作"[8]。但同时指出纪念活动不限于十月革命，也包括二月革命；俄罗斯政府文化部部长梅津斯基在筹备会议上说："现在回

〈7〉 列宁曾说："布列斯特和约的重大意义，在于我们能够在极端困难的情况下第一次大规模地利用了帝国主义者之间的矛盾，使社会主义终于占了便宜。"中共中央编译局：《列宁全集》（第一版）第31卷，第400页。

〈8〉 Главная>Указы и распоряжения Президента>Распоряжение Президента РФ от 19. 412-рп，见吴恩远：《普京为什么要纪念十月革命100周年》，http://www.sohu.com/a/15064 8899_688065。（2017年11月3日登录）

过头来看一百年前发生的事件，我们绝对不能否定我们的先辈尝试在世界上建立一个新的公正社会的努力。这不仅仅是改变了俄国历史发展的道路，也是给全世界各民族发展以巨大影响的决定性事件。"〈9〉根据中国社会科学院俄罗斯东欧中亚研究所原所长吴恩远的解读，"梅津斯基部长所指由俄国革命建立、并给全世界以巨大影响的'新的公正社会'，就是指十月革命后建立的苏维埃政权，而不可能是二月革命后短短几个月存在的临时政府。这应当看成俄罗斯官方对十月革命的肯定评价"〈10〉。

然而，普京的目标不是为了重申十月革命的政治价值，而是为了实现"白色的"后代与"红色的"后代的和解，这一"肯定评价"除了在维护俄罗斯的国家统一和社会团结之外，不可避免是暧昧的。事实上，普京早在 2016 年初就对苏维埃政权于 1918 年夏天枪杀沙皇尼古拉二世全家及其奴仆，同年对神职人员的镇压，以及其真伪存疑的列宁致莫洛托夫的信发表过批评看法，并引起了俄罗斯学术界就相关问题而展开的考证与讨论。〈11〉2017 年 5 月 25 日，普京明确指出："二月革命和十月革命 100 年留给我们的主要历史教训就是防止社会的分裂，达成社会的和谐。"〈12〉为了平息国内外对于纪念 1917 年革命的疑虑，普京在 2015 年 9 月 30 日〈13〉、2016 年 9 月 3 日〈14〉相继颁布总统令，签署"建立受政治迫害遇难者永久纪念碑"的法令，但"在内容中都没

〈9〉　К 100-летию Великой российской революции: осмысление во имя консолидации, 引自吴恩远文。

〈10〉　吴恩远：《普京为什么要纪念十月革命 100 周年》。

〈11〉　关于上述事件的每一项，俄罗斯学者之间都有不同意见。李燕：《十月革命一百周年纪念：俄官方与学界的新动态》，《俄罗斯学刊》2017 年第 3 期。网络链接：http://elsxk.hlju.edu.cn/info/1117/1843.htm。

〈12〉　吴恩远：《普京为什么要纪念十月革命 100 周年》。

〈13〉　Указ Президента Российской Федерации от 30.09.15 г. № 487PDF, 39.0 кБ, 引自同上。

〈14〉　В МИРЕ 14:22, 9 марта 16, 引自同上。

有指出这是'在俄国历史什么时期发生的迫害行为',更重要的是,法令中完全没有指出谁是加害的'主体'、谁是被害的'客体'"。〈15〉尽管如此,建立纪念碑的政治暗示是清晰的,即纪念1917年革命并不是重新确定俄国的未来方向(向俄国人民表示),也不会违背普遍的"人权原则"(向西方各国,也向俄国的自由派表示)。

2017年10月30日,普京在政治镇压受害者纪念碑"悲伤之墙"落成揭幕式上发表讲话,以一种毋庸置疑却又包含了上述多重省略的方式说:这一天是"我国各民族共同纪念政治清洗受难者的日子",最后引用索尔仁尼琴夫人娜塔莉娅·德米特里耶夫娜·索尔仁尼琴的话结束他的演讲:"'了解,记住,审判,这之后才可能原谅。'我完全赞同这句话。是的,我们及我们的后代应该记住大清洗的悲剧,记住它的根源。但这不意味着清算。不允许再次将社会推向危险的对立境地。现在,对于我们来说重要的是信任和稳定。只有以此为基础我们才能解决我们的社会和国家所面临的问题,俄罗斯,它是我们的唯一。"〈16〉尽管中国和西方的媒体报道将纪念碑"悲伤之墙"的建立视为对于十月革命的审判,但普京的讲话没有提及十月革命,更没有将大清洗与十月革命直接挂钩。这两者之间究竟是什么关系,仍然值得人们重新探究。这是一个模糊的纪念方式,但其战略含义却是清晰的,即在模糊中让历史冲突的各方在当代俄国的社会关系中各得其所。

对于经历分裂、动荡、解体和战争的社会而言,呼吁社会团结反映了某种社会共识,绝不可以轻率地加以嘲弄。但是,对于十月革命,这类暧昧的表述法并不能将其驯服:这一事件不仅改变了俄国,也改

〈15〉 吴恩远:《普京为什么要纪念十月革命100周年》。

〈16〉《普京在政治镇压受害者纪念碑"悲伤之墙"落成揭幕式上的讲话》,https://media.weibo.cn/article?id=2309404169703256931939&jumpfrom=weibocom&from=singlemessage&isappinstalled=0。(2017年11月3日登录)

变了世界；围绕这些"改变"而产生的激烈争辩和斗争遍及不同区域、不同人群，其中也包括追随这一革命并坚持革命理念的左翼及其理论上的后代。历史的巨变，尤其是时代主要矛盾的转变，改变了各种纪念的调子，但没有改变的是围绕这一事件的各不相同的、难以调和的激烈态度。我们不妨结合对于中国革命的总结和思考，回顾那些因时代差异而存在的有关十月革命的不同解释方式。

第一种方式源自革命家自身。他们之间的观点和战略不同，但分享着共同的斗争目标，即便不属于一个国家，也自认属于同一场运动。他们在革命的现实进程中探寻革命的正确道路和战略战术。在1917年革命爆发的时刻，即便在布尔什维克党内，争议和分歧也是尖锐的。例如加米涅夫和《真理报》对二月革命和临时政府的看法与列宁迥异，普列汉诺夫嘲笑列宁的《四月提纲》是"梦话"。在这场思想争论中，斯大林也曾短暂地站在列宁立场的对立面，但稍后转而支持《四月提纲》。十月革命前夕，无论在是否参加全俄民主会议预备会议的问题上（这直接关系应该阻止还是促进资产阶级民主革命向社会主义转变），还是在是否进行武装起义的问题上，布尔什维克党中央及其领导人（不仅是加米涅夫、季诺维也夫，而且也包括托洛茨基），都曾发表过反对起义的观点（托洛茨基很快转向支持武装起义，并成为这场起义著名的领袖之一），并与列宁发生激烈的冲突。

这些战略和战术的分歧与当代思想中对于革命的指责有许多相似之处，但在根本上并不是一回事。这是来自同一营垒的策略分歧。1918年，罗莎·卢森堡在尖锐地批评列宁、托洛茨基等十月革命的领导者和布尔什维克的政策的同时，用这样的语句为革命辩护：批评不是对奇迹的期待，"因为在一个孤立的、被世界大战弄得筋疲力尽的、被帝国主义卡住喉咙的、被国际无产阶级出卖了的国家实行一次模范的和完美无缺的无产阶级革命，会是一个奇迹。重要的事情在于，把布尔什维克的政策中本质的东西同非本质的东西、核心同偶然事件区别开来"。她一面指责十月革命的严重缺陷甚至错误，另一面礼赞"无产阶级的行动能力，群众的革命毅力，社会主义本身的取得政权的意志。在这一方面列宁和托洛茨基以及他们的朋友们是第一批给世界无产阶级作出榜样的人，到目前为止他们仍旧是惟一能用胡登的话高喊'我敢于这样做了！'的人"[17]。就像巴黎公社之于马克思和恩格斯，在卢森堡的眼里，十月革命未经仔细筹划就突然爆发了，却如同种子一般包含着属于未来的本质。卢森堡对于革命的批判正是从我称之为"不成熟的革命所蕴含的本质的未来性"出发的。对于革命者而言，正是有赖于这一内在于现实革命的本质的未来性，革命的困境和革命者的战略错误，才能得到真正的揭示和批判，才不至于将对革命进程的揭露和批判转换成为对革命的背叛和诅咒。卢森堡对于俄国布尔什维克的批评从内部的视角打开了重新检讨这场革命的可能性，即革命的战略和策略并非无可挑剔，应该打破革命者为了当时的需要而编织的必然性叙述去思考其他的可能性。正由于此，她将更大的篇幅留给对布尔什维克的批评，认为他们将在特定条件下（即时代状况、力量对比、理论准备和战略策略讨论尚未成熟）"被迫采取的行动"[18]当作革命的样板推荐给整个社会主义事业。

如果说 20 世纪的革命者的战略分歧是以存在着革命进程、存在着持续形成的革命主体为前提的，那么，当代左翼对于俄国革命和中国革命及其原则的重申却是以"失败"为起点的。这里，所谓"失败"既不是一种战略性的退却，也不是一种策略性的挫败。"失败"的最表面形态是作为革命成果的 20 世纪社会主义体系的解体——苏联和东欧社会主义不复存在，中国、越南和其他仍然由共产党执政的国家正在

〈17〉 罗莎·卢森堡：《论俄国革命·书信集》，殷叙彝、傅惟慈、郭颐顿译，贵阳：贵州人民出版社，2001，第 35 页。
〈18〉 同上书，第 34 页。

卷入全球资本主义的进程；"失败"的更深一层含义是革命的进程终止了，推进这一进程并在这一进程中持续形成的革命主体式微了。阶级分化持续深化，但在19—20世纪作为革命力量的政治性阶级却无法再形成。在20世纪革命进程中促成了政治性阶级诞生的革命先锋队已经历深刻转型。中国持续的改革、调整和常常超出人们预期的稳定和变化，到底与社会主义历史有怎样的关系，潜藏着怎样的未来，不用说对于国外的观察家，即便对置身其中的中国知识分子而言，也都是一道难题。

对于像阿兰·巴迪欧这样从不讳言与革命传统联系的哲学家而言，卢森堡所说的革命的"本质的东西"不再存在于对布尔什维克政策的分析之中，也不再存在于革命者围绕战略和战术而展开的争执之中，而只能作为一种"共产主义假设"而存在。"'共产主义'首先意味着，自古以来便天经地义的那种安排——作为基础的劳动从属阶级隶属于占统治地位的阶级这一阶级逻辑——绝非必然；这种阶级逻辑是可以被克服的。共产主义设想还认为，有一种可行的完全不同的集体组织方式，这种组织方式将消除财富的不平等甚至劳动分工。大量财富的私人占有及其继承的转移方式将被取消。与市民社会相分离的高压国家的存在将不再必要：以生产者的自由联合为基础的漫长重组过程将注定使这样的国家逐渐消亡。"[19] 共产主义之所以只能作为"假设"而存在，恰恰是因为20世纪的社会主义者试图实现这一假设的实践失败了。"在建构马克思所说的意义上的'无产阶级专政'——也就是说一种暂时性国家，向非国家过渡的组织形式，国家的辩证'消亡'的组织形式——方面，党却证明是不得力的。党—国家结果发展成了一种

〈19〉　Alain Badiou, "The Communist Hypothesis", *New Left Review* 49 (JAN FEB 08), pp. 34-35. https://newleftreview.org/II/49/alain-badiou-the-communist-hypothesis。

新形式的权威主义。"〔20〕因此，重申"共产主义假设"是以对失败的确认为前提的，即承认第二个革命序列的主要内容（马克思主义、工人运动、群众民主、列宁主义、先锋党、社会主义国家）已经不再有效。"第二个场景序列已然终结，试图使之重新来过则毫无意义。"〔21〕

卢森堡的思考是以革命主体本身的存在为客观前提，是以"我能说'我们'，因为我就曾身处其中，并且在某种意义上用兰波的话说：'我在那里，我仍在那里'"的感觉为主观条件的。〔22〕如果作为政治阶级的无产阶级、作为革命先锋队的政党趋于变异、解体或消散，那么，任何从内部视野出发展开价值的和战略策略的争论都不再可能。当代世界围绕俄国革命和中国革命的绝大部分争论——无论以何种名义，形式和内容如何——都是在主体置换的条件下发生的。对十月革命的各种嘲讽和批判听起来像是对革命时代革命者之间爆发争论时部分观点的重复，但这些嘲讽和批判以上述"主体置换"为前提，即当代思潮对革命的批判并不是从卢森堡所谓"本质的和持久的东西"出发的，也从未致力于从这一内在于革命的视野出发展开战略和策略的辩论。我将这些革命史写作称为"后悔史学"，它们是后革命时代降临的症候，是新的主体以后代的名义发出的对于革命的审判。这些审判省略的是对资本主义，尤其是帝国主义时代的基本矛盾的政治经济分析，仿佛革命与这些矛盾并无必然关联，而只是一些革命者在密室中筹划的结

---

〔20〕 Alain Badiou, "The Communist Hypothesis", *New Left Review* 49 (JAN FEB 08)，p. 36。

〔21〕 Ibid., p. 37. 所谓"第二个革命序列"即从 1917 年十月革命至 1976 年"文化大革命"终结的历史进程，这是相对于从法国大革命至巴黎公社（1792—1871）的第一序列的时期。第一序列是为共产主义设想划定位置的场景序列，而第二序列则是将共产主义设想付诸实践的场景序列。

〔22〕 Alain Badiou, "The Cultural Revolution: The Last Revolution?", Translated by Bruno Bosteels, *Positions: East Asia Cultures Critique,* Volume 13, Number 3, Winter 2005, p. 481.（译文见阿兰·巴迪欧：《文化大革命：最后 / 最近一次革命?》，网载《文汇报》2013 年 8 月 11 日）

果。正如大部分经历过 20 世纪社会主义的国家已经发生、中国正在发生的状况一样，"后悔"不仅是彻底背弃的前奏，也是当代世界自我确证的方式。在这个意义上，重申"共产主义假设"——即否定当代世界秩序的永恒性和真理性——是必要的。但问题依然是：如何估价作为实践的共产主义，如何思考作为运动的共产主义的可能的未来？

没有人否定 20 世纪革命和社会主义实践中的失误、挫折和悲剧，但这是一个"失败"吗？如果不是或至少不是一个单纯的"失败"，那么，如何估价其成就？深入地总结失败的教训与重估其成就本来是一致的，但在今天的潮流中，重新估价其成就甚至比承认其失败更加迫切，也更加困难。从历史的角度看，中俄之间、中国与其他社会主义国家之间的历史道路和当代命运存在着巨大的差别，我们不可能将它们各自的经验放置在同一个"失败"的范畴里。俄国革命是由欧洲资本主义的总体危机和战争所激发的，它所影响和激发的革命发生在各不相同的历史条件之下，也存在着各自具体的社会目标，革命者和革命队伍的成熟程度千差万别，即便是总结"失败"也离不开对具体进程的分析。政党问题是关键却不是全部。20 世纪的革命，尤其是社会主义革命，到底给人类历史带来了什么？对于革命前的世界，这场波澜壮阔的革命又改变了人类生活的哪些方面？除了必须重申的"假设"之外，我们是否可以在真实的革命进程之中，即在布满成功—失败、正确—错误、必然—偶然的历史中寻觅未来的种子，或卢森堡所谓革命的"本质的东西"？

民族自决权与中国革命

关于俄国革命的解释和评价，始终存在着两种视野，即欧洲的视野和非欧洲的（尤其是亚洲的）视野，两者之间相互交叉，但区别仍然是清晰可辨的。就那一时代的政治运动而言，欧洲的视野主要是从

19世纪欧洲工人运动和共产主义运动及其对立面（以自由民主、人权、市场经济等为依托展开的批判）的脉络中展开的，而亚洲的视野则着眼于帝国主义、殖民地问题和民族解放运动等方面。在围绕十月革命的众多争议中，核心的三个问题基本上都是从欧洲的视野或欧洲社会主义运动的视野出发的。这三个问题是：战争与和平问题，尤其是列宁所主张的退出战争，寻求国内革命的战略问题；民族自决权问题，尤其是少数民族的"退出权"问题，以及由此引发的民族革命与阶级革命的关系问题；无产阶级专政问题，即作为过渡的国家与民主的关系问题。在欧洲社会主义运动的激进领袖卢森堡所列举的布尔什维克在特定条件下"被迫采取的行动"（却作为一般真理推销给国际共产主义运动）中，如下几点是关键性的：为了让农民支持革命，不得不让农民占有土地而不是实行土地国有化；为了争取少数民族的支持，竟然将为反对米留可夫和克伦茨基的战争政策而提出的"民族自决权"政策（尤其是各民族有权独立决定自己的命运"直到与俄国实行国家分离"的口号）作为革命后国内政策的核心；在十月革命前，布尔什维克要求召开立宪会议，并对克伦茨基政府的拖延政策给予激烈攻击，但革命之后，列宁和他的同志们解散了旧的立宪会议，却无意举行新的立宪会议选举……[23]"他们对于立宪会议、普选权、言论和集会自由，总之对于人民群众的民主主义基本自由的全部设施（这些基本自由加在一起构成了俄国本身的'自决权'）明显地采取十分冷漠的蔑视态度，却把民族自决权当成民主主义政策的珍宝，为了它，一切现实批判的实事求是的观点都必须停止发表。"[24]对于卢森堡而言，民族自决权是俄国革命者对于国际工人运动所犯的一个不可饶恕的罪责。

〈23〉 罗莎·卢森堡：《论俄国革命·书信集》，第 11—13、15—19、21—25 页。
〈24〉 同上书，第 15 页。

与欧洲社会主义者对于十月革命的理论批评和政治谴责不同，中国和其他亚洲国家对于俄国国内发生的政治斗争和布尔什维克的政策所知有限，最初的反应主要集中于俄国革命者对于东方问题和被压迫民族截然不同于西方列强的态度。欧洲革命者并非不了解帝国主义时代及东方问题的重要性，但他们对"东方问题"的理解在很大程度上受制于19世纪的欧洲观念。对他们而言，"东方问题"主要是指伴随俄罗斯帝国势力扩张与奥斯曼帝国逐渐衰败过程中在相对于欧洲的近东地区所面临的问题。换句话说，"东方问题"不过是俄国、奥地利、英国、法国、奥斯曼以及普鲁士之间争夺霸权的帝国游戏。西欧的马克思主义者和共产党人认为，19世纪西欧面临的是工人阶级争取自身权利的革命浪潮，而"东方问题"不过是帝国争霸的旧问题，从而他们对于民族问题的态度与同一时代"东方的"改革者和革命者截然不同。1847年，马克思在革命的前夜针对波兰危机发表过一个著名的断言："应该在英国解放波兰，而不是在波兰解放波兰。"[25]这一态度也可以延伸至其他东方国家；但是，在1866至1869年前后，马克思和恩格斯在对波兰和爱尔兰问题的分析中，已经认识到工人阶级的解放与民族运动之间并没有这样一条捷径。1866年1月底至4月6日，恩格斯应马克思的请求写了一组题为《工人阶级同波兰有什么关系？》的文章，阐明共产国际在民族问题上的立场，即一方面批判蒲鲁东的民族虚无主义，另一方面揭露波拿巴集团的所谓"民族原则"，他明确指出："对于波兰、德国和意大利来说，力求恢复民族统一就成了一切政治运动的第一步，因为没有民族统一，民族生存只不过是一个幻影。"[26]马克思本人在

〈25〉 马克思：《1847年11月29日在伦敦举行的纪念1830年波兰起义十七周年的国际大会上的演说》，中央编译局《马克思恩格斯选集》（第一版）第1卷，第288页。

〈26〉 恩格斯：《工人阶级同波兰有什么关系？》，中央编译局《马克思恩格斯全集》（第一版）第16卷，第174页。

1866年草拟的《临时中央委员会就若干问题给代表的指示》中专门谈及了"波兰问题"。这一节的法文版标题是："关于通过实现民族自决权并在民主和社会的基础上恢复波兰的途径来消灭俄国在欧洲的影响的必要性"〈27〉，这也意味着：早在1866年前后，民族自决权问题已经出现在欧洲共产主义运动的议程之中了，但其变成革命的中心问题却有待"东方问题"自身的演变。

在1917年革命爆发之际，"东方问题"早已不再是马克思所说的"对土耳其怎么办"或如何看待俄国扩张的问题〈28〉，而是如何在东方，尤其是亚洲这一帝国主义的薄弱环节寻找新的革命契机的问题。用列宁的话说："在东欧和亚洲，资产阶级民主革命时代是在1905年才开始的。俄国、波斯、土耳其和中国的革命，巴尔干的战争等，就是我们这个时代我们'东方'所发生的一连串有世界意义的事变。"〈29〉也正由于此，殖民地社会的革命者对于民族自决权问题有着不同于欧洲社会主义者的感受和理解。事实上，俄国革命在民族问题上的立场与"亚洲觉醒"的进程是内在相关的。在自决权问题上，卢森堡从欧洲工人运动的角度提出批评，她强调的是工人阶级的联合、团结和共同斗争，而列宁对于革命的设想以对帝国主义时代的革命契机的探索为前提。帝国主义时代的薄弱环节很可能存在于欧洲之外的地方，他从1905年俄国革命、1907年伊朗革命、1909年土耳其革命，尤其是1911年中国革命的经验中，已经发现"亚洲的觉醒"所包含的社会主义革命的潜能。不但卢森堡等西欧革命者，而且包括托洛茨基在内的俄国布尔什维克，在十月革命爆发的时代，都未曾深入地思考过亚洲革命的可能性问题。他们也从未将俄国革命放置在"亚洲的觉醒"的

〈27〉 马克思：《临时中央委员会就若干问题给代表的指示》，同上书，第222页。

〈28〉 马克思、恩格斯：《不列颠政局—流亡者—土耳其》，《马克思恩格斯全集》（第一版）第9卷，第6页。

〈29〉 列宁：《论民族自决权》，《列宁选集》（第二版）第2卷，第517—518页。

序列之中思考。

　　在当代西方的左翼对于"失败"的思考中，在对阶级革命、政党政治、国家资本主义的批判中，民族自决权也基本上与民族主义范畴一道，被置于20世纪革命与生俱来的"妥协面"而搁置一旁。因此，在西方左翼对俄国革命的反思中，我们可以清晰地看到源自欧洲工人运动和社会民主党人的战略策略分歧，却几乎看不到这一革命的另一个谱系，即亚洲革命的谱系。在这个革命谱系中，俄国革命者对于俄国作为一个凶恶且腐朽的帝国主义国家的认识与中国革命者对于中国作为一个被压迫民族的认识产生了重叠共识，两者所从事的革命的区分也正是以这一重叠共识为前提的。这是两场性质和道路均非常不同却紧密相连的革命。因此，一个合理的问题是：俄国革命是欧洲革命的衍生物，但如果将这一革命同时放置在"亚洲觉醒"的序列中，我们是否可以看到一些不同的东西？

　　十月革命是与第一次世界大战的结束先后降临的。1918年战争结束时，威尔逊主义出场，亚洲和其他被压迫民族尚未看清它的民族自决主张中对欧洲殖民主义的妥协和回护，以至于"先进的中国人"未必能够区分列宁的民族自决权主张与威尔逊主义。威尔逊主义在巴黎和会上的破产正好凸显了俄国革命者的不同凡响之处。人们骤然发现：十月革命后，布尔什维克立刻颁布了《和平法令》，在谴责帝国主义战争的同时，提出立即和谈和停战的建议，并宣布废除沙俄和临时政府缔结的一切秘密条约。从1917年11月9日起，在短短的一个月里，布尔什维克公布了100多份秘密外交文件。1917年12月3日，苏维埃政权颁布由列宁和斯大林共同起草的《告俄国和东方全体伊斯兰教劳动人民书》，在宣布取消沙皇政府签订的瓜分波斯和土耳其以及俄国侵占君士坦丁堡的各种秘密条约的同时，重申了民族自决权的思想原则，支持一切被压迫民族的民族解放运动。1918年1月25日，全俄第三次苏维埃代表大会通过了由列宁、斯大林和布哈林共同起草的《被剥削劳动人民权利宣言》，重申在民族自决的基础上，废除一切秘密条约，"同资产阶级文明世界的野蛮政策彻底决裂"〈30〉。后一方面明确地标志着欧洲视野中的"东方问题"已经转变为一个新的世界关系中的"东方问题"——十月革命将落后的东方民族与先进的西方民族同时组织到反对帝国主义的共同斗争之中了。

因此，民族自决权不再是与欧洲的社会主义运动无关的，仅仅是东方反对民族压迫和奴役的局部斗争，而是构筑全球性的反对帝国主义革命战线的现实可行的战略问题。所有这一切不但标志着社会主义外交思想及其实践的诞生，而且也意味着俄国革命者已经将被压迫民族纳入"革命阶级"的范畴——20世纪的革命并不仅仅是工人阶级的革命，而且也是一切被压迫人民的革命。正由于此，中国和东方伊斯兰教国家及其政治领袖从没有像卢森堡那样，在民族自决权问题上指责俄国革命。他们不是从欧洲工人运动的角度，而是从帝国主义时代的民族解放的角度，看待俄国革命的意义，并从这里出发寻找民族运动与阶级运动的相互联系。在中国革命中诞生的人民或人民群众这一内涵和外延不断滑动的政治范畴就是由这一新的全球视野所激发的。这一不同于欧洲工人阶级运动的革命思想对于中国革命和所有第三世界的解放运动具有难以估量的巨大意义。这是由帝国主义时代及其对世界关系的改造决定的，同时也是由俄国革命与亚洲革命的历史联系（甚至连托洛茨基这样的革命者也需要许多年才重新认识中国革命的潜力）决定的。

在1911年中国革命爆发并于次年成立中华民国临时政府之后不久，列宁连续发表了《中国的民主主义和民粹主义》（1912）、《亚洲的觉醒》（1913）和《落后的欧洲和先进的亚洲》（1913）等文，欢呼"中国的政治生活沸腾起来了，社会运动和民主主义高潮正在汹涌

〈30〉 邢广程：《苏联高层决策七十年》第一卷，北京：世界知识出版社，1998，第93页。

澎湃地发展"⁽³¹⁾，诅咒"技术十分发达、文化丰富、宪法完备的文明先进的欧洲"正在资产阶级的领导下"支持一切落后的、垂死的、中世纪的东西"⁽³²⁾。列宁的判断是他的帝国主义和无产阶级革命理论的一个组成部分，按照他的观点，随着资本主义进入帝国主义阶段，世界各地的被压迫民族的社会斗争就被组织到世界无产阶级革命的范畴之中了。这一将欧洲革命与亚洲革命相互联系起来进行观察的方式可以追溯到马克思 1853 年为《纽约每日论坛报》撰写的文章《中国革命与欧洲革命》。列宁把俄国看作一个亚洲国家，但这一定位不是从地理学的角度，而是从资本主义发展的程度方面，从俄罗斯历史发展的进程方面来加以界定的。在《中国的民主主义和民粹主义》一文中，他说："俄国在许多方面无疑是一个亚洲国家，而且是一个最野蛮、最中世纪式、最落后可耻的亚洲国家。"⁽³³⁾尽管列宁对中国革命抱有热烈的同情态度，但当问题从亚洲革命转向俄国社会的内部变革时，他的立场是"西欧派"。19 至 20 世纪的俄国知识分子将俄国精神视为东方与西方、亚洲和欧洲两股力量的格斗和碰撞。在上述引文中，亚洲是和野蛮、中世纪、落后等概念联系在一起的范畴，然而恰恰由于这一点，俄国革命本身带有深刻的亚洲性质（即这一革命针对着俄国这一"亚洲国家"所特有的"野蛮的"、"中世纪的"和"落后可耻的"社会关系）而同时具有全球性的意义。

亚洲在世界历史修辞中的这种特殊地位决定了社会主义者对于亚洲近代革命的任务和方向的理解。在阅读了孙文的《中国革命的意义》一文后，列宁对这位中国革命者提出的超越资本主义的民主主义和社会主义纲领进行了批评，他指出孙文的纲领是空想的和民粹主义

〈31〉　列宁：《亚洲的觉醒》，《列宁选集》（第二版）第 2 卷，第 447 页。

〈32〉　列宁：《落后的欧洲和先进的亚洲》，同上书，第 449 页。

〈33〉　列宁：《中国的民主主义和民粹主义》，同上书，第 423 页。

的。在他看来，"亚洲这个还能从事历史上进步事业的资产阶级的主要代表或主要社会支柱是农民"，因而它必须先完成欧洲资产阶级的革命任务，而后才谈得上社会主义问题。他娴熟地运用历史辩证法，一方面断言孙中山的土地革命纲领是一个"反革命"的纲领，因为它背离或超越了历史的阶段，另一方面又指出由于中国社会的"亚洲"性质，这个"反革命的纲领"恰恰完成了资本主义的任务："历史的讽刺在于：民粹主义为了'反对'农业中的'资本主义'，竟然实行能够使农业中的资本主义得到最迅速发展的土地纲领。"[34]

列宁对中国革命的认识产生于他对 1861 年俄罗斯改革，尤其是 1905 年革命失败所做的长期思考。1861 年，在与英、法进行的以争夺巴尔干地区和黑海控制权为目的的克里米亚战争失败后，亚历山大二世推行了废除奴隶制的改革。如果以最为简略的方式勾勒这场改革的特点的话，那么，我们不能忽略如下两点：第一，这场改革不是源自俄国社会内部，而是产生于外部压力；第二，1861 年 2 月 19 日颁布的《解放法令》是在充分保证地主利益的前提下进行的，俄国农民却为这个由上至下的工业化过程承担了沉重的代价。列宁断言 1861 年产生了 1905 年，其原因即在于此。[35] 从 1861 年改革到 1905 年革命，俄国资本主义的发展摧毁了村社经济，但土地集中现象未能产生农业资本主义，而是导致了村社农民要求没收地主土地并将它们重新归还给他们的强烈要求。[36] 是像民粹派幻想的那样重返已经被摧毁的村社，还是探索不同的发展道路？正是在这样的背景下和思考脉络中，列宁

〈34〉 列宁：《中国的民主主义和民粹主义》，《列宁全集》（第二版）第 2 卷，第 428 页。

〈35〉 1889 年官方的统计资料显示，一个俄国普通农民家庭的各种赋税占了纯收入的 70%，一个俄国农民缴纳的"赋税"超过了他的货币纯收入的一倍，"农奴制代役制也未必有这么高"，而破产农民即使想放弃份地还必须缴纳额外费用来"倒赎"份地。列宁：《19 世纪末俄国的土地问题》，《列宁全集》（第二版）第 17 卷，第 84—85 页。

〈36〉 关于俄国农业改革问题的讨论，参见吕新雨：《乡村与革命》，上海：华东师范大学出版社，2013，第 7—37 页。

对 1905 年革命的总结和思考与如何解决俄国土地问题密切地联系在一起。1907 年，列宁撰写了《社会民主党在 1905—1907 年俄国第一次革命中的土地纲领》一文[37]，以俄国土地问题为中心，提出了农业资本主义的两种模式，即"普鲁士道路"和"美国道路"。所谓"普鲁士道路"，即通过国家与地主阶级的联合，以暴力方式剥夺农民，摧毁村社及其土地占有制，最终将农奴主—地主经济改造为容克—资产阶级经济。而"美国道路"则是"可能有利于农民群众而不是有利于一小撮地主"的土地方案，"就是土地国有化，废除土地私有制，将全部土地转归国家所有，就是要完全摆脱农村中的农奴制度，正是这种经济上的必要性使俄国农民群众成了土地国有化的拥护者"。通过对俄国土地改革和 1905 年革命为什么会失败的总结，列宁得出的基本结论是：在俄国社会条件下，"土地国有化不仅是彻底消灭农业中的中世纪制度的唯一方式，而且是在资本主义制度下可能有的最好的土地制度"。[38]

列宁认为，俄国民粹派的土地纲领势必引导俄国重新回到村社份地化的小农经济制度，而这种经济制度无法提供资本主义发展的动力；他赞同"美国道路"，一是因为只有通过土地国有化摆脱中世纪的土地关系，才能提供发展农业资本主义的可能性，二是因为俄国存在着大量的未开垦土地，从而存在着走"美国道路"而不是其他欧洲国家道路的条件。发展资本主义的农业必然包含了对旧有社会关系的强

---

[37]《社会民主党在 1905—1907 年俄国第一次革命中的土地纲领》写于 1907 年 11—12 月，1908 年在彼得堡付印，但未及面世，被沙皇检查机关没收并毁掉，只剩下一册，而且没有结尾部分。1917 年 9 月由生活和知识出版社重版，列宁补上结尾部分。但 1908 年夏，根据波兰社会民主党人的请求，列宁曾以作者身份为波兰《评论》杂志写了本书的简要介绍。见《列宁传》上册，苏共中央马克思列宁主义研究院集体编写，北京：生活·读书·新知三联书店，1960，第 4 页。

[38] 列宁：《社会民主党在 1905—1907 年俄国第一次革命中的土地纲领》，《列宁全集》（第二版）第 16 卷，第 389—391、392、393 页。

制性改造，"在英国，这种改造是通过革命的方式、暴力的方式来进行的，但是这种暴力有利于地主，暴力手段的对象是农民群众"；"在美国，这种改造是通过对南部各州奴隶主农庄施行暴力的方式来进行的。在那里，暴力是用来对付农奴主—地主的。他们的土地被分掉了，封建的大地产变成资产阶级的小地产。对于美国许多'空闲'土地来说，为新生产方式（资本主义）创造新的土地关系这一使命，是由'美国土地平分运动'，由 40 年代的抗租运动（Anti-Rent-Bewegung），由宅地法等来完成的。"〈39〉"民粹主义者以为否定土地私有制就是否定资本主义。这是不对的。对土地私有制的否定表达了最彻底地发展资本主义的要求。"〈40〉

正是从这一视野出发，列宁看到了孙文的革命纲领所具有的真正的革命潜能，他惊叹这位完全不了解俄国的"先进的中国民主主义者"简直像一个俄国人那样发表议论，提出的是"纯粹俄国的问题"："土地国有能够消灭绝对地租，只保留级差地租。按照马克思的学说，土地国有就是：尽量铲除农业中的中世纪垄断和中世纪关系，使土地买卖有最大的自由，使农业有最大的可能适应市场。"〈41〉与此相对照，"我国的庸俗马克思主义者在批评'土地平分''土地社会化''平等的土地权'的时候，却局限于推翻这种学说，从而暴露了他们蠢笨的学理主义观点，他们不能透过僵死的民粹主义理论看到活生生的农民革命的现实"。〈42〉通过把孙文的革命纲领放置到俄国特定的历史背景中考察，列宁得出了"俄国革命只有作为农民土地革命才能获得胜利，

〈39〉 列宁：《社会民主党在 1905—1907 年俄国第一次革命中的土地纲领》，《列宁全集》（第二版）第 16 卷，第 240、242 页。

〈40〉 同上书，第 278 页。

〈41〉 列宁：《中国的民主主义和民粹主义》，《列宁选集》（第二版）第 2 卷，第 427 页。

〈42〉 列宁：《社会民主党在 1905—1907 年俄国第一次革命中的土地纲领》，《列宁全集》（第二版）第 16 卷，第 247 页。

而土地革命不实现国有化是不能全部完成其历史使命的"〈43〉这一结论。如果说"美国道路"区别于"普鲁士道路"和"英国道路"的特征是它的国有化方案,那么,"中国道路"却代表着一个自下而上的"农民土地革命"。

俄罗斯的改革是在克里米亚战争、1905 年日俄战争和第一次世界大战的背景下展开的,列宁对于俄国改革道路的思考因此也不能不与欧洲帝国主义所创造的国际关系联系在一起。如果俄国的土地问题必须通过"国有化"的方式来解决,那么,怎样的"国家"才能担当这个改革的重任?列宁说:"民族国家是资本主义的通例和'常态',而民族复杂的国家是一种落后状态或者是例外情形。……这当然不是说,这种国家在资产阶级关系基础上能够排除民族剥削和民族压迫。这只是说,马克思主义者不能忽视那些产生建立民族国家取向的强大的经济因素。这就是说,从历史的和经济的观点看来,马克思主义者的纲领上所谈的'民族自决',除了政治自决,即国家独立、建立民族国家以外,不能有什么别的意义。"因此,当列宁谈论"亚洲的觉醒"的时候,他关心的主要不是社会主义问题,而是如何才能为资本主义的发展创造政治前提,亦即民族自决的问题。在这里,有两点值得注意:第一,"民族—国家"与"民族状况复杂的国家"(亦即"帝国")构成了对比,前者是资本主义的"常态",后者则构成了民族—国家的对立面。第二,民族自决是"政治自决",在俄国和中国的条件下,以一种社会主义的方式形成发展资本主义经济的政治条件——亦即政治民族或民族—国家的政治结构——是"政治自决"的必然形式。"资本主义使亚洲觉醒过来了,在那里到处都激起了民族运动,这些运动的趋势就是要在亚洲建立民族国家,也只有这样的国家才能保证资本主义的

〈43〉 列宁:《社会民主党在 1905—1907 年俄国第一次革命中的土地纲领》,《列宁全集》(第二版)第 16 卷,第 392 页。

发展有最好的条件。"〈44〉在"亚洲"的特定条件下，只有通过农民土地革命的方式和社会主义的建国运动才能为资本主义的发展创造前提，因此，必须拒绝一切与解放农民、均分土地相对立的改革方案。列宁说过："人类只有经过一切被压迫民族完全解放的过渡时期"，"才能达到各民族的必然融合"〈45〉；"各民族间和各国间的民族差别和国家差别……甚至在无产阶级专政在全世界范围内实现以后也还要保持很久很久"〈46〉。在这个意义上，民族自决不仅体现为被压迫民族反抗帝国主义压迫的诉求，而且也提示了被压迫民族在新的人民—国家建构中，国内各大小民族之间实现民族平等的绝对必要性。

没有任何必要夸大第一次中国革命对于俄国革命的影响。事实上，不能确定两者之间的任何直接的影响关系，相反，我们能够确定的是产生于欧洲战争的直接背景之下的1917年十月革命对中国革命产生了深刻的和明确的影响。列宁对于辛亥革命的重视是在他对于国家问题、社会主义运动和人民民主专政长期的思考脉络中展开的。〈47〉但是，人们很少注意如下两个事实：第一，十月革命发生在辛亥革命之后，由此开创的通过国家形态的改造来建设社会主义的方式在很大程度上可以视为对亚洲革命（中国的辛亥革命）的回应。从社会主义运动史的角

〈44〉 对列宁来说，亚洲问题是和民族国家密切联系在一起的。他说，在亚洲"只有日本这个独立的民族国家才造成了能够最充分发展商品生产，能够最自由、广泛、迅速地发展资本主义的条件。这个国家是资产阶级国家，因此它自己已在压迫其他民族和奴役殖民地了"。列宁：《论民族自决权》，《列宁选集》（第二版）第2卷，第511页。

〈45〉 《列宁全集》第22卷，第141页。

〈46〉 转引自《斯大林全集》第12卷，第315页。

〈47〉 早在1905年，列宁已经将"新火星派"的"革命公社"理念与"无产阶级和农民的革命民主专政"相区别，他将前者斥为"革命的空话"，而将后者与"临时革命政府"这一"不可避免地要执行（哪怕只是临时地、'局部地、暂时地'执行）一切国家事务"的、绝不能误称为"公社"的政治形式联系在一起。"临时革命政府"意味着列宁正在思考一种新型的国家形式。见列宁：《社会民主党在民主革命中的两种策略》，《列宁选集》（第二版）第1卷，第572页。

度说，中国的第一次现代革命也标志着如下事实，即在亚洲社会的条件下，反对资本主义与民族国家的欧洲社会主义运动开始向民族自决运动的方向转变。列宁关于民族自决权的理论（1914）、关于帝国主义时代落后国家的革命的意义的解释，都产生于1911年辛亥革命之后，并与他对中国革命的分析有着理论的联系。第二，俄国革命对欧洲产生了巨大的震动和持久的影响，可以被视为将俄国与欧洲分割开来的历史事件。列宁的革命的判断与斯密、黑格尔对于亚洲的描述没有根本的差别：他们都把资本主义的历史表述为从古老东方向现代欧洲转变的历史进程，从农耕、狩猎向商业和工业的生产方式转变的必然发展。但在列宁这里，这一世界历史框架开始包含双重的意义：一方面，世界资本主义和由它所激发的1905年的俄国革命是唤醒亚洲——这个长期完全停滞的、没有历史的国度——的基本动力[48]，另一方面，中国革命代表了世界历史中最为先进的力量，从而为社会主义者标出了突破帝国主义世界体系的明确出口。

俄国知识分子和革命者中间曾经长期存在着斯拉夫派与西欧派的持久论战[49]，列宁作为"西欧派"的一员通过对于"先进的亚洲"与"落后的欧洲"的辩证对比，构造了一种"脱欧（帝国主义的欧洲）入亚（落后地区的革命先进性）"的新型逻辑（从寻求发展资本主义的现代化的角度看，这个"脱欧入亚"路线也仍然内在于"脱亚"的逻辑）。然而，伴随着帝国主义战争和对帝国主义时代的认识，土地革命和民族自决权这两个资产阶级革命的命题与反对帝国主义及其经济社

〈48〉 列宁：《亚洲的觉醒》，《列宁选集》（第二版）第2卷，第447、448页。

〈49〉 俄国知识分子的欧洲观和亚洲观显然受到西欧近代政治发展和启蒙运动的历史观的影响。在列宁的使用中，亚洲这一与专制主义概念密切相关的概念是从近代欧洲的历史观和政治观中发展而来的。关于斯拉夫主义与西欧主义的论战，参见尼·别尔嘉耶夫：《俄罗斯思想》第一、二章，雷永生、邱守娟译，北京：生活·读书·新知三联书店，1995，第1—70页。

会体制的历史任务发生了关联，从而也与社会主义问题历史地联系在一起。正是这一新的形势缓解了列宁与托洛茨基围绕俄国革命性质的长期分歧。"1905—1906年时，托洛茨基已预见到俄国反封建与反资本主义革命的结合，并说明俄国的起义是国际社会主义革命的序幕。列宁其时拒不认为俄国是国际社会主义的先驱。他根据俄国所处的历史发展阶段及俄国社会结构来推断革命的性质及其前景，而俄国社会结构中的最大成分是个体农民。但在大战期间他开始认真考虑欧洲先进国家的社会主义革命，并把俄国革命放到国际远景之中。看来，现在对他起决定性作用的不是俄国的社会主义是否成熟，而是俄国是欧洲的一部分，而他认为欧洲的社会主义已经成熟了。因而他再也看不到有任何理由把俄国革命局限于所谓资产阶级革命的目标中。二月政权的经验进一步向他指明，不同时打垮并最后剥夺资产阶级，就不可能打垮地主政权。而这就意味着'无产阶级专政'。"[50]列宁思想的变化是由第一次世界大战激发的欧洲革命形势和二月革命后资产阶级临时政府的表现共同促成的，其最鲜明的标志就是写于1917年4月的《论无产阶级在这次革命中的任务》，即上文提及的《四月提纲》。这个社会主义问题的核心是：不是一般地要求将农业帝国改造为民族—国家，而是在国家独立、民族解放和人民革命的"三位一体"之下建立社会主义性质的或者朝向社会主义的人民—国家。正是在这个逻辑之下，中国革命提供了一种将民族解放运动与社会主义方式相结合的独特道路——这一独特道路为一种新型的革命主体的出现提供了前提，我在这里指的是以中国农民为主体的工农联盟和朝向社会主义过渡的人民共和国。

从1911年革命运动的角度看，或者说从所谓"带有共和制度要

〈50〉［波］伊萨克·多伊彻：《武装的先知　托洛斯基　1879—1921》，王国龙译，北京：中央编译出版社，2013，第230页。

求的完整的民主主义"〈51〉纲领的角度看，资产阶级的共和制和独立的民族国家是发展资本主义的政治外壳，而阻碍这个外壳形成的原因有多个：帝国主义瓜分中国的企图，中国乡村的保守势力，以及由清廷及北方军事集团所代表的"落后的北方"。"落后的北方"是列宁的用语，他针对1912年的南北博弈曾做出如下断言："袁世凯的那些党依靠的则是中国落后的北方"，即"中国最落后地区的官僚、地主和资产者"〈52〉。他早在1912年就预见了袁世凯帝制自为的可能性，并将这一问题与中国革命面临的"北方问题"关联起来。但是，列宁对"落后的北方"的理解完全集中在阶级分析，尤其是袁世凯集团所代表的利益群体之上，而忽略了"最落后地区"（即有碍于资本主义发展的地区）的地域、族群、宗教等因素。从列宁后来阐发的有关民族自决权的理论来看，他将民族国家视作资本主义的"常态"，而族群复杂的帝国正是阻碍资本主义发展因而也必须加以去除的政治外壳。在他的主导下，布尔什维克在民族自决的原则之上支持波兰、乌克兰的独立，正是这一政治判断的延伸；但伴随帝国主义战争而来的欧洲和俄国的革命形势正在促成列宁对民族革命的新意义的解释，即不只是单纯地从有利于资本主义发展的角度，而且也从有利于帝国主义时代国际革命的角度，去阐释被压迫民族的解放问题。从民族自决向社会主义联盟的转变正是上述双重逻辑推动的结果。

　　为什么列宁在讨论中国革命时，不但高度评价孙文的建国纲领，而且也从未提出支持蒙古、西藏或回部地区寻求独立的诉求，而是将"落后的北方"视为革命的障碍？从方法论的角度说，列宁对民族问题的态度不是"从法权的各种'一般概念'得出的法律定义中寻找答

<hr />

〈51〉　列宁：《中国的民主主义和民粹主义》，《列宁全集》（第二版）第21卷，第427页。

〈52〉　列宁：《中国各党派的斗争》，《列宁全集》（第二版）第23卷，第129页。

案"，而是"从对民族运动的历史经济研究中去寻找答案"。[53] 民族运动的经济基础就是："为了使商品生产获得完全胜利，资产阶级必须夺得国内市场，必须使操着同一种语言的人所居住的地域用国家形式统一起来，同时清除阻碍这种语言发展和阻碍把这种语言用文字固定下来的一切障碍。"就是在这个意义上，"建立最能满足现代资本主义这些要求的民族国家，是一切民族运动的趋势（趋向）"。[54] 正是站在这一立场上，他不但拒绝了奥地利社会民主党人奥托·鲍威尔的"民族文化自治"的主张，而且也批评罗莎·卢森堡在反对波兰独立的口号时提出的一系列论证。列宁指出卢森堡的主要错误在于"忽视了一件最主要的事情：资产阶级民主改革早已完成的国家和没有完成的国家之间的区别"，即在1789—1871年的欧洲民主革命之后，西欧已经"形成了资产阶级国家的体系，而且通常是些单一的国家的体系。因此，现在到西欧社会党人纲领里去寻找民族自决权，就是不懂得马克思主义的起码原则"。[55]

与西欧的情况不同，东欧和亚洲的资产阶级民主革命时代始于1905年革命。因此，列宁思考的"东方问题"是由"亚洲的觉醒"为标志的系列事件（俄国、波斯、土耳其和中国的革命）以及巴尔干的战争等共同构成的"一连串有世界意义的事变"所触发的，"只有瞎子才不能从这一串事变中看出一系列资产阶级民主民族运动的兴起，看出建立民族独立的和单一民族的国家的趋向。正是因为而且仅仅是因为俄国及其邻邦处在这样一个时代，所以我们需要在我们的纲领上提出民族自决权这一条"。[56] 对于列宁而言，民族原则不是绝对的，是否支持民族自决取决于独立与分离是否有利于落后地区的资本主义发展，

〈53〉 列宁：《论民族自决权》，《列宁选集》（第二版）第 2 卷，第 507—508 页。

〈54〉 同上书，第 508 页。

〈55〉 同上书，第 517 页。

〈56〉 同上书，第 517—518 页。

同时还取决于特定国家的地缘政治处境。例如，奥地利的"匈牙利人、捷克人恰恰不是趋向于脱离奥地利，而是趋向于保持奥地利的完整，其目的正是为了保持民族独立，以免完全被那些更残暴更强悍的邻国破坏掉！由于这种特殊情况，奥地利便形成两个中心的（二元的）国家，而现在又变成三个中心的（三元的：德意志人、匈牙利人、斯拉夫人）国家"[57]。与此相反，俄国的"异族人"在人口上占据多数（约占总人口57%），且大多居于边疆地区；他们所受的压迫比他们在各邻国（列宁特别指出"并且不是在欧洲各国"）所受的要厉害得多；"异族"边疆地区的资本主义发展程度和一般文化水平，往往高于国家的中部地区。除了上述两个条件，民族问题是与革命形势的发展密切相关的。"最后，正是在临近的亚洲各国我们看到了资产阶级革命和民族运动已经发展起来，并且部分地蔓延到住在俄国境内的那些同血统的民族中去了。"[58]

根据上述分析，我们可以推断出列宁在中国边疆区域问题上的基本立场：一、与奥地利的匈牙利人、捷克人的处境相似，中国边疆区域寻求独立的运动很可能使其陷入"更残暴更强悍的邻国"——从甲午战争到"三国干涉还辽"，从联手镇压义和团到日俄战争，我们可以清晰地看到俄罗斯、日本以及英、法等欧洲列强对中国的瓜分和觊觎——的支配；二、不但中国的"中部地区"的"资本主义发展程度和一般文化水平"高于边疆地区，而且"资产阶级革命和民族运动已经发展起来了"，从而保留中国的完整更有利于革命运动的发展（从而也有利于资本主义的发展）。正是在这个角度上，列宁将袁世凯及与之结盟的北方地区称为"落后的北方"，亦即有待克服和解决的作为革命障碍的北方。他未能深入分析何以中国的激进革命派不得不做出背离

〈57〉　列宁：《论民族自决权》，《列宁选集》（第二版）第2卷，第519页。

〈58〉　同上书，第519—520页。

其革命宗旨的妥协，也很可能与他的上述政治—理论的视野有关。"落后的北方"迫使南方的革命党人做出妥协，但这也恰好说明：中国革命并未采用分离的方式寻求资本主义发展，"北方问题"是中国革命和中国资本主义发展中的"北方问题"。

所谓"北方问题"中的"北方"不仅包括东北、蒙古及北洋势力控制下的华北地区，而且也包括与这些区域关系密切的西北地区和地处西南的西藏地区，"五族共和"概念中涉及的四大族群及其活动区域都在其中。即便在中华人民共和国成立后，蒙、藏等地区的土地改革进程也远较其他地区缓慢，这也意味着"北方问题"与革命进程中的"妥协"的关系是长期的。1912 年 1 月 1 日，孙中山即在《中华民国临时大总统宣言书》（以及《中华民国临时约法》）中提及"五族共和"的观念："国家之本，在于人民。合汉、满、蒙、回、藏诸地为一国，即合汉、满、蒙、回、藏诸族为一人，此为民族之统一。"[59] 与他早期的民族观相比，"五族共和"的提法不再将共和限制于明朝版图内的汉人共和国，而是将清朝大一统帝国作为"走向共和"的多样性的广阔空间。从后一方面说，孙文接过了立宪派的中国观，但同时以"共和"作为政治性替代。从"五族君宪"转向"五族共和"[60]，这一转变为现代平等政治奠定了基础，也由此产生了如何通过法律、制度和实践在保守的宗教—政治传统（如西藏宗教社会的政治经济体制）与激进的阶级政治之间保持平衡和张力的挑战。

1921 年建党之初，中国共产党在共产国际和苏俄影响下，接过了民族自决权的思想，支持蒙、藏、回的民族自治，并主张建立联邦制国家，但其根本前提是"推翻国际帝国主义的压迫，达到中华民族的

〈59〉 孙中山：《中华民国临时大总统宣言书》，《孙中山全集》第 2 卷，第 2 页。
〈60〉 同上。

完全独立"^{〈61〉}。1922 年 7 月中共二大通过的《关于国际帝国主义与中国和中国共产党的决议案》对此有明确表述。1927 年大革命失败之后，中国工农红军在江西建立苏维埃的时期，中共在其宪法大纲中重申过以民族退出权为中心内容的民族自决原则。^{〈62〉}但是，现代中国革命的总的进程是将民族自决作为反抗帝国主义的独立要求来理解的，后者正是探索建立朝向社会主义过渡的新民主主义国家的基本前提。中国工农红军在党的领导下利用统治集团的内部分裂和各帝国主义势力范围及其代理人之间的矛盾，在边区形成割据的苏维埃政权，但从未将自己视为地方性和社群性的政治代表，恰恰相反，在它的政治蓝图中，中国革命从来都是全民族的革命，同时也是世界革命的一个有机部分。中国革命的国际主义和此后提出的第三世界范畴，也都是沿着这一路线展开的。在现代中国的政治语汇中，民族自决权始终是一个具有正面政治价值（民族解放）的概念，但中国革命的反帝反殖斗争并没有因此凸显民族分离权问题，恰恰相反，它所强调的是被压迫者的团结问题；即便是强调自治的时刻，被压迫者的团结也是更为基本的问题。

在这个意义上，追随列宁主义路线的中国革命实践的也可以说是一条没有卢森堡的卢森堡路线。但就其历史和政治内涵而言，最合适的解释是列宁在共产国际第二次代表大会上发表的关于民族和殖民地问题的报告以及有关这个问题的提纲，其基本内容包括：在第一次世界大战和十月革命之后，民族问题已经是世界无产阶级革命总问题的一部分，从而必须与以苏联为首的社会主义革命形成亲密联盟；必须

〈61〉 见中共中央第二次代表大会通过的《关于国际帝国主义与中国和中国共产党的决议案》，收入中央统战部《民族问题文件汇编》（1921 年 7 月—1949 年 9 月），北京：中共中央党校出版社，1991，第 8 页。

〈62〉 见 1931 年通过的《中华苏维埃共和国国家根本法（宪法）大纲草案》和《中华苏维埃共和国宪法大纲》，《中国新民主主义革命时期根据地法制文献选编》第一卷，北京：中国社会科学出版社，1981，第 11 页。

建立无产阶级的政党，团结广大农民群众，解决土地问题；与民族资产阶级中的民主派结成反对帝国主义的革命统一战线，但保持无产阶级政治上和组织上的独立性，进而将民族解放斗争进行到底。[63]正是这一纲领为国共合作和从1911年共和革命致力于向社会主义转变的人民革命（即毛泽东后来提出的"新民主主义"革命）的过渡提供了政治方向，由此土地革命和民族革命不再单纯地局限于资产阶级革命的范畴。[64]

"无产阶级专政的历史经验"

十月革命创造了一个由布尔什维克领导的工人国家。在理论上，这个国家就是马克思所指的向无阶级社会过渡的、由无产阶级领导的政体，即无产阶级专政。无产阶级专政的意义首先在于：革命不应该仅仅是国家权力的轮换或改朝换代，而应该伴随着经济关系和社会关系的改变，即在日常生活世界彻底改变劳动依附于资本的逻辑。然而，从1917年起，围绕这一新的政体和国家的性质与使命，不但革命的敌人对于布尔什维克及其领导下的政权展开军事的和舆论的进攻，而且在马克思主义者和社会民主党人中，批评和反驳也常常上升到极其尖锐的程度。这些分歧和争议主要是在欧洲工人运动，尤其是巴黎公社所提供的经验及其理论解释中展开的：

〈63〉 列宁：《民族和殖民地问题提纲初稿》（为共产国际第二次代表大会草拟），《列宁选集》（第二版）第4卷，第270—276页。

〈64〉 这一过渡包含多重内容和任务。过渡的概念提示了过渡时期的路线和方针具有高度政策性、灵活性，也要求极高的理论智慧、试错实践，从而避免教条主义和经验主义错误。20世纪后半叶的中国土地改革和民族区域自治实践需要置于这一转变中给予阐释，才能理解其政治逻辑，包括其成就和失误、矛盾和危机，但对其进行历史评估已经不是本文能够承载的内容。

1. 夺权问题：无产阶级革命应该通过长期的经济变革实行社会自治，还是应该通过暴力夺取政权，直接行使管理国家的权力？

2. 民主及政体问题：社会主义国家是否应该继承资产阶级民主革命的成果，如普选或议会民主制？在政治形式上，社会主义国家应该采用分权的联邦政体，还是应该实行中央集权？

3. 政党与阶级的专政问题：无产阶级专政是阶级专政还是政党专政？在当代有关俄国革命与中国革命的重新估价中，仍然可以辨识出那一时代剧烈争论的清晰线索。

4. 过渡时期问题：围绕上述问题的论辩对中国有影响，但不是决定性的。对于"东方的"社会主义者而言，更为迫切的问题，是如何从国家资本主义经济向社会主义经济过渡。由于东方社会无一例外地尚未经历彻底的工业化，从而"社会主义革命"的第一步是清除旧的乡村关系、实行土地改革，进而为工业化积累资源。在工业化和农业现代化的进程中，围绕发展、限制还是取消资产阶级法权，价值规律在社会主义国家经济中的作用等问题，从 20 世纪 50 年代后期开始，不但占据了中国共产党及其知识分子的理论舞台，而且也在其经济和社会的实践中以不同的形式表现出来。这就是围绕过渡时期总路线的思考、辩论和实践。

回顾这些近乎被忘却的争论对于重新确定当代社会斗争的目标并非无益。我们还是先从欧洲社会主义者的批判开始分析这些争论。卡尔·考茨基对十月革命的批判集中在对于中国革命而言最为关键的两个问题上，即政权问题与农民问题。他将俄国革命视为战争和沙皇军事制度失败的结果，认为俄国既不具备实行社会革命的条件，也不应设想通过夺取政权建立无产阶级专政。革命应该仅仅停留在推翻沙皇专制制度、实行与资产阶级联合的自由主义阶段。考茨基所说的成熟的社会条件包括两个方面的内容：一方面是一种带有蒲鲁东主义色彩的观点，即工人运动应该"用十分和平的手段，即协会、交换银行、互助保险组织等等来解放工人阶级",另一方面是工人阶级只有在经过自我培养而成为精神上充分发展的阶级时才能掌握政权。[65]他接过恩格斯对作为无产阶级专政的巴黎公社的赞美,却用利沙加勒的说法加以论证:"人们说过,公社是工人阶级的政府。这是很大的错误。工人阶级参加斗争、参加行政管理,光是他们的气息就使运动非同寻常;但他们很少参加实际的统治。"[66]在他看来,俄国革命的胜利和巴黎公社的失败不过是因为前者获得了农民的支持,而后者却无法与农民产生联系。"农民以及与农民有关的在俄国的武装起义,都倒向在首都执掌政权的革命党人。这就使他们的制度有了力量并带有永久的性质,而这是巴黎的制度所没有能够得到的。另一方面,这也就产生了巴黎公社所没有的反动的经济成分。巴黎的无产阶级专政决不是像俄国那样以农民代表苏维埃为基础的。"[67]

考茨基没有像卢森堡那样将批判的锋芒聚焦于民族自决权问题,而是将"地方自治"(在国家民主制度所划定的范围内享有独立自主的权利,限制国家官吏的权力,设立民兵取代常备军等)与"从工人代表苏维埃的独裁权力中产生的一个新的统治阶级的独裁权力"相互对立,认为在这种新的独裁权力之下,"旧的官僚政治的专制独裁已经以一种新的但据我们看来决不是有所改进的形式复活了,除这种专制独裁以外,还正在产生一种新的资本主义的萌芽,而这种新的资本主义是应该对真正的犯罪行为负责的,并且事实上比旧时代的工业资本主义的水平要低得多"[68]。

罗莎·卢森堡批判了考茨基的观点,认为"俄国革命是国际发展

〈65〉 卡尔·考茨基:《恐怖主义与共产主义》,北京:生活·读书·新知三联书店,1963,第63页。

〈66〉 同上书,第65页。

〈67〉 同上书,第52页。

〈68〉 同上书,第151页。

和土地问题的结果"〈69〉。她清晰地看到了1917年革命与第一次世界大战和1905年革命之间的双重联系，前者证明"这是工人阶级专政的第一次世界历史性试验，而且这一试验……是在一场帝国主义国际屠杀的世界战火和混乱之中，在欧洲最反动的军事强国的铁圈之中，在国际无产阶级彻底不起作用的情况下发生的"〈70〉；后者意味着革命的动力不仅是城市无产阶级，而且"还依靠同样提出立即实现和平这一要求的士兵群众和把1905年以来就已成为革命关键的土地问题提到首位的农民群众"〈71〉。正是由于后一点，卢森堡认为"由农民直接夺取和分配土地"虽然是一个巩固社会主义政府的良好策略，但其"反面在于，由农民直接夺取土地几乎是同社会主义经营毫无共同之处的"〈72〉。工业与农业的分离是资本主义的特征，而俄国革命实行的土地改革最终将"给农村的社会主义制造一个新的强大的敌对的人民阶层，他们的抵抗比贵族大地主的抵抗危险得多"。〈73〉

除了对布尔什维克的土地政策和民族自决权主张的批判之外，卢森堡与其他社会民主党人分享了对于俄国革命缺乏对民主的尊重与理解的批判。"他们对于立宪会议、普选权、言论和机会自由，总之对于人民群众的民主主义基本自由的全部设施（这些基本自由加在一起构成了俄国本身的'自决权'）明显地采取十分冷漠的蔑视态度"，"在任何国家，政治生活的民主形式实际上关系到社会主义政策的最有价值的，甚至是不可缺少的基础，而著名的'民族自决权'却无非是空洞的小资产阶级废话和胡说"。〈74〉卢森堡认为列宁、托洛茨基等布尔什维

〈69〉 罗莎·卢森堡：《论俄国革命·书信集》，第3页。

〈70〉 同上。

〈71〉 同上书，第6页。

〈72〉 同上书，第11页。

〈73〉 同上书，第14页。

〈74〉 同上书，第15、16页。

克从左面犯了考茨基从右面所犯的错误，即将民主与专政对立起来：
"列宁说：资产阶级国家是镇压工人阶级的工具，社会主义国家是镇压
资产阶级的工具……这一简单化了的观点忽略了最本质的东西：资产
阶级的阶级统治不需要对全体人民群众进行政治训练和教育……对于
无产阶级专政来说，这种训练和教育却是生存的要素，是空气，没有
它无产阶级专政就不能存在。"〈75〉而普选、出版和集会自由，以及自由
的意见交锋，就是这一训练和教育的主要形式，没有了这些条件，苏
维埃"固然是一种专政，但不是无产阶级专政，而是一小撮政治家的
专政，就是说，纯粹资产阶级意义上的专政，雅各宾派统治意义上的
专政"。"不仅如此，这种情况一定会引起公共生活的野蛮化：暗杀，
枪决人质等等。"〈76〉这个论断此后也被引申为无产阶级专政不再是一种
阶级专政，而是政党或其少数领袖对阶级的专政。

　　如何理解马克思主义关于无产阶级革命和无产阶级专政的学说及
无产阶级革命的实践，是从书本上去解释，还是从具体的经验出发进
行总结，这是一个历史观和方法论的问题。早在 1956 年，毛泽东和
中共领导层就指出："除了只存在了七十二天的巴黎公社以外，马克
思和恩格斯没有亲自看到过他们所毕生努力争取的无产阶级革命和无
产阶级专政的实现。俄国无产阶级在列宁和苏联共产党的领导之下，
在一九一七年胜利地实现了无产阶级革命和无产阶级专政，接着又胜
利地建成了社会主义社会……一九一七年的俄国十月革命，就不但是
在共产主义运动历史上开辟了一个新时代，而且在整个人类历史上开
辟了一个新时代。"〈77〉这一段论述的中心思想实际上是要求人们从无
产阶级专政的具体实践出发，从这一实践内部去思考和探索其经验与

〈75〉　罗莎·卢森堡：《论俄国革命·书信集》，第 28 页。
〈76〉　同上书，第 32 页。
〈77〉　《再论无产阶级专政的历史经验》，《人民日报》，1956 年 12 月 29 日。

教训。

　　从欧洲工人运动和巴黎公社的经验来看，无产阶级专政应该是建立在每一个阶级成员积极参与基础上的新型民主制。这种民主综合了全新的生产关系与普选的某些形式，以直接民主的方式超越了立法机构与行政机构的边界。马克思说："公社就是帝国的直接对立物。巴黎无产阶级用以欢迎二月革命的'社会共和国'口号，不过是表示了希望建立一种不仅应该消灭阶级统治的君主制形式，而且应该消灭阶级统治本身的共和国的模糊意向。公社正是这种共和国的一定的形式。"〈78〉"你们想知道无产阶级专政是什么样子吗？请看巴黎公社吧。这就是无产阶级专政。"〈79〉巴黎公社所采取的原则只是一些很简单的措施：用普选制选出的代表去代替先前的官吏；只发给他们普通工人的工资；可以随时撤换他们；废除常备军，等等。在马克思看来，这些措施意味着对于国家机器的根本改造，它不但"实现了所有资产阶级革命都提出的廉价政府的口号"，而且也"给共和国奠定了真正民主制度的基础"。〈80〉巴黎公社一方面"是工人阶级的政府，是生产者阶级同占有者阶级斗争的结果，是终于发现的、可以使劳动在经济上获得解放的政治形式"，另一方面又越出自身的历史范畴，成为一种与一切"原来意义上的国家"不同的政治形式、一种真正的社会自治。〈81〉这也正是今天人们思考俄国革命与中国革命的基本尺度。

　　但是，当德国社会民主党在国会里获得了权力的时候，恩格斯放弃了实现这一"无产阶级专政"的念头；此后欧洲议会条件下社会主义的政党斗争接受了公社坚决加以拒绝的资产阶级国家及其一切制度框架——伯恩斯坦在1899年出版的《进化的社会主义》中论述了资

〈78〉　马克思：《法兰西内战》，《马克思恩格斯选集》（第一版）第2卷，第374页。

〈79〉　恩格斯：《恩格斯写的1891年单行本导言》，见《法兰西内战》，同上书，第336页。

〈80〉　马克思：《法兰西内战》，同上书，第377页。

〈81〉　同上书，第378页。

产阶级国家的变化，即包含着阶级妥协的社会共和国或初级的福利国家的出现；这一"修正主义的"国家理论的前提是阶级关系的变化，即资本家与工人可以分享企业利润，而不必诉诸对抗性的阶级斗争。重新复活了"无产阶级专政"概念的是列宁和他的中国追随者。早在1905年，列宁在与"新火星派"的斗争中就已经将他们的"革命公社"理念与"无产阶级和农民的革命民主专政"相区别，他将前者斥为"革命的空话"，而将后者与"临时革命政府"这一"不可避免地要执行（哪怕只是临时地、'局部地、暂时地'执行）一切国家事务"的、绝不能误称为"公社"的政治形式联系在一起。[82] 列宁的这些看法与马克思本人反复强调的公社与一切国家事务之间的尖锐对立并不一致。在十月革命后的俄国，无产阶级专政经历了两个重要转变：第一个转变是从允许多党合作，实行联合执政，转变为以不同的方式确立"共产党是国内惟一合法的政党"——一党专政——的政治格局；第二个转变是从以革命政党为领导、以工农联盟为基础的政治形式，转变为以党—国体制为框架、行使一切国家事务的权力体制，即无产阶级专政从一种与一切"原来意义上的国家"不同的政治形式、一种真正的社会自治和参与性民主转化为合法垄断暴力的、权力高度集中的国家结构。

对于中国革命而言，巴黎公社的尺度对于社会主义国家的政治生活具有某种反思性意义，但若仅仅从这些短暂的经验出发衡量无产阶级专政的实践，也就难以从具体的历史条件内部展开对于革命的思考。迈斯纳曾经指出现代中国社会的一个基本特征，即社会各阶层的软弱性："一个弱小的资产阶级和一个更弱小的无产阶级。但是，弱小的还不只是这两个阶级，当代中国的历史特征是所有社会阶层的软弱。

---

〔82〕 列宁：《社会民主党在民主革命中的两种策略》，《列宁选集》（第二版）第 1 卷，第 572 页。

伴随着处于不发达状态的资产阶级与无产阶级的，是传统的豪绅地主统治阶级权力和声望的衰落。当帝国主义破坏了与豪绅息息相关的封建帝国官僚机构的基础后，豪绅地主发现沿用传统的寄生方式剥削农民更有利可图——随着旧政治秩序的解体，通过官僚体制的传统机会（以及传统的官僚和儒家对剥削的道德制约）衰减，这种方式越来越具有寄生性。"[83]与这一社会结构上的特点相伴随的，是政治军事力量与社会经济力量的分离趋势。这与欧洲社会新阶级诞生过程中的一般状况十分不同。[84]

因此，通过高度组织化和政治化的方式，亦即能动的方式，将原本处于软弱状态的社会阶层转化为远远超出其结构性软弱位置的全新主体，就成为中国革命的基本路径。一个以夺取政权为目标的政党，一个通过土地革命斗争以创造新型革命阶级的社会运动，一个能够将这些斗争要素全部组织于其中的政治—军事形势，一个能够将国内扫除旧的社会关系的斗争与国际反帝运动相互连接的世界图景，构成了这一转化的基本条件。

在思考中国的无产阶级专政的历史经验时，需要考虑如下几个历史特点：首先，中国革命发生在一个工业有所发展，但仍然是以农业为主的社会里。中国最早的产业工人是南京条约（1842）签订后帝国主义经济入侵的产物，以船舶修造业和轮船公司为主，而后扩张其其他行业。甲午战争前夕，外资企业 100 多家，工人约 3 万 4 千人。洋务运动时期的官办和官商合办企业 40 多个，雇佣工人累计 4 万人左右。从 19 世纪 70 年代开始，中国民族资本有所发展，但规模较小，至 1894 年，共计开设 100 多个企业，雇工约 2 万 7 千至 3 万人。这一时期工人的总数约

〈83〉 莫里斯·迈斯纳：《毛泽东的中国及其后：中华人民共和国史》，杜蒲译，香港：香港中文大学出版社，2005，第 5—6 页。

〈84〉 同上书，第 7 页。

为 10 万人。^{〈85〉} 从《马关条约》签订至第一次世界大战爆发，外资进入中国的规模和速度大幅提高，在修筑铁路、垄断煤矿和开设工厂方面持续扩张，其中直接和间接投资修筑铁路达到 10944 公里，新式煤矿 29 个，工厂 166 家，另有 14 家新的轮船公司开张。民族工业也有较大发展，资本额在 1 万元以上的厂矿共 549 家，以纺织、食品、煤矿为主，同时包括部分机器、水电、水泥、航运等行业。截至 1913 年，全国中外企业中的工人约 50 万—60 万人。^{〈86〉} 第一次世界大战期间，帝国主义国家的商品和资本输出有所减少，中国民族工业获得了发展机会，战前的工厂总数为 698 个，资本 30 万 3 千余万元，至 1920 年，工厂总数已增至 1759 个，资本总额 5 亿余元。据不完全统计，至 1919 年，中国产业工人约 261 万，其中铁路工人 16 万 5 千，邮电工人 3 万，海员 15 万，汽车电车工人 3 万，搬运工人 30 万，中国工厂工人 60 万，外国资本在华工厂工人 23 万 5 千，矿山工人 70 万，建筑工人 40 万。^{〈87〉} 中国工人阶级大多是从破产的农民和手工业者转变而来，主要集中于沿海都市，绝大多数雇用于少数外国垄断资本，资格最老的是海员群体。中国最早的工人运动就是从他们中间发展起来的。

　　"一战"期间，罢工和其他形式的斗争浪潮此起彼伏，并迅速地从经济斗争转向政治斗争。这一迅速转变的条件包含了三个原因：一、欧洲资本主义的发生是一个长期的形成过程，尽管形式民主并未保障工人阶级的经济和政治平等，却提供了工人阶级通过国家和法律框架进行斗争的某些渠道，而中国工人阶级面临工厂主和军警的随时镇压，几乎没

〈85〉　孙毓棠：《中国近代工业史资料》第 1 辑（下），北京：科学出版社，1957，第 1174—1201 页。刘明逵、唐玉良主编：《中国近代工人阶级和工人运动》第一册，北京：中共中央党校出版社，2002，第 1—3、109 页。

〈86〉　汪敬虞：《中国近代工业史资料》第 2 辑，《序言》，北京：科学出版社，1957，第 38—39 页。刘明逵、唐玉良主编：《中国近代工人阶级和工人运动》第一册，第 4、109 页。

〈87〉　刘明逵、唐玉良主编：《中国近代工人阶级和工人运动》第一册，第 5、138—141 页。

有任何政治上的权利和法律保障。中国工人阶级的斗争从一开始便具有阶级斗争与民族斗争的双重性质，这也从另一个侧面说明了帝国主义时代被压迫民族的斗争所具有的阶级性质，以及为什么政权问题成为革命的核心问题。二、十月革命后，由于共产党组织的出现和在共产国际影响下形成的国共合作推动工农运动，城市工人运动呈现了鲜明的政治特征。这也使得原本漠视中国革命可能性和潜力的托洛茨基等俄国革命者看到了类似俄国革命的要素。这些要素的相似性是真实的，但将中国革命的期望寄托在这些相似性之上却是错误的——中国革命虽然与城市无产阶级的壮大有着密切联系，但根本上是以广大农村民众为基础的。农村民众成为中国革命生力军的前提之一，是共产党从一个以城市工作为中心的政治组织转化为以乡村工作为重点的政治组织。三、由于中国社会各阶级的软弱，资产阶级和地主豪绅阶级无力通过掌控经济命脉来主导社会变动，相反，他们也必须通过与中央的、地方的政权和帝国主义势力及其军事力量的结盟来获取和保障自身的利益。因此，政权问题或者说夺权问题不得不成为中国革命的关键问题。

其次，在各种反革命势力的镇压、屠杀和驱除的条件下，红色政权的基本支柱是苏区中央的或地方的军事力量，从而中国革命为夺取政权而展开的斗争不得不以武装斗争作为其主要形式。中国的人民民主专政实际上就是在党的组织与乡村运动之间发生密切关联的时刻诞生的，或者说是在 1928 年之后长期的人民战争中成形的。这里有两个值得关注的事实：一、1927 年大革命的失败标志着中国共产党与城市工人阶级的早期联系的被迫中断或转型，从此革命力量逐渐向农村社会转移（即便在中华人民共和国成立之后的 1957 年，中共党员中的工人比例也仅有 14%[88]）。因此，中国共产党必须探索以农村大众为主体形成新的革命力量，在城市工人阶级相对边缘化的条件下，完成其

〈88〉 莫里斯·迈斯纳：《毛泽东的中国及其后：中华人民共和国史》，第 58 页。

建设社会主义的使命。这与欧洲社会主义运动的状况完全不同。二、尽管中国共产党经常诉诸阶级概念展开其社会分析，但这一概念所负载的意义却主要是政治性的。1931 年，中华苏维埃在其根本法（宪法）大纲中将自身界定为"工人阶级和农民群众的国家"，声明"苏维埃政府要彻底拥护工人利益，实行土地革命，消灭一切封建残余，没收地主阶级的土地，废除一切封建式的资产阶级的税捐，实行统一的累进所得税的原则，税则完全由工农兵会议（苏维埃）决定。只有这样，农民群众才能够在无产阶级领导之下取得土地"。[89] 尽管诉诸"工人利益"，但这段文字的重点是：农民群众如何在"无产阶级"（苏维埃）领导下取得土地。中国革命及其社会主义追求首先表现在其政治结构、政治主体和政治理念方面，而后才表现在经济水平和生产形态的变革之上。

第三，没有苏维埃政权，这场与工人阶级没有多少直接联系的土地革命就谈不上"无产阶级领导下"的革命。1931 年 11 月在江西瑞金成立的中华苏维埃共和国虽然只存在了三年，却建立了一个行之有效、功能齐备的政权和 30 万之众的红军，先后管辖的人口达到 600 万。《中华苏维埃共和国国家根本法（宪法）大纲草案》的第一节指出："这一革命战争的目的是要推翻帝国主义国民党军阀的统治而建立全国工农群众自己的政权。"[90] 江西苏区的中华苏维埃不仅是延安时代的预演，而且也是 1949 年建国运动的预演，由此开启了中国共产主义运动与建国运动相结合的模式。《中华苏维埃共和国宪法大纲》（1931 年 11 月 7 日中华苏维埃第一次全国代表大会通过）第一条指出："中华苏维埃共和国的根本法（宪法）底任务，在于保证苏维埃区域工农

〈89〉《中华苏维埃共和国国家根本法（宪法）大纲草案》》，《中国新民主主义革命时期根据地法制文献选编》第一卷，第 6 页。

〈90〉 同上书，第 2 页。

民主专政的政权达到它在全中国的胜利。这个专政的目的，是在消灭一切封建残余，赶走帝国主义列强在华的势力，统一中国，有系统地限制资本主义的发展，进行国家的经济建设，提高无产阶级的团结力与觉悟程度，团结广大的贫农群众在它的周围，以转变到无产阶级专政。"[91] 中国革命由此成为漫长的政权建设过程，即从"工人和农民的民主专政的国家"[92] 向全国范围的无产阶级专政过渡的过程。

第四，这一政权建设过程与人民战争相始终。人民战争不是一个纯粹的军事概念，而是一个政治范畴，是创造新的政治主体的过程，也是创造与这一政治主体相适应的政治结构和它的自我表达形式的过程。如果说土地改革是中国革命的主要内容和工业化的前提条件，那么，这一任务的完成正是通过人民战争奠定其基础的。实际上，在1949 年中华人民共和国成立之前，中国共产党及其地方政权已经完成全国 20% 的土地改革。在掌握了全国政权之后的短短三年里，有着漫长传统和广泛社会政治基础的地主阶级就彻底消失了。这一点对于理解中国早期的苏维埃政权的性质及其与党、阶级等的关系至关重要。在人民战争中，现代政党的代表性关系被根本地转化了，以农民为主要内容、以工农联盟为政治外壳的人民这个主体的诞生，促成了一切政治的形式（如边区政府、政党、农会和工会等）的产生或转型。政党在人民战争中与军队的结合、政党在人民战争中与红色政权的结合、政党在人民战争中通过土地革命而与以农民为主体的大众的结合、政党在人民战争中与其他政党和其他社会阶层及其政治代表的关系的改变，都提醒我们人民战争创造了与历史上的政党全然不同的政党类型，创造了与历史上的无产阶级截然不同的、以农民为主要成

〈91〉《中华苏维埃共和国宪法大纲》，《中国新民主主义革命时期根据地法制文献选编》第一卷，第 8 页。

〈92〉同上。

员构成的阶级主体。

在根据地，土地改革和武装斗争成为政党政治转化为大众运动的基本方式。井冈山斗争和此后延安时代的中心问题由此变成了革命战争和民族战争条件下的土地改革和政权建设。党和军队的结合，党通过军队跟农民运动、土地改革之间的结合，党及其领导下的苏区政府对经济生活的管理，党在民众工作中展开的文化运动，不但改变了革命的具体内容和中心任务，而且也通过政党、军队、政权和农民运动的多重结合，创造了一个全新的革命政治主体。这就是人民战争的政治基础。毛泽东说兵民是胜利之本，这一命题就包含了人民战争的一般原则：第一，只有动员和依靠群众，才能进行战争；第二，不但要有强大的正规军，而且还必须有地方的武装和民兵；第三，兵民的范畴意味着一个与军事斗争密切相关的、以土地改革和政权建设为中心的政治过程。人民战争的关键成果之一是割据的红色政权的确立。红色政权的主要政治形式是边区政府或边区苏维埃。边区政府是日常生活的组织形式，从而也要借鉴中外历史上的国家经验，但这一政权形式不同于一般意义上的资产阶级国家，无法按照欧洲市民社会与国家之间关系的模式对之进行界定；在持续的政治和战争动员中，它是获得自觉的阶级的政治形式。

在人民战争条件下，中国共产党与根据地政府处理的不是简单的军事问题，而是日常生活的组织问题。这就产生了政党和政府的群众路线问题，其主要内涵是：一、为最广大群众谋利益，是党的工作的出发点和归宿。二、边区政府是群众生活的组织者，只有尽一切努力解决群众的问题，切切实实改良群众的生活，取得群众对于边区政府的信仰，才能动员广大群众加入红军，帮助战争，粉碎围剿。因此，人民战争不仅是采用军事斗争的手段有效消灭敌人的方式，而且也要处理土地、劳动、柴米油盐、妇女、学校、集市贸易甚至货币金融等构成人民生活内容的主要问题。军事与日常生活的相互渗透和转化成为人民战争的核心问题。

群众路线是人民战争的基本策略，它是政党的政策，也是重构政党的方式：一方面，如果没有组织，我们就不知道群众在哪里；另一方面，如果没有与群众打成一片、向群众学习的过程，组织就是没有活力的、凌驾于群众之上的结构。在广阔的、尚未工业化的乡村，以农民为主体的政党在运动中获得了政治表达，在这个意义上，正是人民战争条件下的政党及其群众路线创造了阶级的自我表达，从而也创造了政治性的阶级。相对于政党、政党政治、苏维埃政府等源自19世纪欧洲和20世纪俄国的政治现象，人民战争是中国革命中更具原创性的发明。

在这个意义上，不理解人民战争，就不能理解中国革命的独特性，就无法理解这场革命中的"党的建设"与此前的政党政治的深刻区别，就不能理解群众路线、统一战线等在20世纪中国产生的独特政治范畴的历史内涵。如果将人民战争条件下的人民民主专政的具体实践与巴黎公社和十月革命做一个对比，我们可以发现什么呢？首先，巴黎公社和十月革命都发生在法国和俄国的政治经济中心，而中国人民战争条件下的人民民主专政的实践却是在远离中心地区的偏远乡村展开的。考茨基曾经提及如下事实："目前的德国革命没有中心，而法国大革命却受巴黎方面的控制。如果不考虑巴黎对整个法国在经济和政治上所占的重要地位，那次革命以及在革命中间发生影响的恐怖统治是完全不可理解的。在18世纪甚或19世纪，没有一个城市行使过像巴黎在那个时期所行使的权力。这是作为中央政府的王室所在地在一个近代官僚政治中央集权国家中占有重要地位的结果，只要近代工业资本主义和运输工具的发展随着带来的经济上的地方分权还没有开始，就会发生这种情况。"[93] 类似的条件在俄国也是相似的。发生在中心地区的武装起义一旦获得成功，就会依托都市的中心地位快速形成国家机器，

〈93〉 卡尔·考茨基：《恐怖主义与共产主义》，第5页。

从而捍卫这一国家机器并使其长期化，就成为革命政权建立之际的首要任务。而在中国的人民战争中，由于远离中心，并不存在迅速形成全国性政权的条件，红色割据条件下的苏维埃政权将在长期的斗争中为持续形成不断壮大的革命主体而奋斗。

其次，巴黎公社以清一色的城市人口——工人阶级、手工业者和下层市民——为主体，十月革命虽然得到了农民阶级的支持，但同样以工人阶级和士兵为主体，而中国的人民战争却是以农民以及由农民为主要成员组成的军队为主体的。农民与中国革命的关系早在十月革命之前就已经为中国早期的革命者所讨论。例如，1908年，中国无政府主义者刘师培就在《衡报》发表《无政府革命与农民革命》的文章，指出中国大资本家以田主占多数，中国人民以农民占多数，中国政府之财政以地租为大宗，"故欲行无政府革命，必自农民革命始。所谓农民革命者，即以抗税诸法，反对政府及田主"。"财产共有制，必以土地共有为始基，而土地则以田亩为大宗。惟农民实行土地共有，斯一切财产均可易为共产制。"〔94〕他在农民身上看到了通常被遮蔽了的团结性和抵抗潜力，尤其是与共产主义财产制度之间的可能联系，不能不说是有预见性的。但1911年中国革命并没有发掘出这样的潜力，终于陷于失败的境地。

如果没有十月革命和中国共产党在大革命中从事工农运动的经验和此后深入乡村的游击战争，农民阶级很难承担起无产阶级革命的使命。刘师培对于农民革命的看法是从经济结构和阶级关系的角度展开的，实际上是将有关欧洲工业社会阶级关系的分析方法移用于农业社会，分析人口、国家财政和财产所有权。他在正确地指明农民革命的

---

〔94〕 刘师培：《无政府革命与农民革命》，《衡报》第7号（农民号 *An Appeal to the Peasants*），1908年6月28日，见万仕国、刘禾校注：《天义·衡报》（下），北京：中国人民大学出版社，2016，第685页。

潜力的同时，却误以为这种潜力可以从经济结构和阶级关系中自发地或自然地产生出来。1928年以后的中国革命同样挪用了欧洲的阶级分析方法，但强调的是农民作为一个革命力量的政治形成。因此，革命党人并没有以实行土地共有为途径，反而是以"耕者有其田"相号召，让贫苦农民从农业无产者转化为土地所有者，即通过分田来产生政治动员，进而在人民战争中促成这一在土地改革中成为小资产者的广阔阶层在政治上实现"无产阶级化"。农民阶级的经济地位与革命的政治意识之间的张力产生了政治性无产阶级形成的独特景观：被卢森堡所诟病的土地改革恰恰成为农民阶级形成政治动员、参与苏维埃政权建设、学会自我管理并在党的引导下形成组织的政治契机。

农民作为无产阶级并不只是主观的政治进程的结果，这一命题本身也是帝国主义时代全球性劳动分工的产物；正如民族作为被压迫阶级的命题一样，它不是欧洲语境中的阶级斗争的直接后果，而是20世纪帝国主义及其代理人战争的产物。战争是暴力，但人民战争也是教育和训练人民、形成党与人民之间的有机联系的实践过程。识字运动、生产合作、社会组织、尊重妇女、婚姻自主、卫生习惯、邻里关系、干群关系，所有这些新的集体生活的日常形式和新的价值，就是在战争和土地改革的过程中逐渐发展并渗入人们的日常生活和政治意识之中的。中国革命必须将农民阶级转变为革命人民的主体，这一历史命运意味着这场革命不能自然地和自发地从工人阶级和农民阶级的阶级性格和诉求中产生出来，而必须通过军事斗争、政治斗争、生产斗争和生活斗争转化其成员的阶级性格和诉求。这是一个高度政治化的历史进程。

那么，如何估价中国在土地革命中形成的"人民民主专政"？回答这一问题的正确途径是回到人民战争的范畴内来理解党的转型和人民这一不断形成中的政治主体的生成过程。正是在人民战争、土地革命和建国运动的相互渗透之中，党本身从一个城市精英及其工人阶级的政治组织转化为一个具有高度组织性的、渗入了整个乡村肌体的、具有广泛群众基础并团结了不同社会阶层的运动。我将这个人民战争中形成的政党称为具有超政党要素的超级政党。所谓超政党要素，是指共产党与大众运动、建国运动、军事斗争和生产斗争相互结合，"从群众中来到群众中去"的群众路线，也使得它不只是一个先锋党，而且也是一个大众运动。所谓超级政党，是指这个党并不准备分享权力，而是通过自身的大众性和有机性形成其"民主专政"。

"人民"这一政治概念也必须与人民战争联系起来理解。尽管中共习惯于使用马克思主义的阶级术语将人民或中国人民概括为几个简单的范畴，例如工人阶级、农民阶级、小资产阶级和民族资产阶级，但在人民战争中，人民这一概念表述的其实不过是"人民"的政治形成过程。不同阶层的成员都可能在人民战争中成为"人民"的一员或"人民"的同盟者。例如，在民族战争中，甚至作为土地革命对象的地主阶级也可能成为统一战线的一部分。这一独特而灵活的阶级分析方法的源头之一，正是俄国革命对于帝国主义时代及其政治形态的分析。如果被压迫民族的解放斗争可以被理解为帝国主义时代的阶级斗争，那么，在中国社会，除了极少数统治者，有哪些成员没有可能被纳入"人民"的范畴呢？

马克思曾经将无产阶级专政设想为无产阶级和资产阶级革命斗争时的战时状态，但从未设想过这种战时状态会采用依托乡村展开的人民战争形式。军事斗争的暴力形式、敌我力量的不平衡、战争条件下内外（敌我）关系的尖锐化，使得这一具有广泛社会基础的"民主专政"建立在鲜明的敌我分界之上。尽管分界本身存在着游动与转化，但对专政对象的压制始终是这一政体的基本特征。毛泽东从未羞于承认革命政权的专政性质，也从未掩盖革命的暴力过程；他强调的不过是：革命的专政正是人民民主的政治形式。在生死对峙的氛围中，一般地否定革命的暴力性，或者通过对革命暴力性的否定来否定整个革命进程，几乎无从对 20 世纪的历史进行政治分析。

正是在这里，卢森堡对于十月革命的批评方法是有启示性的，即在反思革命的内在矛盾和危机时，必须将革命战略和策略与具体的情境结合起来探讨革命者的错误，而不是以自由、人权的一般原则对革命做总体性的否定。1949 年中华人民共和国成立后，伴随着中国共产党全面接管国家政权，"镇压反革命"的行动更加组织化和法制化。关于人民共和国成立初期在"镇反"运动中和土地改革中被处死的人数，至今没有准确的统计。阶级概念的限制及其滥用、红军干部和战士的教育和训练水平、及时有效的交通和传播方式的匮乏、党内斗争与军事力量的直接结合及由此衍生的军阀作风和宗派主义，也使得这一专政机器不断地将斗争的矛头对准自身的肌体和成员。20 世纪 30 年代苏联"肃反"政策对中国共产党具有直接影响，加之在严酷的斗争环境下，党内缺乏严格的民主审核机制和法律传统，使得初期的红军和共产党组织犯下严重的政治错误和残杀自己同志的悲剧。中共在延安时期对此做了深刻总结，力求健全制度，减少冤假错案，但无论在延安时期，还是在新中国成立之后，由党内斗争而衍生的以及在滥用阶级概念的状态下形成的冤假错案频繁发生，若考虑到从中央到地区的各个层面，同类性质的事件实在不胜枚举。

在这些激烈的政治运动中，存在着严肃的政治路线分歧，也存在着以思想斗争、组织建设或"文化革命"而非暴力革命进行斗争和对话的可能性，或者说存在着思想斗争和路线斗争的正当性；没有理论辩论、实践检验和路线斗争，就不可能解释中共的多次历史性转折，因而不能将对理论辩论和路线斗争中发生的上述悲剧转化为对于理论辩论和路线斗争本身的否定。20 世纪中国革命始终围绕着政权问题而展开，即便在革命成功之后，社会主义体制内部的矛盾和斗争也经常与夺权问题相伴随。这是时势之必然，还是策略之错置，需要审慎地分析，但在上述至关重要的历史关口，阶级概念的僵化和卢森堡所批评的漠视民主形式的布尔什维克传统，以解决人民内部矛盾的方式解决党内政治分歧的可能性丧失了或部分地丧失了。如果说在人民战争中，阶级概念的灵活运用曾经激活了广大乡村的政治生活和被压迫民族的解放运动，那么，在政权巩固的阶段，阶级边界的僵化和阶级概念的滥用，却使得这一概念日益向一种取消人的能动性的方向转化。60年代臭名昭著的"血统论"正是阶级概念去政治化的结果。因此，不是简单地否定阶级概念及其蕴含的政治能量，而是分析这一概念的政治化与去政治化过程，才是理解这一时代阶级政治的成就与失败的正确方式。所有这一切，依赖于理论与实践之间的往复探索和持续张力。

中国革命的成就和政治创新堪称20世纪人类历史上的奇迹之一，但对人民民主专政和无产阶级专政的理论和实践进行重新检讨却是必要的。在对革命进行"审判"已经成为时尚的时代，或许我们更应该将这一判断倒过来表述：批判地审视人民民主专政和无产阶级专政的理论和实践是必要的，但重新阐释中国革命的成就及其政治创新却更为迫切。事实上，在苏联与中国之间，围绕如何估价无产阶级专政的历史经验的争辩早在1956年前后就已经开始了。就是在这一年，苏共二十大召开，赫鲁晓夫发表了著名的《关于个人崇拜及其后果》的报告，迫使中共和各国共产党对此做出回应。毛泽东多次主持中央政治局会议讨论这一问题，先后在《人民日报》发表了引起巨大反响的文章《关于无产阶级专政的历史经验》（1956年4月5日）和《再论无产阶级专政的历史经验》（1956年12月29日）。毛泽东和中共领导层分析了斯大林在肃反扩大化、对德国入侵缺乏警觉、忽视农民福利和在国际共产主义运动中的错误，认为"斯大林在这些问题上，陷入了主观性片面性，脱离了客观实际状况，脱离了群众"[95]，"损害了苏联党的生活中和国家制度中的民主集中原则，破坏了一部分社会主义法制"[96]。

值得注意的是，毛泽东及其同事们在反思斯大林的错误和中国革命中的教训时，并没有像考茨基、卢森堡那样诉诸选举制、议会民主制等源自欧洲资产阶级革命的形式民主经验，而是重新回到在人民战争中形成的"群众路线"，探索在无产阶级专政条件下的民主问题。在《关于无产阶级专政的历史经验》一文中，作者引述了1943年6月中共中央委员会关于党的领导方法的决定："在我党的一切实际工作中，凡属正确的领导，必须是从群众中来，到群众中去。这就是说，将群众的意见（分散的无系统的意见）集中起来（经过研究，化为集中的系统的意见），又到群众中去作宣传解释，化为群众的意见，使群众坚持下去，见之行动，并在群众行动中考验这些意见是否正确。然后再从群众中集中起来，再到群众中坚持下去。如此无限循环，一次比一次地更正确、更生动、更丰富。这就是马克思主义的认识论。"[97]脱离群众、脱离实际就容易犯教条主义的错误，而1927—1936年间发生在红色根据地的肃反扩大化就是这一错误的后果。

除了破坏民主集中制、脱离群众之外，斯大林的另一个错误是将中间势力作为革命的主要打击对象。毛泽东及其同事们在这里的分析实际上是在诉诸人民战争中"人民"这一范畴的政治形成过程。"在某种条件下，孤立中间势力可以是正确的。但是并不是在一切条件下，孤立中间势力都是正确的。按照我们的经验，革命主要打击方向应该放在最主要的敌人身上使它孤立，而对中间势力，则应该采取又联合

〈95〉《关于无产阶级专政的历史经验》，《人民日报》，1956年4月5日。
〈96〉《再论无产阶级专政的历史经验》，《人民日报》，1956年12月29日。
〈97〉《关于无产阶级专政的历史经验》，《人民日报》，1956年4月5日。

又斗争的政策，至少使他中立，并且应该力求在可能的条件下，争取它从中立的地位转变过来，使它和我们成立联盟，以便有利于革命的发展。"〈98〉在同一篇文章中，毛泽东和他的同事们论证说："曾经有一个时期（一九二七年至一九三六年的十年内战时期），我们的一些同志简单地搬用斯大林的这个公式到中国革命中来，把主要的打击方向对着中间势力，把它说成是最危险的敌人，结果没有孤立真正的敌人，反而使自己陷于孤立，使自己吃了亏，而有利于真正的敌人。鉴于这种教条主义的错误，中国共产党中央委员会在抗日战争时期，为了打败日本侵略者，提出了'发展进步势力、争取中间势力、孤立顽固势力'的方针。这里所指的进步势力，就是共产党所领导和可能影响的工人、农民和革命知识分子的力量。这里所指的中间势力，就是民族资产阶级、各民主党派和无党派的民主人士。这里所指的顽固势力，就是那些实行消极抗日积极反共的、以蒋介石为首的买办封建势力。"〈99〉

关于中间势力的讨论涉及区分两种性质的矛盾。"第一种是敌我之间的矛盾（在帝国主义阵营同社会主义阵营之间，帝国主义同全世界人民和被压迫民族之间，帝国主义国家的资产阶级同无产阶级之间，等等）。这是根本的矛盾，它的基础是敌对阶级之间的利害冲突。第二种是人民内部的矛盾（在这一部分人民和那一部分人民之间，共产党内这一部分同志和那一部分同志之间，社会主义国家政府和人民之间，社会主义国家相互之间，共产党和共产党之间，等等）。这是非根本的矛盾，它的发生不是由于阶级利害的根本冲突，而是由于正确意见和错误意见的矛盾，或者由于局部性质的利害矛盾。它的解决首先必须服从于对敌斗争的总利益。人民内部的矛盾可以而且应该从团结的愿

〈98〉《关于无产阶级专政的历史经验》，《人民日报》，1956 年 4 月 5 日。
〈99〉 同上。

望出发，经过批评或者斗争获得解决，从而在新的条件下得到新的团结。当然，实际生活的情况是复杂的。有时为了对付主要的共同的敌人，利害根本冲突的阶级也可以联合起来。反之，在特定情况下，人民内部的某种矛盾，由于矛盾的一方逐步转到敌人方面，也可以逐步转化成为对抗性的矛盾。到了最后，这种矛盾也就完全变质，不再属于人民内部矛盾的范围，而成为敌我矛盾的一部分了。这种现象，在苏联共产党和中国共产党的历史上，都曾经出现过。总之，一个人只要站在人民的立场上，就决不应该把人民内部的矛盾同敌我之间矛盾等量齐观，或者相混淆，更不应该把人民内部的矛盾放在敌我矛盾之上。否认阶级斗争，不分敌我的人，决不是共产主义者，决不是马克思列宁主义者。在开始谈到我们所要讨论的问题之前，我们认为必须首先解决这个根本立场问题。否则，我们就必然会迷失方向，就不可能于国际现象作出正确的解释。"[100] 即便在理论上提出了这一问题，中共仍然在区别两类矛盾的问题上犯这样和那样的错误，1957 年"反右"运动和 20 世纪 60 至 70 年代针对"走资本主义道路当权派"的斗争中的"扩大化"现象都是清晰的例证。

伴随着社会主义国家的建成，革命政党的执政地位和权力垄断成为基本的政治特征，由此产生了两组矛盾，其中第一组是如何处理无产阶级政党的领导地位与国家立法行政体制之间的关系。正如韦伯所说，在劳动分工发展到一定阶段的历史时期，任何一种政治形态都不可能彻底摆脱官僚制度。无论是巴黎公社的失败，还是 19 世纪民族国家体系的巩固，都证明国家作为这一时代的支配性政治形式是难以回避的。在这方面，简单地指责社会主义国家保留了官僚机器或国家并不具有真正的深刻性。根本问题在于：在国家继续存在并不断加强的条件下，作为"群众向导"的革命党如何避免自身的官僚化，进而

〈100〉《再论无产阶级专政的历史经验》，《人民日报》，1956 年 12 月 29 日。

使国家成为一种包含着自我否定趋势的政治形式，即包含着参与性民主活力的政治形式？列宁一再强调保持布尔什维克与苏维埃之间的必要区分的重要性，毛泽东也认为"阶级的专政与党的专政是有分别的东西，党只是阶级的最觉悟的一部分人的组织，党应当而且只能在无产阶级专政国家中起领导作用，党不应当而且不能代替阶级去实行专政"〈101〉。但社会主义国家最终发展为一种独特的党—国合体，"一切主要的和重要的方针、政策、计划都必须统一由党中央规定"。〈102〉

政党国家化一方面导致中心化的权力集中于政党，另一方面则使得政党与大众的距离日益扩大。伴随政党角色的变化，社会主义的国家体制得到巩固，而马克思预设的这一国家体制的自我否定性却近于消失。如果说政党国家化是人民战争传统逐渐丧失活力的产物，那么，探索克服政党国家化的方式之一，不可能仅仅局限于形式主义地讨论党政分离和党的组织建设，而应该从那个逐渐丧失的传统中探索参与性民主或人民民主的途径。"文化大革命"是在政党的国家化过程发展到一个阶段的产物。在政党国家化的条件下，重新进行社会动员，亦即在党—国之外激活政治领域和政治价值，形成大众民主，构成了"文革"初期的特点之一。毛泽东重申革命政党的政治价值，试图通过社会运动和政治辩论打破政党与国家的绝对权威，目的是重构一种包含着自我否定态势的社会体制，即不再是过去意义上的国家，而是一个通向自我否定的国家和一个自我否定的政党。作为"文革"宗旨之一的"五七指示"将"文化大革命"与社会分工的灵活性联系起来，力图从根本上铲除官僚制得以确立的社会分工模式。社会主义实践，就其根本宗旨而言，在于将不可避免的社会分工与既往一切等级主义的社会模式（贵族等级的、封建

〈101〉毛泽东：《同延安〈新华日报〉记者其光的谈话》（1938年2月2日），《解放》第31期。
〈102〉毛泽东：《党对政府工作的领导责任》(1952年12月)，《毛泽东文集》第6卷，北京：人民出版社，1999，第252页。

的等）或对抗性关系（阶级的、资本主义的等）区分开来，进而让人成为自身的主人，而要达到这一点，就必须彻底改造一切再生产等级关系和对抗性关系的政治机制、生产方式和文化条件。

"文革"初期，以巴黎公社为楷模的工厂、学校和机关的自治的社会实验（也包括稍后出现的所谓"三代会"，即"工代会""农代会""红代会"之类的群众组织）在各地短暂出现，这是对旧的国家机器进行改造的尝试，亦即一种超越国家机器的文化—政治实践。由于运动与派系斗争、党—国体制及其权力搏斗纠缠在一道，这一在国家和政党之外激活政治的模式迅速蜕变。20 世纪 60 年代晚期以"三结合"的形式组成的革命委员会是一种在群众运动与官僚化的国—党体制之间达成妥协的产物。这一政治形态包含着公社运动的各种因子，如将工人、农民和士兵代表选入各级政府和党的领导机构，要求各级党和政府的领导者分批、定期地深入乡村和工厂从事社会实践，等等。尽管工人、农民、学生或士兵的代表由于无法适应国—党体制的需求而始终居于权力格局的边缘[103]，但这一在国家的时代对国家体制进行的冲击在造成破坏的同时也产生了长远后果——许多观察者相信：正是由于存在着上述政治实验，相较于苏联共产党支配下的官僚体制，中国"后文革"时代的政治制度具有更大的弹性和回应社会需求的能力。

社会主义国家需要处理的第二组问题是执政党、社会主义政府与经济的关系。无产阶级专政不是政权从一部分人手中转换到另一部分人手中，而是全部生产关系的改变。这一问题经常被简化为计划经济与市场经济的对立，但其核心是政治与经济的关系，即无产阶级专政不是一种

〈103〉作为对这一现象的反弹，20 世纪 60 年代末期在一些地区（如武汉）出现了以实现"三结合"为诉求的群众性的"反复旧运动"——所谓"反复旧"，即反对革命委员会向旧有的党政官僚体制的回归。

脱离经济关系的政治形式，而是建立在深刻的社会革命基础上的过渡性国家。在解释社会主义国家的官僚制现象时，许多人将共产党和政府的官僚化与经济管理问题联系起来，毛泽东就曾针对苏联政治经济学教科书问题批评一长制和泰勒制，因此，人们产生了这样的疑问："斯大林的错误的发生，是不是由于苏联的社会主义经济制度和社会主义政治制度已经过时，而不能再适应苏联发展的需要了呢？"在《再论无产阶级专政的历史经验》一文中，中国共产党人回答说："苏联经济迅速发展的事实证明，苏联的经济制度基本上是适合于生产力发展的，苏联的政治制度也是基本上适合于经济基础的需要的。斯大林的错误并不是由社会主义制度而来；为了纠正这些错误，当然不需要去'纠正'社会主义制度。""另外有些人想用社会主义的国家政权对于经济事业的管理来解释斯大林的错误，认为政府管理了经济事业就必然成为妨害社会主义力量发展的'官僚主义机构'，这也无法令人信服。谁也不能否认，苏联经济的巨大高涨正是劳动人民的国家政权有计划地管理经济事业的结果，而斯大林所犯的主要错误，却很少同管理经济的国家机关的缺点有关。"〈104〉

从1956年围绕斯大林错误问题的辩论至今，对于苏联实践的全盘否定逐渐占据了上风，以致我们需要追问：在苏联经济问题上，到底是毛泽东和他的同事们的判断正确，还是那些否定的观点正确？这里只能简要地点出如下几个事实：一、与其他在1917年发展水平相同的经济体相比，苏联的增长速度远远领先。罗伯特·艾伦（Robert C. Allen）利用经济学、人口学和计算机模型重新统计国民总消费，证明1928年至20世纪70年代苏联在五年计划指导下获得了高速增长。20世纪70年代出现的经济停滞主要源自军备竞赛，而不是由于经济体制

〈104〉《再论无产阶级专政的历史经验》，《人民日报》，1956年12月29日。

本身。〈105〉二、在十月革命的影响下，亚洲民族解放运动和社会主义运动蓬勃发展，除中国之外，越南、老挝等社会主义国家的经济发展和人类发展指数均成长迅速，达到其历史发展中的最高增速。三、十月革命引发了全球范围内的社会主义运动；在第二次世界大战后，更是出现以苏联为中心的社会主义阵营。冷战的格局引发了两种社会制度之间的竞争，促成了欧美社会福利国家的快速形成。"二战"之前，欧美国家的社会保险支出占国内生产总值的平均比重在 1.66% 以下，战后，由于社会主义经济体制的压力，在经历了 1948—1973 年经济的高速增长之后，欧美国家用于福利的开支大幅上升：1960 年平均占 GDP 的 10.41%，1970 年达到 14.8%，1980 年跃升至 20.09%。没有苏东社会主义的压力，欧美社会福利占经济增长的比例是难以如此迅速地上升的。

但是，社会主义体制中经济与政治的关系持续地发生着变化，也存在着内在的矛盾。毛泽东用"过渡时期"的概念描述中国社会主义的性质，同时认为：并不存在一劳永逸的、完美的制度，即便在基本制度适合需要的情况下，"在生产关系和生产力之间，在上层建筑和经济基础之间，也仍然存在着一定的矛盾。这种矛盾表现成为经济制度和政治制度的某些环节上的缺陷。这种矛盾，虽然不需要用根本性质的变革来解决，仍然需要及时地加以调整"〈106〉。1962 年，就在中苏论战公开爆发之际，毛泽东提醒全党："我们的国家，如果不建立社会主义经济，那会是一种什么状况呢？就会变成修正主义的国家，变成实际上是资产阶级的国家，无产阶级专政就会转化为资产阶级专政，而且会是反动的、法西斯式的专政。这是一个十分值得警惕的问题，希

〈105〉Robert C. Allen, *Farm to Factory: A Reinterpretation of the Soviet Industrial Revolution*, Princeton University Press, 2003.

〈106〉《再论无产阶级专政的历史经验》，《人民日报》，1956 年 12 月 29 日。

望同志们好好想一想。"〈107〉因此，设想一种脱离了社会主义经济过程的"无产阶级专政"或"社会主义国家"是不可思议的。

但到底什么才是"社会主义经济"呢？存在着没有社会主义经济的社会主义国家吗？在回答20世纪社会主义的挫折究竟从何开始这一问题时，关键的问题或许不是时间点的确定，而是如何辨别社会主义国家体制内经济与政治的逐步分离——何时、如何、以何种形式、为什么发生这样的分离。这一分离的实质是探索劳动者与生产资料相结合的实践的转向与终止。这也是估价中国社会主义与苏东社会主义的不同命运和道路的主要视角之一。以改革之前的人民币为例。由于社会主义中国仍然保留并仍然在发展商品经济，故人民币具有货币的性质；但社会主义中国试图在发展公有制经济过程中同时发展商品经济，又在发展商品经济的同时"限制资产阶级法权"，故人民币并不只是商品交换的工具，它与其他票证等所象征的人与人、人与物的关系并非纯然的商品交换关系。在这个意义上，人民币是货币又不是货币，它标志着一种新型的社会—政治—经济关系的创生。由于经济发展与商品经济之间的这种复杂关系，劳动者参与其中的生产过程不能简单描述为出售劳动力的过程，相反，劳动者的劳动付出除了换取生活必需品（劳动力再生产）之外，也包含着创造新的生产关系和社会关系的含义。

因此，在这一过程中，经济过程不是与社会政治过程相互脱节的过程。在中华人民共和国成立之后的很长时期内，中国的工业化和城市化水平很低，民族资本极为弱小；在资本和技术匮乏的条件下，工业增长大规模地依赖于大众动员和劳动力投入，人民战争的传统和新中国的政治动员成为社会主义经济的重要动力。"文化大革命"从造

〈107〉毛泽东：《在扩大的中央工作会议上的讲话》（1962年1月30日），《毛泽东文集》第8卷，第297页。

反开始，但迅速地沿着早期人民战争的逻辑向夺权及权力巩固方向转变；在这一急剧而混乱的转变中，对于社会主义经济的探索未能成为中心的问题。20世纪70年代，改革首先从经济领域开始，也意味着经济构成了社会主义体制的"薄弱环节"。伴随改革的深化，经济逐渐蜕变为一个独立于社会主义政治的领域，劳动者从社会的政治上的主人转化为劳动力商品的出售者，从而社会主义政治向国—党政治转化，社会主义的理念演化为与劳动人民的日常生活实践相互脱节的、仅仅用于巩固国—党体制的合法性话语。因此，经济与政治的脱节同时也正是政治的嬗变。如果说社会主义运动的历史就是克服卡尔·波兰尼所谓经济与政治的分离这一19世纪欧洲的"大转变"的伟大实践，社会主义的挫折就发生在经济再度与政治和其他社会关系的脱离并主宰其运行的时刻。在经济逻辑凌驾于其他政治和其他生活领域之上时，社会主义政治的危机就是不可避免的。因此，判断当代中国社会性质的方法之一，就是透过新古典主义（市场的决定性作用）和凯恩斯主义（政府作用）的话语重叠去剖析中国社会经济变迁，观察在全球化条件下中国的经济与政治的关系及其运行轨迹。

在当代的语境中，左翼和自由派关于20世纪社会主义危机的讨论主要集中在党、国家和经济这三个方面。党在夺取权力和巩固政权方面显现了力量，但在建立过渡性国家的过程中却时刻面临异化的危机；社会主义国家在发展经济方面或许有惊人的成就（虽然并非总是如此），但在消除生产资料的私人占有关系方面却不断妥协；伴随着计划经济的失败，市场制度在俄国和中国等国家重新占据了中心地位，从而将国家再度界定为与市民社会相互分离的控制机器。这些状况与中共在20世纪50年代后期对十月革命的经验所做的归纳和对社会主义过渡时期的估计完全不同。当年的中共坚持认为：政党、政权、无产阶级专政、工业的国有化和农业的集体化、有计划地发展社会主义经济和社会主义文化、坚持无产阶级国际主义的原则等，恰恰是十月革命道路最重要的成就。

1956年与今天的局势不可同日而语，但不可否认：毛泽东和他的同事们也在思考苏联社会主义实践的挫折和教训，并清晰地看到了党和国家在社会主义运动中所犯的严重错误。不同于西方左翼对于政党和国家形式的质疑，对于毛泽东及其同事们而言，人民战争中的政党与未经人民战争的政党是截然不同的。问题并不在于无产阶级政党和社会主义国家延续了资产阶级国家和政党的形式，而在于能否有效地形成让这些制度成功运行的方法。毛泽东说："有了正确的制度以后，主要的问题就在于能否正确地运用这种制度，就在于是否有正确的政策、正确的工作方法和工作作风。没有这些，人们仍然可以在正确的制度下犯严重的错误，仍然可以利用良好的国家机关做出并不良好的事情。"[108] 当他从中国革命的经验和教训出发思考"无产阶级专政"和"社会主义国家"问题时，集中阐明的是武装斗争的战略，群众路线的方针，统一战线的政策，党的建设的路径，区分敌我两类矛盾的辩证法，综合政治、经济和文化斗争的方式等。

即便在今天，区分这两种总结经验和教训的方式也是有意义的——共产主义除了作为哲学假设，还包含着仍然可以激活的丰富经验；对于21世纪社会主义的探索不仅应该而且需要对于俄国革命、中国革命和其他第三世界的人民革命进行总结，像当时的革命者们一样，不仅思考革命的原则，而且根据各国的具体情况，做出历史的和理论的总结。这不是为了重复过去，盲目而空洞地以革命相号召，像卢森堡批评的那样，将在特定条件下"被迫采取的行动"当作革命的样板推荐给整个社会主义事业，而是直面当代的条件和危机，探索通往未来的道路——不是抽象地、两手空空地面向未来，也不是单调地、教条地重复群众路线、人民战争和党的建设的口号，并以一种反

---

[108]《再论无产阶级专政的历史经验》，《人民日报》，1956年12月29日。

智的、专断的方式将中国革命的经验凝固化。这是持续性危机的时刻，是19—20世纪的伟大实验成果正在耗尽其活力的时刻，也是孕育着新的、不同于以往的知识的、经济的、文化的、交往形式的变革的时刻。在新的知识条件、社会构成、国际关系和经济状况之下，重新思考中国革命和社会主义的经验，不过是为了激发人们的激情、智慧与想象力，拒绝经济以分离的形式主导日常生活世界的宿命，摆脱少数精英以分离的形式控制大多数人生活的模式，让每一个人投身创造性的、集体性的和制度性的实践的路径。

因此，除了"假设"之外，社会主义依然是一个实践的课题，但在今天的条件下，这个实践的课题需要从理论探索——包括对于20世纪社会主义实践的理论分析——开始。

2017年5月5日初稿于哈佛

2017年11月7日改定于清华

第七章

大众与政治

地方形式、方言土语与"民族形式"问题

现代民族国家的形成与以方言为基础创造书写语言的过程明显地具有历史联系，这一点已经为许多学者所关注。[1]雅各布·布克哈特在《意大利文艺复兴时期的文化》中曾经描述过但丁的方言写作如何在与拉丁文的对抗中使得托斯卡纳方言成为新的民族语言的基础。[2]此后，欧洲许多国家都发生了类似的情况。在东亚地区，日本和韩国相继采用自己的方言抵抗汉语的影响，创造了自己的民族书写语言。正是基于这样的原因，柄谷行人在讨论德里达《书写语言学》(*Of Grammatology*)一书时反复强调的是：语音中心主义(phonocentrism)并不仅仅是"西方的"问题，而是在民族国家形成过程中"世界各地无一例外地出现了同样的问题"[3]。

但是，中国的情况似乎有所不同。第一，白话文运动与现代民族主义运动的关系虽然显而易见，但它完全不能被看作一个方言运动。作为一种书面语系统，白话文对文言的替代也不能被描述为语音中心主义。在这里，并不存在用一种民族语言去取代另一种帝国语言

〈1〉　参见柄谷行人：《民族主义与书写语言》，《学人》第 9 辑，南京：江苏文艺出版社，1996，第 95 页。

〈2〉　雅各布·布克哈特：《意大利文艺复兴时期的文化》，北京：商务印书馆，1979，第371—372 页。布克哈特还描述说："更重要的是人们普遍无须争辩地把纯正的语言和发音当作宝贵而神圣的东西来尊重。这个国家一个地方接着一个地方地正式采用了这种典范语言。"同上书，第 373 页。

〈3〉　柄谷行人：《民族主义与书写语言》，《学人》第 9 辑，第 94 页。

的问题，如用意大利语、法语、英语取代拉丁语的问题，也不存在用日本方言或韩国方言取代汉语的问题。这里存在的是用一种汉语书面语系统取代另一种汉语书面语系统的问题。第二，以语音为中心的运动并不仅仅是现代民族主义的特产，而且也是帝国时代的遗存。例如，雍正八年（1730），因为福建、广东人不通官话，朝廷下令在四个城市设立正音馆教学官话发音，并规定举贡生童不能说官话的人不得参加考试，以三年为限。雍正十一年（1733），又展限三年。从帝国时代的文化政策来看，这一王者"整齐民风"之政实际上是以书写语言为中心的，因为正音的标准是官话的发音，而官话在这里不是一般的京畿地区的方言，而是以官方书写语言为内在规则的语言，所有俗字俗语并不进入正音的范畴。在中国新文学运动的历史中，多次出现过有关方言的讨论、研究和运用的运动，其中最为重要的一次是抗日战争时期有关"民族形式"的讨论。在这次讨论中，地方形式、方言土语与民族主义运动取得了直接的联系，并构成了对现代白话文运动的挑战。但是这次挑战最终以失败告终，现代白话文作为一种普遍的民族语言的地位并未动摇。

本文试图通过对"民族形式"讨论中相关问题的研究，对上述问题做出解答。紧接着30年代的文艺大众化运动，在1939年至1942年间，"民族形式"的讨论在中国文艺界轰动一时。1943年以后讨论虽然逐渐趋缓，但仍余音不绝，"民族形式"问题成为中国思想和文艺发展中的持久主题。讨论首先在延安展开，柯仲平、陈伯达、周扬、艾思奇等人参加了讨论，随后重庆、成都、昆明、桂林、晋察冀边区以及香港等地数十种报刊卷入讨论，先后发表了近二百篇论文与专著，其中最为引人注目的，是向林冰与葛一虹等人围绕"民间形式"是否民族形式的中心源泉的论争。这场讨论涉及了文艺的民族形式、民间形式、大众化等问题，而隐含在各种分歧的观点背后的，则是关于如何评价"五四"文学运动，如何在民族战争的背景下重新审视"五四"所确立的新／旧、现代／传统、都市／乡村的二元对立关系，如何处理1928年"革命文学"论争和30年代左翼文艺运动所建立起来的阶级论的文艺观，如何在语言和形式上具体地理解地方、民族和世界的关系，等等。我把这些问题大致归纳为：地方形式与民族形式、旧形式与民族形式、民间形式与民族形式、大众文化与民间形式、民族形式与国际主义、民族形式与文化领导权问题。所有这些问题都围绕着"抗战建国"和如何"抗战建国"的"民族"目标。文学及其形式在讨论中成为形成"民族"认同和进行"民族"动员的重要方式。

本文既不准备重复已有的讨论^{〈4〉}，也不准备涉及上述所有问题，而只是首先从一个很少被人涉及的方面开始我的讨论。这个方面就是"民族形式"讨论中的地方形式问题，特别是方言土语问题。

作为"民族形式"的"中国作风"与"中国气派"
共产主义运动中的民族主义政治与文学问题

众所周知，"民族形式"的讨论正式起源于毛泽东的讲话。1938

〈4〉 如阪口直树：《关于"民族形式"的论争》，日本《野草》杂志，1974年4月号；杉木达夫：《有关文艺的"民族形式"的论争》，日本《中国文学研究》杂志，1977年12月号；黎活仁：《"民族形式文艺"论争》，香港《文津》创刊号，1973年4月；刘泰隆：《关于"民族形式"论争》，《学术论坛》1980年第3期；《试谈民族形式论争的评价中的几个问题》，《中国现代文学研究丛刊》1981年第1期；戴少瑶：《"民族形式"论争再认识》，《重庆师范学院学报》1982年第2期。此外，中国大陆较为重要的现代文学史著述均对"民族形式"论争做了介绍和研究。特别值得提出的是，广西人民出版社于1986年出版了由徐迺翔编选的《文学的"民族形式"讨论资料》一书，收录了许多难以查找的资料文献和资料索引，为进一步研究提供了线索。本文引述的相关文章，大多已收入该书。可惜的是，近些年来有关这一问题的研究几乎没有进展。

年 10 月，毛泽东在中共中央六届六中全会上作题为《中国共产党在民族战争中的地位》的报告，并于同年 11 月 25 日以《论新阶段》为题发表于延安《解放》周刊第 57 期。这篇文章的"学习"一节主要讨论"马克思主义在中国具体化"的问题，并不直接涉及文艺问题。毛泽东强调将革命理论、历史知识和实际运动结合起来，他说：

> 成为伟大中华民族的一部分而和这个民族血肉相联的共产党员，离开中国特点来谈马克思主义，只是抽象的空洞的马克思主义。因此，使马克思主义在中国具体化，使之在其每一表现中带着必须有的中国的特性，即是说，按照中国的特点去应用它，成为全党亟待了解并亟须解决的问题。洋八股必须废止，空洞抽象的调头必须少唱，教条主义必须休息，而代之以新鲜活泼的、为中国老百姓所喜闻乐见的中国作风和中国气派。[5]

30 年代中后期至 40 年代初期是毛泽东思想形成的重要时期，在这一时期的众多文章中，毛泽东试图从历史的角度重新思考中国问题的特殊性和中国革命的特殊性。民族战争促使毛泽东重新界定中国社会的主要矛盾，并将中国革命的任务更密切地与民族革命问题联系起来。在同一篇文章的开头，毛泽东首先讨论国际主义和爱国主义的关系，他提出"只有民族得到解放，才有使无产阶级和劳动人民得到解放的可能。……因此，爱国主义就是国际主义在民族解放战争中的实施"[6]。值得注意的是，毛泽东所说的"中国作风和中国气派"是在国际 / 中国的关系中提出的，即在民族战争的背景下，国际共产主义运动应该

〈5〉 毛泽东：《论新阶段》，延安《解放》周刊第 57 期，1938 年 11 月 25 日，第 4—36 页。又见《中国共产党在民族战争中的地位》，《毛泽东选集》，北京：人民出版社，1966，第 522—523 页。

〈6〉 同上书，第 508—509 页。

与被压迫民族的民族斗争结合起来。民族问题，而不是阶级问题，成为抗日战争时期中国共产主义运动的主导性问题。在国际共产主义运动和马克思主义的理论框架内，"民族"问题是相对于"国际"问题——无产阶级的普遍解放——的"地方性"问题。[7]我们当然不会忘记，在共产主义运动的范畴内提出"民族"问题有着具体的政治含义和历史背景：通过诉诸"民族"问题，获得共产主义运动内部的民族自主性。更通俗地说，摆脱共产国际的支配，使中国共产党成为一个具有独立自主权的政党。

在大众化讨论和民族战争的背景下，毛泽东的讲话在文艺界引起的直接反响就是文艺的"民族形式"问题。什么是或如何才是"中国作风和中国气派"，怎样形成"中国作风和中国气派"，逐渐成为"民族形式"讨论的核心问题。"中国作风和中国气派"的概念不仅揭示出"民族"概念与"中国"概念的直接关系，而且也暗示了"民族形式"的讨论与中国特色的马克思主义的关系。首先将毛泽东的讲话与"民族形式"问题关联起来的是柯仲平。1939年2月7日延安的《新中华报》发表柯仲平的《谈"中国气派"》一文，他按照毛泽东的提法加以发挥，提出："每一个民族，都有自己的气派。这是由那民族的特殊经济、地理、人种、文化传统造成的。""最浓厚的中国气派，正被保留、发展在中国多数的老百姓中。"[8]在这里，"每一个民族"是在现代

〈7〉 共产主义运动成为民族主义运动的一个组成部分，或者，民族主义运动成为共产主义运动的一个组成部分，是现代中国历史中值得注意的现象。欧洲民族国家的形成与资产阶级社会发展的历史密切相关，因此，所谓民族国家在欧洲主要是指资产阶级民族国家。国际共产主义运动的兴起不仅针对资产阶级社会，也针对资产阶级民族国家，所谓"工人阶级无祖国"的口号即是与此相关的例子。但是，在包括中国在内的许多第三世界国家，共产主义运动历史地成为民族主义运动的一部分，并逐渐摆脱共产国际的控制或操纵，在共产主义运动内部形成"民族自主权"。在这个意义上，共产主义运动本身也成为创建民族国家的政治和文化的动力之一。以"左翼"文化界为主产生的"民族形式"的讨论，显然也表现了中国马克思主义与民族主义的历史关系。

〈8〉 柯仲平：《谈"中国气派"》，刊于延安《新中华报》第4版，1939年2月7日。

民族国家的意义上使用的民族概念，即在现代民族国家的范围内，各少数民族和各地方（地区）与主体民族一道共同构成统一的现代民族。"中国作风和中国气派"指涉的是现代民族国家体系中中国的文化同一性问题。

第三世界民族国家的形成是现代性的历史成果之一。在对抗帝国主义的殖民活动过程中，新的、超越地方性的民族及其文化同一性逐渐形成，为独立的、主权的现代国家创造了条件。"民族—国家"模式基本上是以近代欧洲主权国家的形成为原型的，这一模式诉诸种族、语言、宗教等作为民族主权的基本理由。在殖民主义时代，第三世界国家的民族自决运动也明显地诉诸欧洲民族国家的主权模式。但是，在世界范围内，单一民族国家是极为罕见的，许多研究欧洲历史的学者也证明即使在传统上被视为单一民族的国家并不是单一民族。就中国而言，建立现代国家的过程，并不仅仅是一个民族自决的过程，而且也是创造文化同一性的过程，即创造超越并包容地方性和汉族之外的其他民族的文化同一性。文化同一性的创造不仅诉诸种族、语言和传统，而且也诉诸时代，因此，这种文化的同一性被理解为"新"的同一性。20世纪40年代发生的"民族形式"的讨论就是形成和创造现代民族文化同一性和主体性的努力之一。

值得注意的是，讨论发生在延安、重庆、成都、昆明、香港、桂林、晋察冀等地区，显然超越了阶级和党派的范围，但无论从讨论的直接起源来看，还是从讨论的主导方面来看，"民族形式"的讨论主要是在"左翼"文化界进行。与此同时，尽管讨论不可避免地诉诸柯仲平所说的经济、地理、种族和文化传统来界定和说明"民族形式"，但几乎所有的讨论者都认为"民族形式"并不是现成的形式，而是需要创造的新形式。这显然意味着在"抗战建国"的总目标下，各派政治和文化力量都认为"民族形式"是一种现代形式。"民族形式"既不是"地方形式"，也不是"旧形式"，既不是某个多数或少数民族的形式，也不是某个阶级或阶层的形式。所有这些已有的或现存的形式仅仅是"民族形式"的素材或源泉，但不是"民族形式"本身。其理由显然是：在帝国主义的殖民体系中，中国作为一个"民族"既不是某个地区，也不是某个种族，而是一个现代国家共同体。由此，"形式"不是某种地方性的形式，也不是某个种族的形式，而是一种现代的、超越地方性的形式，是一种新的创制。"创造性"是"民族形式"的主要特点之一，从而也表明了"民族形式"问题与现代性的关系。

"地方形式"概念的提出及其背景
战争对乡村与都市关系的重构

那么，创造新的民族形式的资源是什么呢？"民族形式"讨论中的一个重要但常常被忽略的问题即"地方形式"的问题就是在这个意义上提出的。对这一问题的探讨最终引发了"民间形式"是否"民族形式的中心源泉"的大争论。

在进行现代民族总动员的战争背景中，提出"地方性"问题初看起来有些奇特，但深入分析却理固有然。首先提出这一问题的是陈伯达。他在 1939 年 4 月 16 日《文艺战线》第 3 期发表《关于文艺的民族形式问题杂记》呼应毛泽东有关"中国作风和中国气派"的观点，在文章的第 13 节，他提到了"地方形式"的概念：

> 民族形式应注意地方形式：应该好好研究各地方的歌、剧、舞及一切文学作品的地方形式之特性。特别是各地方的文艺工作者应注意在自己的地方形式上发挥起来。但这不是说，除了地方形式，就没有别的。可注意的：中国各地方的语言极不一致，而许多地方风俗习惯也有极大的差别，在国内不同的民族中更其是

这样。但是曾经有人说到，在中国占最大多数的汉民族中，却有一种统一的汉文字，这点是对的。不但文言，就是白话，一样的东西在各地方的汉民族中，大体上都是可以看得懂的。《三国演义》，《红楼梦》，《水浒》，《儒林外史》，这些伟大的民族作品，在各地方的汉人中，只要是稍受过教育的，都是可以看懂的东西，这是事实。这就是全国性的民族形式。又如"京戏"，在全国也相当普遍。这些全国性的东西，不但不应抹煞，而且要更大的注意，更大地加以发挥。⟨9⟩

"地方形式"的概念表明"民族形式"既是一个总体概念，也是一个可分的概念，因为存在着全国性的"民族形式"和地方性的"民族形式"，后者还包含了"国内不同的民族"的"地方形式"，如方言和地方习俗等。陈伯达所谓"在国内不同的民族中"一语揭示了他的"民族形式"概念中的"民族"一词完全是在现代民族国家的意义上使用的政治性概念，而不是一般的种族概念。"少数民族"概念与"地方"概念的互换使用也表明"民族形式"讨论中的"民族"概念是和现代国家的概念不可分割的。"地方形式"的概念既包含了大众化的问题，也包含了"民族形式"的特性问题。在讨论"地方形式"问题时，陈伯达提到了地方语言和书面语的问题，特别是汉文字的统一性。那么，在中国民族战争背景下，为什么会提出"地方性"的问题？"地方形式"与中国新文学的传统是怎样的关系？

为了分析这一问题，我先简要地讨论"民族形式"问题提出的历史条件。

促使"民族形式"讨论发生的动力之一是文学家的社会流动，即

⟨9⟩　　陈伯达：《关于文艺的民族形式问题杂记》，原载《文艺战线》第 3 期，1939 年 4 月 16 日。

近代以来第一次出现的大规模的由都市向边缘地区的文化流动。中国新文学的形成过程是和大批知识分子从边缘区域、乡村以及海外向北京、上海、南京等都市流动和集聚的过程相伴随的。由于大学、报刊和国家机构在中国都市迅速发展，晚清以降，中国的文学家和知识分子以大学、报刊和部分国家机构为根据地，逐渐地形成文学和知识群体。早期的乡土文学就都是离乡背井的文人在都市中的写作实践。在大都市的背景中，故土的文化或者西洋的文化需要经过都市文化的过滤和洗礼才能被不同的人群所接受。都市文人的多元的乡土背景，也决定了单一的地方文化难以被人们普遍接受。在现代都市文化中，特别是现代都市的印刷文化和教育体制中，逐渐地形成了以传统书面语为基础而形成的超越地方语言的现代"普遍语言"，尽管在具体的创作实践中，这种"普遍语言"也可能具有某种程度的"地方特色"，例如采用一些方言词汇和语式，甚至利用某些方言音韵。

但是，自抗日战争爆发以后，北平、天津、上海、南京、武汉等大都市相继失陷，原先集聚在这些大都市里的文学家主体开始往西南、西北等地区转移。这一过程还伴随着一系列的大学的迁徙，文化产业的转移，新、老刊物在边缘地区的兴起等文化事件，重庆、成都、延安、昆明、桂林、香港等地成为新的文化中心。文化中心转移当然不只是文化机构和文化人的转移，而且还是读者群和整个社会环境的变化，特别是城市与乡村关系的变化。整个抗日战争时期的中国文学面临自觉的调整和被迫的转移，这都是和上述历史性变迁直接相关的。自觉的调整如1938年3月27日中华全国文艺界抗敌协会（简称"文协"）成立于武汉，各种不同政治倾向的文艺家在抗日的旗帜下结成同盟，推动抗日文化活动"下乡"和"入伍"，鼓励作家深入抗战的现实，组织作家战地访问团，等等。1938年4月郭沫若主持的军委会政治部第三厅在武汉创建。同年8月，"第三厅"将各地来武汉的救亡戏剧团体和文艺工作者，以上海的救亡宣传队为骨干，组成九个抗敌演剧队，四个抗敌宣传队，一个孩子剧团和电影放映队等，出发去全国各地巡回演出，进行抗日的文艺宣传。[10] "地方性"问题是和文艺家离开都市、进入不同方言区同时发生的。在面对边缘区域的文化环境时，文学家的创作本身不得不重新调整，以适应读者群和地方性的文化，这就是"被迫的转移"。

实际上，不仅是"民族形式"的论争，而且更是上述文化迁徙活动本身，深刻地重构了都市与乡村的文化关系。这就是所谓"民间"问题出现的历史契机，正如向林冰在与郭沫若的争论中说的，"我们要将都市化，文士化的民间文艺和本格的，农村的民间文艺区别开来。在后者之中，是左邻右舍的话柄代替了古典，以口头韵代替了诗韵及'十三道辙儿'，以土语方言代替了文言成分"[11]。"民族形式"讨论中的"地方形式"问题的提出，也是对以都市为中心的"现代文化"的挑战，因为都市文化与殖民文化不可避免地存在着深刻联系。在这样的挑战中，核心的问题就是"民间语言"的问题。例如高长虹甚至断言"民间语言，是民族形式的真正的中心源泉"[12]，而他所谓"民间语言"也主要是指乡村的民间语言。

文学的平民化和大众化是"五四"以来中国新文学讨论中的持久主题。但是，"五四"文学革命的所谓"明了的通俗的社会文学"[13]和"平民文学"[14]主要是针对贵族文学和古典文学而言的；而30年代

〈10〉 参见唐弢、严家炎主编《中国现代文学史》第三卷，北京：人民文学出版社，1980，第5页。

〈11〉 向林冰：《关于民族形式问题敬质郭沫若先生》，1940年8月6、7、9、16、19、20、21日重庆《大公报》副刊《战线》第四版。

〈12〉 长虹：《民间语言，民族形式的真正的中心源泉》，《新蜀报》副刊《蜀道》，1940年9月14日。

〈13〉 陈独秀：《文学革命论》，《新青年》第2卷第6号，1917年2月，第1页。

〈14〉 周作人：《平民文学》，《每周评论》第5号第二版，1919年1月19日，署名仲密。

有关文艺大众化的探讨则和阶级问题直接相关。[15]从"五四"的"文学革命"到30年代的"革命文学",内容发生了巨大的变化,但从形式和阅读对象来看,它们基本上是都市文学。[16]以白话为特征的现代书面语通过中小学课本和报刊杂志广为流行,成为一种现代统一国家的"普遍语言"。但是,所谓"普遍语言"也主要是都市生活中的书面语,它的流行并没有取代方言的存在。后者主要地体现为口语的语式、词汇和发音。广大的农村地区由于识字率极低,书面语并不是广为流行的"普遍语言"。抗日战争时期的"文学大众化"讨论明确地将大众化问题与民族问题联系起来,其最初的契机是读者对象的变化。诸如"战壕文艺""乡村文艺"的口号[17]和"文章下乡""文章入伍"的号召[18]表明,文学大众化的讨论目的在于使艺术成为"唤醒大众、组织大众的武器"[19],利用"旧形式"的问题或者"旧瓶装新酒"的问题主要是"从一定的政治宣传的效果上出发"[20]。这一时期广泛出现的小型文艺作品,如战地通讯、报告文学、街头剧、街头诗、朗诵诗、通俗文学等,都是以一般大众为主要对象。应当特别提及的是,在进行

〈15〉 鲁迅:《文艺的大众化》,《大众文艺》第2卷第3期,1930年3月。

〈16〉 例如胡风就说:"以市民为盟主的中国人民大众底'五四'文学革命运动,正是市民社会突起了以后的,累积了几百年的,世界进步文艺传统底一个新拓的支流。"胡风:《论民族形式问题底提出和争点——对于若干反现实主义倾向的批判提要,并以纪念鲁迅先生逝世底四周年》,《中苏文化》第7卷第5期,1940年10月25日,第41页。

〈17〉 郭沫若、老舍、张申府、潘梓年、夏衍、臧云远、郁达夫、吴奚如、北鸥:《抗战以来文艺的展望》,《自由中国》第1卷第2期,1938年5月10日,第112页。其中"战壕文艺""乡村文艺"的口号为潘梓年所提,见"三、抗战以来文艺工作者的任务"。

〈18〉 中华全国文艺界抗敌协会(简称"文协")1938年3月27日在武汉成立。"文章下乡、文章入伍"的口号就是在"文协"成立大会上提出的。

〈19〉 田汉:《抗敌演剧队的组成及其工作》,《戏剧春秋》第2卷第2期,1942年7月,第1页。

〈20〉 吴奚如、胡风都持这种态度。见胡风、聂绀弩、吴组缃、欧阳凡海、鹿地亘、艾青、吴奚如、池田幸子:《宣传 文学 旧形式的利用》(座谈会记录),《七月》第3卷第1期,1938年5月1日。

广泛的抗战动员过程中，抗战时期的文学形式已经不仅仅是书面文学形式，而且还大量地包括了各种戏剧、戏曲、说唱、朗诵等表演形式。在广大的乡村，印刷文化不再是唯一的主导文化。方言土语和地方曲调所以成为一个突出的问题，显然与文学体裁及其表现方式的变化有关。

"地方性"与"全国性"问题

问题在于都市文学运动，特别是白话文运动是和现代国家的创制直接相关的文化活动。超越方言的普遍的现代语言的形成，是中国作为现代"民族国家"的文化前提之一。换言之，现代白话是典型的"民族形式"，但在抗日战争的特殊形势下，这种超越地方性的"民族形式"却受到质疑。

"民族形式"的讨论一方面是文学大众化讨论的延续，另一方面将"民族"作为新艺术的内在要素（形式与内容）提出。在全国性的民族动员过程中，新艺术首先面对的是"民族形式"的创造与"地方形式"的关系，而不是30年代都市文学论争中的文艺与阶级性问题。这首先是因为当时的战争不是阶级战争，而是民族战争，其次则是因为由于日本占据了北京、上海等大都市，中国的文艺家主体从都市进入了广大的乡村和边缘城市。在新的历史条件下，民族形式问题和大众化问题不是抽象的理论命题，而是具体的创作问题：用什么形式，特别是语言，以谁为对象。

较之陈伯达，领导民众剧团在陕北和晋察冀地区活动的柯仲平对此问题的讨论就更加具体。他在《介绍〈查路条〉并论创造新的民族歌剧》一文中形容他们的抗日戏剧是"以民主为基础，而同时是具有旧戏形式的优点，从吸收了旧的艺术技巧而发展的秦腔新剧"。《查路条》采用了秦腔和郿鄠戏的一部分曲调，不仅在乡村演出中获得成功，而且在延安公演时也颇受知识分子的赞美，柯仲平因此相信"这剧有地方的特点，而同时是已经超出地方戏的境界了"。在这篇文章的第二部分《关于〈查路条〉》的最后部分，他总结说：

> 当我们在陕北民众中公演时，因演员都是本地人，说本地话，唱本地调，本地民众尤其感觉亲切有味的。在今天，我们的大城市，主要的交通路线被敌人占领，很多地方的联系都是非常困难的。我们的动员工作，最主要的，不能不是各地的乡村。在乡村活动，艺术上的地方性，是被提到首要的地位上来了，不过，一般地方性也是可以转化为全国性（尤其今天，人口流动性极大的时候）。因中国地方原是中国的一部分，除比较特殊某些部分外，都有可以使全国通过了解的现实生活，有相距不很远的共通语言。某种创作，在强调地方性时，而又能发挥地方性中所存在着全国共通性，那末，这创作就能是地方性的艺术，而又是全国性的艺术了。《查路条》一剧，已开始表现出这个优点。
>
> 若在其他地方演这个剧，可以把这地方一部分土语，改用那地方的同意义的言语，以便增加上演的效力。[21]

与陈伯达一样，柯仲平认为"地方形式"有利于或能够转化为"全国性"的资源。换言之，"地方形式"并不是，也不应该是地方认同的资源，而是民族认同的资源。演剧过程可以不断地改变方言形式，因为方言的运用在此不是为了形成地方认同，而是"民族认同"。

这一点是文艺家们提出"地方形式"问题的前提。冼星海在《论中国音乐的民族形式》中强调说：

〈21〉　柯仲平：《介绍〈查路条〉并论创造新的民族歌剧》，《文艺突击》新 1 卷第 2 期，1939 年 6 月 25 日。

中国民族既是伟大的，因而文字、语言、风俗、习惯都有很复杂和特殊的不同。如果真正要应用民族形式而得收效的话，第一，我们要统一语言和文字。第二，我们要改良固有的古乐，使这些古乐经过现在科学的改造和方法，能够应用在乐曲里面，表示着更民族化的音色。⟨22⟩

杜埃也说："我们要在这些各各不同的地方形式中，找出它们之间的共通性，全国性，这才是完整的民族形式。"⟨23⟩宗珏甚至断言：

> 最有地方性的东西，在民族生活的深广的意义上说，也就是最有民族性。因为一个大民族的形成，大抵是从许多地方性的特点上融合沟通起来的。

按照这一逻辑，"'有地方性就有世界性'，也就是有民族性"。在他的视野中，地方形式问题还包含了西南和西北的少数民族文艺的问题，"这问题，在统一抗战中的今日，并且还有着特殊深刻的政治意义"。"我们必须要在一个大前提下，把他们的民族形式发展起来，使之成为抗战文学中底一支有力的民族部队。""不论是全国性的民族文艺形式，或是地方性的，少数民族的文学，它都必然是以抗战为内容的。这和政治上的民族统一战线的要求，无疑的正相一致。"⟨24⟩

问题在于"地方形式"、"少数民族形式"与"民族形式"之间，"地方性"、"少数民族"与中国"民族性"之间的关系，并不是完全一致的关系，在某种条件下，"地方性"可能成为"全国性"的障碍。在

⟨22⟩　冼星海：《论中国音乐的民族形式》，《文艺战线》第 1 卷第 5 期，1939 年 11 月 16 日。
⟨23⟩　杜埃：《民族形式创造诸问题》，香港《大公报·文艺副刊》，1939 年 12 月 11—12 日。
⟨24⟩　宗珏：《文艺之民族形式问题的展开》，《大公报·文艺副刊》，1939 年 12 月 12—13 日。

"民族形式"的讨论中，没有证据表明"地方性"问题与地方政治和地方文化认同的直接联系，从都市进入乡村和边缘区域的知识分子并不代表地方性的文化。但是，我们不能不考虑中国现代历史中的长期的政治和军事割据的现实，也不能不考虑少数民族的生活区域及其文化的特殊性。在清代的地方军事化的过程中〈25〉，伴随中央主权的弱化，地方的政治军事力量在整个国家的结构中日益重要。辛亥革命以后，以各省的督军和军阀为主要的政治军事力量，形成了地方割据的政治格局，地方文化与地方政治的关系显然是当时政治文化版图的重要内容。即使在抗日战争时期，各派政治军事力量在抗日的旗帜下接受国民政府的领导，但这并没有改变地方的政治军事的分割局面。加以交通困难，普遍口语不可能在这些地区普及，方言的运用是不可避免的。

从新文学发展的历史来看，对于民族性与地方性的关系的关注，可能导向两个方面的结论。一个方面是站在"五四"新文学的立场，即"国语的文学、文学的国语"的立场，批判和改造方言和地方形式，进而形成普遍的民族形式；另一方面则站在地方形式的立场或乡村文艺的立场批评"五四"新文学的都市化或欧化倾向。其中最为敏感和重要的问题是方言与普通话的关系。但是，直到"民族形式"讨论兴起之前，对"五四"文化运动的批评主要是从阶级论的立场出发的，几乎从未将"地方性"或"方言土语"作为批判的出发点。离开都市、进入特定区域（地方）的文学家的活动不太可能完全回避该地区的政治军事和文化的现实。如果地方形式和方言土语问题与地方政治认同发生直接的联系，那么，对于统一的民族国家的形成而言则是重要的威胁。因此，在不得不使用方言的情境中，不断地强调地方性与全国性的辩证统一关系便是非常自然的了。

〈25〉 参见 Philip A. Kuhn: *Rebellion and Its Enemies in Late Imperial China: Militarization and Social Structure, 1769-1864,* Cambridge: Harvard University Press, 1980。

方言问题与现代语言运动

黄药眠分析这一问题说:

> 第一个问题是普通话和方言之间的矛盾的问题。李大钊先生曾经提到,我们如果要真正做到大众化和中国化,我们必须更多的应用地方土语,这是完全对的。可是在这里有人说,如果作家们都用他们家乡的土语,那末结果他们的作品只有他们的同乡能懂得完全,而别的地方的人就很难懂,这样一来,岂不是反而不大众化吗?我想在这里的确存在有一个矛盾,而这个矛盾的解决的办法,就是以目前所流行的普通话为骨干,而不断的补充以各地的方言,使到它一天天的丰富起来。虽在最初的时候,看起来未免有点生硬,或甚至还要加以注释,但习惯用久了,它也就自然的构成为语言的构成部分。此外,我们也不妨以纯粹的土语来写成文学,专供本地的人阅读,这些本地文学的提倡,一定可以发现许多土生的天才。这些作品,我想在将来的文艺运动上,是必然的要起决定的作用的。〔26〕

黄药眠虽然意识到方言与普通话的矛盾,但他基本上认为方言能够丰富普通话,进而成为普通话的有机的构成成分。

然而,问题显然较之黄药眠在这里分析的要复杂。因为向林冰等人已经将包括方言在内的"民间形式"作为"民族形式"的中心源泉,并以此为出发点对"五四"以来的文化成果进行严厉的批评。在民族战争的背景下,以地方性为特征、以方言土语为媒质、以地方文艺为形式的"民间形式"构成了现代文化运动的批判的否定。在《论"民

---

〔26〕 黄药眠:《中国化和大众化》,香港《大公报·文艺副刊》,1939 年 12 月 10 日。

族形式"的中心源泉》一文中，向林冰指出，"在民族形式的前头，有两种文艺形式存在着：其一，五四以来的新兴文艺形式；其二，大众所习见常闻的民间文艺形式。那么，民族形式的创造，究竟以何者为中心源泉呢？"〈27〉他的结论是：

> 民间形式一方面是民族形式的对立物，另方面又是民族形式的同一物；所以所谓民间形式，本质上乃是一个矛盾的统一体，因而它也就是赋有自己否定的本性的发展中的范畴，亦即在它的本性上具备着可能转到民族形式的胚胎。〈28〉
>
> 民间形式的批判的运用，是创造民族形式的起点，而民族形式的完成，则是民族形式运用的归宿。换言之，现实主义者应该在民间形式中发现民族形式的中心源泉。〈29〉

向林冰已经明确地用"民间形式"作为批判"五四"文化运动的出发点。他认为如果像"五四"那样用新兴的形式作为民族形式的中心源泉，而将民间形式溶解、拆散在新的文艺形式中（如将民间语汇组织在现代白话文中），"则由于口头告白性质的被去势，必致丧失大众直接欣赏的可能"〈30〉。向林冰在这里提到了民间文艺的"口头告白性质"，表明他的"民间文艺"概念与口语、方言以及其他表演形式具有内在的联系。这种民间文艺取向，明显地与在都市文化中发生的现代语言运动的基本取向相冲突，尽管二者都以民族主义为基本的动力。

现代白话的形成和倡导是中国知识分子寻求现代性的历史产物，

〈27〉 向林冰：《论"民族形式"的中心源泉》，《大公报》副刊《战线》第四版，1940 年 3 月24 日。

〈28〉 同上。

〈29〉 同上。

〈30〉 同上。

我们至少可以在两个最基本的方面理解现代语言运动与现代性的关系。首先是现代语言运动是一个反传统的、科学化的和世界化的语言运动，其次是现代语言运动是形成现代民族国家的普遍语言的运动。近代以来的文学变革总是伴随着语言的变革，学术界通常认为现代白话运动的基本线索是言文一致，也就是日常口语与书面语的一致。从黄遵宪的"我手写吾口，古岂能拘牵"，到"五四"白话文运动，现代文学运动及其推动者明显地把这场运动理解为日益口语化的语言运动，这种口语化运动包括了口语的语法结构、词汇和语音。

就"言文一致"的取向以及这种取向与民族主义的关系而言，中国的现代语言变革与日本、韩国的情况相似。[31] 但是，从民间范畴或方言土语的范畴对现代语言运动进行质疑，却提出了"言文一致"的实际历史含义究竟是什么的问题，即在什么意义上，现代语言运动是以口语化为取向的呢？从语言变迁的角度，"五四"以来的文化运动的含义如何？

我们先来看看日本、韩国的情况。公元 5 世纪前后，汉籍传入日本，成为流行的日本的书面语系统。然而，日本人是用自己的读音训读汉字。大约在 6 世纪出现的万叶假名利用了汉字[32]，但在使用中无论读音还是含义都发生了变化。这样在日本就形成了两套阅读系统，一套是万叶假名这一日本本土的语言符号，虽然符号本身是汉字。9世纪出现了平假名和片假名，在符号上部分地替代了汉字。[33] 但是，

〈31〉 中国的言文一致问题也明显受到日本的影响。如黄遵宪于 1897 年撰写的《日本国志》，共 40 卷，主张了解世界，了解外事，了解当代。他主张重视声、光、化、电等自然科学的研究，并就日本如何解决民众识字问题，提倡中国文言与语言必须统一，要求创造一种"明白晓畅，务期达意"，"适用于今，通行于俗"的新文体。（《日本国志》卷三十三）与日本相比，这里的关键是：中国知识分子提倡的是一种文体的创造，而不是文字的创造。

〈32〉 《万叶集》的成书年代大约在 7—8 世纪，记载民间歌谣和宫廷贵族的诗歌创作。

〈33〉 假名的对立面是真名，《万叶集》即用真名即汉字，假名有临时性的意思。真名又称男假名，因男人才能接受汉字典籍的教育；女手是指平假名，《源氏物语》即用平假名。

万叶假名的语法结构与汉语完全无关。另一套阅读系统是经由朝鲜传入日本的汉语文献，从汉字符号、词汇和句法都保留了汉语的原貌。明治维新之前方言的使用非常普遍，不同诸侯的领地（藩）使用不同的方言，相互很难交流。伴随交通的发展，明治维新以后（明治十八年），三宅米吉在言文一致运动的背景下，提出在全国进行方言调查，意思是要用方言为共通语的资源，而标准化的基础则是东京方言。岛野静一郎于明治十八年提出采用东京语作为言文一致的基础。[34] 片山淳吉将言文一致问题与小学课本联系起来。以小学教科书为首的、以庶民为对象的普通民众的读物，都要实行言文一致：口语与书面语的统一。因此，言文不一致除了在句法、词汇方面表现出来之外，还在声音与文字的差别中表现出来。江户末年和明治初年出现的言文一致运动，一方面要求在文体、句法和词汇方面采用日常口语的方式，另一方面则用假名部分地取代汉字系统，而假名是一种拼音文字。明治三十三年（1900），文部省颁布了《小学校令施行规则》，其中第三条国语条，提出了注重普通话的问题。次年又颁布了《高等师范学校寻常小学国语科实施要领》，正式提出教授国语的语言应以东京中产阶级以上通行的正确的发音和语法为基础。[35] 总之，现代日本语的形成是以方言为基础、用拼音的方式创造不同于汉语的书面语系统。

　　韩国的情况与日本的情况也很相似。早在 15 世纪韩国即已制定了"训民正音"，但处于支配地位的仍是汉文。民族文字的普及是在门户开放的近代化过程中，那时出现了继承谚文体的国文体和国汉文体。

〈34〉　东京语言包括雅文、公文和日用文，作为全国通用的文字汉字（其特征是言文不一致）有价值，因为平假名的发音非常不统一，在这个基础上用东京的语音。

〈35〉　本文关于日本语言问题的讨论均来自下列两部著作的有关部分：《常用国语便览》，冢田义房、加藤道理等编著，邦岛书店，昭和六十年第 5 版，第 6、10、48 页；《近代文体发生史的研究》，山本正秀著，岩波书店，1993 年 6 月 7 日第 3 次印刷，第 262—298 页。上述资料都是在孙歌女士的帮助下查阅的，特此说明。

与中国的白话相似，谚文体在古典小说和日常生活中曾部分地使用过，是最接近言文一致的文体。到开化时期，这一文体发展为言文一致的国文体。但是，这种国文体并没有成为通用的文体，而是新确立的在汉文体上加助词、与言文一致有距离的国汉文体成了通用文体。最终则是以国汉文体为基础，形成了言文一致的国汉文混用体，并被固定下来。伴随这一过程，国文运动中出现了另一个重要的课题，即谚文拼写方法的标准化。在训民正音制定之后的五个世纪中，由于没有国文化和通用文字化，它的拼写方法逐渐混乱，因而到了19世纪末期，人们迫切希望对不同的拼写方法加以研究，并进行统一。1907年开始研究、1909年完成的"国文研究议定案"是开港时期国文研究的总结。它阐明了国文的渊源、字体以及发音的沿革，主张删去原"训民正音"中制定的而到开港时期已经不用的8个字母。这样就大幅度地对当时混乱的国文标记法进行了整理。这个"议定案"与后来殖民地时期的国文研究相结合。1933年制定了"国语正字法统一案"。我们可以归纳出韩国语言变革的几个特点：摆脱汉字的束缚，谚文拼写方法的标准化，语音的统一。〈36〉日本、韩国的语言运动与民族认同的形成直接相关，在语言上以民族书面语和标准语音为取向摆脱汉语的束缚，创造出新的或新旧互用的现代书面语系统。由于语言运动与民族主义有直接的联系，而民族主义的取向在这里直接地体现为以口语（方言）为中心重新创制语言，因此，普遍的民族语言的创造是和民族"语音"问题（方言）紧紧地关联在一起的。

中国言文一致运动与日本、韩国的言文一致运动在方向上是相似的，即创造出新的民族语言。但是，中国的语言运动，特别是白话文运动不存在摆脱汉字符号的问题，也不存在以语音为中心重新创制书面语系统的问题。（试图摆脱汉字的努力，如下文将要论及的国语罗马

〈36〉 姜万吉：《韩国近代史》，北京：东方出版社，1993，第302—305页。

字运动和拉丁化运动均告失败。）由于不存在用"民族语言"（"民间语言"）取代帝国语言的问题，白话文运动并不是在本土语言／帝国语言的对峙关系中提出问题，而是在贫民／贵族、俗／雅的对峙关系中建立自己的价值取向。白话文运动的所谓"口语化"针对的是古典诗词的格律与古代书面语的雕琢和陈腐，并不是真正的"口语化"。实际上现代语言运动首先是在古／今、雅／俗对比的关系中形成的，而不是在书面语与方言的关系中形成的，即白话被表述为"今语"，而文言则被表述为"古语"，今尚"俗"，古尚"雅"，因此，古今对立也显现出文化价值上的贵族与平民的不同取向。

例如1908年《民报》停刊后，章太炎、钱玄同即合办白话杂志，称为《教育今语杂志》，这表明晚清至"五四"的白话文运动的发生在价值的取向上是与"今"、"新"和其后的"现代"观念相关的，虽然白话本身并不仅仅是现代的。现代白话的主要源泉是古代的白话书面语，再加上部分的口语词汇、句法和西方语言及其语法和标点。在中国的书面语系统中，已经存在着文言与白话的对峙，这种对峙不能简单地被理解为文言与口语的对峙。以白话书面语为主要来源的现代白话的基本取向不仅是反对文言，而且也是超越方言，创造出普遍语言。其后来的结果就是以北京语音为标准音、以北方话为基础制定"普通话"方案，即创造以方言为基础又超越方言的普遍口语。〔37〕

---

〔37〕 类似的过程不独现代为然，古代亦复如此，超越方言的过程显示出语言变革过程的政治性，即中心与边缘、正统与地方、上层与下层的等级关系。例如《论语·述而》载："子所雅言，《诗》、《书》、执礼，皆雅言也。"按照近世看法，"雅"训为"夏"，西周都丰镐被指认为夏故都，所谓雅言、雅诗都是以西周京畿的方言为官话、语音为标准音。刘台拱《论语骈枝》曰："夫子生于鲁，不能不鲁语，惟诵《诗》读《书》、执礼，必正言其音，所以重先王之训典，谨末学之流失。"刘宝楠《论语正义》卷八曰："周室西都，当以西都音为正。……夫子凡读《易》及《诗》、《书》、执礼，皆用雅言，然后辞义明达，故郑以为义全也。后世人作诗用官韵，又居官临民，必说官话，即雅言也。"雅言之为正言，雅音之为正音，即为此也。《毛诗序》谓："雅者，正也。"又谓："言天下之事，形四方之风，谓之《雅》。""以一国之事，系一人之本，（转下页）

"口语化"的内涵是反对古典化和要求通俗化，在形式上表现为文白对立，在内容上则是雅俗两分。这种对立并不自现代始，只是现代人赋予这种对立以"现代"的意义而已。[38]换句话说，文白对立的格局并不是民族问题发生之后产生的问题。反对古典的死文字必然会涉及活的用语，从而也会涉及方言问题。20世纪20年代，以"北京大学方言调查会"（1924年1月）的成立及其对民间歌谣的研究为开端，开始了中国语言研究的描写语言学时期，其特点是以活的语言为对象，描写语音，并以之与切韵音系比较，寻找从古到今的音变规律。[39]但

（接上页）谓之《风》。"风"者地方性和方言之谓也。如《汉书·地理志下》："凡民涵五常之性，而其刚柔缓急，音声不同，系水土之风气，故谓之风；好恶取食，动静亡常，随君上之情欲，故谓之俗。"应劭《风俗通义·自序》："风者，天气有寒暖，地形有险易，水泉有美恶，草木有刚柔也。俗者，含血之类，像之而生。故言语歌讴异声，鼓舞动作殊形，或直或邪，或善或淫也。"又曰："圣人作而均齐之，咸归于正；圣人废，则还其本俗。"《左传·襄公廿九年》"为之歌小雅"孔颖达疏曰："天子以政教齐正天下，故民述天子之政，还以齐正而为名，故谓之雅。"《诗经·毛诗序》郑注曰："雅既以齐正为名，故云以为后世法。"今人于迎春说："'正'与'政'通。《毛诗序》既训雅为正，又以政解之，以'言王政之所由兴废'为雅，这虽然是根据儒家政教观点的进一步发挥，但在王道政治哲学源远流长的中国文化传统里，却也算不得于古无据的虚语妄言。'言王政事，谓之雅'（《释名·释典艺》），这成了汉代乃至其后若干世纪中学人士夫无可动摇的共识。"（以上均参见于迎春："《"雅""俗"观念自先秦至汉末衍变及其文学意义》，《文学评论》1996年第3期，第119—120页）关于古代语言与文字的分歧及其在文学上的体现，请参见郭绍虞：《中国语言与文字之分歧在文学史上的演变现象》一文，《照隅室古典文学论集（上编）》，上海：上海古籍出版社，1983。

〈38〉 王充：《论衡·自纪》云，"经艺之文，贤圣之言，鸿重优雅，难卒晓睹。世读之者，训古乃下。盖圣贤之材鸿，故其文语与俗不通"，已经谈及俗言与文语的对立。应劭《风俗通义序》："言通于流俗之过谬，而事该之于义理也"，"今俗语虽云浮浅，然贤愚所共咨论，有似犬马，其为难矣。"至于话本小说的白话与诗词散文的文言的对峙，则明显地表现出语言的阶层性和价值的取向。

〈39〉 参见周振鹤、游汝杰著：《方言与中国文化》，上海：上海人民出版社，1986，第12—13页。"北京大学方言调查会"发表方言调查书，提倡调查、记录和研究活的语言，设计了一套以国际音标为基础的记音符号，并且用它们标注了十四种方音作为实例。赵元任的《现代吴语的研究》（1928）是第一部以现代语言学方法调查方言的经典著作。在他和李方桂等人的倡导下，由中央研究院史语所进行过六次规模很大的方言调查。20世纪三四十年代出版过十来种方言著作。同上书，第13页。

是，直到20世纪50年代以后，方言研究的重点才从具体方言及其古今流变转向方音与普通话的比较。寻求方言与普通话的对应规律，当然是为推广普通话服务的。〈40〉可以说，在那以前，方言与普通白话的对比关系主要建立在书写语言方面，如方言词汇的运用等。白话的"口语化"主要是在语法结构和词汇方面，而主要不是在语音方面。在这个意义上，它与文言一样是一种书面语系统，并没有标准不变的发音系统。〈41〉

换言之，所谓"口语化"仅仅发生在现代标准书面语的形成过程中，因为就口语（声音）而言，只有方言，而没有普遍的口语。显然，北京话和北方话也是方言，它们所以成为一种"普遍的民族共同语言"是因为现代国家的制度性的实践和规定。正如索绪尔所说，"一旦被提升为正式的和共同的语言，那享有特权的方言就很少保持原来的面貌。在它里面会掺杂一些其他地区的方言成分，使它变得越来越混杂，但不致因此完全失去它原有的特性"〈42〉。这种索绪尔称之为"文学语言"的语言不仅指文学作品的语言，而且在更一般的意义上指各种为整个共同体服务的、经过培植的正式的或非正式的语言。〈43〉就其与现代民族主义的关系而言，"普通话"是进行社会动员、形成民族认同的重要资源之一。在"五四"新文化运动时期，白话文的倡导主要是

〈40〉 1956年起，有组织地在全国范围内进行以县为单位的方言普查，共完成了1849个点的调查，写出了1195种调查报告，正式出版有关于江苏、河北、安徽、四川等地的方言调查。此外，还有许多学术论文、专著和资料出版。参见《方言与中国文化》，第13页。

〈41〉 在汉藏语系中，汉语是最重要的语言，它包括七大方言，即官话、吴语、赣语、客家话、湘语、闽语、粤语，其中官话的使用人口占汉族总人口的70%以上。

〈42〉 索绪尔：《普通语言学教程》，北京：商务印书馆，1985，第273页。

〈43〉 索绪尔说，"文学语言不是一朝一夕就能普及使用的，大部分居民会成为能说两种语言的人，既说全民的语言，又说地方上的土语。"他举法国和意大利为例，在中国这种情况也是相当普遍的。同上书，第273—274页。

书面语问题，基本不涉及方音问题。⁽⁴⁴⁾这是因为在近代民族主义的潮流中，中国社会动员的基本取向，是将不同地区和阶层组织到民族主义的目标之中，完成建立现代统一国家的任务，而不是形成地方割据，语言运动则是这个民族主义运动的有机部分。在没有普遍语音的前提下，只能通过书面语的统一达到"国语"的目标。⁽⁴⁵⁾"国语"概念的提出和使用表明，"五四"白话文运动的基本方面不是召唤用真正的口语（即方言）来进行文学创作，而是以白话书面语为基础、利用部分口语的资源形成统一的现代书面语。这就是为什么"国语"概念一方面明显地针对传统书面语，另一方面则以方言为潜在的对立面。"五四"前后有关罗马字拼音的讨论关注的是统一语音的问题，而不是方言问题。"国语"运动在语言上为现代统一国家提供依据和认同的资源，而方言及其与地方认同的内在关系，则有可能是进行国家动员的障碍。总之，尽管方言被理解为普遍语言的构成要素，特别是词汇的资源，但是，现代语言运动却绝对不可能以方言为变革取向。

在上述背景下，我们也就可以理解为什么现代书面语的一些基本规范并不是口语或方言提供的。例如首先使用横排和新式标点的刊物是 1915 年创刊的《科学》月刊，该刊采用这种形式是为了刊登科学论文和科学公式，在形式上完全是用西方语言的方式为规范的。中国近

⟨44⟩　声音的问题与罗马字问题有更密切的关系，"五四"前后，钱玄同、傅斯年、蔡元培、黎锦熙、赵元任等人都发表文章讨论过这一问题。不过，胡适、陈独秀的文学改良和文学革命论主要讨论的是书面语问题，特别是文学书面语问题。关于拼音化问题，下文将另作讨论。

⟨45⟩　书面语的特征之一就是摆脱方言的限制，这一点古今皆然。例如阮元《文言说》（《研经室三集》卷二）曰："且无方言俗语杂于其间，始能达意，始能行远。"钱穆《读〈诗经〉》（《中国学术思想史论丛（一）》，台北：东大图书有限公司，1976）曰："在中国古代，语言文字，早已分途；语言附着于土俗，文字方臻于大雅。文学作品，则必仗雅人之文字为媒介、为工具，断无即凭语言可以直接成为文学之事。"关于言文分殊及其与雅俗问题的关系，参见于迎春：《"雅""俗"观念自先秦至汉末衍变及其文学意义》，《文学评论》1996 年第 3 期。

代民族主义运动和文化上的西化运动相伴而行，在中国现代语言改革运动中，这种西方化的趋势表现为以西方拼音文字为取向的语言世界主义。吴稚晖等人在辛亥革命前曾经主张废除汉字，即使不能马上使用世界语，也可以先用英语或法语。[46] "五四"一代中很多人认为汉字是蒙昧大众的工具，是罪恶传统的最难以对付的敌人。例如钱玄同说："欲废孔学，不可不先废汉文。"[47] "汉字不革命，则教育不能普及，国语的文学决不能充分的发展，全世界的人们公有的新道理、新学问、新智识决不能很便利、很自由的用国语写出。"[48] 在白话文运动之后，语言问题始终是文艺论争的中心问题之一，例如，1930 年以降的大众化运动，1932 年关于"中国普通话"（文学语言）的论争，1934 年的大众语论战，以及拉丁化运动，等等。所有这些语言变革运动都与创造新的民族语言有关，而在取向上则深受西方拼音文字的影响。事实上，从《马氏文通》以来，中国的文法也是按照西方语言的基本规范建立的。

中国现代文学运动的持久影响之一，是为现代书面语的形成创造条件、规范和习惯，进而形成一种"普遍语言"。这种普遍语言在功能上为统一国家提供了语言上的依据，同时，在取向上，又与西方语言逐步接近，即所谓科学化、逻辑化、拼音化。换言之，这种新的普遍语言具有世界主义和民族主义的双重取向和双重功能，即用"科学化"的方式形成普遍的现代民族共通语言，这就是普通话。这当然不是说现代中国语言和文学运动中没有利用"方言"的尝试，但是，从总的方面看，这些尝试——如刘大白、刘半农用方言写作的诗歌——显然

〈46〉 醒：《万国新语》，《新世纪》第六号，1907 年 7 月 27 日，第 3 页。吴稚晖：《补救中国之方法若何》，《吴稚晖先生全集》卷三，罗家伦、黄季陆主编，台北：中国国民党中央委员会，党史史料编撰委员会，1969，第 23 页。

〈47〉 钱玄同：《中国今后之文字问题》，《新青年》第 4 卷第 4 号，1918 年 4 月 15 日，第 350 页。

〈48〉 钱玄同：《汉字革命》，《国语月刊》第 1 卷第 7 期 "汉字改革号"，民国十一年八月二十日，第 7 页。

没有能够成为主流。大众语运动中也涉及过方言的问题，但是，大众语问题与阶级问题明显有关，而下层阶级的语言作为一种"语言"提出，主要不是在地域性"方言"的范畴之内。不过应该注意的是，阶级问题是超越民族性的问题，阶级论的框架明显地具有世界主义的倾向，而世界主义倾向经常能够容纳地方性，却排斥民族性。当然，这几个方面的关系并没有逻辑上的必然性，而主要是由历史情境决定的。例如，与大众语运动关系密切的拉丁化运动就产生了十余种方言方案，而在抗日战争的历史条件下，方言方案本身又为进行广泛的群众动员创造了条件，成为民族主义运动的有机部分。

如果我们把注意力更多地集中于晚清以降的汉字改革运动与拼音化的关系方面，亦即书写语言与声音的关系方面，现代中国民族语言的形成与西方化的历史联系（亦即其世界主义取向）就更加明显。正如语言学家已经注意到的，清末的拼音文字运动与西方传教士的传教活动有着密切的关系，其渊源可以上溯到明万历三十三年（1605）利马窦在北京出版的《西字奇迹》一卷，这是第一份系统运用拉丁字母拼注汉字读音的方案。明天启五年（1625）法国耶稣会传教士金尼阁（Nicolas Trigault，1577—1628）对利马窦的拼音方案加以修订，完成了用罗马字注音的汉字字汇《西儒耳目资》。[49]他们简易的拼音方法立刻引起了中国好些音韵学家对于这种拼音文字的向往。[50]如同陈望道所说："他们所作是为他们同伴的方便，常用罗马字母来注汉字的读音，就此引起了汉字可用字母注音或拼音的感想，逐渐演进，形成二百年后制造推行注音字母或拼音字母的潮流。"[51]他把这个"为西人自己计划便于学习汉

〈49〉　参见黄德宽、陈秉新：《汉语文字学史》，合肥：安徽教育出版社，1990，第340页。

〈50〉　如方以智就说："字之纷也，即缘通与借耳。若事属一字，如远西因事乃合音，因音而成字，不重不共，不尤愈乎？"见《通雅》卷一。

〈51〉　陈望道：《中国拼音文字的演进——明末以来中国语文的新潮》，复旦大学语言研究室编《陈望道文集》第三卷，上海：上海人民出版社，1981，第157页。

字的时期"称为"拼音、注音的潮流"的第一阶段。[52]值得注意的是，在晚清时期，把拼音与方言联系在一起的，仍然是传教士的活动，即陈望道所谓"随地拼音、专备教会中人传道给不识字人之用的时期"，这就是"教会罗马字运动"。为了传教的需要，传教士陆续将《圣经》译成各地的口语体，有些用汉字，有些就用罗马字。据统计，19世纪末到20世纪初，至少有十七种方言用罗马字拼音，不同方言译本的《圣经》广为流行。[53]"教会罗马字运动"与汉字体系明显地发生了冲突，一些传教士进而主张用罗马字拼音代替汉字，推行拼音文字。这表明，早期语言运动中的口语化运动不仅是一种方言口语的运动，而且是西方宗教文化和语言对中国文化和语言的侵蚀，它并不是一种语言上的民族主义运动，毋宁是一种语言上的殖民主义运动。

但是，非常明显的是，这场运动对其后的中国现代语言改革运动产生了重要的作用，并逐渐地从方言注音转向统一语言和语音的创制，即在民族主义的动力之下，以拼音化为主要方式促进统一语音的形成。从1892年福建同安人卢赣章（1854—1928）出版《一目了然初阶》（中国切音新字厦腔）到1911年辛亥革命，开始了中国拼音文字创制的第一个时期，其间有28种切音字方案问世，以王照（1895—1933）和劳乃宣（1843—1941）的方案影响最大。王照在日本假名的影响下创制"官话字母"，于1900年出版《官话合声字母》，以北京音为标准音，采用双拼制，拼写白话。[54]劳乃宣的"合声简字"是根据

〈52〉 陈望道：《中国拼音文字的演进——明末以来中国语文的新潮》，复旦大学语言研究室编《陈望道文集》第三卷，页159。

〈53〉 倪海曙：《中国拼音文字运动史简编》，北京：时代出版社，1950年再版；黄德宽、陈秉新：《汉语文字学史》，合肥：安徽教育出版社，1990年，第341页。1850年厦门话罗马字《圣经》即已印行，到1926年销售达四万余部。1921年闽南教区发行的146967部出版物中，有五万部是用方言罗马字印刷。1891至1904年，罗马字《圣经》的总销售数量达137870部。

〈54〉 王照：《官话合声字母原序》，参见《汉语文字学史》，第343页。

王照的"官话字母",补充南方话特有的因素,拼读南方方言的拼音方案,他的目的是"以土音(南方方言)为简易之阶,以官音(北京音)为统一之的",进而普及教育,统一国语。[55]1910 年,严复在审查"陈请推行官话简字"的六件说帖后拟出报告说:"大旨谓我国难治之原因有二:教育不普及也,国语不统一也,而皆以不用官话拼音文字之故。"[56]这表明,创建现代民族国家的运动与以方言为基础创制共同语言的过程相伴而行。民国成立后,国语统一的进程明显地加快。

与教会罗马字运动相比,中国知识分子和现代国家推进的语言改革运动在语音问题上是极不相同的:前者表现为方言罗马字注音,后者则表现为用统一注音来克服方言的差异。民国成立后的"注音字母"方案是晚清切音字运动的结果。1912 年北京召开"中央临时教育会议",提出"采用注音字母案",1913 年教育部召开"读音统一会",审定一切字音的法定国音,核定所有音素总数,采定表示每一音素的字母。[57]统一语音的"注音字母"方案提供了"五四"白话文运动兴起的背景:白话文运动虽然不是以声音为中心重新创制书面语的运动,却包含了重新审定统一发音的过程。就在胡适发表《文学改良刍议》,从内容与形式两方面讨论文学改良问题不久,钱玄同、傅斯年等人开始从废除汉字和拼音化等方面提出更加激进的语言改革方案。《新青年》《新潮》《国语月刊》等刊物先后发表文章,讨论汉字改革,例如傅斯年的《汉语改用拼音文字的初步谈》一文,明确提出应该用拼

〈55〉 劳乃宣:《简字丛录:致中外日报书》,转引自《汉语文字学史》,第 343 页。

〈56〉 转引自同上书,第 344 页。

〈57〉 参见《汉语文字学史》,第 344—345 页。"读音统一会"会长为吴稚晖,副会长为王照,会议共审定国音 6500 多字,每字下注明"母"(声母)、"呼"(四呼)、"声"(四声)、"韵"(韵部),另外附带审定了 600 多个俗字和学术新字。会议还决定采用以章太炎"纽文""韵文"改造而成的审音用的"记音字母",经过修订,形成一套正式的"注音字母"方案及七条推行办法。

音文字代替汉字[58]；钱玄同的《汉字革命》认为汉字的根本改革就是"改用罗马字母式之拼音"[59]。1923 年钱玄同向"国语统一委员会"提出了《请组织国语罗马字委员会案》，目的是组织一个"国语罗马字委员会"，具体研究、征集各方意见，"定一种正确使用的'国语罗马字'来"。1926 年 9 月，"国语罗马字拼音委员会"正式开会议决通过《国语罗马字拼音法式》，并呈请教育部公布。[60]中国汉语史专家认为，"国语罗马字是清末汉字改革运动以来第一个接近成熟的拼音文字方案，它不仅考虑到文字体系的完整性和汉语本身的某些特点，在符号的选择上还具有国际化观点，理论和技术上较以前的各种拼音文字方案都有新的创造和发展，在汉字改革运动史上，国语罗马字运动有着重要的地位"[61]。

中国现代民族语言与"国际化观点"之间始终存在紧密的联系。1933—1934 年间，正当国内有关"文言、白话、大众语"讨论发生之际，发生在苏联远东的拉丁化新文字运动也开始介绍到国内，并迅速引起反响。[62]拉丁化运动与大众语问题具有密切的联系，其文化上的动力已经包含阶级论和国际主义的观点，而不只是民族语言问题。拉

〈58〉 傅斯年：《汉语改用拼音文字的初步谈》，《新潮》第 1 卷第 3 期，民国八年（1919）三月，第 391—408 页。此文后又重新刊载于《国语月刊》第 1 卷第 7 期的"汉字改革号"。

〈59〉 钱玄同：《汉字革命》，《国语月刊》第 1 卷第 7 期"汉字改革号"，民国十一年（1922）八月二十日，第 19 页。

〈60〉 1926 年 11 月 9 日，由"国语统一筹备会"非正式公布了此方案；1928 年 9 月，北伐之后，在蔡元培的努力下，大学院（教育部）始将此方案作为"国语字母第二式"正式公布。但一般社会对此方案反应冷淡，仅在文化人中间有些讨论。参见黄德宽、陈秉新：《汉语文字学史》，第 347 页。

〈61〉 同上书，第 347 页，倪海曙：《中国拼音文字运动史简编》，第 113 页。

〈62〉 "拉丁化新文字"方案的出现与苏联的文化扫盲运动关系密切。1921 年，瞿秋白在苏联首先研究汉语拉丁字母的拼写问题。1928 年，他和吴玉章、林伯渠、萧三及苏联专家郭质生、龙果夫等经过一年的研究最后写成了《中国拉丁化字母》，规定了字母及几条简单的规则。此后，这项运动在远东工人中展开，并取得显著成绩。参见《汉语文字学史》，第 348 页。

丁化运动宣告了国语罗马字运动的结束。在取向上，拉丁化运动没有特别强调"国语"问题，反而出现了大量的方言拉丁化方案，如上海、广州、潮州、厦门、宁波、四川、苏州、湖北、无锡、广西、福州、温州等方言都有了拉丁化方案。与本文讨论的"民族形式"问题直接有关的是，在抗日救亡运动高涨之际和抗日战争全面爆发之后，拉丁化运动适应了动员群众、普及教育、宣传抗日的需要，迅速席卷全国。不仅出版物之多前所未有，而且诸如成千上百的难民新文字班、"农民新文字夜校"、大批"拉丁化干部训练班"，以及各类相关协会组织的建立，都是清末以来拼音文字运动的高峰。[63]事实上，拉丁化运动在取向上与国语罗马字运动的冲突在当时即已显露，一些主张国语罗马字的学者予以坚决抵制，发表过一些极为尖锐的批评文字。[64]拉丁化运动最终失败的原因固然很复杂，但没有形成真正的"文学语言"（索绪尔意义上的文学语言）则是可能的原因之一。

可以肯定的是，中国、日本、韩国的现代语言运动都是以民族主义为动力形成"民族语言"的过程。除了早期"教会罗马字运动"和拉丁化运动之外，中国的语言改革运动的基本方向是向统一的书面语系统和统一的国语发音系统努力，为形成新的统一的民族语言创造条件。因此，以白话文运动为标志的现代语言改革并没有创造新的书面语符号，也没有用一种方言语音为中心再造书面语系统。统一语音的

〈63〉 参见《汉语文字学史》，第349—350页。据统计，从1934年8月到1937年8月，全国各地成立的有年月可考的拉丁化团体有70多个，出版书籍61种，发行达12万册以上，创办刊物36种，40多种报纸杂志曾登载提倡拉丁化文章或出版专号，67种刊物采用拉丁字母作报头，制定和公布拉丁化方案13个。1937年抗战爆发后，仅上海一地1937—1940年就出版拉丁化书籍54种，创办刊物23种，成立团体6个，在48所收容所办了一百几十个难民新文字班。仅延安一地，1935年冬设立"农民新文字夜校"达100所，红军战士能写新文字的至少有两万人；1940年11月成立"陕甘宁边区新文字协会"，毛泽东、朱德、孙科等七人为名誉理事，林伯渠、吴玉章等45人为理事。

〈64〉 参见《汉语文字学史》，第350页。

努力并不是为了再造汉字，而是为了克服方言的语音差异。方言问题始终不是中国现代语言运动的核心问题，毋宁说，克服方言的差异才是现代语言运动的主流。[65]

正由于此，"地方形式"，特别是"方言"问题在"民族形式"讨论中凸显出来，与近代以来的语言运动的基本方向是相冲突的。战争造成了事实上的割据形势，也迫使文人远离大都市，置身于陌生的方言环境。新文学的创造者们首次直接地面临都市的"普遍语言"与乡村的"方言"的对立。从方言立场或地方形式的立场对新文学的历史提出挑战，是和实际的政治形势相关的。但是，这种特定的政治形势并没有改变或偏离建立自主的民族国家的民族主义轨道。因此，地方形式问题所引发的争论不能不按照现代民族主义的基本逻辑向前发展。例如潘梓年把"民族形式"问题理解为"中国化"的问题，在论及语言问题时，他指出语汇和语法是当时中国语言上的迫切问题。他举歌德对德语的贡献和普希金对俄语的贡献为例，指出中国现代语言上缺乏那样的创造性：

> 譬如说，到现在中国语言还没有一部文法，《马氏文通》要算一部比较完善的中国文法，但第一因为这本书是用外国文法来注释中国语言的法则，不是从中国语言自身抽绎出它自己的法则的文法书，所以一方面仍不免有些牵强附会的地方，而另一方面，中国语言在文法上的特点没有能够被研究到，因而不能作真正的

〈65〉 例如，早在 1912 年民国成立之初，为适应新的形势，中央教育部特组织临时教育会议，征集全国教育家于北京，决定实行新的学制，其中涉及国语统一办法。据《1912年我一：临时教育会议日记》载："其中有一大问题，是国语统一办法。现在有人提议初等小学宜教国语，不宜教国文；既要教国语，非先统一国语不可。然而中国语言，各处不同，若限定以一地方之语言为标准，则必遭各地方之反对，故必有至公平之办法；国语既一，乃定音标。"见朱有瓛：《中国近代学制史料》第三辑上册，上海：华东师范大学出版社，1990，第 9 页。

> 中国文法书，第二因为它所研究的只是中国的文言——古代语，而不是中国的口头语，现代语，所以它至多也只能是一部中国的"文"法而不是我们所需要的"语"法。[66]

潘梓年区分出"文"法和"语"法正是注意到了中国语言改革的致命弱点。因为按照他的看法，"五四"新文化运动之后，白话似乎战胜了文言，但实际上充其量也只是产生了"白话的文言"，而"没有产生出和一般老百姓日常用语合致的真正'白话'"或"从一般老百姓日常生活中产生起来的中国民族语言，有的只是文言文，有的只是外国语，结果，虽然一时把文言文推倒了，找不到新的东西来代替，只好或者使用不文不白的'语体文'，久而久之且回归到文言文怀里去，或者使用不中不西的'欧化句子'"。[67]潘梓年将现代民族语言的形成归结为两个要点，即丰富的词汇和完整的语法，而后一个方面似乎更为重要。"完整语法"规范下的民族语言不可能是方言，而是一种新的标准语言或普遍语言。所以他说：

> 先要有充分的普通语或可以普通化起来的方言土语，提供出做好材料，才能从足够的材料中研究出一个中国式的语法来。[68]

问题是怎样才能断定何种语言为"普通语"，何种语言是可以"普通化起来的方言土语"？

在这里，被省略掉的是地区间的政治关系，因为确定哪一种方言是共同语言并不是语言自身决定的，而是由政治、文化和经济的支配

〈66〉 潘梓年：《论文艺的民族形式》，《文学月报》第 1 卷第 2 期，1944 年 2 月 15 日，第 78 页。

〈67〉 同上，第 78—79 页。

〈68〉 同上，第 79 页。

性关系决定的。马克思认为自然语言被提高为民族语言"部分是由于现成材料所构成的语言的历史发展，如拉丁语和日耳曼语；部分是由于民族的融合和混合，如英语；部分是由于方言经过经济集中和政治集中而集中为统一的民族语言"[69]。索绪尔则说："选择的动机是各种各样的：有时选中文化最先进的地区的方言，有时选中政治领导权和中央政权所在地的方言，有时是一个宫廷把它的语言强加于整个民族。"[70]对于中国来说，北方方言之成为共同语言当然有"现成材料所构成的语言的历史发展"因素在内，因为70%以上的汉族人口使用的是北方方言，但更重要的显然是政治领导权的作用。北方方言中也存在内部的差别，而普通话显然也是排斥这种差别的。潘梓年论及"语法完整的语言"的来源包括古典作品、民间语言和外国语言，但始终没有说明"语法完整"的含义：如果还没有"语法"，又如何断定某种语言是"语法完整"的呢？我们可以清楚地看到，"语法完整的语言"不可能是方言土语，也不可能是纯粹的口语，而是一种"簇新的新形式"。[71]

1939年12月15日，黄绳在香港《大公报·文艺副刊》发表了《民族形式与语言问题》一文，他的论述逻辑几乎与潘梓年一致。他指出：

> 民族形式创造，标记着文艺发展的一个新的阶段，意味着文艺上的一个改革运动。这阶段的开始，这改革的实践，我们便要遇到语言这个难关。民族形式的运动，必伴随着文艺语言的改革运动。[72]

〈69〉 马克思、恩格斯：《德意志意识形态》，中共中央马克思恩格斯列宁斯大林著作编译局译，北京：人民出版社，1961，第490页。

〈70〉 索绪尔：《普通语言学教程》，第273页。

〈71〉 同上书，第176页。

〈72〉 黄绳：《民族形式与语言问题》，香港《大公报·文艺副刊》，1939年12月15日。

黄绳从语言的角度，特别是口语的角度思考"民族形式"问题，并将"民族形式创造"作为"五四"以来文艺上的一个改革运动，明显地对"五四"的白话文运动的限度提出了疑问，即：

> 在民族形式创造的要求下，怎样处置五四以来的文艺语言呢？[73]

黄绳文章的重要性还不仅在于他明确地从语言问题入手来考虑"民族形式"问题，更重要的是，一方面，他十分自觉地意识到"民族形式"特别是方言土语与"五四"白话文运动的西方化倾向的冲突，并对"五四"语言改革运动的局限性展开批评；另一方面，他最终仍然重申了"五四"基于西方语言的特征而展开的对中国民族语言的批评。这显然是因为：首先，如果以方言土语为"民族形式"的语言特征，也就取消了统一的"民族形式"形成的可能性，实际上也就在语言的层面将"民族"问题"地方化"了；其次，方言土语在两个层面上与"五四"以来的语言运动相冲突，一个是与拼音化、科学化、逻辑化的世界主义倾向的冲突，另一个是与"大众语"的阶级论框架相冲突。黄绳一方面指责"五四"白话文运动的局限和中庸性，"真正活的口语，和文言一样居于辅助的地位"，另一方面又批评"外来语言的采用，欧洲文法日本文法的随意纳入，却又使文艺的语言脱离大众"，甚至重申瞿秋白在大众语运动中对白话文的严重指责，即白话文是"上层的资产阶级与一般知识分子的所有物，而且它那么一下子就停下来，甚至早早回向妥协与投降的路上，而造成了一种全不能为大众所能懂的，充满了欧化气与八股气的买办文字"[74]。

---

[73] 黄绳：《民族形式与语言问题》，香港《大公报·文艺副刊》，1939 年 12 月 15 日。
[74] 同上。

正是在这两层意义上，黄绳得出结论说：

> 民族形式是五四以来文艺形式的否定，在文艺语言上也不能
> 不是五四以来文艺语言的扬弃。[75]

在阶级论的框架内对"五四"进行批评在语言方面主要表现为进一步大众化的要求，却不构成形成"普遍语言"的基本取向的否定。但是，如果对"五四"白话文运动的批判与方言或地方性问题联系起来，则有可能与上述基本取向相冲突。这在民族主义的历史进程中是无法接受的。因此，黄绳在做了上述判断之后，立刻"辩证地"补充说："要注意的是所谓扬弃，不是完全的荒置，而是一面废弃，一面保存和发展。对于五四以来文艺语言，我们不能不保存和发展它的积极的进步的部分，十分害怕'大众不懂'，而要完全回避新文艺中的语汇和语式，是愚笨的。"[76]

为了说明"欧化的白话"的历史合理性，他从两个方面展开论证。第一，他利用了时代和进步的概念，把语言问题与"时代意识"问题关联起来，从而用新/旧时代的总体替代关系化解"知识分子"与"大众"之间的截然对立关系。"语言随社会意识的变化而变化。封建时代的语言，代表着封建意识；民主革命时代的语言，代表着民主革命意识。所以五四以来文艺语言，无疑比以前进步。在民族形式中，必要承受其中的一部分。悉意回避它，不特贬损了语言艺术，而且必定妨碍着前进内容的表达。"第二，他利用了现代文化的科学化倾向，批评中国语言的特征，重申西方中心主义的语言观。"语言的贫乏和组织不紧密，是我们民族的先天缺憾，向外汲取语言是一个弥补的办法。

〈75〉 黄绳：《民族形式与语言问题》，香港《大公报·文艺副刊》，1939 年 12 月 15 日。
〈76〉 同上。

外来的语汇和语式，确曾把我们的文艺语言丰富起来，有其积极的进步意义。所以在民族形式中，对于欧洲的日本的词汇和语式，还是要加以有机的融化。事实上思想的复杂性，无论如何需要语言的丰富多彩和结构之紧密。作品的形式要接近大众，而思想的深入和繁驳，对于大众也不可少。文化工作者一面要接近大众，另一面也要吸取先进国家复杂的语言构造来教育大众。"〈77〉

无论是诉诸时代概念，还是诉诸西方语言的逻辑化特征，黄绳对语言的民族形式的思考都是对现代性的重申，也是对语言变革的世界主义和民族主义倾向的重申。他对方言土语的重视只能被置于上述现代性的前提之下。这样，原先所要回答的是"在民族形式创造的要求下，怎样处置五四以来的文艺语言"的问题，现在却转换成为另一个方向似乎完全相反的问题：

> 在民族形式创造的要求下，怎样处理旧形式——民间文艺的语言呢？〈78〉

对语言现代性的反思现在转换为语言现代性的命题，"民族形式"对现代白话构成的挑战转化为对"旧形式"的批判。经过这一转换，黄绳的结论完全改变了：社会意识的变迁导致大众中流传的作品的语言成为"旧小说的死白话"；"旧形式"中的文人作品夹杂许多文言成分，是"旧文人的滥笔"；"民间文艺的语言有许多是简单的，'现成的'，'反创造性的'，因袭的。……很少变化"；御用文人作品中流布着"宿命论和封建的反动意识，连大众作品中也不可避免。那么，与这样的意识相依存的语言，便是有毒的语言"。这样，虽然理论上说"民族

〈77〉 黄绳：《民族形式与语言问题》，香港《大公报·文艺副刊》，1939 年 12 月 15 日。
〈78〉 同上。

形式"是"五四"以来语言变革的一个新的阶段，但实际上却是重申"五四"的价值观，清算民间的、封建的和文人的语言遗产，增加的仅仅是重视"采用大众的语言"并使之"重新创造"的一般口号：

> 所以我们主张向大众学习语言，主张批判地运用方言土语，使作品获得一种地方色彩，使民族特色从地方色彩里表现出来。自然，我们不主张滥用方言土话，不承认会有所谓"土话文艺"。土话大部分是落后的，芜杂的，不讲求语法的。经过选择，洗炼，重新创造，它在文艺上才有意义。[79]

现在我们可以看到，现代语言运动的主流（白话文运动）不仅是以消灭口语的多样性为代价的，而且还伴随着一种文化的过滤。现代国家在文化上的支配地位的形成也在这个意义上与现代语言运动具有密切的联系。

"五四"白话文运动的否定之否定

事实上，沿着这样的逻辑看待"民族形式"问题，就只能肯定"五四"创造的新形式也是"民族形式"。例如巴人说：

> 五四以来的新文学形式，主要可说是都市生活形式的反映。而这也正是接受于西欧文艺形式的基调。但这也成为我们文学历史上的民族形式了。虽然这形式没有得到我们人民大众的广大的接受，但它显然是带有进步性的。它虽然是离开了大众实际语言

〈79〉 黄绳：《民族形式与语言问题》，香港《大公报·文艺副刊》，1939 年 12 月 15 日。

的单纯构造的形式，但它显然是已能部分地传达出比较细密的思虑与情意了。这并不是必须抛弃的优点，恰恰相反，它还须我们承继与发扬的。〈80〉

从语言变革和"民族形式"的倡导，最终回向了现代历史。就文艺而言，首先是回向了关于"五四"的反思。不同的主张需要在这个基本起点上展开。可以肯定的是，通过重新肯定"五四"的历史意义，重申现代性的价值取向，正是"民族形式"讨论的主流方向，也是论述"地方形式"和"民间形式"的基本准绳。例如周扬就说：

> 从旧民间形式中找出了白话小说，把它放在文学正宗的地位，这只是"五四"文学革命的工作的一部分；另一部分工作是相当大量地吸收了适合中国生活之需要的外国字汇和语法到白话中来，使它变为了更完全更丰富的现代中国语，把章回小说改造成了更自由更经济的现代小说体裁，从旧白话诗词蜕化出了自由诗。在"五四"初期的白话小说白话诗里面就保留有旧小说诗词的写法与调子的鲜明痕迹，但那已经不是旧形式，而是新形式了。不能否认，由于新文学历史的短暂，由于中国文字与语言的长期分离，文艺之民族新形式还没有最高完成，语言形式的缺点还严重存在。但是新形式比之旧形式，无论如何是进步的，这一点却毫无疑义。字汇更丰富了，语法更精密了，体裁更自由活泼了，那就是准确地去表现现实的那种力量，即对于现实的表现力更提高了。〈81〉

〈80〉 巴人：《民族形式与大众文学》，《文艺阵地》第 4 卷第 6 期，1940 年 1 月 16 日，第 1389 页。

〈81〉 周扬：《对旧形式利用在文学上的一个看法》，《中国文化》第 1 卷第 1 期，1940 年 2 月 15 日，第 35—36 页。

潘梓年、黄绳和周扬的例子表明了"民族形式"内含的顽强的、不可动摇的普遍主义。方言和口语的运用必须服从这种普遍主义的逻辑。事实上，这种普遍主义的语言逻辑不仅是民族主义的，而且是"国际主义"或世界主义的。正由于此，以方言口语为特征的"地方形式"就被纳入一种普遍语言的规范之中，尽管这种普遍语言及其规范本身尚未真正形成。不过，如果我们读了胡风的《论民族形式问题底提出和争点》，我们就能够理解：规范仍然是由都市语言和西方语言决定的。

在这篇文章中，胡风叙述了有关文艺大众化问题产生的历史过程。在谈到 30 年代"大众文艺"的讨论时，他回顾说，那场争论的出发点是对于"'五四'新文艺底'白话'的否定，说那是'和平民群众没有关系'的'欧化的新文言'，革命的大众文艺应该改用'新兴阶级的普通话'，'在五方杂处的大都市里面，在现代化的工厂里面，他们的言语事实上已经在生产着一种中国的普通话'"[82]。胡风把"大众文艺"用语的讨论看作"争取发展的大众化运动所尝试的自我批判"：

> ……因为，大众化运动一被移到创作实践（能表现大众底生活，能被大众懂得）上面，就不得不碰到文艺言语和大众口头言语的差异，这个构成文艺形势的基本材料的言语（文字）问题。……这一问题的提出……在理论上却没有得到什么收获，除了对于"五四"新文艺底"白话"的批判，以及对于这个批判的反批判（分析地证明"新兴阶级的普通话"并不存在和"欧化新文言"底应有评价）这两方面底论点都包含了部分的（仅仅是部分的）真理以外，就是方言文艺和方言土话拼音化的要求这两个问题底提出，做了接踵而来的，伟大的新的语文改革运动底

---

〔82〕 胡风:《论民族形式问题底提出和争点——对于若干反现实主义倾向的批判提要，并以纪念鲁迅先生逝世四周年》,《中苏文化》第 7 卷第 5 期,1940 年 10 月 25 日, 第 33 页。

预告。[83]

胡风把"大众化运动"的主要贡献归结为"方言文艺和方言土话拼音化的要求"是意味深长的。这表明现代语言改革运动并非用口语（方言）改造书面语，而是通过拼音化运动创造新的发音，以配合现代书面语的形成，进而形成一种"普遍语言"即普通话。在这个意义上，以言文一致为特征的现代语言运动并非以现存的口语为中心改造书面语，而是在拼音化的方向上创造新的语言，包括口语和书面语。在评价1934年的语文改革运动时，胡风特别在"大众"概念前面加上了"国民"的定语，显然是为了适应抗日战争的民族主义内容，从而也与"五四"的"国语"概念遥相呼应。他说：

> ……当大众语运动发展到了拉丁化新文字运动，问题底性质就早已从文艺用语这界限突破出去，成了也要通过文化活动去争取解放的国民的群众运动底一环。这一运动，不但以鲁迅为首在理论上说明了：文字要能够是国民口头言语底记录，选炼和提高，能够反映国民生活底内容，底色泽，底韵律，因而能够被国民自己用作反映生活批判生活的武器。这就是从高度多元的发展（方言文化，方言文艺运动）去争得有如国民生活本身那么丰富的内容的一元的统一（未来的民族统一语文和国民文艺）……而且青年语言学家们还在实践上开始了坚实的活动：北方话字母方案底制成和一些书报底出版，上海话、宁波话、广州话、厦门话等字母方案底制成，地方语刊物、课本底编印，地方语研究会、学习班底成立……这就建立了一个虽然远不能和现实要求相应，然而

---

〔83〕 胡风：《论民族形式问题底提出和争点——对于若干反现实主义倾向的批判提要，并以纪念鲁迅先生逝世四周年》，《中苏文化》第 7 卷第 5 期，1940 年 10 月 25 日，第 34 页。

却可以由这开发的基础。所以，大众语运动，不但通过文艺用语问题把大众化底内容扩展到了整个创作领域上面，而且，通过国民的语文改造问题，使大众化底内容在群众对于旧意识的斗争和对于新意识的争取里面作为国民的、群众的政治解放运动底一翼的，国民的、群众的文化斗争在具体的过程上联结了起来。在许多论者一再注意得内容上的"前进的意识"这一说法上面，这联结就表现得非常明显。[84]

胡风提到了口头语言的记录，更提到了选炼和提高，以及从形式上的多元发展为内容上的一元的统一。拉丁化运动被胡风描述为"对于方块字拜物教的斗争"[85]，但是，恰恰是方块字提供现代汉语的统一方面或"一元的统一"。胡风在肯定方言研究和方言文艺的必要性的同时，又反过来肯定"'五四'新文艺以及它底'白话文'"，反对将白话视为"欧化的新文言"。[86]他引用论者的话说，在形式上，白话文的基本词汇和语法，也是劳苦大众口语底基础部分；在内容上，白话文创造了不少进步作品，是理论翻译的唯一工具。[87]正是在这个意义上，胡风坚持"大众化不能脱离'五四'传统，因为它始终要服从现实主义的反映生活批判生活底要求，'五四'传统也不能抽去大众化，因为它本质上是取向着和大众的结合"[88]。

"地方形式"和"方言土语"的问题最终只能构成"民族形式"讨论中的附属性问题不是偶然的。在寻求建立现代民族国家的过程中，

〈84〉 胡风：《论民族形式问题底提出和争点——对于若干反现实主义倾向的批判提要，并以纪念鲁迅先生逝世四周年》，《中苏文化》第 7 卷第 5 期，1940 年 10 月 25 日，第 34 页。

〈85〉 同上。

〈86〉 同上。

〈87〉 同上。

〈88〉 同上，第 34—35 页。

普遍的民族语言和超越地方性的艺术形式始终是形成文化同一性的主要方式。在新与旧、都市与乡村、现代与民间、民族与阶级等关系模式中，文化的地方性不可能获得建立自主性的理论根据。在以后的段落中，我将着眼于新／旧、现代／民间的关系，进一步探讨支配"民族形式"讨论的现代性逻辑。

参考文献

一、中文研究文献

岑练英：《中英烟台条约研究——兼及英国对华政策之演变概说》，珠海书院中国文学历史研究所，1978

常安：《清末民初宪政世界中的"五族共和"》，《北大法律评论》2010 年第 2 期

陈孔立（主编）：《台湾历史纲要》，九州出版社，1996

陈利：《法律、帝国与近代中西关系的历史学：1784 年"休斯女士号"冲突的个案研究》，邓建鹏、宋思妮译，载《北大法律评论》2011 年第 2 辑

陈望道：《中国拼音文字的演进——明末以来中国语文的新潮》，复旦大学语言研究室编：《陈望道文集》第三卷，上海人民出版社，1981

陈显泗、杨昭全：《朝鲜近代农民革命领袖全琫准》，商务印书馆，1985

陈在正：《1874—1875 年清政府关于海防问题的大讨论与对台湾地位的新认识》，《台湾研究集刊》1986 年第 1 期

戴东阳：《徐承祖与中日〈天津条约〉》，《中国社会科学院近代史研究所青年学术论坛 2005 年卷》，社科文献出版社，2006

戴逸：《清代中国与世界》，中国人民大学出版社，2018

丁彩霞：《从滇案的交涉看中国外交的转变》，《学术探索》2017 年第 2 期

董小川：《美俄关系史研究 1648—1917》，东北师范大学出版社，1999

樊洪业：《从格致到科学》，《自然辩证法通讯》1988 年第 3 期

范明礼：《亚泉杂志》、《科学世界》，载《辛亥革命时期期刊介绍》第 1 辑，人民出版社，1982

方英：《合作中的分歧：马嘉理案交涉再研究》，《史学集刊》2014 年第 4 期

冯天瑜：《"封建"考论》，中国社会科学出版社，2010 年

干春松：《民族主义与现代中国的政治秩序——章太炎与严复围绕〈社会通诠〉的争论》，《开放时代》2014 年第 6 期

高道蕴等（编）：《美国学者论中国法律传统》，清华大学出版社，2004

故宫档案馆（编）：《蒙古起义清方档案·宣统三年十一月初七日蒙古代表及那彦图等致内阁袁世凯函》，《辛亥革命资料丛刊》（第七册），上海人民出版社，2000

郭颖颐：《中国现代思想中的唯科学主义》，江苏人民出版社，1989

郭绍虞：《中国语言与文字之分歧在文学史上的演变现象》，《照隅室古典文学论集（上编）》，上海古籍出版社，1983

韩延龙、常兆儒（编）：《中国新民主主义革命时期根据地法制文献选编》第一卷，中国社会科学出版社，1981

郝斌、欧阳哲生（编）：《五四运动与二十世纪的中国》，社会科学文献出版社，2001

《荷兰人在福尔摩莎》（*De VOC en Formosa, 1624-1662*），程绍刚译注，联经出版事业公司（台北），2000

胡适：《胡适口述自传》，台北传记文学出版社，1981

黄德宽、陈秉新：《汉语文字学史》，安徽教育出版社，1994

黄彰健：《戊戌变法史研究》（下册），上海书店出版社，2007

孔祥吉：《康有为变法奏议研究》，辽宁教育出版社，1988

——：《胶州湾危机与维新运动的兴起》，《历史研究》1998 年第 5 期

赖建诚：《梁启超的经济面向》，联经出版事业公司（台北），2006

李国祁：《中国近代民族思想》，《港台及海外学者论近代中国文化》，上海人民出版社，1987

李天纲：《中国礼仪之争：历史·文献和意义》，上海古籍出版社，1998

李燕：《十月革命一百周年纪念：俄官方与学界的新动态》，《俄罗斯学刊》2017 年第 3 期

李燕芬：《美国的中东铁路政策评析（1895—1922）》，东北师范大学硕士论文，2007

李义虎：《地缘政治学：二分论及其超越——兼论地缘整合中的中国选择》，北京大学出版社，2007

李泽厚：《中国现代思想史论》，东方出版社，1987

刘明逵、唐玉良（主编）：《中国近代工人阶级和工人运动》第 1 册，中共中央党校出版社，2002

刘淑春、翟民刚、王丽华（编）:《"十月"的选择——90 年代国外学者论十月革命》,中央编译出版社,1997

刘自强:《论 20 世纪初期美国对日政策的演变》,《贵州师范大学学报》（社会科学版）2004 年第 3 期

吕新雨:《乡村与革命》,华东师范大学出版社,2013

马健行:《帝国主义理论形成史》,中国社会科学出版社,1993

茅海建,《从甲午到戊戌:康有为〈我史〉鉴注》,生活·读书·新知三联书店,2009

毛泽东:《论持久战》,载竹内实监修、毛泽东文献资料研究会编:《毛泽东集》第 6 卷（1938 年 5 月—1939 年 8 月）,日本:株式会社苍苍社,1983

——:《中国的红色政权为什么能够存在?》,《毛泽东选集》（第一版）第 1 卷,人民出版社,1966;《毛泽东集》第 2 卷（1927 年 5 月—1931 年 8 月）

——:《湖南农民运动考察报告》,《毛泽东选集》（第一版）第 1 卷

——:《中国社会各阶级的分析》,《毛泽东选集》（第一版）第 1 卷

——:《中国共产党在民族战争中的地位》,《毛泽东选集》（第二版）第 2 卷,人民出版社,1991

——:《丢掉幻想,准备斗争》,《毛泽东选集》（第二版）第 4 卷

——:《党对政府工作的领导责任》,《毛泽东文集》第 6 卷,人民出版社,1999

——:《在扩大的中央工作会议上的讲话》,《毛泽东文集》第 8 卷

——:《论新阶段》,《解放》周刊第 57 期,1938 年 11 月

——:《同延安〈新华日报〉记者其光的谈话》,《解放》第 31 期,1938 年 2 月

《蒙古王公致伍廷芳函》,载渤海寿臣:《辛亥革命始末记》,见沈云龙主编《近代中国史料丛刊》第一编第四十二辑,文海出版社（台北）,1969

倪海曙:《中国拼音文字运动史简编》,时代出版社,1950

钱穆:《中国学术思想史论丛（一）》,东大图书有限公司（台北）,1976

——:《朱子新学案》（中）,巴蜀书社,1987

屈春海、谢小华（编选）:《马嘉理案史料》（一）（二）（三）（四）,分别载于《历史档案》2006 年第 1 期、2006 年第 2 期、2006 年第 4 和 2007 年第 1 期

任一:《"寰世独美"》,《史学集刊》第 1 期,2016 年 1 月

陕庆:《命名和论述"中国"的方式:对〈中华民国解〉的一种解读》,《"晚清思想中的中西新旧之争"学术研讨会论文集》,清华大学道德与宗教研究院主办,2016 年

12 月

石硕：《西藏文明东向发展史》，四川人民出版社，1994

孙毓棠：《中国近代工业史资料》第 1 辑（下），科学出版社，1957

唐弢、严家炎（主编）：《中国现代文学史》第三卷，人民文学出版社，1980

汤锦台：《开启台湾第一人：郑芝龙》，果实出版社（台北），2002

——：《大航海时代的台湾》，大雁文化事业股份有限公司（台北），2011

汤奇学：《科学一斑》，《辛亥革命时期期刊介绍》第 2 辑，人民出版社，1982

陶文钊：《日美在中国东北的争夺（1905—1910）》，《世界历史》1996 年第 1 期

陶彦林、李秀莲：《20 世纪初美国对中国东三省铁路的觊觎》，《黑河学刊》2001 年第
  5 期

王宝平：《康有为〈日本书目志〉出典考》，《汲古》57 号，2010 年 6 月

王治来：《中亚通史·近代卷》，新疆人民出版社，2007

汪晖：《现代中国思想的兴起》，生活·读书·新知三联书店，2008

——：《再问“什么的平等”（下）：齐物平等与“跨体系社会”》，《文化纵横》2011 年第
  6 期

——：《声之善恶：什么是启蒙——重读〈破恶声论〉》，《声之善恶》，生活·读书·新
  知三联书店，2013

——：《两洋之间的文明》，《经济导刊》2015 年第 8 期

——：《东西之间的“西藏问题”（外二篇）》，生活·读书·新知三联书店，2014

——：《去政治化的政治》，生活·读书·新知三联书店，2008

——：《两岸历史中的失踪者——〈台共党人的悲歌〉与台湾的历史记忆》，《文学评论》
  2014 年第 5 期

——：《革命、妥协与连续性的创制》（上、下），《社会观察》2011 年第 12 期、2012 年
  第 1 期

——：《二十世纪中国历史视野下的抗美援朝战争》，《文化纵横》2013 年第 6 期

汪晖、陈燕谷（主编）：《文化与公共性》，生活·读书·新知三联书店，1998

汪敬虞：《中国近代工业史资料》第 2 辑，科学出版社，1957

王绳组：《中英关系史论丛》，人民出版社，1981

王宪明：《语言、翻译与政治——严复译〈社会通诠〉研究》，北京大学出版社，2005

——：《论俄国革命》，潘建雷、何雯雯译，生活·读书·新知三联书店，2015

——:《学术与政治》，冯克利译，生活·读书·新知三联书店，1998

吴福环：《清季总理衙门研究（1861—1901）》，新疆大学出版社，1995

邢广程：《苏联高层决策七十年》第一卷，世界知识出版社，1998

许建英：《近代英国与中国新疆（1840—1911）》，黑龙江教育出版社，2014

徐迺翔（主编）：《文学的"民族形式"讨论资料》，广西人民出版社，1986

颜清湟：《辛亥革命与南洋华人》，《辛亥革命与南洋华人研讨会论文集》，政治大学国际
　　关系研究中心（台北），1986

于迎春：《"雅""俗"观念自先秦至汉末衍变及其文学意义》，《文学评论》1996 年第
　　3 期

《张诚日记》，陈霞飞、陈泽宪译，商务印书馆，1973

张国刚等：《明清传教士与欧洲汉学》，中国社会科学出版社，2001

张小平、潘岩铭：《中国近代科技期刊简介（1900—1919）》，载丁守和主编：《辛亥革命
　　时期期刊介绍》，人民出版社，1986

章永乐：《旧邦新造 1911—1917》，北京大学出版社，2011

张志强：《论章太炎的民族主义》，载章念驰编：《章太炎生平与学术》（下），上海人民
　　出版社，2016

中国社会科学院近代史研究所（主编）：《五四运动回忆录》（上），中国社会科学出版
　　社，1979

中央统战部（汇编）：《民族问题文件汇编（1921.7—1949.9）》，中共中央党校出版社，
　　1991

周振鹤、游汝杰：《方言与中国文化》，上海人民出版社，1986

朱有瓛：《中国近代学制史料》第三辑上册，华东师范大学出版社，1990

左舜生：《中国近代三度改革运动的检讨：戊戌，辛亥，五四》，载周玉山编《五四论
　　集》，成文出版社（台北），1970

二、外文文献（含中译本）

板谷敏彦：《日露戦争、資金調達の戦い—高橋是清と欧米バンカーたち》，新潮社，
　　2012

柄谷行人：《民族主义与书写语言》，《学人》第 9 辑，江苏文艺出版社，1996

村田雄二郎：《孙中山与辛亥革命时期的"五族共和"论》，《广东社会科学》2004 年 5 期

和田春树:《日俄战争:起源与开战》上卷,易爱华、张剑译,生活·读书·新知三联书店,2018

伊原泽周:《近代朝鲜的开港:以中美日三国关系为中心》,社会科学文献出版社,2008

井上琢智:"添田寿一と日清·日露戦争:Economic Journal 宛公開書簡等に見る外債募集と黄禍論",《甲南会計研究》2015 年第 9 期

姜万吉:《韩国近代史》,东方出版社,1993

今道发信:《美学的现代课题》,载于马克思主义文艺理论研究编辑部(编选):《美学文艺学方法论》上册上,文化艺术出版社,1985

木山英雄:《文学复古与文学革命——木山英雄中国现代文学思想论集》,赵京华编译,北京大学出版社,2004

山本正秀:《近代文体发生史的研究》,岩波书店,1993

山室信一、中野目彻校注,《明六杂志》,岩波书店,2009

西周:《知说》第 4 节,《明六杂志》第 22 号,明治七年十二月,收入大久保利谦编《西周全集》第一卷,宗高书房,昭和三十五年发行,昭和四十五年再版。

——:《尚白札记》,《西周全集》第一卷。

——:《百学连环》,《明六杂志》第 22 号,明治七年十二月刊(1874 年 12 月 19 日)

有贺长雄:《革命时期统治权转移之本末》,载《法学会杂志》一卷八号,1913 年 10 月

冢田义房、加藤道理等(编著):《常用国语便览》,邦岛书店,昭和六十年

佐口透:《18—19 世纪新疆社会史研究》上册,凌颂纯译,新疆人民出版社,1983

Abel, Ernest L. "Benedict-Augustin Morel (1809-1873). " *American Journal of Psychiatry*, Vol. 161, Iss. 12 (Dec. 2004): 2185

Abrahamian, Ervand. *Iran Between Two Revolutions*. Princeton: Princeton University Press, 1982

Ahmad, Feroz. "The Young Turk Revolution. " *Journal of Contemporary History*, Vol. 3, Iss. 3 (July 1968): 19-36

Allen, Robert C. *Farm to Factory: A Reinterpretation of the Soviet Industrial Revolution*. Princeton University Press, 2003

本尼迪克特·安德森(Anderson, Benedict):《比较的幽灵》,甘会斌译,译林出版社,2012

Arrighi, Giovanni. *The Long Twentieth Century: Money, Power, and the Origins of Our Times.* London & New York: Verso, 1994

阿兰·巴迪欧（Badiou, Alain）:《世纪》, 蓝江译, 南京大学出版社, 2011

Badiou, Alain. "The Communist Hypothesis. " *New Left Review* 49（Jan. 2008）: 29-42

——. "The Cultural Revolution: The Last Revolution?" Bosteels, Bruno, trans. *Positions: east asia cultures critique*, Vol. 13, No. 3 (Winter 2005): 481-514

Bayly, Christopher. A. "The British Military-Fiscal State and Indigenous Resistance, India 1750-1820. " in Stone, Lawrence, ed. *An Imperial State at War: Britain from 1689 to 1815.* New York: Routledge, 1994

别尔嘉耶夫（Berdyaev, Nicolas）:《俄罗斯思想》, 雷永生、邱守娟译, 生活·读书·新知三联书店, 1995

柏格森（Bergson, Henri）:《时间与自由意志》, 吴士栋译, 商务印书馆, 1958

Blobaum, Robert E. *Rewolucja: Russia Poland 1904-1907.* Ithaca & London: Cornell University Press, 1995

Bloch, Ernst. *The Principle of Hope.* Oxford: Basil Blackwell, 1986

Boxer, C. R. "The Portuguese Padroado in East Asia and the Problem of the Chinese Rites, 1576-1773. " *Boletim doInstituto Português de Hongkong (secção de história)*, vol. i (July 1948): 3-30

Braisted, William R. "The United States and the American Development Company. " *The Far Eastern Quarterly*, Vol. 11, No. 2 (Feb. 1952): 147-165

Brophy, Susan Dianne. "The Explanatory Value of the Theory of Uneven and Combined Development". Historical Materialism, www. historicalmaterialism. org/blog/explanatory-value-theory-uneven-and-combined-development. Accessed 26th Feb. 2018

雅各布·布克哈特（Burckhardt, Jacob）:《意大利文艺复兴时期的文化》, 商务印书馆, 1979

卡西尔（Cassirer, E. ）:《启蒙哲学》, 山东人民出版社, 1988

——:《人论》, 上海译文出版社, 1985

Chakrabarty, Dipesh. "Belatedness as Possibility: Subaltern Histories, Once More. " in Boehmer, Elleke & Chaudhuri, Rosinka, eds. *The Indian Postcolonial: A Critical Reader.* Routledge, 2011

Chatterjee, Partha. "Whose Imagined Communities?" in Chatterjee, Partha. *The Nation and Its Fragments: Colonial and Post-Colonial Histories.* Princeton University Press, 1993

Conrad, Sebastian. "Enlightenment in Global History: A Historiographical Critique." *American Historical Review*, Vol. 117, Iss. 4 (Oct. 2012): 999-1027

伊夫斯·德·托马斯·德·博西耶尔夫人（De Bossierre, Mme Yves de Thomaz）:《耶稣会士张诚——路易十四派往中国的五位数学家之一》, 辛岩译, 大象出版社, 2009

伊萨克·多伊彻（Deutscher, Issac）(波):《武装的先知　托洛斯基　1879—1921》, 王国龙译, 中央编译出版社, 2013

Dowbiggin, Ian. "Degeneration and Hereditarianism in French Mental Medicine 1840-90: Psychiatric Theory as Ideological Adaption." in R. Porter, W. F. Bynum and Sheperd, M. *The Anatomy of Madness: Essays in the History of Psychiatry, Vol. I.* London & New York: Tavistock Publications, 1985

Duara, Prasenjit. "History and Globalization in China's Long Twentieth Century." *Modern China*, Vol. 34, No. 1 (Jan., 2008): 152-164

Duus, Peter. *The Abacus and the Sward.* Berkeley/Los Angles/London: University of California Press, 1995

艾森斯塔德（Eisenstadt, S. N.）:《大革命与现代文明》, 刘圣中译, 上海世纪出版集团, 2012

——:《反思现代性》, 旷新年、王爱松译, 生活·读书·新知三联书店, 2006

恩格斯（Engels, Friedrich）:《俄国在中亚细亚的进展》, 中共中央编译局:《马克思恩格斯全集》（第一版）第12卷, 人民出版社, 1962

——:《工人阶级同波兰有什么关系? 》,《马克思恩格斯全集》（第一版）, 第16卷

——:《俄国在远东的成功》,《马克思恩格斯论中国》, 人民出版社, 1997

费正清（Fairbank, John K.）:《美国与中国》, 商务印书馆, 1987

科林·弗林特、皮特·泰勒（Flint, C. and Taylor, P. J.）:《政治地理学》（第六版）, 刘云刚译, 商务印书馆, 2016

Heffernan, Michael. "Fin de siècle, Fin du Monde? On the origins of European geopolitics, 1890-1920." in Dodds, Klaus, and Atkinson, David, eds. *Geopolitical Traditions: A century of Geopolitical Thought.* London & New York: Routledge, 2000

Hobsbawm, Eric. *The Age of Extremes, A History of the World.* New York: Pantheon, 1994

黑格尔（Hegel, G. W. F.）:《小逻辑》,《哲学科学百科全书纲要》第一部分, 贺麟译, 商务印书馆, 1980

——:《精神哲学》,《哲学科学百科全书纲要》第三部分, 杨祖陶译, 人民出版社, 2006

韩家宝（Heyns, Pol）:《荷兰时代台湾的经济、土地与税务》, 郑维中译, 播种者文化有限公司（台北）, 2002

希法亭（Hilferding, Rudolf）:《金融资本》, 福民等译, 商务印书馆, 1994

欣斯利（Hinsley, F. H.）编:《新编剑桥世界近代史》第11卷, 中国社会科学出版社, 1987

赫沃斯托夫, B. M.:《外交史》第二卷, 北京: 生活·读书·新知三联书店, 1979

霍布森（Hobson, J. A.）:《帝国主义》, 上海人民出版社, 1964

赫胥黎（Huxley, T. H.）:《进化论与伦理学》"附录", 北京大学出版社, 2010

——:《天演论》, 严复译, 商务印书馆, 1981

Huntington, Samuel P. "The Clash of Civilizations?" *Foreign Affairs*, 72. 3 (1993): 22-49

普雷斯顿·詹姆斯、杰弗雷·马丁（James, P. E. and Martin, G. J.）:《地理学思想史》（增订本）, 李旭旦译, 商务印书馆, 1989

雅斯贝尔斯（Jaspers, K. T.）:《历史的起源与目标》, 华夏出版社, 1989

甄克思（Jenks, Edward）:《社会通诠》, 严复译, 商务印书馆, 1981

考茨基（Kautsky, Karl）:《恐怖主义与共产主义》, 生活·读书·新知三联书店, 1963

孔飞力（Kuhn, Philip A.）:《中国现代国家的起源》, 陈兼、陈之宏译, 生活·读书·新知三联书店, 2013

Kuhn, Philip A. *Rebellion and Its Enemies in Late Imperial China: Militarization and Social Structure, 1769-1864.* Cambridge: Harvard University Press, 1980

Laitinen, Kauko. *Chinese Nationalism in Late Qing Dynasty: Zhang Binglin as an Anti-Manchu Propagandist.* London: Zurzon Press, 1990

Lattimore, Owen. "Asia in a New World Order", *Foreign Policy Reports* 28 (Sept. 1942): 150-63

拉法格（Lafargue, P.）:《美国托拉斯及其经济、社会和政治意义》, 见《拉法格文选》（下）, 中共中央马克思恩格斯列宁斯大林著作编译局, 人民出版社, 1985

列宁（Lenin, Vladimir）:《社会民主党在民主革命中的两种策略》, 中共中央编译局:《列宁选集》（第二版）第1卷, 人民出版社, 1972

——:《帝国主义是资本主义的最高阶段》,《列宁选集》(第二版)第 2 卷

——:《论民族自决权》,《列宁选集》(第二版)第 2 卷

——:《亚洲的觉醒》,《列宁选集》(第二版)第 2 卷

——:《中国的民主主义和民粹主义》,《列宁选集》(第二版)第 2 卷

——:《民族和殖民地问题提纲初稿》,《列宁选集》(第二版)第 4 卷

——:《社会民主党在 1905—1907 年俄国第一次革命中的土地纲领》,《列宁全集》(第
二版)第 16 卷, 人民出版社, 1988

——:《19 世纪末俄国的土地问题》,《列宁全集》(第二版)第 17 卷

——:《中国的民主主义和民粹主义》,《列宁全集》(第二版)第 21 卷

——:《中国各党派的斗争》,《列宁全集》(第二版)第 23 卷

《列宁传》上册, 苏共中央马克思列宁主义研究院集体编写, 生活·读书·新知三联书
店, 1960

列文森(Levenson, Joseph R.):《儒教中国及其现代命运》, 郑大华、任菁译, 中国社会
科学出版社, 2000

Lin, Yu-sheng. *The Crisis of Chinese Conciousness: Radical Anti-traditionalism in the May
Fourth*. University of Wisconsin Press, 1978

Linn, Brian McAllister. *The Philippine War, 1899-1902*. The University Press of Kansas, 2000

Luxemburg, Rosa. *Le Socialiste*, May 1-8, 1904, Translated: for marxists. org by Mitch Abidor.
https: //www. marxists. org/archive/luxemburg/1904/05/01. html. Accessed 11th Apr. 2018

卢森堡(Luxemburg, Rosa):《资本积累论》, 生活·读书·新知三联书店, 1959

——:《论俄国革命·书信集》, 殷叙彝、傅惟慈、郭颐顿译, 贵州人民出版社, 2001

罗素(Russel, Bertrand):《西方哲学史》下卷, 商务印书馆, 1976

Mackinder, H. J. "The Geographical Pivot of History. " *The Geographical Journal*, Vol. 23,
No. 4 (Apr. 1904): 421-437

Mahan, Alfred Thayer. *The Problem of Asia and the Effects upon International Politics*.
Washington and London: Kennikat Press, 1920

Mancall, Mark. *Russia and China: Their Diplomatic Relations to 1728*. Cambridge, Mass.:
Harvard University Press, 1968

Marshall, Gail, ed. *The Cambridge Companion to the Fin de siècle*. Cambridge: Cambridge
University Press, 2007

马克思（Marx，Karl）:《德意志意识形态》，见《马克思恩格斯全集》（第一版）第 3 卷，中共中央编译局（编译），人民出版社，1956

——:《中国和英国的条约》，《马克思恩格斯全集》（第一版）第 12 卷

——:《临时中央委员会就若干问题给代表的指示》，《马克思恩格斯全集》（第一版）第 16 卷

——:《1847 年 11 月 29 日在伦敦举行的纪念 1830 年波兰起义十七周年的国际大会上的演说》，《马克思恩格斯选集》（第一版）第 1 卷，人民出版社，1972

——:《法兰西内战》，《马克思恩格斯选集》（第一版）第 2 卷

——:《路易·波拿巴的雾月十八日》，《马克思恩格斯选集》（第二版）第 1 卷，人民出版社，1995

马克思、恩格斯:《共产党宣言》，《马克思恩格斯选集》（第二版）第 1 卷

——:《不列颠政局》，《马克思恩格斯全集》（第一版）第 9 卷

Marx, Karl and Engels, Friedrich. *Collected Works of Marx and Engels, Economic Works 1857-1861,* Vol. 28. New York: International Publishers, 1986

麦金德（Mackinder，H. J.）:《环形世界与赢得和平》，载王鼎杰译:《民主的理想与现实》"附录二"，上海人民出版社，2016

——:《历史的地理枢纽》，林尔蔚、陈江译，商务印书馆，1985

迈斯纳（Meisner，Maurice）:《毛泽东的中国及其后：中华人民共和国史》，杜蒲译，香港中文大学出版社，2005

Meisner, Maurice. "Cultural Iconoclasm, Nationalism, and Internationalism in the May Fourth Movement. " in Schwartz, Benjamin I., ed. *Reflections on the May Fourth Movement: A Symposium.* Harvard University Press, 1972

Mercer, Lloyd J., Harriman, E. H.. *Master Railroader*, Washing, D. C.: Beard Books, 2003

O' Toole, G. J. A. *The Spanish War: An America Epic 1898.* New York: W. W. Norton & Company, Inc. 1984

奥斯特哈默（Osterhammel，J.）:《世界的演变：19 世纪史》（第 1 册），强朝晖、刘风译，社会科学文献出版社，2016

Pedue, Peter C. "Boundaries, Maps, and Movement: Chinese, Russian, and Mongolian Empires in Early Modern Central Eurasia. " *The International History Review* 20. 2(1998): 263-286

Pick, Daniel. *Faces of Degeneration: a European Disorder, c. 1848-c. 1918.* Cambridge:

Cambridge University Press, 1989

施米特（Schmitt, Carl）：《论断与概念：在与魏玛、日内瓦、凡尔赛的斗争中（1923—1939）》，上海人民出版社，2006

——：《陆地与海洋——古今之"法"变》，林国基、周敏译，华东师范大学出版社，2006

——：《大地的法》，刘毅、张陈果译，上海人民出版社，2017

索绪尔（Saussure, F. de.）：《普通语言学教程》，商务印书馆，1985

Shapiro, Fred R., ed. *Ernst Haeckel.* in *The Yale Book of Quotations.* Yale University Press, 2006

史华兹（Schwartz, B. I.）：《寻求富强：严复与西方》，叶风美译，江苏人民出版社，1989

微拉·施瓦支（Schwarcz, Vera）：《重评五四运动：在民族主义与启蒙运动之间》，见《五四：文化的阐释与评价，西方学者论五四》，山西人民出版社，1989

约瑟夫·塞比斯（Sebes, Joseph）：《耶稣会士徐日升关于中俄尼布楚谈判的日记》，王立人译，商务印书馆，1973 年

Seibel, Wolfgang. "Beyond Bureaucracy—Public Administration as Political Integrator and Non-Weberian Thought in Germany. " *Public Administration Review* 70. 5 (2010): 719-730

斯皮克曼（Spykman, N. J.）：《和平地理学》，刘愈之译，商务印书馆，1965

施丢克尔（Stoecker, Helmuth）：《十九世纪的德国与中国》，生活·读书·新知三联书店，1963

司徒琳（Struve, L. A.）：《世界史及清初中国的内亚因素——美国学术界的一些观点和问题》，范威译，《满学研究》第 5 辑，民族出版社，2000

桑贾伊·苏布拉马尼亚姆（Subrahmanyam, Sanjay）：《葡萄牙帝国在亚洲，1500—1700：政治和经济史》，何吉贤译，纪念葡萄牙发现事业澳门地区委员会，1997

梯利（Thilly, Frank）：《西方哲学史》下卷，商务印书馆，1979

Tierney, Robert Thomas. *Monster of the Twentieth Century: Kotoku Shusui and Japan' s First Anti-Imperialist Movement.* University of California Press, 2015

韦伯（Weber, M）：《儒教与道教》，洪天富译，江苏人民出版社，2008

Yoshihiro, Ishikawa. "Anti-Manchu Racism and the Rise of Anthropology in Early 20th Century China. " *Sino-Japan Studies*, No. 15 (Apr. 2003)：7-26

三、史料类

李学勤主编:《十三经注疏·周礼注疏》,北京大学出版社,1999

方以智:《通雅》卷首之二藏书删书类略,《方以智全书》第 1 册,上海古籍出版社,1982

巴人:《民族形式与大众文学》,《文艺阵地》第 4 卷第 6 期,1940 年 1 月

鲍少游:《欧洲战争与世界之宗教问题》,《东方杂志》第 14 卷第 2 号,1917 年 2 月

《本社简章》,《二十世纪之支那》第一号,1905 年 6 月

《本志宣言》,《新青年》第 7 卷第 1 号,1919 年 12 月

别士:《论中日分合之关系》,《东方杂志》第 1 期,光绪三十年正月二十五日

陈伯达:《关于文艺的民族形式问题杂记》,《文艺战线》第 3 期,1939 年 4 月

陈独秀:《敬告青年》,《青年杂志》第 1 卷第 1 号,1915 年 9 月

——:《通讯》(记者部分),《青年杂志》第 1 卷第 1 号,1915 年 9 月

——:《法兰西人与近世文明》,《青年杂志》第 1 卷第 1 号,1915 年 9 月

——:《抵抗力》,《青年杂志》第 1 卷第 3 号,1915 年 11 月

——:《一九一六年》,《青年杂志》第 1 卷第 5 号,1916 年 1 月

——:《吾人最后之觉悟》,《青年杂志》第 1 卷第 6 号,1916 年 7 月

——:《通信（答汪叔潜）》,《新青年》第 2 卷第 1 号,1916 年 9 月

——:《我之爱国主义》,《新青年》第 2 卷第 2 号,1916 年 10 月

——:《孔子之道与现代生活》,《新青年》第 2 卷第 4 号,1916 年 12 月

——:《文学革命论》,《新青年》第 2 卷第 6 号,1917 年 2 月

——:《近代西洋教育》,《新青年》第 3 卷第 5 号,1917 年 7 月

——:《俄罗斯革命与我国民之觉悟》,《新青年》第 3 卷第 5 号,1917 年 4 月

——:《旧思想与国体问题》,《新青年》第 3 卷第 3 号,1917 年 5 月

——:《随感录（二）》,《新青年》第 4 卷第 4 号,1918 年 4 月

——:《偶像破坏论》,《新青年》第 5 卷第 2 号,1918 年 8 月

——:《质问〈东方杂志〉记者——〈东方杂志〉与复辟问题》,《新青年》第 5 卷第 3 号,1918 年 9 月

——:《克林德碑》,《新青年》第 5 卷第 5 号,1918 年 10 月

——:《欧战后东洋民族之觉悟及要求》,《每周评论》第 2 号,1918 年 12 月 29 日

——:《本志罪案之答辩书》,《新青年》第 6 卷第 1 号,1919 年 1 月

——：《再质问〈东方杂志〉记者》，《新青年》第 6 卷第 2 号，1919 年 2 月

——：《二十世纪俄罗斯的革命》，《每周评论》18 号，1919 年 4 月

——：《我们应当不应当爱国》，《每周评论》第 25 号，1919 年 6 月

——：《谈政治》，《新青年》第 8 卷第 1 号，1920 年 9 月

——：《国庆纪念的价值》，《新青年》第 8 卷第 3 号，1920 年 11 月

——：《民主党和共产党》，《新青年》第 8 卷第 4 号，1920 年 12 月

——：《"五四"运动时代过去了吗?》，《政论》（旬刊）第 1 卷第 11 期，1938 年 5 月

——：《给西流的信》（1940 年 9 月），《陈独秀书信集》，新华出版社，1987

——：《独秀文存》，安徽人民出版社，1987

杜埃：《民族形式创造诸问题》，香港《大公报》《文艺》副刊，1939 年 12 月 11—12 日

杜亚泉（伧父、高劳）：《亚泉杂志序》，《亚泉杂志》第 1 期，1900 年 10 月

——：《减政主义》，《东方杂志》第 8 卷第 1 号，1911 年 2 月

——：《政党论》，《东方杂志》第 8 卷第 1 号，1911 年 2 月

——：《加查氏之东西两洋论》，《东方杂志》第 8 卷第 2 号，1911 年 3 月

——：《东西洋社会根本之差异》，《东方杂志》第 8 卷第 3 号，1911 年 4 月

——：《中华民国之前途》，《东方杂志》第 8 卷第 10 号，1911 年 4 月

——：《论共和折中制》，《东方杂志》第 8 卷第 11 号，1911 年 5 月

——：《十年以来中国政治通览·上编通论》，《东方杂志》第 9 卷第 7 号，1913 年 1 月

——：《吾人将以何法治疗社会之疾病乎》，《东方杂志》第 9 卷第 8 号，1913 年 2 月

——：《现代文明之弱点》，《东方杂志》第 9 卷第 11 号，1913 年 5 月

——：《接续主义》，《东方杂志》第 11 卷第 1 号，1914 年 7 月

——：《欧洲大战争开始》，《东方杂志》第 11 卷第 2 号 1914 年 8 月

——：《大战争与中国》，《东方杂志》第 11 卷第 3 号，1914 年 9 月

——：《社会协力主义》，《东方杂志》第 12 卷第 1 号，1915 年 1 月

——：《自治之商榷》，《东方杂志》第 12 卷第 2 号，1915 年 2 月

——：《论思想战》，《东方杂志》第 12 卷第 3 号，1915 年 3 月

——：《吾人今后之觉悟》，《东方杂志》第 12 卷第 10 号，1915 年 10 月

——：《再论新旧思想之冲突》，《东方杂志》第 13 卷第 4 号，1916 年 4 月

——：《天意与民意》，《东方杂志》第 13 卷第 7 号，1916 年 7 月

——：《集权与分权》，《东方杂志》第 13 卷第 7、8 号，1916 年 7—8 月

——：《论民主立宪之政治主义不适于现今之时势》，《东方杂志》第 13 卷第 9 号，1916 年 9 月

——：《静的文明与动的文明》，《东方杂志》第 13 卷第 10 号，1916 年 10 月

——：《外交曝言》，《东方杂志》第 14 卷第 1 号，1917 年 1 月

——：《个人与国家之界说》，《东方杂志》第 14 卷第 3 号，1917 年 3 月

——：《战后东西文明之调和》，《东方杂志》第 14 卷第 4 号，1917 年 4 月

——：《未来之世局》，《东方杂志》第 14 卷第 7 号，1917 年 7 月

——：《今后时局之觉悟》，《东方杂志》第 14 卷第 8 号，1917 年 8 月

——：《真共和不能以武力求之论》，《东方杂志》第 14 卷第 9 号，1917 年 9 月

——：《世界人之世界主义》，《东方杂志》第 14 卷第 12 号，1917 年 12 月

——：《续记俄国之近状》，《东方杂志》第 15 卷第 1 号，1918 年 1 月

——：《劳动争议之解决方法》，《东方杂志》第 15 卷第 1 号，1918 年 1 月

——：《推测中国社会将来之变迁》，《东方杂志》第 15 卷第 1 号，1918 年 1 月

——：《政治上纷扰之原因》，《东方杂志》第 15 卷第 2 号，1918 年 2 月

——：《矛盾之调和》，《东方杂志》第 15 卷第 2 号，1918 年 2 月

——：《论移民海外之利害》，《东方杂志》第 15 卷第 2 号，1918 年 2 月

——：《迷乱之现代人心》，《东方杂志》第 15 卷第 4 号，1918 年 4 月

——：《中国之新生命》，《东方杂志》第 15 卷第 7 号，1918 年 7 月

——：《劳动主义》，《东方杂志》第 15 卷第 8 号，1918 年 8 月

——：《国家主义之考虑》，《东方杂志》第 15 卷第 8 号，1918 年 8 月

——：《对于未来世界之准备如何》，《东方杂志》第 15 卷第 10 号，1918 年 10 月

——：《言论势力失坠之原因》，《东方杂志》第 15 卷第 12 号，1918 年 12 月

——：《答〈新青年〉杂志记者之质问》，《东方杂志》第 15 卷第 12 号

——：《大战终结后国人之觉悟如何》，《东方杂志》第 16 卷第 1 号，1919 年 1 月

——：《中国政治革命不成就及社会革命不发生之原因》，《东方杂志》第 16 卷第 4 号，1919 年 4 月

——：《中等阶级》，《东方杂志》第 16 卷第 6 号，1919 年 6 月

——：《新旧思想之折中》，《东方杂志》第 16 卷第 9 号，1919 年 9 月

——：《论通俗文》，《东方杂志》第 16 卷第 12 号

《二十世纪之中国》，《国民报》第 1 期，1901 年 5 月 10 日

《发起和平期成会通电》,《蔡元培全集》第 18 卷,浙江教育出版社,1998

凡将:《十年以来世界大势综论》,《东方杂志》第 9 卷第 7 号,1913 年 1 月

冯桂芬:《采西学议》,见《校邠庐抗议》(戴扬本评注本),中州古籍出版社,1998

冯友兰:《与印度泰谷尔谈话,东西文明之比较观》,《新潮》第 3 卷第 1 号,1921 年 9 月

傅斯年:《汉语改用拼音文字的初步谈》,《新潮》第 1 卷第 3 期,1919 年 3 月

《关于无产阶级专政的历史经验》,《人民日报》,1956 年 4 月 5 日。

高长虹:《民间语言,民族形式的真正的中心源泉》,《新蜀报》副刊《蜀道》,1940 年 9
月 14 日

高平叔:《蔡元培年谱长编》中册,人民教育出版社,1996

高一涵:《共和国家与青年之自觉》,《青年杂志》第 1 卷第 1、2、3 号,1915 年

高元:《咄咄亚细亚主义》,《东方杂志》第 16 卷第 5 号,1919 年 5 月

孤行:《论中国不能破坏中立》,《东方杂志》第 2 期,光绪三十年二月二十五日

——:《满洲善后问题》,《东方杂志》第 2 期,光绪三十年二月二十五日

郭沫若、老舍、张申府、潘梓年、夏衍、臧云远、郁达夫、吴奚如、北鸥:《抗战以来
文艺的展望》,《自由中国》第 1 卷第 2 期,1938 年 5 月

韩愈:《进学解》,《韩昌黎文集校注》(上),上海古籍出版社,2014

胡风、聂绀弩、吴组缃、欧阳凡海、鹿地亘、艾青、吴奚如、池田幸子:《宣传文学旧
形式的利用》(座谈会记录),《七月》第 3 卷第 1 期,1938 年 5 月

胡风:《论民族形式问题底提出和争点——对于若干反现实主义倾向的批判提要,并以
纪念鲁迅先生逝世四周年》,《中苏文化》第 7 卷第 5 期,1940 年 10 月

胡适:《藏晖室札记》卷一,"1911 年 3 月 9 日记",上海亚东图书馆,1939

——:《贞操问题》,《新青年》第 5 卷第 1 期,1918 年 7 月

——:《再论"我的儿子"》,《每周评论》第 35 期,1919 年 8 月

——:《"新思潮"的意义》,《新青年》第 7 卷第 1 号,1919 年 12 月

——:《非个人主义的新生活》,《新潮》第 2 卷第 3 号,1920 年 2 月

——:《新文化运动与国民党》,《新月》第 2 卷第 6、7 号合刊,1929 年 9 月

——:《胡适口述自传》,台北传记文学出版社,1981

胡学愚:《印度名人台峨尔氏在日本之演说》,《东方杂志》第 13 卷第 12 号,1916 年
12 月

——:《欧洲大战中之日本》,《东方杂志》第 14 卷第 1 号,1917 年 1 月

黄绳:《民族形式与语言问题》,香港《大公报·文艺副刊》,1939 年 12 月 15 日

黄药眠:《中国化和大众化》,香港《大公报·文艺副刊》,1939 年 12 月 10 日

黄远庸（远生）:《新旧思想之冲突》,《东方杂志》第 13 卷第 2 号,1916 年 2 月

黄遵宪:《日本国志》卷三十三,清光绪二十三年（1897）刻本

寄生（汪东）:《正明夷"法国革命史论"》,《民报》11 号,1907 年 1 月

家义:《建国根本问题》,《东方杂志》第 13 卷第 3 号,1916 年 3 月

坚瓠:《本志之希望》,《东方杂志》第 17 卷第 1 号,1920 年 1 月

君实:《日人对于中日亲善论之意见》,《东方杂志》第 14 卷第 3 号,1917 年 3 月

——:《日人之放论》,《东方杂志》第 14 卷第 3 号,1917 年 3 月

——:《亚细亚主义》,《东方杂志》第 14 卷第 10 号,1917 年 10 月

——:《过激思想与防止策》,《东方杂志》第 16 卷第 6 号,1919 年 6 月

康有为:《〈日本书目志〉自序》,《康有为全集》第三集,中国人民大学出版社,2007

——:《日本书目志》卷二"理学门",《康有为全集》第三集

——:《大同书》,《康有为全集》第七集

——:《法兰西游记》,《康有为全集》第八集

——:《法国革命史论》,《康有为全集》第八集

——:《共和政体论》、《蒙藏哀辞》,《康有为全集》第十集

康有为（明夷）:《公民自治篇》,《新民丛报》第 5 号,1902 年 4 月

——:《法国革命史论》,《新民丛报》第 85 号,1906 年 8 月

可权:《论各国对现时旅顺之意见》,《东方杂志》第五期,光绪三十年五月二十五日

柯仲平:《谈"中国气派"》,延安《新中华报》第 4 版,1939 年 2 月 7 日

——:《介绍〈查路条〉并论创造新的民族歌剧》,《文艺突击》新 1 卷第 2 期,1939 年
  6 月

李大钊（守常）:《自然的伦理观与孔子》,《甲寅》日刊,1917 年 2 月 4 日。

——:《法俄革命之比较观》,《言治》季刊第 3 册,1918 年 7 月

——:《布尔什维主义的胜利》,《新青年》第 5 卷第 5 号,1918 年 11 月

——:《大亚细亚主义与新亚细亚主义》,《国民》杂志,第 1 卷第 2 号,1919 年 2 月

——:《青年与农村》,《晨报》第 70—74 号连载,1919 年 2 月

——:《我的马克思主义观（上）》,《新青年》第 6 卷第 5 号,1919 年 5 月

——:《我与世界》,《每周评论》第 29 号,1919 年 7 月

——:《再论问题与主义》,《每周评论》第 35 号,1919 年 8 月

——:《"少年中国"的"少年运动"》,《少年中国》第 1 卷第 3 期,1919 年 9 月

——:《再论新亚细亚主义》,《国民》杂志,第 2 卷第 1 号,1919 年 11 月

——:《物质变动与道德变动》,《新潮》第 2 卷第 2 号,1919 年 12 月

梁启超:《地理与文明之关系》,《饮冰室合集·文集》之十,上海中华书局,1936

——:《变法通议·论科举》,《饮冰室合集·文集》之一

——:《说群序》,《饮冰室合集·文集》之二

——:《"西学书目表"序例》,《饮冰室合集·文集》之一

——:《论学术之势力左右世界》,《饮冰室合集·文集》之六

梁启超(中国之新民):《二十世纪之巨灵 托辣斯》,《新民丛报》第 40—43 号,1903
年 11、12 月

——:《过渡时代论》,《清议报》第 83 期,1901 年 6 月

——:《二十世纪太平洋歌》,《新民丛报》第 1 号,1902 年 2 月

——:《论佛教与群治之关系》,《新民丛报》第 32 号,1902 年 12 月

——:《政治学大家伯伦知理之学说》,《新民丛报》第 32 号,1903 年 5 月

——:《外资输入问题》,《新民丛报》第 52、56 号,1904 年 9、11 月

——:《俄罗斯革命之影响》,《新民丛报》第 62 号,1905 年 2 月

梁漱溟:《东西文化及其哲学》,《梁漱溟全集》第一卷,山东人民出版社,1989

刘师培:《无政府革命与农民革命》,《衡报》第 7 号,1908 年 6 月,见万仕国、刘禾校
注:《天义·衡报》(下)《衡报》,中国人民大学出版社,2016

刘叔雅:《欧洲战争与青年之觉悟》,《新青年》第 2 卷第 2 号,1916 年 10 月

柳亚子:《发刊词》,《二十世纪大舞台》第 1 期,1904 年 10 月

鲁迅:《文化偏至论》,《鲁迅全集》第 1 卷,人民文学出版社,2005

——:《故事新编·理水》,《鲁迅全集》第 2 卷

——:《破恶声论》,《鲁迅全集》第 8 卷

——:《两地书》,《鲁迅全集》第 11 卷

鲁迅(唐俟):《我之节烈观》,《新青年》第 5 卷第 2 号,1918 年 8 月

——:《随感录》,《新青年》第 5 卷第 5 号,1918 年 10 月

——:《我们现在怎样做父亲》,《新青年》第 6 卷第 6 号,1919 年 11 月

——:《中山先生逝世后一周年》,《国民新报》"孙中山先生逝世周年纪念特刊",1926

年 3 月 12 日；《鲁迅全集》第 7 卷

——：《我和〈语丝〉的始终》，《萌芽月刊》第 1 卷第 2 期，1930 年 2 月

——：《文艺的大众化》，《大众文艺》第 2 卷第 3 期，1930 年 3 月

《伦理学卮言》，《科学一斑》第 3 期，1907 年

罗家伦：《今日之世界新潮》，《新潮》第 1 卷第 1 号，1919 年 1 月

马君武：《赫克尔之一元哲学》，《新青年》第 2 卷第 2 号，1916 年 10 月 1 日

茅盾：《关于"文学研究会"》，《中国新文学大系·小说一集·导言》，良友复兴图书印
　　刷公司，1935

某西人来稿：《最近欧洲各国之外交政策》，《东方杂志》第 8 卷第 2 号，1911 年 3 月

潘梓年：《论文艺的民族形式》，《文学月报》第 1 卷第 2 期，1944 年 2 月

佩玉：《日本之帝国主义》，《东方杂志》第 8 卷第 4 号，1911 年 5 月

彭金夷：《二十世纪之三大问题》，《东方杂志》第 12 卷第 3 号，1915 年 3 月

平佚：《中西文明之评判》，《东方杂志》第 15 卷第 6 号，1918 年 6 月

钱穆：《朱子新学案》（中），巴蜀书社，1987

钱玄同：《中国今后之文字问题（附陈独秀答书及胡适跋语）》，《新青年》第 4 卷第 4
　　号，1918 年 4 月

——：《汉字革命》，《国语月刊》第 1 卷第 7 期"汉字改革号"，民国十一年八月二十日

钱智修：《社会主义与社会政策》，《东方杂志》第 8 卷第 6 号，1911 年

——：《英王游法纪事》，《东方杂志》第 11 卷第 1 号，1914 年 7 月

——：《白种大同盟论》，《东方杂志》第 11 卷第 2 号，1914 年 8 月

——：《正嫉国主义》，《东方杂志》第 11 卷第 4 号，1914 年 10 月

——：《伍廷芳君之中西文化观》，《东方杂志》第 12 卷第 1 号，1915 年 1 月

——：《惰性之国民》，《东方杂志》第 13 卷第 11 号，1916 年 11 月

——：《循环政治》，《东方杂志》第 13 卷第 12 号，1916 年 12 月

——：《功利主义与学术》，《东方杂志》第 15 卷第 6 号，1918 年 6 月

瞿秋白：《太戈尔的国家观念与东方》，《向导》第 61 期，1924 年 4 月

《日本理学书目》，《亚泉杂志》第 7 期，光绪二十七年二月初八日

《日本理学、数学书目》，《亚泉杂志》第 8 期，光绪二十七年三月二十三日

《日本算学书目》，《亚泉杂志》第 10 期，光绪二十七年四月二十三日

少游：《战后之中国与日本》，《东方杂志》第 14 卷第 6 号，1916 年 6 月

《社告》，《青年杂志》第 1 卷第 1 号，1915 年 9 月

实庵：《太戈尔与东西文化》，《中国青年》第 27 期，1924 年 4 月

《耸动欧人之名论》，《东方杂志》第 8 卷第 1 号，1911 年 2 月

孙中山：《临时大总统宣言书》，《孙中山全集》第 1 卷，中华书局，1981

——：《中华民国临时大总统宣言书》，《孙中山全集》第 2 卷

——：《在上海中国国民党本部会议的演说》，《孙中山全集》第 5 卷

——：《致海外国民党同志函》，《孙中山全集》，第 5 卷

——：《国民党一大宣言》，《孙中山全集》第 9 卷

田汉：《抗敌演剧队的组成及其工作》，《戏剧春秋》第 2 卷第 2 期，1942 年 7 月

王本祥：《论理科与群治之关系》，《科学世界》第 1 编第 1 期，1903 年 3 月

卫种：《二十世纪之支那初言》，《二十世纪之支那》第 1 号，1905 年 6 月

吴稚晖：《书神州日报"东学西渐篇"后》，《吴稚晖先生全集》第 2 卷，群众图书公司，
1927

——：《补救中国文字之方法若何》，《吴稚晖先生全集》第 3 卷

——：《一个新信仰的宇宙观及人生观》，《吴稚晖先生全集》第 4 卷

吴稚晖（燃料）：《新世纪之革命》，《新世纪》第 1 号，1907 年 6 月 22 日

——：《书驳中国用万国新语说后》，《新世纪》第 57 号，1908 年 7 月

闲闲生：《论中国责任之重》，《东方杂志》第 1 期，光绪三十年正月二十五日

冼星海：《论中国音乐的民族形式》，《文艺战线》第 1 卷第 5 期，1939 年 11 月

向林冰：《论"民族形式"的中心源泉》，《大公报》副刊《战线》，1940 年 3 月 24 日

——：《关于民族形式问题敬质郭沫若先生》，重庆《大公报》副刊《战线》，1940 年 8
月 6—21 日

新华：《论中国无国权》，《东方杂志》第 5 期，光绪三十年五月二十五日

《新潮发刊旨趣书》，《新潮》第 1 卷第 1 号，1919 年 1 月

醒：《万国新语》，《新世纪》第 6 号，1907 年 7 月

——：《续万国新语之进步》，《新世纪》第 36 号，1908 年 2 月

徐光启：《医学章疏》，《徐光启集》（下册），上海古籍出版社，1984

许家庆：《二十世纪之政治问题》，《东方杂志》第 8 卷第 10 号，1911 年 4 月

——：《俄蒙交涉之内容》，《东方杂志》第 11 卷第 2 号，1914 年 8 月

——：《欧洲合众国论》，《东方杂志》第 12 卷第 11 号，1915 年 11 月

玄览：《青年支那党与青年土耳其党之比较论》，《东方杂志》第 9 卷第 6 号，1912 年 12 月

逊斋：《大战争与世界平和问题》，《东方杂志》第 15 卷第 2 号，1918 年 2 月

严复：《〈国计学甲部〉（残稿）按语》，《严复集》第 4 册，中华书局，1986

———：《原强修订稿》，《严复集》第 1 册

———：《译"群学肄言"自序》，《严复集》第 1 册

———：《西学门径功用》，《严复集》第 1 册

———：《原强》，《严复集》第 1 册

杨度：《〈中国新报〉序》，《中国新报》第 1 号，1907 年 1 月

———：《金铁主义说》，《中国新报》第 1、2、5 号，1907 年

雨尘子：《论世界经济竞争之大势》，《新民丛报》第 11、14 期，1902 年

愈之：《台莪尔与东西文化批判》，《东方杂志》第 18 卷第 17 号，1921 年 9 月

辕孙：《露西亚虚无党》，《江苏》1903 年第 4、5 期，1903 年

《再论无产阶级专政的历史经验》，《人民日报》，1956 年 12 月 29 日

张君劢：《再论人生观与科学并答丁在君》（中），《人生观之论战》（上），泰东图书局，1923

———：《人生观之论战序》，《人生观之论战》（上）

章太炎：《訄书（重订本）》，《章太炎全集》第 3 卷，上海人民出版社，1984

———：《四惑论》，《章太炎全集》第 4 卷

———：《俱分进化论》，《章太炎全集》第 4 卷

———：《齐物论释》，《章太炎全集》第 6 卷

———：《语言缘起说》，《国故论衡》，上海古籍出版社，2003

———：《正仇满论》，《国民报》第 1 卷第 4 期，1901 年 8 月

———：《演说录》，《民报》第 6 号，1906 年 7 月

———：《革命之道德》，《民报》第 8 号，1906 年 10 月

———：《建立宗教论》，《民报》第 9 号，1906 年 11 月

———：《〈社会通诠〉商兑》，《民报》第 12 号，1907 年 3 月

———：《中华民国解》，《民报》第 15 号，1907 年 7 月

———：《规新世纪》，《民报》第 24 号，1908 年 10 月

张东荪：《贤能政治》，《东方杂志》第 14 卷第 11 号，1917 年 11 月

章士钊（行严）:《欧洲最近思潮与吾人之觉悟》,《东方杂志》第 14 卷第 12 号, 1917 年 12 月

章锡琛:《欧亚两洲未来之大战争》,《东方杂志》第 13 卷第 1 号, 1916 年 1 月

——:《大亚细亚主义之运命》,《东方杂志》第 13 卷第 5 号, 1916 年 5 月

《招股启并简章》,《二十世纪大舞台》第一期, 1904 年 10 月

郑伯奇:《中国新文学大系·小说三集·导言》, 良友复兴图书印刷公司, 1935

中国科学院近代史研究所中华民国史组（编）:《中华民国资料丛稿·大事记》第一辑, 中华书局, 1973

周秋光（编）:《熊希龄集》中册, 湖南出版社, 1996

周扬:《对旧形式利用在文学上的一个看法》,《中国文化》第 1 卷第 1 期, 1940 年 2 月

周作人:《中国新文学的源流》, 人文书店, 1932

——:《人的文学》,《新青年》第 5 卷 6 号, 1918 年 12 月

——:《平民文学》,《每周评论》第 5 号第 2 版, 1919 年 1 月

朱执信（蛰伸）:《德意志社会革命家小传》,《民报》第 2 期, 1905 年 11 月

自强:《论帝国主义之发达及廿世纪世界之前途》,《清议报全编》卷 25

宗珏:《文艺之民族形式问题的展开》,《大公报》《文艺》副刊, 1939 年 12 月 12—13 日

人名索引

（按汉语拼音排序）

篇目说明

绪　论　《作为思想对象的 20 世纪中国》，发表于《开放时代》2018 年第 5—6 期。

第一章　《世纪的诞生：20 世纪中国的历史位置》，发表于《开放时代》2017 年第 4 期。

第二章　《国家与政治："亚洲的觉醒"时刻的革命与妥协》，本文根据为章永乐著《旧邦新造：1911—1917》（北京大学出版社，2011）所写序文改写，并以《"亚洲的觉醒"时刻的革命与妥协——论中国"短 20 世纪"中的两个独特性》为题发表于《人民论坛》2012 年第 17 期。

第三章　《文化与政治："一战"、内战与"思想战"》，以《文化与政治的变奏——战争、革命与 1910 年代的"思想战"》为题发表于《中国社会科学》2009 年第 4 期，后收入《文化与政治的变奏——"一战"和中国的"思想战"》，上海人民出版社，2014 年。

第四章　《科学与政治：现代中国思想中的"科学"概念》，该文英文版以 "The concept of 'science' in the modern Chinese thought" 为 题 发 表 于 *Journal of Modern Chinese History*（《现代中国历史》），Volume 5，Number 1，June 2011，pp. 45-68。

第五章　《预言与危机（一）：中国现代历史中的"五四"启蒙运动》，发表于《文学评论》1989 年第 3、4 期，后收入《无地彷徨："五四"及其回声》，浙江文艺出版社，1994 年；《汪晖自选集》，广西师范大学出版社，1997 年。

　　　　附论　《什么是"五四"文化运动的政治？——关于"五四"的答问》，发表于《现代中文学刊》2009 年第 1 期，后收入《文化与政治的变奏——"一战"和中国的"思想战"》，上海人民出版社，2014 年。

第六章 《预言与危机（二）：十月革命与中国革命》，以《十月的预言与危机——为纪念 1917 年俄国革命 100 周年而作》为题发表于《文艺理论与批评》2018 年第 1 期。

第七章 《大众与政治：地方形式、方言土语与"民族形式"问题》，以《地方形式、方言土语与抗战时期"民族形式"的讨论》为题发表于《学人》1996 年第 10 辑；后收入《汪晖自选集》，广西师范大学出版社，1997 年；《现代中国思想的兴起》，生活·读书·新知三联书店，2004 年／2014 年。